**VISIBLE LEARNING
AND THE SCIENCE OF HOW WE LEARN**

可见的学习与学习科学

[新西兰]约翰·哈蒂（John Hattie）
[澳大利亚]格雷戈里·C.R.耶茨（Gregory C.R.Yates）著
彭正梅 邓莉 伍绍杨 等 译

教育科学出版社
·北京·

译者前言

迈向可见的学习：约翰·哈蒂的学习理论及其影响力

2009年，约翰·哈蒂（John Hattie）出版了《可见的学习：对800多项关于学业成就的元分析的综合报告》，立即引起了整个西方教育界的轰动。英国《泰晤士报教育副刊》称哈蒂发现了教学的"圣杯"，德国的《明镜周刊》认为哈蒂的研究使教育改革讨论"回到事情本身"，哈蒂本人也被喻为拯救学校教育的"弥赛亚"。不论这些赞誉是否言过其实，毋庸置疑的是，这本著作具有里程碑式的意义。哈蒂利用元分析的统计技术，对20世纪80年代至21世纪初的教育实证研究结果进行了一次工程浩大的综合和总结。他向人们展示了教育"科学化"的一种可能性，即收集教育领域的庞大数据，找出最有效的或者成本效益最高的干预措施，以此影响教育政策的制定，进而尽可能地改善教育系统。这一模型已经在澳大利亚和新西兰得以建立，"可见的学习"话语极大地影响了这两个国家的教育政策和教育实践。

"可见的学习"第一本著作向我们传达的信息是："教师很重要！"哈蒂尝试建立一个基于证据的普通教学论体系，他将影响学业成就的各种因素归类到学生、家庭、学校、教师、课程和教学六个范畴。在这六个范畴中，教师对学业成就的影响力最大。在此基础上，哈蒂批评了削弱教师作用的建构主义教学方法，并认为建构主义更多地反映了舆论的偏好，而非建立在坚实的证据之上。他主张教师主导的直接教学和基于证据的教学改良主义。哈蒂的第二本著作《可见的学习（教师版）——最大程度地促进学习》延续了这一主题，并为教师的教学实践提供了一个通用的心智框架。哈蒂在这本书中认为，教师不应该只是学生身边的向导，而是应该以一种强有力的角色介入学生的学习，采取有效的干预措施对学生施加影响。教师要成为"适应性学习专家"，根据学生的实际情况采取不同的教学策略，同时收集自身对学生影响力的证据，并基于证据持续不断地改善教学。同时，他主张教师应该像外科手术医生一样，建立起一种

"清单式"的自我管理机制,即利用检查单去反思"可见的学习"心智框架是否得以落实,自己的行为和实践是否合乎预期。哈蒂与耶茨（Gregory C.R. Yates）合著了该系列的第三本著作《可见的学习与学习科学》,从心理学的角度来论证他对于可见的学习的发现。

人是如何学习的

教育"科学化"的另一条可能的路径是近年来备受关注的学习科学。基于数据分析的教育实证研究更多是在探讨各种因素与结果之间的相关关系,相对而言,从大脑认知机制入手的学习科学可能更加深入到教育的本质。哈蒂敏锐地注意到了这一点,《可见的学习与学习科学》就是从学习科学,尤其是认知神经科学的视角,阐述、论证和回应"可见的学习"的主要观点。

关于对"学习科学"一词的理解,《剑桥学习科学手册》（中译本由教育科学出版社 2016 年出版）主编索耶（R. Keith Sawyer）认为,"Learning Sciences"（学习科学）与"the science of learning"（学习的科学）这两个术语构成了两个不同的话语体系,前者诞生于 20 世纪 90 年代,关注的是以教学设计为取向的学习研究,侧重于教育环境的设计；后者涵盖的学科更为广泛,聚焦于人类的认知机制,探讨认知心理学和神经科学在教育上的应用。本书的英文名为"Visible Learning and the Science of How We Learn",显然更偏向于后者。哈蒂前两本"可见的学习"系列著作则是聚焦于前者。也就是说,哈蒂试图从两个角度迈入人类学习的可见性,并把它们相互联系起来,使其相互印证、相互促进。

在过去的一个世纪里,教育心理学领域为"人如何学习"这个主题建立了很多理论体系。华生（John Broadus Watson）、桑代克（Edward Lee Thorndike）和斯金纳（Burrhus Frederic Skinner）等人在动物实验的基础上建立了行为主义心理学,并将学习解释为刺激与反应的联结。这一理论主导了整个 20 世纪上半叶认知心理学的发展,直至 60 年代,由于计算机科学、语言学、科学哲学的介入,掀起了一场"认知革命",并形成了以布鲁纳（Jerome Seymour Bruner）、奥苏伯尔（David Paul Ausubel）等为代表的认知建构主义和以西蒙（Herbert A.Simon）、加涅（Robert M.Gagne）为代表的信息加工理论——前者强调学习是学习者主动建构的过程,后者则将学习类比为计算机处理信息的过程。到了 80 年代,由于非损伤脑研究技术的出现,尤其是磁共振成像和功能性磁共振成像技术，脑研究的飞跃式发展扭转了流传数百年的笛卡尔身心二元论，使我们能够从细胞和分子的水平上重新认识学习过程。由神经科学、心理学和教育学跨学科整合而来的"教育神经科学"在很大程度上重塑了"人如何学习"的理论。

然而，令人困惑的是，这些学习理论很少对教师的教学实践和学生的课堂学习产生实质性的影响。有研究者一针见血地指出了导致这种状况的原因：心理学家对于跨度不超过几十毫秒的心理效应实验的偏好与教育学家对于重大教育成就的关注之间有很大区别。由认知心理学和神经科学主导的学习研究与教学实践似乎处于不同的时空尺度和话语体系。教师很少站在学生的立场上看问题，他们很少思考学生是如何学习的，他们更加关注应该运用何种教学方法、如何设计一门精致的课程和实施有效的评价。但在另一方面，一些关于人类学习的谬论却被包装成通俗的科学理论而在大众传媒上广为流传，比如本书中谈及的一些谬论，包括学习风格理论、一心多用、信息技术使人的认知能力发生改变、莫扎特效应等，这些夺人眼球但却言过其实的理论必须得以澄清。基于以上两点，哈蒂这本新著作以通俗易懂的文字风格重新梳理和综述了一个多世纪以来在"人如何学习"这个主题上的研究成果和结论，同时阐释了它们对教育有何启示。

进化论与社会脑

哈蒂在本书中非常强调的一个观点是从进化的视角思考人类自身的发展。我们往往会惊叹大脑是已知宇宙中最复杂、最精密的构造，然而这种人类中心的思维掩盖了一个重要事实——人是由动物进化而来的，人脑所拥有的特殊的认知能力可能只是漫长进化过程中的副产物。进化学家认为，现代人的大脑是为适应十余万年前更新世的采集狩猎社会环境而进化出来的，但自此以后，人类的认知架构没有发生本质性的改变。这也是"数字原住民"理论和"互联网使我们变得浅薄"之类的论断并不符合事实的原因。

当我们思考大脑擅长做什么和不擅长做什么时，我们应该回溯到石器时代的人类生活。人类的知识体系从近代开始才变得庞杂起来，而普及教育是最近几十年才完成的，如今学校教育所要求掌握的读写和数学能力，在过去人类存在的大部分时间里都不是常态，它们代表了人类巨大的文化成就，从而也对进化缓慢的人类大脑提出了根本挑战。因此，哈蒂在本书一开篇引用了威林厄姆

（Daniel Willingham）的观点——大脑不是专门用来思考的。

那么，我们的大脑擅长做什么？为了应对恶劣的生存环境，人类从一开始就过着群居的生活，个体需要时刻对周边环境保持警觉，识别他人的面孔，解读他们的表情和意图，模仿他们的行为。这些听起来异常复杂的事情却是人脑最为擅长的，甚至无须意识的介入。

人一生中的大部分时间都在处理自我与他人之间的关系，"社会脑"是本书最为重要的主题之一。我们渴望与他人交往并理解他们的行为，这是一种与生俱来的心理倾向，而且作为一种主要动机贯串人的一生。我们对社交中的非言语线索非常敏感，能够利用它们去推断他人的心理状态。这是我们在生命早期就具备的能力，比如婴儿更喜欢看人类的面孔，并在第一年内就发展出共同注意（joint attention）的能力，即监控他人眼睛的注视方向。神经科学家还在人脑中发现了镜像神经元，我们执行一个动作和知觉到他人执行同一个动作都会激活同一个神经回路，这种机制使人类具备了强大的模仿和共情能力。心理学家凯洛格（Winthrop Niles Kellogg）曾经做过一个把黑猩猩幼崽与人类幼儿共同抚养的实验，起初黑猩猩在身体发育和感觉反应上占据优势，但很快人类幼儿就扭转了这种局面。在实验进行了9个月以后，凯洛格被迫终止了实验，尽管黑猩猩似乎变得更有人性，但它在社交和语言方面并没有获得很大进步，反而是人类幼儿因为超凡的模仿能力而变得更像一只黑猩猩！

学校通常被视为儿童掌握知识、提高认知能力的场所，然而社会脑假说给出了另一种可能性——学校的首要功能可能是提供一个比家庭更广阔但相对安全的社交环境，儿童从中学会与他人相处的社会规范，而教师作为一个更有能力的他者，很容易成为儿童无意识学习的榜样。从这个角度来看，教师精心设计的教案、精彩的讲演和丰富多彩的课堂活动并没有那么重要，反而是那些被教师忽略的方面最先吸引了学生的注意，比如教师与教学相关的个人行为、人格品质及其与学生交往的方式等。反过来说，学生对教师的感知，比如学生认为教师是否可信、是否公平、是否值得尊重，是影响学业成就的最有力的指标之一。如果学生和教师建立起积极的人际关系，将教师视为榜样，这带来的益处可能是长期的，甚至能够抵消学生所处的家庭或社会环境带来的不利因素。因为学生在教师身上学到的不仅是知识，而且是为人处世的社会准则以及学科品质，这使学生更少出现不良行为和负面结果。因此，哈蒂强调教师应该成为社会示范者，一位有热忱、善激励和求证自己影响力的教师将会使学生终身受益。

人的可塑性与学习

人的可塑性是教育得以可能的根本所在。神经科学家将人与其他动物的大脑进行比较时发现，我们引以为傲的一些高级脑区，比如负责决策与自控的前额叶皮质和负责语言的布罗卡氏区，并非人类所特有的。然而，只有人类表现出这些高级的功能，这主要是因为人脑的这些区域表现出特异化的神经回路。这些高级脑区更多是提供了一种物质基础，但如果要展现出特定的功能，特异化的神经回路似乎更加重要。人的可塑性就体现在这些神经回路中很大一部分是后天形成的，它们在人的一生中处于不断的增添、修剪或改变中，学习可以被解释为神经元之间通过突触相互连接形成神经回路的过程。

然而，人的可塑性在不同的阶段会有所差异。总的来说，人类在生命早期表现出极强的可塑性，青春期可塑性逐渐下降，最后在成年期保持相对稳定。人类的一种独特的现象是婴儿在相当不成熟的时候就离开了母体，之后要经过极其漫长的成长期，人的大脑才能完全发育成熟。大脑在早期发育期与成熟期似乎有两种完全不同的学习机制。在生命的早期，大脑的体积在快速增大，学习是通过脑灰质的激增和过剩完成的。然而进入青春期以后，大脑的变化很像是雕塑的过程，脑灰质会开始减少，一些无用的和适应性不强的神经连接会被消除，常用的连接会被强化，整个系统变得更加精细和特异化。在此之后，大脑会进入相对稳定的阶段，增添和修改神经回路并非不可能，但需要付出较大的努力。

这两种不同的机制使人在这两个阶段的学习表现出完全不同的特征。早期的学习更多是在与他人的互动和潜移默化中完成的，似乎不太需要意识的参与，并且能够形成非常稳固的学习结果。在这个阶段掌握的技能通常能够达到自动化，成为我们以后学习的无意识基础。这个阶段相当短暂，但却非常关键，一旦错过将难以弥补，研究者将其称为"学习敏感期"。目前已知的是，语言、感官能力和动作技能都有学习敏感期，如对色彩的识别能力、绝对音感（perfect pitch）和身体的柔韧度等，这些能力对人今后从事相关领域的工作有相当大的帮助。例如，绝对音感曾经被视为一种十分罕见的天赋，它对音乐创作和演奏十分重要，但每万人中大约只有一个人拥有这种能力。日本心理学家榊原彩子的一项研究却颠覆了这样的认知。她招募了24名年龄为2—6岁的儿童，经过一年多的训练以后，这些儿童全部掌握了这种稀有的能力。然而，如果错过了学习敏感期，我们可能需要付出极大的努力才能掌握这些能力。寻找不同技能的学习敏感期是今后学习科学的重要研究主题之一。

脑灰质激增的阶段过后，大脑会经历一个系统性优化的过程而进入到一个相对稳定的状态，这时候的学习需要付出更大的努力。学习主要表现为突触的增添、强化和修剪。从某种程度上，这印证了联结主义心理学的合理性。针对专家与新手的研究得出的一个重要结论是所谓的"一万小时法则"，即新手在成为专家之前大约要投入一万小时进行刻意练习。这里的时间因素强调的是反复练习的重要性，但刻意练习又不同于单纯的重复练习，它还包括其他三个要素：（1）有清晰的目标，刻意练习发生在学习者的舒适区以外，需要学习者付出近乎最大程度的努力；（2）学习者的动机，刻意练习需要学习者有意识地积极参与，学习者要有提高自身能力的意图；（3）有效反馈，刻意练习需要一位"更有能力的他者"在场，他会为学习者设计有效的训练方案，并提供即时的反馈，学习者需要根据反馈调整练习。这三个要素正是哈蒂经常谈到的"成功标准"、"学习意图"和"有效反馈"，并被视作改善教学、改善学校教育的重要措施。

人的局限性与教学

自然选择理论认为，同一物种的不同个体通常会表现出不同的进化方向；但在整个物种层面，选择了某种方案并不是因为这种方案比其他方案更好，而是因为这种方案碰巧能够帮助该物种适应环境而存活下来。从这个意义上来看，人脑并非一个完美的或最优化的系统，它更多是妥协的结果，这很好地解释了人脑的种种认知缺陷和局限，比如本书中提到的认知过载、非注意视盲等。

认知负荷理论认为，在一定时间框架内，个体的认知资源是相当有限的，这表现在人体对大脑的血糖和氧供给是有限的，如果某个区域消耗了更多的血糖和氧，其他区域就只能处于相对不活跃的状态。这使得我们在某一时刻只能处理数量有限的项目，一旦我们接收到的信息超过了大脑所能承受的范围，我们的大脑就会陷入认知过载。认知过载将会带来很多负面的结果，包括注意力和认知能力急剧下降，自控能力被削弱，甚至更容易出现情绪和暴力问题等。人类应对这一认知缺陷的策略是通过刻意练习使部分基础的技能实现自动化，即无须意识参与或消耗认知资源，我们也能将这些技能维持在可接受的水平上，从而拥有更多的认知空间获得更高层次的发展。这也是为什么刻意练习被认为是新手成为专家的关键。

当前对学校教育的一种主要批评是学校似乎更加注重表层学习，而未能促进学生的深度学习。这种指责有一定的合理性，但不能忽略的一点是，表层学习可能是深度学习的基础，学习者无法跨越表层学习而直接进入到深度学习阶段。如果学生对一些基础性的知识和概念没有很好地理解，那么他就不得不把认知资源耗费在这些表层知识上，深度学习将难以发生。如果我们从这个角度重新审视探究式学习与直接教学的纷争，不难发现直接教学是一种更高效的学习方式，因为对未知事物的探究会加重学生的认知负荷，从而阻碍深度学习的发生。学校的一个重要功能就是将知识以恰当的方式再呈现给学生，最大限度地降低学生的认知负荷，而不是让学生盲目地探索。当然，单纯的表层学习并不能自动提升为深度学习，因此，教学需要有意关注并练习深层学习。

哈蒂为直接教学做出了最好的辩护，但他不得不承认的一个事实是，对于能力较强的学生，探究式学习似乎更为有效。那么，我们应该如何理解探究的作用？探究是人类认识未知事物和应对陌生问题情境的方式，通常与批判性思维和创造性思维等高阶思维能力联系起来。学生最终都会离开学校和教师，成为独立的学习者，他在自己的职业生涯或研究领域中可能会遇到很多未知的事物和陌生的问题情境，这时候他就需要探究的能力。探究本身可能是一种需要刻意练习的能力，而这种能力又与创造这一最能体现人类价值的行为密切相关，如果教育系统能够帮助学习者建立起良好的探究习惯和意向，这将对学习者今后的发展有莫大的助益。这再次指向了哈蒂在《可见的学习（教师版）》中所指出的教师要成为"适应性学习专家"的概念，即教师要根据学生的现有水平选择最恰当的教学方式。什么时候该放开手让学生去探究，这种判断力正好体现了教师的专业能力和教学机智。

"可见的学习"系列著作及其影响力

哈蒂历经 15 年的辛勤工作，在实证研究的基础上，在对实证研究的元分析基础上，在对这些元分析再次综合分析的基础上，从海量数据中找出了每个人都在寻求的、象征着拯救的"教学圣杯"。这是自《科尔曼报告》发布以来最重要的教育实证研究发现。科尔曼（James Coleman）的发现是在否定教育，强调教育之外的力量的决定性作用，而哈蒂却在肯定教育、肯定教学和肯定教师，从而也肯定我们今天开始被人怀疑、讥讽甚至亵渎的神圣的教育事业和教育工作者——教师。教育、教师以及学习，是人类自我拯救和迈向自由的重要保障。

哈蒂对于可见的学习的执着，延续了西方文艺复兴以来通过教育来改善人类的梦想和努力。康德（Immanuel Kant）认为，巴泽多（Johann Bevnhazd Basedow）在德绍开办的泛爱主义学校，是一种改善人类、实现大自然给予人类特有禀赋——理性的高贵试验。康德把反对者斥为站在垃圾堆为旧传统进行辩护的吹毛求疵者。他坚信，人类是不断进步的，但是要通过无数的试验探索；随着启蒙的不断推进，人类迈向完善的大自然的隐秘计划终会得到实现，因为人性中有一种趋向改善的禀赋和能量。当然，我们对康德对人的学习的可见性的乐观主义持有疑虑。人之为人除了善良意志，还有自由意志。在所谓的人的学习的因果性中，人永远有说不的权利。因此从这个角度来看，人的学习就像爱情一样，似乎总是在别处，但人有追求它的永恒意志。我们对哈蒂这种明知其不可却不懈追求的西西弗斯式的实证意志表示敬意。

哈蒂的"可见的学习"系列著作，即《可见的学习》、《可见的学习（教师版）》、《可见的学习与学习科学》以及《可见的学习在行动》，体现了康德意义上的经典的实证研究范式，其宗旨不仅是追求理论知识，更是在于实践改善和人类改善，并为今天患上教育改革欣快症的各国政府提供了一个清晰的改革着力点。

《可见的学习》、《可见的学习（教师版）》中文版一经推出，就受到了广大教师和研究者的欢迎，特别是《可见的学习（教师版）》在2016年被《中国教育报》评为"教师喜爱的100本书"之TOP 10。但是，相对于它在国际上引起的轰动效应和热烈讨论，"可见的学习"系列著作还没有获得国内同行的足够关注。这也许是因为还缺少一个更为简约和有趣的学习科学的论证，也缺少令人激动的实践应用方面的信息。不过，《可见的学习与学习科学》以及《可见的学习在行动》中译本的出版，使得"可见的学习"系统完整地进入了中文世界。

《可见的学习与学习科学》从心理学和神经科学的视角探讨了教育与学习，其基本观点与"可见的学习"系列前两本著作是一致的，进一步佐证和巩固了"可见的学习"的理论基础。哈蒂用社会脑假说来强调教师的重要性：自呱呱坠地起，人的学习就注定离不开与他人的互动。当儿童步入学校，人作为一种社会性动物的属性只会更加明显。教师的首要角色不是知识的传授者，而是儿童社会学习的榜样，教师与学生的交往构成了学校教育最为核心的维度。同时，他用认知负荷理论、自动化和刻意练习来拒斥主流的建构主义学习理论，尤其是探究式学习，这表现出一种重回联结主义的倾向——教师的重要职责是通过直接教学与社会示范向学生施加强有力的干预和提供有效的反馈，目标是使学生的基本学术技能实现自动化。教师如何更好地履行上述职责构成了教师专业发展的重要内容，与其他所有领域一样，从新手教师到专家型教师同样需要 5—10 年、大约一万小时的刻意练习。哈蒂建议教师采取 DIE 模式，即诊断（diagnosis）、干预（intervention）和评价（evaluation），来提高自身的专业能力。教师如何在实践中更好地推进这些事项是"可见的学习"后续著作的重要主题。

哈蒂与新西兰的认知教育公司在 2010 年开始合作开发和推广"可见的学习+"项目，旨在将"可见的学习"理论转化成学校层面的实践与变革。目前该项目已经在全球多个地区的学校中开展，覆盖美国、加拿大、英国、澳大利亚、新西兰、中国香港以及北欧等，这些学校形成了一个庞大的"可见的学习"社区。经过不断地调整和优化，并且根据不同学校的实际情况建立起相匹配的学校改进方案，"可见的学习+"项目已经在全球各地很多学校取得了相当不错的成效。《可见的学习在行动》详细记录了如何在学校层面推进"可见的学习"模式，为学校变革提供了框架以及范例。

在此之后，哈蒂还推出了一些与学科相关的著作，包括《可见的学习（K-12 阅读素养版）——采取最有效的措施促进学生的学习》和《可见的学习（K-12 数学版）——什么能使学生学习最优化》等，这些著作探讨了在具体学科教学中哪些教学策略最有效。通过这一系列的著作，"可见的学习"理论呈现出不断拓展的发展态势，并为不同教育情境提供了解决方案，形成了一个独立的、全面的和连贯的教育理论体系。

这个体系还用数据表明了中国教育传统如师道尊严、勤学苦练等教育信念的某种持久的有效性，但是否真的如此，则需要中国的教育者和教育研究者去阅读和验证。

彭正梅　伍绍杨　邓　莉
华东师范大学
国际与比较教育研究所
2018 年 6 月 1 日于丽娃河畔

内容概要

2009年，约翰·哈蒂（John Hattie）的《可见的学习》（Visible Learning）出版。关于什么因素真正能够改善学校中学生的学习，《可见的学习》呈现了有史以来收集到的最多的研究数据。这不是为了追逐潮流，也不是为了维护政治和教育上的既得利益，而是为了寻找什么能最大限度地提高学习和教育结果。这本书一上市就立即成了畅销书，《泰晤士报教育副刊》（Times Educational Supplement）认为它发现了教育的"圣杯"。

如今在这本新书中，约翰·哈蒂与认知心理学家格雷戈里·C.R. 耶茨（Gregory C. R. Yates）合作，基于原始数据和"可见的学习"项目成果，展现了如何根据"可见的学习"的基本理念和认知科学的前沿研究形成一个强大的互补框架，并对课堂内外的学习产生影响。

《可见的学习与学习科学》阐述了学习的主要原则和策略，它解释了学习为什么有时候很难，有时候又很容易。本书的读者群体为教师和学生，写作风格使读者易于理解且具有吸引力，读者可以从头到尾地阅读，也可以不按章节顺序阅读，将它用于论文写作和专业发展培训。

本书分为三个部分："课堂内的学习"；"学习基础"，阐释了知识习得的认知建构模块；"认识你自己"，探讨自信和自我认识。另外，这本书含有大量的互动资源，其中包括以导学问题来鼓励批判性思考，以带注释的书目来推荐延伸阅读，以及相关网站和视频链接。纵观全书，作者引用最新的国际研究来解释学习过程是如何运行的，如何对学生产生最大的影响，其中包括以下主题：

- 教师的个性；
- 专业能力和师生关系；
- 知识是如何存储的以及认知负荷的影响；
- 快思考和慢思考；
- 自控的心理学；

- 对话在学校和家庭中的作用；
- 看不见的大猩猩和宜家（IKEA）效应；
- 数字原住民理论；
- 关于人们如何学习的迷思和谬论。

如果学生、教师和父母想要了解一些关于人类学习过程的研究如何能够引导教学和学校所发生之事的最新评论，那么这本令人惊叹的书再合适不过了。这本书对来自社会和认知心理学的研究进行了广泛的考察，并以便于使用的方式呈现出来，适合从学前教育到高等教育培训机构的所有层次的学生和教师阅读。

约翰·哈蒂是澳大利亚墨尔本大学墨尔本教育研究所的教授兼所长，学习科学研究中心副主任。他是《可见的学习》和《可见的学习（教师版）》的作者，是《学生学业成就国际指南》（*International Guide to Student Achievement*）的主编之一［另一位主编是埃里克·安德曼（Eric Anderman）］，这些书全部由劳特利奇（Routledge）出版社出版。

格雷戈里·C.R. 耶茨是南澳大学教育学院的高级讲师。他是《教育心理学》（*Educational Psychology*）杂志的编委，发表了大量有关认知信息加工和社会学习理论的论文。

目 录

致 谢 / 001
前 言 / 003
如何使用这本书 / 006
本书的三个部分 / 007

第 1 部分　课堂内的学习 / 011
第 1 章　为什么学生在学校不爱学习？——威林厄姆论题 / 012
第 2 章　知识是教学的障碍吗？ / 021
第 3 章　师生关系 / 026
第 4 章　教师的个性——你的学生能信任你吗？ / 036
第 5 章　时间作为课堂学习的综合指标 / 046
第 6 章　背诵法和课堂学习的本质 / 054
第 7 章　为实现基本学术技能自动化而教学 / 062
第 8 章　反馈的作用 / 075
第 9 章　通过社会示范和直接教学习得复杂技能 / 084
第 10 章　专业能力是什么样的？ / 096
第 11 章　如何发展专业能力？ / 105
第 12 章　课堂教学领域中的专业能力 / 115

第 2 部分　学习基础 / 123
第 13 章　我们如何习得知识？ / 124

第 14 章　大脑如何储存知识？ / 138
第 15 章　学习需要意识的参与吗？身体姿势发挥何种隐性的作用？ / 148
第 16 章　认知负荷的影响 / 157
第 17 章　你的记忆以及它是如何形成的 / 168
第 18 章　记忆术：作为运动、艺术和教学的工具 / 177
第 19 章　分析学生的学习风格 / 188
第 20 章　一心多用：一个常见的谬论 / 198
第 21 章　你的学生是数字原住民。或者说他们是吗？ / 207
第 22 章　互联网正使我们成为浅薄的思考者吗？ / 212
第 23 章　音乐如何影响学习？ / 217

第 3 部分　认识你自己 / 223

第 24 章　信心及其三个隐藏层次 / 224
第 25 章　自我提升和阿呆与阿瓜效应 / 237
第 26 章　实现自控 / 252
第 27 章　微笑的神经科学：教学的一个基本工具 / 268
第 28 章　成为社交变色龙会带来不可思议的优势 / 281
第 29 章　看不见的大猩猩、非注意视盲和注意力 / 291
第 30 章　思考的快与慢：内在机器人对你的极大帮助 / 300
第 31 章　宜家效应、努力和评价 / 317

术语表 / 325

参考文献 / 333

索　引 / 374

致　谢

"可见的学习"系列丛书的主题是让学习变得可见。而这本书的关注点完全投放在学习的概念上。这本书探讨的不是学习理论，不是认知心理学，也不是学习模式的标准建构——而是学习是什么，我们如何改善学习，以及一些能让我们了解学习的令人惊叹的研究。本书中学习的核心概念是培养专注、刻意练习、毅力以及当你不知道要做什么时知道如何去做的技能和策略——并强调这些技能是可教的（如果我们的儿童压根没有这些技能，那么我们也没有必要去强求他们）。

本书分为三个部分："课堂内的学习""学习基础""认识你自己"。每一章都是我们经过大量讨论以后完成的，借助网络电话和云存储的神奇力量，我们对如何以最好的方式展示那些对思考学习至关重要的概念展开了绝妙的辩论。格雷戈里在南澳大利亚，约翰在墨尔本（8小时车程的距离），但当我们都在新西兰的奥克兰时，我们对此进行了长达6个月的讨论，然后具体到细节、写作、主题和研究的选择，以及决定如何以一种最好的写作风格呈现，以吸引读者去感受学习世界的趣味。

很多人对这本书做出了贡献。首先是我们的伴侣——珍妮特（Janet）和雪莉（Shirley）——感谢她们的支持，感谢她们不断地敦促我们去完成这件事；感谢她们能够容忍两个怪人花费了数百个小时对着机器念叨个不停，沉醉于追寻学习奥秘的世界——当然她们也在追寻自己的秘密。同时也感谢乔尔（Joel）、凯尔（Kyle）、基兰（Kieran）、鲍比（Bobbi）、吉米（Jimmy）、弥尔顿（Milton）、理查德（Richard）、凯瑟琳（Catherine）和特伦顿（Trenton），我们从他们那里学到了很多。

其他人阅读了不同的章节，提出了建议，并提供了其他的研究——我们感谢特里·鲍尔斯（Terry Bowles）、德布拉·马斯特斯（Debra Masters）和黛比·普莱斯（Debbie Price）。帕特里夏·亚历山大（Patricia Alexander）以酒和美食来激发我们的讨论（并在约翰和珍妮特最近举行的求婚27周年典礼上献唱了一曲《夏日时光》)。与其他两本"可见的学习"系列丛书一样,珍妮特·里弗斯(Janet Rivers)为这本书的终稿做了大量的编辑工作,并再一次提供了其深刻的见解、文字和改动,在她提出建议以后,我们才知道应该做出什么样的改动。泰勒-弗朗西斯(Taylor & Francis)出版集团的布鲁斯·罗伯茨(Bruce Roberts)自始至终给我们提供支持,使这本书能够顺利出版。当然,我们对本书的任何错误负责——这也是我们继续学习的机会。

前　言

"可见的学习"系列的第一本书《可见的学习》(*Visible Learning*, 简称VL)提出的核心主题是，当教师透过学生的眼睛去观察学习，学生将自己视为教师来看待学习，就可以最大化学生的学业成就。第二本书《可见的学习（教师版）》(*Visible Learning for Teachers*，简称VLT)拓展了这些关于学习的主题，以找到学校生活中能最大程度地促进学习的重要方面。

这些重要方面首先是学校中成年人（领导、教师、辅助人员）的心智框架，尤其是强调建立"认识你的影响力"的思维模式。换言之，当教师关注他们自身的影响力时，需要回答一系列操作性问题，例如："对谁产生影响？""影响的大小如何？""多少学生受到影响？"

VL的综合报告要求教师将自己视为其影响力的评价者和变革的推动者，有意识地创设条件去影响学习。这种方法需要教师对其所施加的影响寻求反馈，然后根据这种反馈改善自己的行为。反过来，这将创造一种对话，去"聆听"正在发生的"学习"，进而创建出以下方案：

a. 鼓励教师对学生当前处于何种水平以及下一步需要达到何种水平的学习过程形成清晰的理解，并以此为基础设置适当的挑战；

b. 抱有高期望——所有学生都能够胜任学习；

c. 乐于接纳错误，将错误视为学习机会；

d. 积极运用和推广学习的语言（the language of learning）。

这些核心主题显然构成一个以学习者为重点的学习方案——学习者既是学生也是教师。

建立学习的语言的其中一个方面，是教师要成为批判性规划者，运用学习意图和成功标准，以表层和深层结果为目标，确保他们把成功概念传达给学生。教师和学生可以共享学习任务，从他们所处的水平迈向他们所期望的水平。同样重要的是，VLT强调教师的角色是适应性学习专家（adaptive learning experts）——要求他们在教师之间、教师与学生之间、学生之间营造一种互信的环境，教会学生使用多种策略、培养刻意练习的技巧、知道何时以及如何集中精力、提升对学习的自信心、掌握不同的学习技巧，并给予和接受关于学习的反馈。

这本书从头至尾都在强调这些主题，特别是通过检视和阐释那些能让我们了解最佳学习过程的科学研究文献来强调。在我们开始阅读文献并为本书收集信息时，当代研究的深度和广度给我们留下了深刻的印象。

我们应该清楚的是，学习有一个共同的衡量标准（common denominator）。前两本书都提到过这一点，而这本书将再次强调。但是关于学校的讨论常常忽略这个主题。相反，关于学校的讨论通常过于关注教学。我并不是说教学不重要，而是教学的目标确实与学习有关——学生的学习和教师的学习。许多教师教育项目弱化了教育心理学，越来越强调课程和评价，关于教师的文献很少讨论学习模式，这样做对教师没有任何帮助。似乎我们的很多同行都难以说出两个不同的学习理论，更不用说为学习的概念做辩护（我们并不是说为学生所"做"的活动做辩护，而是为他们是如何学习的做辩护）。也许学习理论的术语并没有什么用，我们在本书中也不打算使用这方面的专业术语。但是正如在前两本书中讨论过的，对学习的分析也是本书的核心。

在不久以前，教育工作者已经能够改善我们教育学生的条件，从而为更多的学生提供了更大的机会，使他们可以实现甚至超越他们的期望。但学习的本质几乎没有变化。学习包括获得充足的表层知识［一个想法（idea）或多个想法］，进而（通过将多个想法联系起来和拓展开来）形成概念性理解。很多时候，这种学习来源于冲突，例如面对陌生的知识、处于具有挑战性的情境中，以及当我们被要求解决问题时。问题解决可以让我们学得更多，学到不同的东西，将学到的东西联结起来，以及过度学习（这样，我们的所做所想会变得自动化）。

学习始于我们已经了解的东西，向我们期望达到的地方进发。VL 中的观点是教师越是理解学生的先前状态，越能认识到成功的本质（如果教师与学生对成功的本质做更多交流的话，效果更好），从而使学习发生的可能性越大。因此，教学的过程是设法使学生从先前或现在的水平迈向成功标准。这个过程包括让学生接触新知识、参与问题解决、思考新概念、探索新关系、直面错误的理解、纠正观点或理解中的错误。它还涉及刻意练习、复述、试错、再教、聆听、尝试、探索等等。

当然，当学生想学、想接受挑战，希望在一系列课程中达到成功标准（例如，比现在少打一杆球，或求一个微分方程）和有意运用思维的力量时，教学是有帮助的。这运用了金发姑娘原则（Goldilocks principle），即不让挑战或成功目标相对于学生的当前水平来说太难或太易，或者用更花俏的语言来讲，我们需要有一个策略性的学习过程才能迈向成功。

本书包含 31 个有关学习的单独章节，每一章可以被单拎出来阅读或者说自成一体。本书将关注点转移到"我们对学习知道什么"上，继续巩固由 VL 和 VLT 所建立的基础。在过去一个世纪，学习科学一直在稳步发展，有很多证据确凿的研究发现已经被记录在案。正如前文所指出的，VL 综合报告提出的一个基本信息是当教师开始以学生的视角去观察学习过程时，教学就会更有成效。这个概念本身假定教师对"学习是什么"有很深的理解，并能够基于这种理解行事。我们希望本书能够促进这种理解。

虽然每章相对独立，但有很多主题贯串在各章中。我们可以用九个基本原则进行表达：

原则 1：根据一项确凿的研究发现，我们难以用天生的才能、天赋或智力来解释人类的学习：在所有被研究的知识领域中，如果要达到精通，我们都需要投入大量的时间、精力和个人努力，并且需要结构性的指导。天赋、才能和智力等概念是作为有用的描述性术语而存在的，但它们不足以解释学习或学业成就。这一主题包含在以下章节中：第 1 章、第 5 章、第 7 章、第 9 章、第 10 章、第 11 章、第 12 章、第 13 章、第 14 章和第 19 章。

原则 2：我们能通过接触由感官获取的信息而自然地学习。但是，为了提升我们的知识基础，这种信息必须具备一定程度的组织，与我们的思维被结构化和组织化的方式相匹配——我们思维的结构和组织方式随着我们年龄的增长而发生变化。这个重要的主题涉及先前知识在学习中的作用，在第 1 章、第 5 章、第 6 章、第 7 章、第 8 章、第 9 章、第 12 章、第 13 章、第 14 章、第 16 章、第 17 章、第 18 章和第 20 章中能找到。

原则 3：我们的脑有严重的内在局限性，这是人类与生俱来的特征。当人脑经历长时间的工作或精力消耗而达到极限，深度和有意义的加工就变得不可能，从这时起，只会发生表层学习。认知负荷的原则反映在第 1 章、第 6 章、第 9 章、第 14 章、第 15 章、第 16 章、第 17 章、第 18 章、第 20 章、第 21 章、第 26 章、第 29 章和第 30 章中。

原则4：人类学习者能从社会榜样、直接教学、纠正性反馈中大量获益。从其他人提供的信息中学习，是支撑人类适应和进化的一个基本方面；"其他人"对学习过程的理解越专业，学习就越有效。这一观点是社会学习理论的基础，贯串在第3章、第4章、第5章、第6章、第7章、第8章、第9章、第11章和第26章中。

原则5：我们一旦相信在短期内能够实现有价值的目标，就会付出很大的努力去表现出高水平，会将潜在的或平常有所保留的能力发挥出来。努力是一个很难激活的特质，并且人们对其激活机制知之甚少，这在第1章、第9章、第24章、第25章和第26章中会提到。但是，我们很乐观地认为，增强对于付出努力的自信心是可以被教授和学习的。

原则6：短期目标是具有高度激励性的。但是，它们可能与我们拥有的其他长期价值观有冲突。因此，个人发展和幸福的关键因素之一是，学习和运用控制冲动与延迟满足的策略。通过自控进行个人管理的关键概念会在第26章和第30章被着重提到。

原则7：学习者的一些人类特质需要维持在一定的水平。其中包括自尊需求，以及与当前社会情境中其他人的行动保持一致的需要。这个重要的观点贯串在许多章中，包括第1章、第2章、第3章、第4章、第24章、第25章、第26章、第27章、第28章和第31章。

原则8：从神经科学的角度看，我们拥有一个非凡的社会脑。这个经过亿万年进化的器官是一个有用的工具，它使我们能够对他人的实际存在做出回应，能够理解他人传播的信息，能够清楚地知道我们更广阔的社交世界中超过150人的性格特征。社会脑假说以不同的形式在第3章、第4章、第15章、第17章、第27章、第28章和第30章中出现。

原则9：无论是在公共领域，还是在专业领域，关于人类学习的谬论依然在扩散，尽管它们与已有的科学观点和证据相矛盾。这些谬论大多具有潜在破坏性，被虚假的承诺和金钱利益所驱动，过度依赖奇闻轶事。我们在第19章、第20章、第21章、第22章和第23章中特别指出了几种谬论。

如何使用这本书

本书的每一章都对某个研究主题领域进行了综述，但这并不像你在专业期刊中看到的传统的文献综述。例如，读者很快会注意到我们尝试将实际研究者的名字放在参考注释部分（可以在每章的末尾找到），然后在正文中将重点放在实际的研究发现上。当我们阅读本书时，每章都提供了最能反映现有科学研究的评论。这样说是基于我们在该领域合起来超过75年的经验，包括教育心理学和相关学科的教学和研究。

本书写作的重点在于，找出我们对某现象确定已知的东西，过去有何发现，以及从教育者的角度看它包含什么有意义的信息。我们认为教育者是有责任对其他人类施以有意的社会和教育影响的人。教育者可以是班级教师、教师教育者、学校校长、大学教师、教材编者、父母、计算机辅导程序、办公室主任、军事教练、工厂主管、经理、公司高管或顾问。

施加和接受教导是人类生活无可回避的一部分。然而奇怪的是，那些教授他人学习的人实际上对自然界中成功学习背后暗藏的人际和心理过程知之甚少。然而，在过去十年内，数量惊人的科学研究已经揭示了这个过程以前未被了解的很多方面。许多研究发现对VL综合报告提供了有力的支持：当教师清楚地认识到个体希望从互动中获益的学习需求和目标时，学习就会进展顺利。

本书提供了一个现代的基于证据的分析视角。它不是关于"如何教"的专著，相反它回顾了我们已知的、与学习相关的人际和心理机制。在任何意义上看，"可见的学习"都不是一个全新的概念，它尝试将可靠的、反复试验的，也可能是传统的方法与大众科学思维、科普读物的形式结合起来。因此，我们强调并运用了很多关键概念，如社会学习理论、动机理论以及信息加工理论，这些理论都是对已有发现的最佳总结。我们也运用了社会脑假说和进化思想等概念，这些概念更多是来自生物学方面的思考。

参考注释对本书引用的科学文献给出了详细的列表。我们特意找出了每个主题领域中易于理解、写作上乘、最能体现已有知识的文本。比起更为"学术的"材料，只要有可能，我们更加愿意使用易于理解的文本。我们写作每一章的信念是，它可被用作已有知识的综述，也可以作为获取更多已知文献的参考来源。

本书的三个部分

本书的第一部分深入探讨了课堂中的学习。我们先从具有挑战性的概念开始,即大脑并不是用来思考的,因为它是迟钝的且需要付出努力,思考的结果也往往是不确定的。因此,优秀的教师需要理解大脑的思维方式,认识到很多任务对于初学者来说是很难的,设法鼓励学生树立自信心和努力学习各种策略来进行思考与学习。这与要学习的"知识"关系不大,而更多地是关于从未知到已知的各种途径。这意味着我们作为学习者,需要一个互相信任、公平、安全的环境去承认自己的"无知"和在学习中犯错。这样的学习需要时间,但教师的作用之一就是使可用时间发挥最大的效用,向学生提供多个机会去学习相同的概念,确保时间都用在学习上,而不是仅仅"做一些事情"。对于教师来说,在课堂中建构对话是最具影响力的,这无非是因为他们能够"听到学习",然而很多时候课堂被独白和背诵所主导。

当我们忘却我们的学习时,我们的学习就成功了!这似乎很矛盾,但却是事实。我们大多数人忘记了我们是如何学会走路、说话和做算术的。好的拼写者知道一个单词拼写错误了,却不会知道他们是如何辨别出来的。这突出了过度学习或以自动化为目标进行教学的重要性。因为我们只能将有限的负荷施加在认知技能上,所以在我们能够学习更复杂的任务之前,需要大量过度学习。这是我们需要直接教学的主要原因之一。这不仅是在学习一些想法,而且也是在将这些想法联系起来,看到它们之间的联结、关系或"晾衣架"(见第13章)。潜移默化、发现式学习,或者教师只充当学生"身边的向导",这些都很少能够产生复杂学习。

那些能够教别人学习的人是具有专业能力的,专业能力不应该与经验相混淆。我们对专业能力的悠久而丰富的历史证据进行了综述。我们强调刻意练习的重要性,刻意练习通常需要一个专家型的教师或教练,以确保它在导向成功,而不是漫无目的的技能训练。我们对教学中的专业能力特别感兴趣,并展示了专家型教师与其他有胜任能力的教师之间在许多特征上的区别。也许最重要的研究发现是,相对于经验丰富的教师,专家型教师能更成功地帮助学生获得深层学习成果,而非表层学习成果。

第二部分对我们已知的关于学习的主要观点进行了概述。我们对习得、记忆保持、心智存储和认知负荷等不同方面都有很多一致的观点。我们注意到,学习不一定是有意识的,我们能同时思考的事物是有限的,特别是当我们刚开始学一套新想法时,我们需要形成一套学习的语言和词汇,并且需要运用多种学习策略。然而，我们对很多常见概念提出了质疑，我们在社会生活中经常会听到这些概念，包括学习风格（有人擅长空间思维，有人擅长口头表达，有人擅长运动）、莫扎特效应、一心多用、数字原住民和夸大互联网对我们造成的改变的论断。

前两本 VL 的主题是"认识你的影响力"（Know thy impact），而本书的第三部分将转到在学习方面如何"认识你自己"（Know thyself）。经过几十年的研究，有很多研究发现与这个概念相关。我们注意到，成功能带来更强的自尊心，而不是较高的自尊心能够预测成功，我们需要更加强调帮助学习者树立达到成功标准的**自信心**。其中一个难题是，我们大多数人对自己都持有积极的看法。当我们不知道某些事物，不懂得如何做某些事，或者在学习上遇到问题时，我们就会虚构一些解释以保持对自己的积极看法（例如，我能力不足，而不是我没有投入足够的努力）。有时候，我们对自己学习的信念会阻止进一步的学习，我们需要其他人来证明我们确实能够投入学习，尽管我们可能需要更多的安全感，因为我们关于自己的信念会阻碍这种对学习的投入。

学习会受到很多社会因素的影响——彼此信任、能够接纳学习中的错误的氛围，与教师和同伴的关系，自我信念和对取得成功的自信。这需要发展延迟满足的能力，创造允许"未知"的空间，培养自制力，不把学习看作是与我的"人格"有关，而是与我作为一个"学习者"的身份有关。这涉及我们如何调节心情，我们的个人目标在多大程度上与学习目标（通常是其他人，比如教师施加的）相关，我们有多大的动机去模仿其他学习者，以及我们参与学习时获得了多大的成功。

大多数学习情境都会有很多干扰，因而了解并知道如何参与其中是很重要的。但是，我们不能一直将心智资源投入到学习中——我们会疲倦。何时思考、应该将注意力放在什么上、何时停止思考以节约认知资源，这是有技巧的。我们需要知道什么时候快思考，什么时候慢思考。通常，我们会让那些有学习困难的学生进行慢思考，但如果时间过长，他们就会承受过重的负担。往后，他们就会更加落后于那些知道何时该慢思考、何时该快思考的学生。与所有人一样，他们可能会形成一些低效的学习方式，即使这些学习方式是低效的，不适合具体的学习情境，他们也依然会使用这些学习方式，仅仅因为他们知道如何使用它们；反过来，这些低效的学习方式证实了他们不是有力的学习者，至少在课堂里不是！

　　本书以 VL 和 VLT 这两本书的基本前提为基础：当教师透过学生的眼睛去观察学习，学生将自己视为教师来看待学习时，学习能够达到最优化。正如音乐人菲尔·柯林斯（Phil Collins）指出的：学中教，教中学。

第1部分

课堂内的学习

第1章　为什么学生在学校不爱学习？
——威林厄姆论题

为什么学生不喜欢学校？著名教育作家丹尼尔·威林厄姆（Daniel Willingham）在2009年出版的一本书中提出了这个简单的问题，并把它作为书名。对，这是一个简单的问题。但是，如果我们尝试回答它，就会对人的境况、学习、动机如何起作用以及我们的思维有更多的了解。

威林厄姆博士并不是说学生主动不喜欢学校，认识到这一点是很重要的。实际上并没有严格的证据表明学生一般不喜欢上学。自从20世纪20年代人们对该领域首次进行了调查研究，这一点就已经是公认的。在今天，该领域的研究结果还是一样的。研究者邀请学生回答一个调查表上的题目，询问学生在多大程度上喜欢学校。调查问卷一般允许学生以五种程度做出回答，例如−2、−1、0、1、2。其中，−2代表很不喜欢，0代表既不喜欢也不讨厌，2代表很喜欢。

这通常会不可避免地得出一个分布非常离散的结果，大约有10%—20%的学生在负值上打钩。然而，均值是介于0和1之间的。也就是说，平均来看，学生既不喜欢也不讨厌学校。他们能够忍受学校，或者对学校经验有偏于正面的看法。学校仍是他们生活的重要部分，给他们提供了很多好处。从总体来看，学生对学校的正面看法稍微多于负面看法。

戳中痛处的问题

尽管如此，威林厄姆博士的问题还是戳中了我们的痛处，令人不安。教师经常感到失望，因为学生无法对那些本应趣味盎然的活动和体验做出回应。学生反应冷淡和缺乏动力通常被认为是导致教师压力过大、倦怠和工作满意度低的潜在因素。教师努力安排一系列有吸引力的学习活动，旨在挑战学生的思维，使他们能够熟练地思考。而学生表现出来的冷漠是教师每天必须面对的一个严重的专业问题，在个人层面上，教师投入了大量资源去应对这个问题。

当教师对教学材料进行精心的组织，而学生反应冷淡，远远不能与教师投入的时间和精力相匹配时，教师就会非常沮丧。对于新教师来说，这是需要学习的艰辛一课。不管我们喜欢与否，我们是人类，需要从学生那里得到反馈。我们如何解释这种反馈，可以决定我们在未来教得有多好，以及有多大的动力去付出额外的努力。每一位教师都为了获得他或她的岗位做出了很大牺牲，他们需要确认这段旅途是值得付出的。

当然，学生应该给予学校更高的评价吗？

让我们通过以下问题，从不同的视角来考察威林厄姆的论题：（a）为什么学生没有更喜欢学校？（b）为什么多数学生会自然而然地偏向中立的观点？（c）为什么很多学生需要为在校的学习付出很大努力？作为教师和教育者，笔者与本书潜在的读者可能对学校及其附带的益处持积极的意见。我们都理解这个游戏是什么，以及如何玩这个游戏。当我们还是学生时，我们很多人目睹了不理想的教育实践。所以我们这一代的专业教育者一直在努力扭转这些实践。目前，我们的很多学生已经从现代观念和民主实践的改革和发展中受益。与上一代的经验相比，这些理念应该使学校教育的体验更有乐趣、更令人兴奋，并且理应得到更多的肯定。

这些看似简单的问题，有很多可能的答案。有些答案可以很快得到确认。对学校的喜欢与情感因素（比如性格）和社会因素（比如学生个体在特定地点拥有朋友的数量）相关。待在学校有很多好处。学校教育在本质上是一种社会化过程，同龄人的态度能对个体产生强烈影响。我们通常会与那些我们认为跟自己相似的人保持一致态度。

同样，家庭背景和来自父母的压力会起显著作用。例如，在南澳大利亚的一项研究中，我们发现，当学生的母亲采取一种鼓励孩子承担更大责任的教养风格（parental style）时，学生往往对学校表达出更高的喜爱程度。这是有道理的，因为学校期望学生能够承担责任，所以家庭教育和学校教育之间的一致性似乎发挥了作用。女生比男生对学校表达出更多的喜爱，能力较高的学生比能力较差的学生对学校表达出更多的喜爱。当学生进入中学阶段，他们对学校的积极态度可能有所减弱，但研究常常发现，他们对学校的积极态度在高中阶段会再次加强。

让学生思考：课堂的要求

然而在解释为什么学生不喜欢学校时，威林厄姆博士给出的答案是，人的大脑天生不想思考。甚至，他指出"大脑不是专门用来思考的"（Willingham, 2009, p.3）。这种耸人听闻的言论看似与人类的特征不相符。思考本应是我们生而为人的一个关键特征。我们生来就自然会思考。它是我们不同于其他物种的特征。当然，我们生来就具有大面积的脑皮质，我们可以用它来思考。从理想主义的视角来看，思考应该是很有趣的。或者如果不是完全有趣，也至少在本质上是有益的。我们都可以在认真思考、提高能力和解决问题中获得乐趣，为我们的脑力劳动所取得的成功结果感到骄傲。

然而，思考并不有趣，这样的观念与认知心理学中的大量观点是一致的。当然，这个主题将出现在后面的有关两种思维（快思考、慢思考）的章节中，这两种思维被称为系统1和系统2（参见第30章）。思考是系统2的产物，但该系统是迟钝的，它的产出具有高度的不确定性。

为什么思考不是很有趣？首先，它需要付出努力。只要涉及努力，人类就会出现与生俱来的抗拒，因为这需要耗费资源。然而，不要将这种特质与懒惰混为一谈。相反，它关系到个人精力的合理配置。努力是一种必须与个人的动机和想要实现的目标保持一致的因素。此外，它与**自我效能感**水平或我们能取得成功的信心紧密相关。要求一个人付出努力从来都不是一个简单的要求。我们必须考虑成本的问题，对大脑中同时出现的各种需求做出权衡。我们是资源有限的生物，但是思考会迅速耗费大量资源。所以，抗拒思考并不一定是懒惰的表现。它反映的是我们对个人资源做出的一个经济的、谨慎的和明智的决定。

思考还有着高度的不确定性。在这件事中有太多未知之数。占主导的动机通常是保存精力，当我们无法确定结果时，我们就会避免采取行动。因为我们从来无法保证思考能带来令人满意的结果，所以任何思考都可能招致无法达成预期的惩罚。

避免失败是一种强有力的动机，它远远强于在客观同等水平上取得积极成功或回报的动机。我们可以用两个已被证实的认知原则去表述这些概念：（a）每当我们需要做出决定时，我们都会尽量规避风险；（b）避害远远强于趋利。

在头脑中运用知识遇到的困难

此外，这里还有一个关于**心智可用性**（mental availability）的有趣问题。心智可用性是指大脑获取适合的信息和充足的认知资源去解决问题的能力。思考直接依赖我们从长时记忆中提取信息的能力。我们的判断与我们即时回忆到的信息有密切关系，并且严重受其影响而可能出现很大的偏差。但对于任何储存在我们大脑中的信息，其最重要的属性是我们可以很轻松地对其进行提取和加工。当我们无法随时提取信息，我们就会感到不安和信心不足，缺乏采取行动的动力。

每当我们的大脑因难以回忆而感到压力时，大脑遇到的困难本身会成为一个决定人们如何运用记忆的因素。社会心理学家诺伯特·施瓦兹（Norbet Schwarz）的研究表明，**轻松提取**（ease of access）会产生一些奇怪的效应。例如，在一项研究中，他要求人们回忆他们确定发生过的事件，然后让他们评估自己有多确定。一半人被要求回忆6起事件，另一半被要求回忆12起事件。结果是前者比后者更加确定发生过的事情。原因是什么？因为回忆6起这样的事件是容易的，而回忆12起事件很难。在你的精神世界中，回忆的难度决定了经历的价值和意义。回忆的难度比回忆的信息量更为重要。我们都知道，如果信息难以回忆，那么它就不太可能对一个人的主动思考造成影响。谚语"眼不见，心不想"（out of sight, out of mind）很好地描述了这种情况。

我们被知识缝隙所激发，却因知识断层而懈怠

威林厄姆博士论点的核心是好奇心所起的作用。我们天生是好奇的动物，好奇心驱动着我们去更多地发现我们的世界。虽然这听起来很美妙，但这样的驱动力有很大的局限。我们对我们关注的事情具有高度的选择性。每当我们期望他人在学习或思考上付出努力时，这种选择性就会带来一个重大的问题。由天生的好奇心所驱动的任何思考，都必须与对成功水平的理解、技能掌握和问题解决联系起来。"普遍的好奇心"这样的东西根本不存在。好奇心只有被触发才能发挥作用。

我们不能对所有可能的事情都感到好奇；相反，我们对**知识沟**（knowledge gap）非常敏感。为了拓展个人的知识基础，我们会努力搜寻和留意那些我们已

经知道的事物。但只有当我们觉得知识沟本身在短期内能够被填补时，我们才会这样做。这一因素在我们分配个人资源时是至关重要的。我们会努力地缩小知识缝隙，而不是知识断层（knowledge chasm），因为我们觉得前者才是有价值的。我们大多数人对计算机和收音机之类的设备如何运作没有多大兴趣。我们没有动力去了解，因为我们觉得知识沟太大而不能激发兴趣。当我们处于相对无知的状态，或总体上缺乏知识，我们就会缺乏学习动机。针对高智商大学生的实验室研究也表明，我们对学习那些自己知之甚少的事物缺乏动力。

但当我们同时看到与我们有关的知识沟和可以缩小知识沟的方法时，我们就会产生好奇心。矛盾的是，具备一定的先前知识会促使我们想要获取更多的知识。如果新知识可以在短期内用相对低的成本获得的话，这种效应会非常强。打个比方说，当我们在建造知识的大楼时，如果已经有牢固的地基，我们会付出最大的努力。但如果没有任何基础可以依赖，那我们就不太愿意开始建造大楼。

我们依赖于记忆，而非思考

威林厄姆论题的一个主要观点是，许多人体机能依赖激活的记忆，而不是思考。从本质上讲，我们尽量避免思考，而努力通过我们的记忆来解决问题。威林厄姆直言道："大脑不是专门用来思考的"（Willingham, 2009, p.3）。那么，大脑是用来做什么的呢？我们可能会留意到大脑天生就很擅长的一些领域。这个古怪的清单包括：（a）双足直立行走，在地势起伏时能够使移动的身体保持平衡；（b）利用视觉信息对时间、距离和空间进行复杂的评估和判断；（c）能够掌握大约25万个接受性词汇（即能够理解，但未必能正确运用的词汇）；（d）能够迅速地说出2万到3万个普通物件的名字；（e）能够识别数千张脸，并将其与姓名相匹配；（f）能够利用社交线索来准确地评估他人的心理状态；（g）与他人交谈时能够考虑到其立场、时间安排、性情和意图。注意（e）（f）（g）与**社会脑假说**是一脉相通的。社会脑假说认为，我们进化出一个大容量的大脑，使我们能够建立和维持重要的社会关系，这个观点将在本书的一些章节中反复出现（具体是在第3章、第4章、第8章、第15章、第17章、第27章、第28章和第30章中）。

我们通常不会用良好的思考能力、高效学习和成功解决问题之类的特质去描述人类天生的机敏。哲学家可能会认为，有些人确实能够进行良好的思考。

但这种言论并不适用于所有人。那些人可以被视为高度社会化的"思考社群"（thinking community）的产物，比如具备高度智识的家庭或机构，它们帮助那些人获取高水平的学术成就。但这不是普遍的人类境况。相反，人类通过直接的社会影响过程自然地内化了他们创造的绝大部分知识，而这个过程反而对思考能力的要求并不高。

科普作家迈克尔·舍默（Michael Shermer）对我们关于如何思考的研究进行总结时提出了一个概念，他将大脑描述为一部"信念机器"（belief machine, Shermer, 2011, p.5）。我们通过社会学习形成信念，然后学习如何为它们辩护，特别是当我们认为它们受到看法不一致的其他社会成员的攻击时。舍默开玩笑说，理性人（Homo rationalis）——那个通过严密的逻辑和理性的数据分析来权衡所有决定的物种——"不是灭绝了，而是或许根本没有存在过"（p.343）。

学校教育与以前的社会学习有何不同？

我们能够看到这些观点最终引向的结论是什么。虽然脑力劳动是人类天生的一种能力，但多数学生在思考时都不太可能感到舒服。从童年时期开始，他们的家庭背景就促使他们模仿成年人，努力向成年人学习。虽然他们已经掌握了复杂的语言，但生活的重心一直都是内化文化工具，将至关重要的信息元素储存在个人的记忆库中。他们将主要的精力放在这件事上，这也是他们至关重要的目标：掌握一系列的人际社交技能，使其能够更敏感和聪慧地领会人际互动。因此，他们要达成的主要目标是能够内化已知的信息，而不是尝试思考已知信息之外的事情。突然让年轻的学生开始思考已知信息以外的事情，这是一个有悖于他们个人发展历程的要求。

观点：评价威林厄姆的论题

我们可以用如下六个观点总结威林厄姆的论题：(a) 你的大脑不是天生为思考而设的；(b) 作为一种大脑的活动，思考是缓慢的、需要付出努力的，并且思考的结果是不确定的；(c) 在人们不得不进行交际和生存的真实世界中，大多数人的行为不是由审慎或有意的思考所引导的；(d) 相反，我们的大脑依赖于记忆，根据先前的惯例或我们观察到的他人的行为而采取行动；(e) 尽管我们是好奇的生物，但我们只对那些我们具备一定先前知识和自信有能力学习的领域感兴趣；(f)我们不愿意在思考活动上付出很大的努力，除非我们觉得付出努力在短时间内可以获得成功。

此外，我们也注意到，当思考发生时，任何可以快速提取的工作记忆都会对思考的内容造成很大的影响。一旦我们需要处理的项目多于4个，**认知负荷**（cognitive load）增加，思考的质量就会急速下降（参见第16章）。人脑不仅在相当程度上不习惯思考，而且它进行有效思考的能力也非常受限于我们从长时记忆系统中提取项目的难易度。大部分学生缺乏自信使这种状况变得更加复杂。学生不仅不确定是否应该在结果未定的活动中投入大量的心智资源，而且意识到他们已有的知识水平与教师希望他们达到的水平之间存在巨大的知识沟，使他们天生的好奇心遭到削弱。

威林厄姆的观点可以直白地表述为：教师面对着一屋子头脑不是专门用来思考而是尽量避免思考的学生。威林厄姆的论点不是说学生不能思考，而是说对于大部分个体而言，进行"学校式"的思考并不是自然而然的或者愉快的。要求他们思考问题是一种不愉快的体验。但当谈到复杂的学习和思考时，我们错误地认为学生会有热情和自信。思考意味着考虑不同的观点；意味着要控制冲动，在缺乏数据时避免做出判断；意味着用证据和研究代替偏见和意见；意味着你的学生要对他们可能从未遇到过的想法保持开放心态。对于很多学生来说，这些都是沉重的期望，而且可能与他们家庭的期望恰好相反。

我们在这本书中引用的关于人类心智的认知理论，与威林厄姆博士的基本观点是一致的。其中一个关键概念（在第30章会介绍）是我们的脑设有两个操作系统：一个快速运作的"系统1"，它依赖已习得的习惯和常规；一个缓慢运作的"系统2"，当自动化系统失效时，我们就会调用这个系统。但是，系统2需要付出代价，具有不确定性且令人不适。沿着最小阻力的路径运动，停留在自己的舒适区，这要容易得多。许多陷入困境的学生经常被要求调用系统2整天思考，这种要求非常累人、带有胁迫性，而且不会带来充分的"过度学习"。过度学习能使其运用更快的系统1。正如威林厄姆博士所言，期望学生不再依靠他们的快速运作系统（系统1），让他们努力改变那些已经存储在他们头脑中的东西，或在已有的基础上加入新知识，对于任何教师来说，这都意味着巨大的挑战。

导学问题

1. 学生喜欢学校吗？令人惊奇的是，自从调查研究被发明以来，这个问题似乎在大约90年的研究中反复出现。这个问题的答案到底是什么？

2. 尽管上述问题有一个传统的答案，但威林厄姆博士要解决的专业问题是什么？

3. 威林厄姆宣称"大脑不是专门用来思考的"。作为一个专业的教育工作者，你要接受这个似乎很令人沮丧的观点，有多容易或者多困难？

4. 本章拓展了这个观点，即思考是一种需要付出很大努力的活动。由于精力是有限的资源，被要求进行思考到底意味着什么呢？

5. 除了努力，心智可用性是另一个需要关注的问题。头脑想要使用它能够即时提取的知识，并以其作为行动依据。这个因素是如何妨碍我们实现教育目标的？

6. 虽然所有人天生都有好奇心，但这个动机在巨大的制约因素面前会遭遇迎头一击。这个因素是什么？

7. 如果一个人认同大脑不是专门用来思考的，那么大脑究竟是用来做什么的呢？

8. 总的来说，威林厄姆的论题提供了一个有趣的视角，让我们看到了为什么教师的目标会自然而然地与学生的目标有所差异。那么接下来，我们是要尝试反驳威林厄姆的论点，还是认可该视角？关于学生的需求，它告诉了我们什么？

参考注释

- 威林厄姆博士是教育研究领域的重要作家，经常在美国教师联盟的内部刊物《美国教育家》(*American Educator*)的"请教认知科学家"专栏上发表论文，他在2009年写的书《为什么学生不喜欢学校？》(*Why Don't Students Like School?*)（Willingham, 2009）非常具有启发性。

- 学生能够接纳学校，或持偏向正面的态度。有很多研究支持这个观点，包括澳大利亚的一项研究（Ainley, Batten, Cherry, & Withers, 1998）、英国的一项大型调查（Attwood, 2011）和新西兰的一项研究（Wylie, Hipkins, & Hodgen,

2008）。
- 学生的冷淡给教师带来了压力（Geving, 2007; Tsouloupas, Carson, Matthews, Grawitch, & Barber, 2010）。
- 南澳大利亚学者对母亲的支持进行了研究（Annear & Yates, 2010）。
- 一般情况下，我们会保护我们所拥有的。我们规避风险，并极力避免让已有财产受到威胁（Kahneman, 2011）。避害强于趋利（Baumeister, Bratslavsky, Finkenauer, & Vohs, 2001）。
- 轻松提取知识能产生奇怪的效应（Schwarz et al., 1991）。
- 可感知的且能填补的知识沟能够激发学习动机（Litman, Hutchins, & Russon, 2005; Loewenstein, 1994）。
- 大脑是一部信念机器（Shermer, 2011）。

第 2 章　知识是教学的障碍吗?

要教授一个主题或技能，彻底了解这个主题非常重要。这个观点似乎是不言自明的真理。一位和善的导师要教你下棋，他必须熟悉这个游戏，熟悉其目标和基本规则。假定一个人拥有某个主题的知识就能将其教授给其他人，这个观点在本质上是有道理的。数百年来，工业以及几乎所有形式的就业领域中都运用了这一原则。很多就业领域都包含相当高水平的培训，教师来自于那些被认为是从事该手艺行业的佼佼者。"学徒制"这一内涵丰富的概念也吸收了这样的思想。学徒通过与师傅或专家的直接人际交往来学习手艺。在许多领域，专家向新手分享其知识是一种义务。

但学科内容知识真的让你胜任教学吗？在科学文献中频繁出现的让人感到奇怪的研究发现是，教师在其所教内容上的知识深度与学生的学业成就水平几乎是不相关的。这一发现肯定与前述段落所表达的基本思想相冲突吗？

我们建议您阅读本章时与第 12 章联系起来，第 12 章对教学领域的专业知识进行了描述。本章将采取不同的思路，因为教学中的专业知识不同于所教内容材料的专业知识。在回顾该领域的文献时，我们发现了两个非常奇怪的"否定"观点：

a. 这并**不是**说，一个人在对所教内容一无所知的情况下能够成为一名合格的教师。

b. 在某个主题上具备高水平知识，并**不是**自然而然就有能力把这个主题教好。事实上，很多时候是恰好相反的。你对一个领域了解越多，就越难从他人的立场去看待这个领域。

专家低估了任务对新手的难度

大量调查研究表明，专家在将新手带入某个领域时通常会遇到困难。例如，帕梅拉·海因兹（Pamela Hinds, 1999）发现，在一场真实的培训中，要求人们对学会使用手机需要多长时间进行判断时，熟练使用手机的人的判断远不如新手精确。一项任务对于新手有多难，专家对此并不敏感，这种效应被称为"知识的诅咒"（curse of knowledge）。海因兹博士能够证明，当人们掌握了某个技能，就会开始低估该技能的难度。她的被试甚至低估了他们之前学习这项技能时投入的时间。既然我们认识到专家会忘记他们自己学习一项技能的难度，我们就能理解，需要透过学生的眼睛察看学习过程，而不是凭空推断学生应该如何学习。

专家可能不擅长提示和交流

戴维·费尔登（David Feldon，2007b）对许多研究进行的综述表明，专家通常不善于交流他们所做的事。专家拥有组织良好的知识，但却是概括性的，只能被熟悉该领域的人所理解。一旦专家遵循高度结构化和序列化的程序，他们就会成为优秀的交流者，但这在极少的情况下才会发生。他们的专业知识建立在高水平的隐性知识的基础上，很难向其他人传达。从这个意义上讲，隐性意味着缄默，也可能是未知。例如，你可以相当熟练地骑自行车，但完全无法向别人解释你是如何做到这一点的。一个对照研究也表明，人们无法对别人解释如何接球。

专家可能无法确切地知道他们在做什么，因为他们的技能是自动化的、无意识的。事实上费尔登博士发现，一个人在某一领域内拥有高水平的专业知识可能成为他在教学领域的劣势。即使专家尝试使事情变得简单，也依然会遗漏一些新手觉得很有价值的信息。他们没有以分步教学的方式传达信息。他们使用的词汇不太常见。一些研究表明，专家很难估量出新手具备多少知识。

在一项实验室研究中，海因兹、帕特森和普费弗（Hinds，Patterson and Pfeffer，2001）要求电子学专业的高年级研究生（充当专家）为初学者设计和记录有关电路测试任务的教学材料。另一组被要求做同样的工作，但这些人不是高年级研究生，而是相对的新手。研究发现，专家会用抽象的表述和高级的概念来教学，因为这些术语构成了他们常用的词汇。新手则在一个更加基础和程序化的水平上教学，表述更加具体和直接。这些教学差异的效应是显著的：（a）在给零基础的初学者教授任务时，新手的教学效果更好；（b）这些初学者对专家的评价是，他们是不太有效的教师。

然而，当涉及任务迁移时，那些由专家指导的人能够更迅速地将他们的新技能迁移到另一个不同的任务上（但并没有更准确地迁移）。似乎专家在交谈中和教导他人时所采用的抽象程度和复杂语言，一开始会给学习带来问题，但其效应并不总是负面的。

学生确实会欣赏知识渊博的教师

教师的学科知识是学生学习的一个决定因素，对此我们应该得出什么结论？首先，如我们在 VL 所综述的研究中看到的，这是一个积极的影响因素（Hattie，2009）。然而，它的总体效应量似乎很低。

其次，很可能其影响在专业课程中是相对较大的，比如科学课程。这一发现反映了学生确实喜欢被知识渊博和能激发学生积极性的人所教，尤其是被那些对学科知识表现出热情的人所教。已有研究表明，学生对他们的最优秀教师的以下品质给予高度评价：有能力、可信和公平。这些品质更多是与学生的动机紧密联系，而非实际的学习。值得注意的是，如果他们认为某些教师是聪明和博学的成人，就会更加重视与这些教师的互动和反馈。

实验室研究发现，儿童很少会从他们认为相对无知的成人身上学到东西。毕竟，如果一个人所知的和你差不多，或者能力不足，那么他或她就无法充当学习的来源。虽然能否在学生面前展示自己是"无所不知的"教师或"大师"并不重要，但无论如何，如果你能展现出高超的掌握水平以及学习和精进的意愿，这都是很有助益的。显而易见，展现清晰和连贯的知识以及进一步提升知识的积极态度能够带来的优势之一就是，你的学生会把你看作一位可信的、能调动他们积极性的教师。

但正如已有研究所表明的，这里还存在不好的一面。当你对某一主题拥有的深度知识，使你知道的、你的思考方式、你能做的与你的学生目前的教学需求之间产生了差距，那么就会产生问题。数学教育工作者把这种差距称为**专家盲点效应**（expert blind spot effect），因为一项研究发现，擅长数学的人会对如何教授高中数学课程内容做出不当的判断。你掌握了学科内容，并不意味着你能够轻易地将同样的内容教给还处于学习起点的人。有时，你的专业知识会成为一种障碍，使你难以了解学生的需求。

14 观点：教师需要什么样的内容知识？

尽管常识和工业的学徒模式反映着另一种观点，但我们依然认为，全面而深入地了解一个主题，并不会自动使得你在一开始就知道如何向初学者呈现和教授该主题。我们在这里可以看到一种特殊的认知共情缺口（cognitive empathy gap，参见下一章对人与人之间的"共情缺口"这个概念的深入分析）。

然而，这不全是坏事。虽然你并不需要无所不知，但学生仍然非常希望他们的教师是聪明能干的人，他们会贬低那些他们认为缺乏基本能力的成人。特别是向学生给予反馈和评价他们的学习质量时，你在某一学科上拥有的深度知识能展现出巨大的价值。当你对某一领域一知半解的时候，你就很难发现和纠正错误，或者在帮助他人增进理解时，很难提供更有深度的知识并加以精细化。

因此，课程知识并不是高质量的小组教学的必不可少的前提条件，而是可以帮助你确定学生个体需要如何进行改进。你的课程知识使你能够诊断学生的学习问题，提供纠正式教学，并设置新的可实现的目标。总而言之，在任何需要个人补习或指导的情况下，课程知识的深度都变得至关重要。正是在这样的情境中，你才能更加敏锐地觉察到个体在理解上遇到什么问题。作为一名知识渊博的教师，面对个体学生时，你能觉察到他的知识沟，但当你面对的是一大群学生时，就很难做到这一点。

导学问题

1. 学徒制模式是在中世纪形成的，作为实现如下几个目标的一个途径：比如保护和发展手艺，完成需要劳动分工的复杂项目，将知识传递给下一代，确保文化知识与发明能够在整个社会中迅速传递。这个模式在师资培训中仍然存在。在今天的学校中，为职前教师安排实习工作的基本假设是什么？

2. 帕梅拉·海因兹在研究指导者如何教授使用手机的技能时，发现了"知识的诅咒"的直接证据。这个效应是什么？它对我们教授擅长的事物有何启发？

3. 在回顾了众多研究以后，戴维·费尔登指出，专家在与初学者交流时通常会遇到很棘手的问题。他到底出了什么问题？

4. 一项研究发现，专家和新手使用的教学方式往往是有差异的。差异究竟在哪里？学习者喜欢专家的教学还是新手的教学？

5. 人们发现，学生十分看重知识渊博且能干的教师。事实上，他们抗拒从他们认为无能的成人身上学习知识。那么，这一切的平衡点在哪里呢？你应该努力展现什么样的品质呢？

6. 在一个完整的班级中，尽管熟悉某个领域与教好这一领域之间没有必然联系，但作为教师，你的课程知识深度在很多时候是极其重要的。那是什么时候？

参考注释

- 即使教师的学科内容知识与学生的学习相关，这种相关性也是很微弱的。参见《可见的学习》英文版第 113—115 页（Hattie, 2009）。
- 专家低估了一项任务对于初学者的难度（Hinds, 1999）。
- 专家通常不善于交流（Feldon, 2007a, 2007b; Hinds, Patterson, & Pfeffer, 2001; Nückles, Wittwer, & Renkl, 2005; Wittwer, Nückles, & Renkl, 2008）。
- 向其他人解释如何接球有多难？不仅你不知道怎么做，而且你在指导他人时关注的是错误的变量（Reed, McLeod, & Dienes, 2010）。
- 年幼的儿童拒绝向那些他们认为无知的人学习（Sabbagh & Shafman, 2009; Sobel & Corriveau, 2010）。
- 学生喜欢知识渊博的教师。参见对澳大利亚青年的纵向追踪调查（Underwood, Rothman, & ACER, 2008）。
- 专家有盲点（Nathan & Petrosino, 2003; Wittwer & Renkl, 2008）。
- 教师的知识在诊断学生个体的进展情况和调整教学时的作用（Wittwer, Nückles, Landmann, & Renkl, 2010）。

第3章　师生关系

在考察师生关系之前，我们有必要考察一下普遍意义上的人际关系的研究发现。尤其是，研究的一个关键现象是共情缺口（empathy gap）。共情缺口发生在人难以设身处地考虑他人时。当你处于温暖和安全的境地时，你很难想象他人的痛苦和不安。如果你从未被人欺凌，那你就很难想象被人欺凌的痛苦。那些被人欺凌、被社会排斥的人认为这些经历是极其痛苦的。其他人如果没有过这样的经历，则会低估伤害的程度。如果你没有同样的经历，你就很难感同身受地同情他人。

同样，处于强势地位的人会低估他们的决定对其他人产生的不利影响。关于攻击行为的研究表明，攻击者能够非常熟练地运用一系列辩解技巧。攻击者总会为自己寻找借口，为自己的行为辩解，低估自己对另一方所造成的伤害，认为受害人陷入这样的境地是咎由自取。另一方面，受害者对攻击者感到怨恨和愤怒，而且他们报复的欲望会随着时间的推移而增加。

共情缺口通过**负向升级**（negative escalations，或恶性循环）为关系恶化埋下种子，这种机制有时也被称为**滚雪球效应**（snowball effects）或**负向递增**（negative cascades）。轻微的伤害招致报复，最初的施害者觉得这与他作的恶并不相称，并认为他有理由采取进一步的攻击行为。我们都目睹过由于负面情绪扩增而导致关系破裂的不幸境况。确实，后果可能是悲剧的。当人们之间存在不可断绝的关系，比如亲子关系，负面情绪扩增可能会引起对关系另一方的极度厌恶，破坏、社会病态或自我伤害可能会随之发生。

走向积极的关系

值得庆幸的是，强制型关系（coercive relationship）很少。在大多数情况下，我们可以处于积极的一面。行为升级（behavioural escalation）有利于建立和维持丰富的互利社会关系。教师有充分的理由着力与学生建立高质量的关系。

大量调查研究已经发现，早期的学校生活是发展个人生活适应模式的关键时期。年轻的学生和教师之间建立起积极关系，这种积极关系已被证明会不断拓展，并会最终带来持久的益处，其中包括信任和感情。

例如，埃琳·奥康纳等人（Erin O'Connor et al., 2011）追踪了1364个学生从开始上学到进入青春期的情况。教师认为他们与每个学生的关系很亲密、温暖，没有冲突。早年积极的师生关系预示着这些学生出现外化反社会行为（externalising and antisocial behaviour）的可能性较低，也有助于防止初入学时有轻微内化问题（internalising，比如忧虑和情绪问题）的学生形成长期的行为问题。

美国最近的一个研究运用专业发展培训模式促使高中教师关注改善与学生的关系，该研究证明了师生关系有持久的影响。结果发现，在项目实施的第一年，学生的学业成就并未显著提高，但在干预的下一年，参与项目的学生成绩提高了9个百分点。研究者观察到，训练有素的教师改善了他们与班级互动的方式，这会影响学生的学习和动机，但这种影响是滞后的，而非立竿见影的。

亲密与冲突

罗伯特·皮安塔（Robert Pianta）博士的著作表明，低年级的师生关系可以从两个维度来描述：**亲密**（closeness）和**冲突**（conflict）。亲密指的是教学互动中的情绪状况。例如，在一份针对教师的调查问卷中，有道样题是这样描述的："如果学生感到沮丧，他会从我这里寻求安慰。"亲密似乎更多处于教师的掌控之下。已经确定的是，当学生的师生关系以亲密为特征时，相对于在这一维度得分较低的同龄人来说，他们在总体上更能适应学校生活。

另一方面，冲突指的是教师倾向于勾选"应对这名学生耗尽了我的精力"之类的语句。研究发现，教师自我描述的冲突与学生逃避学校、不愿意参与学校任务、亲社会行为（prosocial behavior）减少以及攻击性行为增加相关。除了这些明确的结论以外，我们必须补充的是，从冲突的定义就可以知道，它将增加教师的压力和降低工作满意度。人们还发现，那些自称职业满意度较低的教师，以及那些被观察到很少给予学生情感支持的教师，在自我描述时表现出来的冲突水平远高于其他教师。

当然，我们必须谨慎，不要过度解释这类儿童发展性研究的成果。虽然这些研究表明了它们之间存在关系，但我们将其认定为因果关系时必须慎重。师生关系导致部分学生的社会适应和学习适应能力较差,这种观点并不妥当。当教师认为某个儿童"耗尽了我的精力",他可能在回应一个真实的情境,这可能与儿童表现出的特质有关。教师面临的困境不在于对表现出那种特质的学生反应过度。教师的话语确实承认了"难教的儿童"是存在的,但这并不是负向升级的理由。

如果把注意力放在应付不合作的人上,那么就很难发展积极和密切的关系。太快采取惩罚性模式是有危险的。社会心理学的研究已经发现,当人们掩饰情绪时,依然会发生大量的**情绪泄露**(emotional leakage)。隐藏情绪通常会功亏一篑,甚至当你努力对你发现的不合作的人保持礼貌时,也可能会发生一定程度的情绪泄露。例如,你可能会(无意地)提高词尾的声调,表现出焦虑、嘲讽或假意。

对于学生的不配合,没有哪个主流学习理论建议使用惩罚性模式,大量的研究发现也与这种策略相左。例如,澳大利亚的一项调查发现,当高中学生受到惩罚时,他们会将惩罚归因于教师("教师讨厌我""教师为难我"),而不是承担个人责任。这里对课堂管理研究不做深入的探讨,在本章的参考注释中能找到该文献的出处。但明确得到证实的观点是,厌恶控制法(aversive control methods),比如惩罚、批评、叫骂、挖苦、贬低或公然侮辱,是一种只能使学生在表面上服从的策略。

就课堂管理而言,消极的策略最终会弄巧成拙。服从不是一个很重要的教育目标,特别是当它损害到其他更重要的教育目标时。在任何人际交往的情境中,使用厌恶控制法都会触发接受者强烈的情感和动机。这样的动机会以怨恨、愤怒、普遍消极、无助和被动的形式出现,促使负向升级进一步加剧。

学校作为一个缓冲区

师生关系的质量很可能是影响学生健康的一个重要因素。经常有临床研究报道,存在发展问题的儿童在更广泛的社交圈中往往比其他人更依赖身边的成年人。对于那些难以适应学校、难以取得学业成功的儿童,与教师建立亲密和支持性的关系,可能会降低他们出现负面结果的风险。调查显示,师生关系可以作为防范一系列问题(包括反社会倾向)的保护性因素。

当儿童没有支持性的家庭环境时,学校环境将成为社会和文化学习的主要来源。在这种情况下，师生关系对个人发展有巨大的影响。当学生在更广泛的社会和家庭环境中没有足够的成人榜样时，教师个体可以无意中充当有效榜样的角色。

学校作为发展轨迹的调节者

师生关系影响因素的研究呈现出来的一个合理观点与"调节"（moderation）这一概念相关。打个比方，"调节"就像是一个开关。当开关处于某个位置，好的事情就会比较容易发生。一件好事可以直接引发另一件好事。此外，朝向负面的事情会变得缓慢或完全静止，出现了缓冲效应。一个发展相对较差的学生遇到积极的师生关系时，其人生轨迹就有可能被重置。找到能够在学校环境中发挥作用的积极因素，可以保护那些将要陷入不良生活模式的儿童。

但如果开关没有调到比较理想的位置，会发生什么呢？那样的话，我们就错过了时机，积极事件不太可能联动起来并相互支持，发展轨迹会继续下去，好像没有发生什么重要的事情一样。在缺乏积极的人际关系时，学生可能无法认同学校教育的目标和目的。作为教育工作者，我们的目标是产生积极的影响。因此，我们要努力使调节开关的设置远离消极或中性模式，将其调校为积极能动的模式。主动发展积极的师生关系是一个重要的目标，这可以帮助你建立专业地位，使你能够对你的学生的生活产生很大影响。

转 动 开 关

是否有可能转动开关使好的事情发生？最直接的答案是，这正是优秀教师通过积极的人际交往行为一直在做的事情。教师不仅可以积极地处理整个班级的事务，也可以积极地与特定学生个体进行交往。正如本章前面提到的，教师专业发展可以重点关注建立良好的师生关系。

德里斯科尔和皮安塔（Driscoll & Pianta，2010）的实验对另一个有趣的方法进行了研究。在六周时间里，他们要求幼儿教师每日多花几分钟时间与危机学生（at-risk student）在一起。这些时间用于进行非指导性的、以儿童为中心的活动。尽管短期的干预研究没有对学生产生即时的影响，但研究发现，教师对学生的看法向积极的方向转变。此外，研究者发现，教师对自己与这些学生亲密程度的描述发生了积极的变化。我们有理由得出这样的结论：师生关系的质量取决于教师投入了多少时间以非强制的和友好的方式与个体学生互动。定期花几分钟倾听学生个体的声音，可以使他们的生活发生很大的变化。

因此，证据表明，如果学生在家庭中没有获得好的经验，积极的学校关系可以缓和其潜在的不良效应。但认识到事情的另一面也是很重要的。我们也知道父母的积极态度和期望会影响到他们的孩子，这与教师的影响无关。在美国一项针对低收入家庭青年学生的教育成就的研究中，人们发现，积极的家庭支持和母亲的期望能够抵消教师低期望带来的不良影响。研究者直接并明确地指出，"有证据表明，即使面对教师的低期望，一些年轻人也能表现得很好。对于这些年轻人来说，母亲的期望在缓和教师低期望的负面影响上起了关键作用"（Benner & Mistry, 2007, p. 151）。

因此，我们发现：（a）积极的师生关系能够缓和与不良家庭背景因素相关的影响；（b）良好的家庭和父母因素能够缓和与不太理想的师生关系相关的影响。但此外，本纳（A.D. Benner）和米斯特里（R.S. Mistry）证实，取得最佳教育成果的学生，往往其家庭和学校都发挥着一致的积极影响。也就是说，积极的关系和来自于父母和教师的期望能够预测谁是最成功的学生。最坏的结果与父母和教师共同的低期望有关。这些研究发现有力地支持了这样的观点：每一个儿童都需要一个重要的成人来表达对他或她的积极关注。

观点：为什么师生关系是贯串整个童年和青少年时期的重要因素？

人与人之间不可避免地存在共情缺口，这使我们难以意识到学生有多重视与眼前教他们的人之间的关系。如果关系是积极的，儿童的发展模式久而久之也是积极的。其中一个令人惊讶的发现来自于皮安塔博士的深入研究项目，它关注的是最初的师生关系对整个学校教育阶段的影响。后续研究表明，如果学生在初次接触学校系统时与教师建立起积极的关系，就能一直从中得益，甚至十年以后这种益处依然存在。积极的师生关系带来的益处是持久而深刻的，似乎符合正向升级（positive escalation，或良性循环）的模式。积极的人际关系产生好的经验，好的经验促进积极的关系。

发展亲密关系并减少冲突的主要原因是建立信任，这是大多数学习所需的。学习需要大量的投入。它需要我们树立学习的信心，需要对新经验和思想保持开放，需要了解到我们可能错了、我们可能会犯错误以及我们需要反馈。对于很多学生来说，学习是一件有风险的事。因此，积极的师生关系是重要的，与其说是因为其本身有价值，还不如说是因为它有助于建立信任去犯错、去寻求帮助、去树立再次尝试的信心，让学生知道即使他们没有第一时间就明白，也不会看起来很笨。

我们以共情缺口的研究作为本章的开头。作为本章的结尾，我们会引用来自于社会心理学中相同领域的其他相关研究成果。一个常见的研究发现是，人们认为与自己相似的人能够迅速地引起他们的共情，而对他们认为与自己不同的人则不会。人们的共情能力与群体忠诚、社会认同和文化联系是密切相连的。但是，我们都知道，人一旦加入新的群体，就会很快改变他的忠心。我们似乎生来就拥有一种轻松"改变立场"的能力。我们可能是某个球队的成员，但是当有更好的出价时，我们能毫无问题地加入一支新的球队。

我们也知道，虽然年幼的儿童会对他人表达同情，但是他们仍然很难从他人的角度来看世界。我们在前文就提到过，学生倾向于将自己受到的惩罚归因于他们世界中的成年人，即使成年人在使用被普遍认可的规则和约定系统时努力做到公平和公正。直到青春期后期或成年早期，深入理解他人观点的能力才会显现出来。

有关青少年（未）成熟的新证据

近期很多科学文献讨论了在进入青春期以后，大脑仍需很长的一段时间才能发育成熟。虽然在青春期早期，认知能力和推理技能得到了很好的发展，但社交和情感方面仍然有很大的发展空间。例如，思考一下年龄较大的青少年是否需要掌握风险管理的技能。过去的观点是，初生牛犊不怕虎。他们可能超速驾驶，或试用危险药物，因为他们感觉自己不太可能会受到伤害。纵然这种解释很有吸引力，但它通常是没有什么用处的。首先，这缺乏强有力的证据，而且在这种观点看来，青少年和成人似乎是没有差异的。在口头表达上，大多数青少年都表现出他们有成熟的能力去理解和判断选择与决定的成本和效益，这与"初生牛犊不怕虎"的假设正好相反。

近期的研究表明，在整个青春期，甚至是青春期之后，青少年评估风险的准确性仍会继续发展。青少年知道事情是有边界的，但却不清楚边界在哪里。这样的判断在很大程度上取决于是否有理想的成人榜样。青少年的特征是寻求刺激（sensation seeking），有强烈的趋近倾向（approach tendency），不太可能被恐惧所支配。例如，对青少年赌博模式的分析（在模拟的实验室条件下）表明，在成年人看来，青少年的押注往往是过于冒险的。那些认为冒险行为很有价值的青少年能对他的同伴产生强大的影响（详见下面的专栏）。

任由青少年自作主张的话，他们在社会责任、风险管理和未来规划等领域通常显示出薄弱的判断力。承担真正的风险可能是使人成熟的一种方式，但矛盾的是，青少年需要风险管理方面的指导。在青春期，社交能力方面的个体差异变得非常明显。那些在青春期开始时就具备很强的社交能力以及与成人有很强联系的人会变得更有能力。强大的社会心理会变得更加强大，羸弱的社会心理会变得更加羸弱。

我们在下一章会继续探讨师生关系这一主题，深入考察教师的哪些品质会对学生产生积极影响。更具体地说，我们试图回答这样一个问题：*教师哪些方面的个性会在课堂情境中发挥作用？*

驾驶座上的青少年

研究者马尔戈·加德纳（Margo Gardner）和劳伦斯·斯滕伯格（Laurence Steinberg）要求三个不同年龄组（14岁、19岁和大于24岁）的人参与驾驶模拟器游戏，并对他们驾驶的风险水平分别进行评估。当人们分别进行测试时，三个年龄组显示出同样低的风险水平。然而，参与研究的一半人有两个同龄的同伴在场。有同伴观看并不会对成年人的驾驶表现产生任何影响。但是同伴作为旁观者在场时，年长的青少年的冒险程度增加了50%，而年轻的青少年增加了一倍的冒险程度。这一点上不存在性别差异。

研究者发现，这些效应是同伴仅仅在场而无互动时发生的。这些实验室的研究发现能否迁移到现实生活中呢？一项成本高昂的研究把摄像机和其他记录设备（例如重力传感器）安装到42名16岁的男女司机驾驶的汽车上，经过一年的追踪，结果显示年轻人的驾驶方式依所载乘客的性质而有极大的差异。很多危险驾驶行为都与特定朋友在车上有关。但是，其他同龄朋友或成年人在车上的话，将会促进更安全的驾驶，这显然是最让人宽慰的研究发现了。

数十年的全球事故调查已经很好地证明了，事故（如死亡事故肇事司机年龄峰值约为18岁）往往是多种因素的共同结果，比如大马力的汽车、深夜、年轻的经验不足的男性司机和同伴影响。这种现象被一个研究团队描述为"完美风暴"（the perfect storm）（Allen & Brown, 2008, p.289）。

在有关交通的研究中，一个令人好奇的事实是，在一位司机的生涯中，第一个250英里①的事故发生率是下一个250英里的三倍。年轻的司机会继续发生事故，需要另外四年的时间才能使事故发生率降低到成人水平。这种降低似乎与个人目标的转变有关，从"学习驾驶技能"转变到"安全和有所防备地驾驶"，这实质上是一项风险最小化的行为（即成熟的关键指标之一）。

导学问题

1．如果人际互动存在一个普遍特征，那就是"共情缺口"这一概念。我们是否能够永远都站在别人的角度考虑问题？存在哪些障碍？

2．"负向递增"这种互动类型展示出很多异常的状态。我们还可以用其他什么术语来描述这种效应？这种互动类型的机制是什么？

3．早期学校经验在建立积极模式上发挥多大作用？

4．教师的哪些具体特点和品质能够维持这些持续效应？

5．罗伯特·皮安塔的著作从两个维度描绘了师生关系：亲密和冲突。哪个维度更直接地处于教师的控制之下？

6．是否有可能在与人进行互动时压抑自己的内在情绪？你在这方面的个人经验是什么？

7．当学生受到惩罚时，他们会把这些经历归因于（怪罪于）什么呢？

8．该领域的一个核心理念是，学校可以作为不良社会影响的缓冲区。你可以用社会学习概念表达这一理念吗（比如认同）？

9．另一个核心理念是学校能够调节不良背景和不利结果之间的关系。这里涉及什么机制？

10．在社会心理学文献中，一项令人好奇的研究发现是，人们似乎具备立即形成新的社会群体的能力。我们有轻松"改变立场"的能力。（典型的例子

---

① 约合402公里。——译者注

是，在战争的过程中，个人、群体，乃至整个国家都会改变立场。）在人际关系方面，这告诉了我们什么？这表明在学校中学生以何种方式形成群体？

11．研究表明，即使年长的青少年也可能缺乏在现代社会获得良好发展所需的知识。他们可能拥有智力，但在很多方面仍然需要得到发展。你认为快速成长是否能带来优势？

12．为什么年轻的司机表现出令人遗憾的车祸率？已知的数据是什么？我们应该如何培养青少年驾车的责任感？

参考注释

- 共情缺口研究（Nordgren, Banas, & MacDonald, 2011）。攻击者和受害者从不同角度看待事物（Kearns & Fincham, 2005）。
- 事情为何每况愈下：师生关系中的负向升级（Demanet & Van Houtte, 2012）。
- 对1364名学生从入学到步入青春期的跟踪研究（O'Connor, Dearing, & Collins, 2011）。
- 运用专业发展模式的美国研究（Allen, Pianta, Gregory, Mikami, & Lun, 2011）。皮安塔和艾伦（Pianta & Allen, 2008）描述了所运用的项目。
- 与学生发生冲突会给教师带来压力（Chang, 2009; Spilt, Koomen, & Thijs, 2011; Tsouloupas et al., 2010）。很少给学生提供情感支持的教师会与学生有较多冲突问题（Hamre, Pianta, Downer, & Mashburn, 2008）。
- 情绪泄露和洞悉的错觉（illusion of transparency）（Gilovich & Savitsky, 1999）。
- 课堂管理策略：应对不合作的学生（Evertson & Weinstein, 2006; Good & Brophy, 2008）。一项澳大利亚的研究表明，受到惩罚的学生将自己的境况归因于教师的性格，而不是自己承担责任（Lewis, Romi, & Roache, 2012）。
- 临床研究表明，存在发展问题的儿童强烈依赖教师的支持和与教师的关系（Little & Kobak, 2003; Myers & Pianta, 2008）。
- 积极的关系可以缓和反社会倾向（Meehan, Hughes, & Cavell, 2003）。对于那些难以获得成功的儿童，师生关系有可能降低其得到消极结果的风险（Baker, 2006; Benner & Mistry, 2007; Hamre & Pianta, 2005; H. K. Wilson, Pianta, & Stuhlman, 2007）。
- 亲密和冲突作为基本维度（Pianta & Stuhlman, 2004）。

- 在个体儿童身上投入更多的时间能促进师生关系（Driscoll & Pianta, 2010）。
- 有关共情缺口研究的更多信息：内群体与外群体效应（L. T. Harris & Fiske, 2006）。迅速改变立场的能力（Van Bavel & Cunningham, 2009）。
- 青春期不平衡的心理发展（Choudhury, Blakemore, & Charman, 2006）。虽然认知能力在青春期早期获得了良好的发展，但情感和社会成熟度在其后仍会有很大成长（Steinberg, 2007）。
- 青少年往往不善于评估风险，并在制订计划中显示出弱点（Albert & Steinberg, 2011）。随着时间推移，强大的社会心理变得更加强大，羸弱的社会心理变得更加羸弱（Monahan & Steinberg, 2011）。青少年在赌博中的押注很冒险（Cauffman et al., 2010）。
- 专栏：仅仅有同伴在场就可能会提高青少年司机的驾车风险（Gardner & Steinberg, 2005）。一项研究利用先进的记录设备对16岁青少年一年的驾驶情况进行了监控（Simons-Morton et al., 2011）。"完美风暴"（Allen & Brown, 2008）。这篇论文对青少年驾驶的心理学进行了综述，具有很强的可读性，很适合父母、教师和年轻司机阅读。年轻司机将其目标从驾驶"技能"转变为"安全"驾驶，更多理性的讨论请参阅基廷和哈尔彭-费尔舍的文章（Keating & Halpern-Felsher, 2008）。

第4章 教师的个性
——你的学生能信任你吗？

在所有教育阶段中，学生都会积极地对他们的教师进行评价和分级。这些评价与你的个性无关，而更多的是与你的学生觉得自己被如何对待有关。你的学生需要把你界定为一个合意、热心和能干的人，即使他们可能对你这个人本身并不是太感兴趣。无论你是一个内向还是外向的人，是乐观主义者还是悲观主义者，严厉还是随和，这些都与你作为一名教师的能力无关，甚至与学生对你的态度也无关。要想成为一名好教师，你不必具有某种特定类型的个性。在过去的90年时间里，从最早可以追溯到的20世纪20年代的研究开始，描述理想教师个性特点的尝试都被证明是徒劳的。如果成为一名好教师有任何秘诀的话，那它绝不是你从事这个职业时表现出来的个性类型，至少不是传统个性测量所定义的类型。

重要的是沟通和行动，而非个性

营造一个成功的学习环境是非常关键的，这本身要求你具备能够促进积极和开放的人际交往的品质。学生很看重自己被公平、有尊严和尊重地对待。很多研究就学生对教师有何期望进行了采访和调查，所有这些研究都非常令人信服地展现了上述三个方面。针对青少年的一个特别的研究发现，在这个阶段，学生需要对"公正的世界"形成一个基本概念，而他们的教师正是在维持公平和正义上扮演着重要角色的人。

研究表明，学生觉得自己在学校被如何对待与一系列的负面迹象相关，包括在校表现差、缺乏动力和严重的医学病症。当然，受到教师的不公平对待会导致学生生病，这一假设并没有得到证实，但有几个针对青少年疾病症状的医学研究支持这种联系。

研究表明，一般来说，对于他们希望从学校获得什么、期待教师做出什么样的行为，学生会形成强烈的观点。学生通常会运用这些一般标准去评价个体教师达到标准的程度。但学生究竟是如何做出评价的？你如何塑造一个理想的教师形象？答案之一是，你要承认你的学生是有名字、历史、利益关系和个人目标的个体。在多大程度上将他人视为独特的个体是决定所有人际关系满意度的重要因素。

另一个关键因素在于你的非言语行为，最直接的是你被认为是如何对待其他人的。你会投入很多精力在教师角色上，但研究发现，儿童不会尊重那些不知道和不尊重基本社会规则、表现出残忍或不当行为，或打破公认惯例的成人。教师不可避免地被他们视为榜样、成人世界观具象化的代表。那些违反基本人际交往行为的公认标准的成人没有资格充当一个可信的榜样。

许多研究表明，即使是年幼的儿童也具有坚定的"是非观"（或善恶观）——他们有很强的公平感。这强大的道德正义感在学龄前会得到良好发展。当学生进入小学高年级，他们会形成深入思考社会和道德问题的能力。当然，儿童并不总是按照正确的观念行事。此外，到青春期后期或更晚的时期，他们才会形成成熟的社会判断和风险评估能力（如前一章所述）。虽然如此，儿童在是非观上的基本认知没有明显的差距。

说谎普遍被视为应受谴责的行为。人际关系心理学的研究表明，破坏所有积极关系的一种直接方式是被人发现在说谎。尽管谎言经常发生，但任何成人或儿童只要被发现是说谎者，那么他的信誉和社会地位就会面临巨大的损失。说谎会破坏个人先前建立的社会信用或信任度。同样地，研究发现，如果教师没有遵守之前许下的承诺，那么教师管理学生的权威在很大程度上会被削弱。

学校中的瞬间决断效应

然而，人际交往的本质远不止是遵守社会惯例。研究表明，学生在与教师接触的非常短的时间内，短到只需 10 秒钟，他们就会开始评价教师。这种现象是科普作家马尔科姆·格拉德韦尔（Malcolm Gladwell）所描述的"瞬间决断效应"（blink effect）的一个方面。在课堂情境中，学生有更多的时间了解教师，形成并修正他们的认知。正如大量研究所描述的，关键的方面包括：教师在处理班级事务时要展现出积极开放的姿态；在教室里走动；轻松地面向学生；直接的目光接触；运用各种友好和鼓励性的语言和语调，尤其是在与学生个体交往时。

说到理解言语信息，学生对教师的言语方式十分敏感，尤其是话语的表述方式和所使用的语调。很多时候，学生把注意力集中在教师表现出来的言谈举止，而不是陈述的内容上。伊莱沙·巴巴德（Elisha Babad）开展了一个关于"教师的非言语特征对课堂的影响和学生会如何解读这些线索"的研究，她在总结这个研究时指出，"虽然行为是微妙、含蓄和看似无形的，但它对学生的影响是强烈的"（Babad，2009，p.825）。

学生对师生关系的情绪气氛十分敏感，这是被广泛接受的研究发现。在以色列的一项研究中，向高中生展示他们素未谋面的教师的短短10秒钟影片，他们便能根据这些教师的教学方式来对这些教师划分等级。他们的评级与教师自己的真实学生的评级是相关的。法国的一项研究发现，相比于不友好的考试环境，在友好的、温馨的条件下进行学业考试，7岁学生的得分会提高。这种效应与学生的能力水平无关。该研究强调的是考官有意使用热情亲和的肢体语言、直接的眼神交流和友好的语调。

对人际关系的判断能够迅速发生，不可避免地反映出瞬间决断现象，这种观点在第30章和本章结尾的专栏有所讨论。

当学生说谎时，我们会发现吗？

一旦你与学生成功地建立起紧密而积极的关系，你总是能相信他们吗？这里有一些明确但令人不安的研究成果。当我们处于叙述性信息的接收端时，我们的大脑并没有任何机制可以察觉与我们打交道的人没有说实话。发展性研究表明，儿童从4岁左右开始学会如何传达不实的陈述。欺骗的技巧是在避免管制或惩罚的情境下习得的，这种情境为学习欺骗提供了肥沃的土壤。讽刺的是，擅长说谎和长时间圆谎的能力，是高智商儿童掌握元认知技能的一个特征。教师很快就能知道，甚至最有能力的学生在压力下都会成为令人信服的说谎者。每当我们要转述一个故事时，我们都可以将其与事实剥离开来，添油加醋，最后变成天衣无缝的谎言——我们在4岁时就学会了这种技能。

作为监护人、父母或教师，我们无法辨别我们照看的儿童是否在说谎。一般情况下，我们会认为他们所说的一切都是真实的。一项变量控制良好的研究让教师观看学生说谎或说真话的视频，结果发现教师识破谎言的准确率为60%。其他研究发现，对比50%的机会水平（即随机的结果），识破谎言的准确率最高可以接近 65%。大量的文献综述的结论是，平均来看，人们识破谎言的概率不会在机会水平之上。

经鉴定，少数人识别谎言的能力很强，尽管不是百分之一百。但这些人是很罕见的，他们通常从事司法工作，似乎能够读取人们说谎时表现出来的细微面部抽搐（或不经意的情感迸发）。我们能够察觉到情绪，正是传达消息时的**情绪泄露**表明一个人是在说谎。但这不是一个很可靠的指标。研究发现，当说真话的人被盘问他们是否做了不诚实的行为，他们会表现出焦虑的迹象。另一方面，大多数人，包括儿童，完全能够在没有明显的情绪泄露的情况下说谎。正如竞技体育的药物滥用史所表明的，人们很可能会事先预测一些简单的问题，并给出精心准备的答案。

求助行为：课堂内的信任指数

当一个学生在理解困难材料时需要帮助，可能会发生什么？一些学生反应消极、很少做出努力，甚至会有放弃的念头。其他一些学生则善于运用各种资源，决心克服障碍。一个很关键的方面是寻求帮助的意向，和善于利用各种可获取的资源，尤其是教师。求助是一种可以提高适应力的认知策略，它不应该与依赖相混淆，后者是指长时间过分依靠某个单一来源。但在所有的学习情境下，无论在何时何地出现障碍，具有良好动机的学习者都会利用任何可获取的资源并善用之。有证据表明，那些被教师评价为善于求助的学生能获得更好的学习成绩。

我们知道，作为一种认知策略，求助更可能从那些内在动机强烈的学生身上看到。这通常被称为**掌握目标取向**（mastery goal orientation），因为这些学生相对更倾向于学习新技能，以及参与需要运用理解和获取知识的任务。这样的动机往往与**自我或表现取向**（ego or performance orientation）相反，后者的目标是表现自我、展示自己的优点，或胜过目前的同伴群体。两个并排而坐的学生都极其狂热地投入到学习中，其中一个学生是为了更深入地理解材料，而另一个学生则把这种材料作为证明其能力的一种媒介，这种场景是完全有可能发生的。

然而，将这些学生视为不同的类型是过度简化了，因为所有学生都同时表现出这两种取向（掌握取向和自我取向）。学生也是人，因而他们不可避免有一定程度的自我取向的动机。课堂生活的其中一个任务就是把自我因素保持在一个相对低的水平上，同时努力提供一个环境，使学生相信在自然发展的法则之下，自己有能力实现目标。

学生对教师的信任

影响学生求助的一个已知关键因素是教师。囊括小学、初中、高中很多班级的大量调查表明，学生知道当他们遇到困难时，教师在多大程度上会亲自对他们知识建构的需求予以支持。这些调查显示，在一些教室里，求助是不受鼓励的。美国的一项调查发现，随着学生年龄的增长，他们会开始将提问行为视同为低能力。研究发现，年级越高，那些能力较低的学生的提问会越少，这表明这些学生逐渐开始认为，提问是一项可能暴露他们弱点的危险活动。

研究也发现，当学生认为他们的教师会提供相当多的支持时，就会把提问与一些积极的方面联系起来，如掌握目标、培养能力，以及较少关注学生之间的竞争。另一方面，当他们认为教师不会提供支持时，就会更容易把提问与低能力联系起来。

最近关于这种效应的研究发现，当问及教学实践的目标时，教师会勾选不同类型的目标。学生似乎对教师的目标和意图非常敏感。在以色列的一项研究中，路得·巴特勒（Ruth Butler）博士调查了53个小学高年级课堂，发现教师自陈的教学目标与学生对教师的评价之间存在关联。如果教师勾选了反映掌握取向的陈述（例如，"今天我学到了一些有关教学的新东西，或者我对自己作为一名教师有了更深的理解，我非常努力地解决我在课堂上遇到的问题且最终取得成功"），那么学生会认为这位教师能够向他们提供支持，比如"这位教师提供了充足的时间让学生提问"和"这位教师细致、深入地回答问题"。

教师教授和对待学生的方式对学生的生活有显著影响。巴特勒博士和其他人的研究揭示了学生如何理解他们的教师，以及他们如何从亲和力、公平和信任等方面对教师进行评价。你如何回应那些需要帮助的学生是一个关键的方面。那些予以教师积极评价的学生勾选的其中一个陈述是"教师鼓励学生在任何时间，甚至在课后寻求帮助"。当学生在处理复杂概念时遇到困难，如果他们信任的教师能够向他们提供帮助，他们会予以高度的评价。

> **观点：学生对教师的期望**
>
> 如果不是张扬闪耀的个性，学生对你的期望究竟是什么呢？那就是履行教师角色的能力，这种角色在学生眼里是不可避免的和理所当然的。这里存在一个明确的成人立场，包括包容和尊重他人，以及维护普遍认可的社会道德准则。我们现在知道，学生希望被一个负责任的成人所教，这个成人能将他们的注意力集中在有建设性的学习上，通过监督和反馈直接帮助他们提高自我。对于如何开始、如何推进、如何理解他们期望取得成功的任务，他们更喜欢合理和简洁的解释。
>
> 在一项澳大利亚的研究中，研究者调查了940个小学高年级学生，让他们描述他们能回忆起来的最好的数学课程。研究者发现，"学生特别喜欢清晰的解释，他们能回忆起那些使用了联系生活的材料的课程，他们认为分组模式是重要的，而且很多人喜欢接受挑战"（Sullivan，Clark，& O'Shea，2010，p.531）。我们从这项研究以及许多其他研究中得知的一个信息是，每当问及学生时，他们都能清晰和明确地表达他们对教师的期望。
>
> 你的学生很了解课堂以外的世界，以及学校教育在为未来做准备之中所发挥的作用。学生欣赏教师帮助他们实现独立性和自主性，欣赏教师将新知识与已有知识联系起来，欣赏教师用简单的语言表达复杂的概念，欣赏教师主动承认学生学习的速度有所差异，并且需要不同程度的指引、反馈和教导。这样的教学只会出现在信任、亲和和公平的氛围中。作为一名教师，你将"公正的世界"具象为一个抽象但却现实的理想。这不是说外面的世界是公正的，而是你的课堂代表的既是一个相互信任的地方，也是一座通往成功未来的桥梁。

永远不要以封面来评价一本书。第一印象可能是误导性的。

这两句话很有智慧。人们常常为草率做出的决定后悔，尤其是当他们无法获取合适的信息时。问题是，我们快速做出决定时经常会获得奖励。我们能瞬间得出一个答案，而且往往是一个很好的答案。当我们基于感觉识别做出判断，或者不需要同化新信息时，瞬间做出快速反应是明智的。基于快速的感觉识别做出的决定有时候可能比经过深思熟虑的决策更为有效。这不是魔术，只是因为感觉识别瞬间的"薄片"与你之前给出正确答案的经验的"厚片"相关。

在本章中，我们提到，学生在与教师短暂接触不到10秒后就会对教师进行评价。这到底是怎么回事呢？社会脑究竟在做什么呢？利用多个领域的研究成果，我们可以拼凑出故事的一部分。每当我们遇到另一个人时都会发生以下事件：

在十分之一秒内：我们从实验室研究中得知，在电脑屏幕上通过短暂闪光展示人脸，人们可以识别人的性别、年龄和种族。服装和大体的形象能被识别。微笑或明显的负面情绪也能被即刻发现。

在两秒钟内：当你遇到一个人，在确定一般的特征之后，你的初步反应是对人的品质进行评估。这最初会涉及"这个人对我是否有威胁？""这个人想要做什么？"或者"他的意图是什么？"等方面。这也是类似于"我喜欢我所看到的吗？"的原始评估，而且你会迅速注意到那个人有哪些方面是你不太喜欢的。

在十秒钟内：在这个阶段，你的态度会被他人的身体姿态或行为举止所影响，这些都是与个性相关的重要线索，比如步态。评估的方式转变为判断这个人与其他人有何差异，要解决的关键问题是"有哪些性格特质？""某个特质比其他特质更明显吗？""我喜欢这些特质吗？"以及"我喜欢这个人吗？"

接下来的几分钟：走向一种关系。对于我们注意到的人，我们会保持高度警觉。我们会考察第一印象是否经得住考验。如果是的话，我们就会觉得自己的感觉得到了验证，并且对自己了解他人的感觉更有信心。考虑到与另一方可能的关系，我们可能会将注意力转向自我表现。但是我们在建立关系或揭露目的之前，会设法判断我们是否能够长时间维持最初的评价。我们会监控对方如何给我们回应，因为这种反馈对于我们下一步的决定至关重要。反馈过程的一个重要部分涉及隐藏的**姿态匹配**（posture matching）（或隐性的模仿）和姿势同步（synchronisation of gesture）。如果这些不能发生，那么关系就不太可能维持了。

也许我们不应该凭封面来判断一本书。但是，我们无法阻止这个过程。封面传达出大量信息，并且在很大程度上是有效的。然而，第一印象很容易误导我们。许多教师描述，很多最初表现不突出的学生取得了巨大进步。说到自我表现，我们展现出来的很可能不是我们真实的能力。邓宁－克鲁格（Dunning-Kruger）的研究发现之一（见第25章）是，非常能干的人可能会低估自己的价值。我们都知道在面试时表现较差的人可能很有能力而且工作勤奋。在需要做出关于他人的决定的场合，我们有理由质疑大脑截取到的"切片"是否真的太薄了。最近的一项研究发现，要求棋手在移动棋子之前花更多时间进行思考，他们每一步棋的质量都会提高。研究者在新手和专业棋手身上都发现了这种效应。这个结论也符合专家的情况：虽然专家可以快速工作，但一旦出现问题，他们会慢下来，谨慎和准确地行事。

导学问题

1. 大量研究——最早可追溯到一百多年前——对什么是理想的教师个性进行了探寻。为什么这些探寻大多数是不成功的？

2. 欧洲对青少年心理健康的研究经常把学校教育列为生理和心理疾病的一个影响因素。谈到公平对待学生和其他以人为本的基本方面，我们的责任究竟是什么？

3. 对于年幼儿童的"是非观"，我们知道什么？

4. 什么会削弱教师（其实包括所有成年人）在学生眼中的尊严和权威？

5. 研究显示，学生对人际交往中的言谈举止非常敏感。在所有人际交往的情境中，包括课堂上，究竟是什么机制在起作用？

6. 如果别人对我们说谎，我们能否辨别？我们可以依靠什么线索？

7. 学生需要感受到，在他们需要帮助时可以相信他们的教师。求助策略和依赖有什么区别呢？

8. 与任务相关的目标和自我取向的目标之间有什么区别？

9. 总的来说，你在课堂里维持一种积极的氛围，其目标是什么？在教学时，你能识别你使用的有效策略吗？本章是否向你提供了一些有用的信息，帮助你缩小与学生之间不可避免的共情缺口？

10. 本章回顾了有关当我们遇到其他人时大脑如何快速反应的研究发现。但是，笔者认为当我们要做（尤其是关于他人的）重要决定时，我们要保持谨慎，不应该根据瞬间反应做出决定。我们什么时候应该相信瞬间反应，什么时候不应该相信？

参考注释

- 学生评价教师（E. Babad, Bernieri, & Rosenthal, 1989a, b）。
- 学生看重教师的公平（Peter & Dalbert, 2010; Wendorf & Alexander, 2005）。公正世界中的信念：不公平和青少年的痛苦是相关的（Dalbert & Stoeber, 2005; Peter, Kloeckner, Dalbert, & Radant, 2012）。教师的不公平与青春期医学病症有关（Hershey, 2010; Santinello, Vieno, & De Vogli, 2009）。
- 儿童厌恶违反道德规范的成年人。甚至年幼的儿童也知道分辨是非，能够思考道德问题（Killen & Smetana, 2006; Nucci, 1984）。谎言几乎不可能形成积极的社会关系（Tyler, Feldman, & Reichert, 2006）。教师的信誉会因不守承诺而受损（Kidd, Palmeri, & Aslin, 2013）。
- 学生根据你的姿势对你做出评价（E. Babad, 2009; E. Babad, Avni-Babad, & Rosenthal, 2003; M. Harris & Rosenthal, 2005）。对巴巴德著作的评论（E. Babad, 2007）。
- 格拉德韦尔（Gladwell, 2006）对瞬间决断效应进行了深入综述，强烈推荐。
- 以色列的研究发现，对教师进行短暂观察之后，学生就能做出判断（E. Babad, 2005）。
- 法国人对热心的研究（Schiaratura & Askevis-Leherpeux, 2007）。
- 当学生撒谎时，教师能辨别出来吗？针对教师的控制良好的研究（Vrij, Akehurst, Brown, & Mann, 2006）。
- 我们生来没有辨别他人是否在说谎的能力（Bond & DePaulo, 2008; Hartwig & Bond, 2011; Nysse-Carris, Bottoms, & Salerno, 2011）。强大的文献基础：邦德（Bond）和德保罗（DePaulo）的论文基于247项实验研究。总的来说，当人们宣称他们没有说谎，其他人很可能会相信他们。说谎是人类交往中非常常见的活动，而且通常能够成功。虽然人们确实会露出说谎的蛛丝马迹，但是我们通常对这些不太敏感。甚至当我们试图识破谎言时，我们总是会把注意力放在错误的线索上。关于这一主题比较好的章节，见Wiseman, 2007。
- 说真话的人在被盘问是否说谎时会泄露大量情绪（Vrij, Fisher, Mann, & Leal, 2006）。虽然我们可以很好地控制，但情绪泄露是常见的（Gilovich & Savitsky, 1999）。
- 对寻求帮助的概述（Karabenick & Newman, 2010）。向教师求助的青少年获得更高的分数（Ryan & Shin, 2011）。
- 美国的一项研究表明，高年级学生将提问看作能力低的表现（Good, Slavings, Harel, & Emerson, 1987）。
- 对教师的信任度与学生如何看待提问相关（Karabenick, 1994）。
- 教师采取掌握目标取向，与学生认为教师能够提供有效的支持相关（Butler & Shibaz, 2008）。
- 澳大利亚的研究：学生认为什么是优秀的数学教学（Sullivan, Clark, & O'Shea, 2010）。
- 专栏：究竟切片有多薄？该总结来自于本书第27章（关于微笑）、第28章（关于模仿）和第30章（关于慢思考）所引用的研究。基于感觉识别的快速决策是非常有效的（Gigerenzer, 2008）。研究表明，给予棋手更多时间时，他们棋着的质量会提高，甚至对于专家来说也是如此（Moxley, Ericsson, Charness, & Krampe, 2012）。

第5章 时间作为课堂学习的综合指标

20世纪70年代和80年代出现了大量关于在课堂中如何利用时间的研究。许多教育者认为，此类研究得出的结论往往是显而易见或微不足道的。当然，学生需要时间学习事物：有什么比这更加明显的吗？另一方面，许多研究者持有这样的观点，即时间是一个能反映个体教师的教育目的和方法的有意义的变量。例如，戴维·伯利纳（David Berliner，1990，p.30）指出：

> 教育态度、意见和信念的表达——来源于教学规范性概念或经验的个人哲学——必然会体现在课堂的时间安排上。如果不是这样的话，那么个人哲学注定只是单纯对信念的言语表达，与行为无关。行动不仅胜于语言，而且可以用时间去衡量……教学时间的概念可以解决哲学和质量的问题，虽然同时也保留了它们显然简单和单调的特征。

与伯利纳的观点相一致，我们发现分析时间是有意义的。但在做进一步的探讨之前，我们有必要了解一下研究中测量时间的不同方式。表5.1描述了四个不同但相互关联的概念，这些概念涉及在课堂内时间利用的定义。

时间分析的概念基础

表5.1所示的方案将时间划分为四个相互联系的组成部分：以学校**分配的时间**（allocated time）开始，在实践中这会直接被缩减为实际的**教学时间**（instructional time），然后进一步分解为学生的**参与时间**（engagement time）和非参与时间，最后的组成部分是**有效学习时间**（academic learning time，简称ALT）。因此，这些概念可以被视为时间的子集，我们会用一个假设的例子来加以说明。这是一个形象而真实的例子，设想一下录制一堂课，用两个固定的广角摄像机来监控课堂行为。贝里老师安排了一个小时的数学教学，从上午9:30

至 10:30。但学校公告的意思是这门课 9:37 开始,所以一开始就浪费了 7 分钟。通过录像,我们使用标准的观测方法测量班级所有学生的任务参与度。运用班级的中位数,我们发现,在一堂 53 分钟的课上,学生参与任务的时间为 36 分钟。23 名学生的参与时间从 21 分钟至 49 分钟不等。

表 5.1 基于四个关键概念观察课堂的时间利用

时间概念	主要的威胁因素	主要的促进因素
分配的时间:课程表、文件或课程计划上的时间安排	干扰、课堂访客、公告、调课、学校层面的要求(比如运动会)等	学校规章制度,但会被个体教师的信念、判断、价值观和课程知识所调节
教学时间:真正用于课堂教学的实际时间	管理不善、缺乏清晰的交流程序、教师容许时间被浪费在次要的事情上	管理技能以及按照轻重缓急安排教学事务;能把整个班级的精力集中在一个清晰的重点上,能够清晰地表达一节课的期望和短期目标
参与时间:学生真正专注于教学任务的时间	学生不知道关注什么,学生因素如社交干扰、知识的匮乏、厌倦、疲劳、不良的学习习惯	结合有意义的任务、有效的监控、人际鼓励、纠正性反馈、适当的强化来进行清晰的教学
有效学习时间:学生进行学习和回应,且成功率明显较高的时间	尽管付出了努力,但学生仍不能理解课程的结构和目标;先前知识可能存在差距;设置的任务太有挑战性,学生无所适从	个性化指导;予以鼓励,使学生为实现有价值的目标而自豪

但是,要测量有效学习时间,我们需要进入下一个阶段。我们让一位经验丰富的教师观看录像,判断个体学生在什么时候真正地参与到设置的任务中。也就是说,教师要识别的不仅是学生参与其中的时间,而且是显然能成功做出回应的实际时间。尽管非常耗时,但是做出这样的判断并没有乍听起来那么难。为什么?因为实际上经验丰富的教师在平常的课堂上就能做出这样的判断。也就是说,教师习惯于扫视学生,运用诸如专注和面部表情的线索来推断学生是否给出了适当的回应,或是否遇到了困难。现在,我们让经验丰富的教师运用这个过程对贝里老师的数学课进行深入的考察,结果发现,个体学生的有效学

习时间在 9—45 分钟之间变动，整个班级的中位数是 27 分钟。

从名声和直接观察来看，贝里老师是广受好评的教师。在这堂示例课中，儿童平均的有效学习时间是初始分配时间的一半。我们可以乐观地解读这一结果，因为平均有 27 分钟的时间里，学生正在进行扎实的数学学习。一项经典研究，即加利福尼亚州新教师评价研究（Californian Beginning Teacher Evaluation Study，简称 BTES）发现，有经验的教师（作为观察者）认为学生的有效学习时间大概是参与时间的三分之一。简而言之，即使学生参与到数学任务中，他们经历的有效学习时间依然是比较短的。

但在假设的例子中，我们要注意到学生之间的巨大差异，在相同的班级中，有些学生的有效学习时间只有其他学生的四分之一。事实上，对任务时间的已有研究表明，如此大的差异是很常见的，不仅存在于班级内部，也存在于不同班级之间。几位重要的研究者对现实课堂差异的研究进行了重复试验。所有这些研究都表明不同课堂在时间分配和学生参与度上有显著的差异。

你会注意到，在课堂上将所有人的注意力都集中在有效学习上是多么困难和费时。在研究领域，我们可以进行昂贵的课堂录制，然后在课后有机会分析这些录像。而在课堂世界里，正在发生的事情太多了。在实时的课堂里，准确地监控有效学习时间几乎是不可能的。

教师会有这样的印象，即某些学生做得很好，其他学生做得不那么好。我们确实都知道，在正式的课上，优秀的教师会定期审视他们的课堂。但在你的课堂上，就在你眼皮底下，个体有效学习时间的四倍差异正在不断地积累，这是很多教师始料未及的。大脑没有一种机制可以使教师能够持续监控和记录个体的参与度。因此，一个有趣的现象是，虽然学生的参与似乎每时每刻都高度可见，但对有效学习时间的后续分析揭示了课堂生活依然存在相当隐秘的一面。

研究基础

但是，为什么有效学习时间很重要？20 世纪 80 年代进行的研究表明，时间本身与学业成就并没有很强的相关性。但研究显示，当对特定课程主题的教学进行比较时，不同教师在这些主题上分配的时间确实有很大差异。例如，在 BTES 中，2 年级的班级一学年分配在某项算术活动上的时间从 9 分钟到 315 分钟不等。5 年级的班级一天分配在阅读理解活动上的时间从 10 分钟到 50 分钟不等。因此，分配到特定主题上的教学时间成了一个重要因素，因为它直接影响了学生所能获得的机会。如果不能教给学生某些主题，或以敷衍的方式教授，就不能期望学生熟悉基于这些主题的考试题目了。当研究者如戴维·伯利纳询问个体教师为什么分配大量或少量时间给某些课程主题时，很多教师表示这些决定反映的是他们的个人偏好。

同样，从总体上看，单是教学时间可能无法很好地预测学校里学生的成就。但参与时间和有效学习时间与学业成就的相关性就相当显著了。几项研究表明，对于学业成就较低的学生来说，参与时间相对来说更为重要。

一项有意义的研究发现是，当学生在设置的任务上没有取得成功时，参与时间通常无法预测学习。而且，BTES数据表明，当学生在数学上的成功水平较高时，他们对数学的积极态度会增强。因此，BTES研究的结论是，学生的成功水平是显著提高学业成就和增强积极态度的关键因素。该研究还记录了优秀教师如何监控学生个人的成功水平，并据此对教学策略做出相应的调整。

BTES研究者的原话是：

> 有效学习时间（ALT）的模型提出，投入更多时间在高成功水平（学生容易完成）的任务上，会提升学业成就。然而，这不一定意味着一个学生的所有时间都应该花在高成功水平的任务上，也不意味着高成功水平的任务只需学生付出很小的努力。事实上，要取得成功，有时候只要付出相对较小的努力，但有时需要付出相当大的努力。大体上，我们认为在高成功水平和中度成功水平的任务之间建立平衡，能够使学生学习最大化。而低成功水平（学生难以完成）的任务总是不利于学习。
>
> （Fisher et al., 1980, pp.9–10）

因此，这个研究机构提出了一个合理的描述性模型。在这个模型中，有效学习时间可以被看作是描述早前发生的所有教学活动的一条最终的共同途径。良好的课堂管理有利于学习，能够提供大量的学习机会。然后，学生参与到那些他们有足够能力应对的任务当中。在学生取得个人成功之前，任务一开始的难度是显而易见的。一旦经验丰富的教师能够辨别出那些显然会取得成功的学生，那么教师这样的评价就预示了学生在随后的考试中所能取得的学业成就。伯利纳（Berliner, 1987）曾指出，这样的观念是一个关于课堂学习的"简单理论"。

透视这个"简单理论"

我们不能把有效学习时间模型看作是对教与学理论最可靠的描述。然而，它表明课堂时间和学生的学习成果之间可能存在某种关系。用在学习活动上的时间与实际的学习成果之间的关系永远不会是简单、容易或直接的。我们要意识到，这种关系受到一系列调节因素的影响。当我们考察有关如何获得专业知识的研究时，这一观点更为显而易见。那就是，有资料显示，很多人长年从事某一活动，并取得了不少的成功，但他们的技能依然没有达到专家水平。

本书的其他章节会对专业知识及其发展的主题进行综述，但在这里，我们可以指出，用在学习上的时间和达到的专业知识水平之间的关系，在很大程度上与**刻意练习**（deliberate practice）的概念是密切相关的（参见第11章）。单纯地在一个活动上花更多的时间不会带来技能提升，除非通过刻意练习提升表现，其中的关键要素包括指导、教学、目标设定和反馈。

对学生学习技巧的研究也表明，投入的学习时间和学生成绩之间没有必然的关系。事实上，研究发现，总体来看，能力强的大学生在学习上投入更少的时间，却表现更好。因此，虽然个人在学习上投入的时间与考试成绩之间可能存在关系，但对不同能力水平的个体进行比较时，这种关系是不存在的。

时间在促进深度学习上的作用

有时，我们可以相当迅速地获取表层信息。另一方面，要使学习者有机会深入地思考他们获得的信息，并找到不同观点和经验之间的关系，时间依然是必需的。教师经常表达这样的观点，即他们被规定教授的课程是仓促的，不利于深度学习。如果这也是你的观点，那么以下研究的发现将会让你很感兴趣。

道格拉斯·克拉克和马尔恰·林（Douglas Clark & Marcia Linn，2003）描述了在一所美国中学进行的一项研究，用四种不同的方式教授同一门8年级的科学课程，或者是作为完整12周的学期主题，或者是以简化的形式（即删减了部分内容）教授9周、6周或3周。这些不同的课程涵盖了四个相同的主题，但用在这四个学习单元的时间大幅减少了。评价采取的形式是多项选择和写作考试。结果令人震惊。减少的时间分配对多项选择考试几乎没有任何影响。但那些必须在更短时间内完成规定内容学习的学生无法通过写作考试，因为后者考查的是深度理解。例如，在 3 周内完成学习的学生在写作部分的得分大约是 25%，尽管他们在多项选择部分的得分为 90%。进行了完整学习的学生在多项选择部分的得分为 90%，写作部分是 67%。

在这项研究中显而易见的是，如果学生学习的是有所删减的课程，那么他们就无法把四个单元的观点联系起来。研究者指出：

> 知识整合需要花费时间、精力，需要参与不同的活动，并且需要许多将一个主题与另一个主题联系起来的机会。在简化的课程中，我们不可避免地减少了让学生将不同主题联系起来的反思机会。当学生仓促地学习一些主题时，他们就只有较少的机会参与分类、比较、排序、组织和批判其科学思想的过程。这些过程对终身学习至关重要，但在简化的课程中很少能得到练习。
>
> （Clark & Linn，2003，p.482）

在时间有限的压力下要求学生仓促地学习规定的课程，我们冒着相当大的风险，教给学生的可能只是知识的孤岛。孤立的知识将在时间自然流逝的过程中被迅速遗忘，不利于图式的发展（参见第 14 章）。如果想让我们的学生记住有意义的信息，就应该让他们有充足的时间参与各种需要思考的活动，促进知识的建构与巩固，这将会产生很大益处。

观点：那么，所有这一切都显而易见吗？

正如我们一开始提到的，评论者抨击我们，他们似乎把时间和学习之间的经验关系看作"显而易见"的。我们需要在一个主题上投入时间使深度学习得以发生，这真的如我们所知的那么确定吗？

我们的回答是，任何信息如果被清晰、合理地呈现，并符合易于理解的原则，那么它们在事后看起来都是"显而易见"的。一旦现象被清晰地表达，而且我们接受结论时无须大幅重构已有的知识体系，这种现象看起来就似乎"显而易见"了。因此，只要事情得到解释，并且其因果机制被认为是有效的，我们就会有一种"显而易见"的感觉。

我们一定要谨慎，不要把"显而易见"与"无关紧要"混为一谈。从更宽广的视角看，以下事实都是显而易见的：（a）日本不可能在1944年击败美国；（b）医生应洗手，以防止病人之间的疾病传播；（c）放血疗法会使病人变得虚弱；（d）过度捕鱼会导致某些鱼类灭绝；（e）使用农药会杀死有用的蜜蜂；（f）碳排放会影响气候平衡。

后见之明是一个非常奇妙的视角。因此，也许，在行为科学中，很容易发现以下事实是"显而易见"的：（a）社会经济背景较差的儿童在学业测试中表现较差；（b）惩罚性的养育方式会培养出易于焦虑的儿童；（c）在学习任务上投入更多时间的学生实际上学到更多。

如果关系是"显而易见"的，那么为什么我们不认真对待这些事情？在任务上投入多少时间的研究案例中，我们事先很难认识到的发现是，教师能够而且确实在分配和使用时间方面有所不同。因此，学生在课堂学习上投入的时间量也是不同的。时间与学习之间存在"显而易见"的关系，可能与这种言论相对的观点是，如本章所述，不断累积的时间因素是对课堂进行观察的人无法看到的隐藏变量。时间利用的差异对学生的学业成就和深度加工的影响在本质上是可以理解的，但正如研究结果所显示的，这种关系并非显而易见。

导学问题

1. 戴维·伯利纳提出了一个简单的观点，即教育价值观和哲学体现在时间的分配上。这一观念如何运用于班级和学校层面？

2. 你能理解时间分配会被外界因素所"侵蚀"的观点吗？在你的个人环境下，哪些因素会威胁到分配的时间？

3. 为什么学生可能会表现出参与时间较长但有效学习时间较短？究竟这种情况表明了什么？

4. 现在的研究者认为，有效学习时间是课堂生活中相当隐秘的一面。为什么他们会对人们如此轻易看到的事情做出这样的评论？为什么"只是看到"不能让任何人了解有效学习时间的因素是如何发挥作用的？

5. 观察研究表明，学生投入的时间有巨大的差异，有些学生参与学校活动的时间数倍于其他学生。如此大的差异有何启示？

6. 的确，在任务上投入的时间绝不是影响学生学习或成就水平的重要指标。我们预测的统计相关性最多在 0.3 左右。如果是这样，那么我们应该忽略时间因素，还是恰恰相反（例如，努力确保学生获得更多的练习机会）？

7. 现在回想一下关于专业能力的心理学。众所周知的是，仅仅是重复地做某件事情，技能并不能得到提升。相反，练习必须是刻意的。这表明我们在学习情境中应该如何运用时间？

8. 克拉克和林的研究有相当重要的发现，即当我们以很快的速度学习课程内容时将会发生什么。这种做法会产生什么影响？

9. 所有对课堂时间的关注都是在陈述一些"显而易见"的事实吗？为什么现在的研究者认为这种观点是错误的？

参 考 注 释

- 时间管理反映了价值观和理念（Berliner, 1990）。
- 对任务时间研究的综述（Caldwell, Huitt, & Graeber, 1982; Gettinger, 1986）。
- 新教师评价研究（BTES）（Fisher et al., 1980）。
- 课堂教学的简单理论（Berliner, 1987）。
- 能力强的大学生高效地学习，而不是投入更多的时间（Plant, Ericsson, Hill, & Asberg, 2005）。
- 删减课程将严重阻碍深度加工的过程（D. Clark & Linn, 2003）。
- "显而易见"是一种无根据的感觉、事后偏见和认知扭曲（Yates, 2005）。"显而易见"的感觉是一种自然的自我保护机制。

第6章　背诵法和课堂学习的本质

我们称之为**背诵法**（recitation method）的现象是课堂生活中一个不可避免的特征。任何上过学的人都非常熟悉这种教学类型。它也被称为 IRE **循环**（initiation-response-evaluation，发起－回应－评估），或 CDR **方法**（conventional-direct-recitation，传统－指导－背诵），背诵法的运用有着悠久的历史，它代表着传统的教学方法，在遭受两个多世纪的大量批评和攻击后依然存留了下来。斯坦福大学教授拉里·库班（Larry Cuban，1984）指出：

> 将近一个世纪以来，来自于不同场景的大量数据显示出惊人的相似，无论是小学还是高中课堂的以教师为中心的教学活动，其稳定的核心都被描述为一种非常纯粹和反复出现的相同类型的活动。
>
> （p.238）

他把这种"稳定的核心"称为学校教育的"语法"。

究竟为什么这种教学形式如此常见和持久？答案在于它建立和实施了一种可预测的模式。在 IRE 循环中，教师首先会与班级展开互动，通常是提出一个问题来引发某种形式的回答。一名学生回答，教师就会对其进行评价，然后展开下一轮互动。我们可以用组织、诱导、回答和反应的循环周期来分析这堂课。教师和学生懂得如何进行互动。经过短时间的组织，教师发出明确的信号，开始提出一系列问题。教师以微妙的方式与班级交流，并期望至少有部分学生能够做出回应。师生的互动以有序的方式进行，教师能够讲完他们认为重要的内容。IRE 循环（或我们称之为背诵法）代表了现实中不同优先事项之间的一种折中方案，它使教师能够保持一定程度的权威和管理控制。

对这种教学形式的批评有充分依据，包括以下几方面：

（a）观察研究发现，教师提出的问题大多是低水平的，通常只需要简单的答案。

（b）一般情况下，每次只有一名学生处于积极状态：除了举手回答问题的那个以外，大多数学生往往无力做其他任何事情，而且这些问题也不是学生参与提出的。

（c）教育变成了这样的一件事情，即从权威人士那里接受预先打包好的知识，以及将贮存在记忆中的知识展示出来。

（d）背诵法包含了一种对话，这种对话在本质上是可预测的、任务导向的，但也是无法激起学生兴趣的。它有需要教授的主题、需要同化的知识和需要达到的结果，但这些事情都是在一个枯燥乏味、无情淡漠和被规则所束缚的情境中发生的。

不同教学方法之间的张力

课堂教学领域的研究先驱内特·盖奇教授（Nate Gage，2009）关注到两种教学模式之间长期存在的张力，他将这两种教学模式称为 PDC 和 CDR。PDC 是指进步主义 – 发现 – 建构主义（progressive-discovery-constructivist）的方法，这种方法也在杜威传统中得到阐释；CDR 代表了传统 – 指导 – 背诵（conventional-direct-recitation）的方法。在过去一个世纪，这两种模式的变体之间的张力越发明显。然而，观察研究的大量文献已经证明，CDR 方法在全世界的课堂中占绝对优势。这些研究的代表是约翰·古德拉德的工作（John Goodlad, 1994, p.230），他研究了美国 1017 个课堂后指出：

> 实际上，我们所观察到的典型课堂形态是这样的：教师面对整个班级或单个学生进行讲解或讲演，偶尔会问一些需要事实性答案的问题；……学生在听，或者似乎是在听教师讲，并偶尔回答教师提出的问题；学生在自己的课桌上独自阅读或写作业；所有这一切都仿佛没有情感，既没有人际的温暖，也没有敌意的宣泄。

在这个项目中，古德拉德博士报告，大约 75% 的课堂时间花在这样的教学上，教师讲话的时间是学生的三倍。学生回答教师的问题占 5% 左右的时间，不到 1% 的时间与开放性问题有关，这些问题可能需要复杂的或带有情感的回答。实际上，在这些课堂里所观察到的反馈和强化水平是非常低的，在有些课堂甚至是几乎不存在的。有趣的是，从那时起，教师的讲占了 75% 的课堂时间，这个数字反复出现在很多不同国家的众多研究中。另一个经常出现的统计数字是，教师每天都可能会问 100 多个问题，相比之下学生提出的问题只有 5 个。

尽管经过几代教育者、改革者和理想主义者的努力，背诵法的基本特征仍保持不变，并且在全世界的课堂里都能被观察到。库班博士（Cuban，1982，p.28）表达了他的看法：

> 令我感到难受的是，这种教学在所有阶段的学校教育中都表现出令人费解的持久性，在高中尤为明显，且数十年始终如一，尽管教师培训、学生的知识和技能都发生了翻天覆地的变化，而且持续不断的改革狂潮誓要改变这种教育形式。

然而，盖奇博士（Gage，2009，p.75）对这种教学方法的研究基础进行了综述以后，得出的结论是"这种模式体现了某些深藏在教学本质中的事实"。他找到了几个有助于解释 CDR 方法为何经久不衰的因素：（a）其传统形式和代际特质；（b）在发达的西方社会，这种方法在培养受过良好教育的公众中取得很大成功且似乎游刃有余；（c）进步主义教育和发现学习之类的替代性方法相较之下都是失败的；（d）信息技术革命在改变课堂结构时遭遇挫败；（e）教学条件的现实和施加于教师的专业要求；（f）缺乏激励和竞争的机制来推动知识传授的重大变革。

背诵法的优缺点

正如我们前面提到的，当学生的投入和积极参与被视为主要目标时，对背诵法的批评就是中肯的。例如，我们常常期望学生在小组中参与研究项目，然后在整个班级的研讨会中呈现他们的研究结果。如果学生长年接触基于背诵模式的教学实践，他们就很难转换到任何其他模式。背诵法之所以得到持续的发展，是为了满足普及教育和教授特定课程的需要，应对班级过于拥挤的问题。问题在于，你需要调整教学方法以适应你所在的教学情境。

从教育专业的角度看，背诵法有几个天然优势。教师保持对互动的控制。

因此，你几乎能够以任何你喜欢的步调对规定的材料进行教学。你可以根据关于反馈的简单事实（或者在缺乏反馈的情况下）进行调整。背诵法会给你一种教学成功的错觉。你认为班上至少有一部分学生显得感兴趣并能够赶上进度，这种感觉进一步强化了你的行为。这给了你一定程度的自信。然而，这种认知可能建立在错觉之上。

特别是，这里存在很严重的问题，因为学生很难从听教师讲中学到东西。例如，研究表明，学生可以从样例分析中学到很多，但在这其中加入教师的讲解几乎不会带来任何额外的效果。研究也表明，当教师用比正常速度更快的步调来教授课程材料时，深度学习就会受到极大的影响，而表层学习相对来说则可能不受影响。

总之，背诵法有很多内在的问题，使教师陷入成本－效益的困境中。很多时候，教学互动会变成单个教师与班级中一小群学生的互动。当课堂的参与者意识到正在发生之事，却默许这种模式成为常态时，问题就会变得更加复杂。学生似乎开始意识到在每段时间内谁是活跃的，谁可能是不活跃的。

我们许多人回想自己做高中生时的一种经验是，发展一种使自己"隐形"的技艺。我们形成了一种能够避开课堂参与的技能。我们可能看似很专注，但却避免直接的凝视，避免大幅度的动作，蜷缩在座位上而不是端正坐姿，或者运用"虚张声势"的策略，比如假装在读书或写字。我们有可能身处课堂中，却远离课堂注意力的中心，几乎不造成干扰，也几乎不会被注意到。观察研究表明，这不是一种罕见的经验。因此在很多时候，学生上学似乎是来观察教师的工作。

理解我们如何处理信息：背诵法的更多问题

学习的一条主要原则是，学习者需要对学习来源（source of learning）做出积极的回应。这个观点贯串所有学习理论，不管我们是否运用诸如"行为主义"、"认知主义"或"建构主义"的术语。在心理学的世界里，被动学习是不存在的，除非这个术语指的是学习无所事事，类似于习得性无助。当我们通过聆听或观察进行学习时，我们的头脑是高度活跃的。所有这些效应都以我们活跃的工作记忆作为媒介。例如，当我们全神贯注时，观察学习能产生强大的效果。人们通过观察示范者的行为进行学习，通常比亲自动手和实施同一行为更为有效。我们注意到，尽管学习者需要保持活跃，但这不一定是指外在行为的活跃，也不是必须做出明显的回应。

所有流派和学习理论都承认，教师的作用是吸引学生的注意力，使其专注于学习来源。教师的讲话中会流露出大量信息。但是，当教师让学生接触到过多的讲演时，他们会动摇学生关于什么相关或什么无关的知识基础。除了直接导致认知过载以外，这类似于认知负荷研究者称之为"冗余效应"（redundancy effect）的现象。关于有效教师特征的研究发现，他们能够在短时间内很好地解释材料，比如5—7分钟，相较之下，新任教师需要更长的时间。简而言之，那些认为学生只要进行长时间的聆听就能学习的教师，他们持有的观点与我们已知的人类正常能力是不相符的，这在信息加工理论中有所描述。

关于注意力与警觉性的已有研究表明，我们集中注意力10分钟后就会有所松懈。虽然个体差异很大，但一个合理可行的假设是，高中生能够全神贯注地聆听10分钟。在这之后，认知过载的因素开始发挥作用，其他的一些因素也会出现，比如自我损耗（ego depletion）和简单性无趣（simple boredom）。实际上，在神经科学文献中，**心智游移**（mind wandering）有两种主要理论。一种理论反映的是**自我损耗**的概念和自我调节的失败（参见第26章）。也就是说，我们集中注意力的能力（或努力）确实会因为生理疲惫而耗尽，这反映在有利于脑思考的血糖水平上。因此，有必要保存精力，为将要出现的下一个考验做准备。在这个理论中，心智游移是保护己方资源的适应性策略。

第二个理论被称为雪崩式的注意力不集中（cascading inattention）。这个理论认为，认知过载的作用是防止大脑深陷于他人讲述的故事中。换言之，过多的信息输入会威胁到心智结构的清晰性，并引起思维混乱。大脑追求的是简单，但信息输入意味着复杂。自我损耗和思维混乱这两种理论对实践的启示是一样的：学生的注意力会随着课的持续而下降。有一项针对大学生的研究发现，当被问及他们在课堂上是否会出现心智游移时，55%的学生会说"是"。另一项研究发现，在整堂课上，优秀的学生能够通过"接收"（tune in）和"关闭"（tune out）的机制来调节自己的注意力。

一个常识性的研究结果是，注意力是有限的资源。结合其他一些研究，我们发现各个阶段的学生经常接触到他们无法理解的教学讲解。传达给小组的信息与个体学生理解和记忆复杂信息的能力不同步。在任何一个班级里，学生先前知识的差异都会导致他们对相同的内容有非常不同的理解。为了达成高水平的理解和掌握，教学讲解要与个人的知识储备相适应。但在整个班级教学的层面上，这个目标不太可能实现。

课堂和实验室研究一再表明，带着对某种现象的误解进入高中的学生，并不会因为直接教学或简单地聆听"正确"的解释，就改变他们的错误观念。这些学生通常不习惯他们对世界的看法受到挑战。这些错误观念能通过合理的挑战、细致的讲解式教学、积极的讨论、个性化的指导而得到改变。但是在一般课堂环境下，几乎不可能具备实施这种强化的、互动的教学形式的必要条件。

观点：鼓励学生发出声音

有人已经尝试改变课堂的步骤，鼓励优秀学生发言和积极聆听教师的讲解。例如派代亚教学模式（Paideia model），它认为学习应该由三个主要部分构成：讲授式教学（didactic instruction）、苏格拉底式提问（Socratic questioning）和训导式结果（coached product）——各占三分之一的课堂时间。讲授式教学的重点不在于讲演，而是积极地教授各种概念以及概念之间的关系；训导式结果强调的不是结果，而是训导。但苏格拉底式提问是核心——它需要向学生询问开放式问题（通常与高阶思维概念相关），然后聆听他们的答案，并让他们彼此询问相关的问题。为优秀学生创造发言的机会需要有意识地行动、学会如何提出开放式问题（在一定时间内不需要教师进一步参与），而且教师的角色要从传统模式中脱离出来，做出轻微的调整。

卡伦·墨菲（Karen Murphy）和同事们对大量关于高质量讲授的研究进行了综述，他们发现许多方法能促进词汇积累和对课程基本概念的理解，尤其能够提升高阶思维，比如理解能力、推理能力、批判性思维能力和论证能力。他们发现单纯减少教师的讲授和增加学生的发言是不够的。也就是说，仅仅把学生分成小组并鼓励他们发言是不够的。学生发言只是一种手段，而不是目的。我们需要有意地运用策略组织学生发言（比如派代亚教学法和墨菲概述的其他方法），以促进更深层的理解和学习。对文献进行大量考察以后，我们发现，对于那些低于平均水平的学生来说，鼓励他们发言能产生很强的效果。

导学问题

1. 我们有几个术语可以用来指称背诵法，包括 IRE 循环、CDR 方法，甚至"传统的粉笔头和口头授课"。为什么经过改革者 200 多年的批判和对抗，这种教学形式仍然存在？
2. 针对背诵法有哪些合理的批评？
3. 大概有多大比例的课堂时间用于教师发言？有多少时间似乎用于学生发言？
4. 你可以列出背诵法给教师带来的具体优势吗？
5. 一个有价值的研究发现是，如果学生能够通过样例进行有效学习，那么额外的教师讲解几乎是无用的。为什么会有这种情况？
6. 一个需要注意的问题是，我们的注意力是有限的。我们对心智游移有哪些了解？
7. 先前知识因素如何削弱背诵法的有效性？
8. 学生的错误观念可以通过听课或直接教学来更正吗？
9. 有哪些策略能用来鼓励学生多发言以及参与更高水平的活动？

参 考 注 释

- 美国斯坦福大学的内特·盖奇教授是一位备受尊敬的研究者，他开启了课堂研究的新时代（Gage, 2009）。
- 背诵法经久不衰（Cuban, 1984）。
- 教师主导课堂的问题（Pressley & McCormick, 1995）。
- 过去一个世纪以来，两种模式之间的张力越发明显（Cuban, 1982）。开放教育在过去的一个世纪里遭遇失败，一个很好的评论参见 Chall, 2000。
- 一本很有影响力的美国书籍：《一个被称作学校的地方：未来的展望》（*A Place Called School: Prospects for the future*）（Goodlad, 1994）。一项英国研究表明教师占据主导，学生只需做出低水平的回应（F. Smith, Hardman, Wall, & Mroz, 2004）。
- 现在许多研究表明，学生从样例分析中学到很多，但加入教师的口头讲解，几乎不会给学生带来更多的效果（Wittwer & Renkl, 2010）。在传授程序性知识时，基于言语的教学几乎是无用的。这些研究结果与以下事实是相符的，即人们难以向其他人解释他们怎么接球或骑自行车。总之，程序性知识不受言语式教学的影响。

- 学生上学是来观察教师的工作（Hattie, 2012）。
- 有效教师只进行简短的讲授（Brophy, 1986）。
- 关于人类警觉性的研究表明，人的注意力会在几分钟后有所下降（Ariga & Lleras, 2011）。在注意力消退之前，学生的注意力可能持续 10 分钟（K. Wilson & Korn, 2007）。然而威尔逊（Wilson）和孔恩（Korn）指出，10 分钟的概念过于简单化。这里显然存在巨大的差异，很多学生都处于"接收"和"关闭"的循环中。
- 心智游移是加工过程中的自我损耗（McVay & Kane, 2010）。心智游移是思维混乱（Schooler et al., 2011）。关于心智游移的研究及其对教学实践的影响，一篇有价值的论文参见 Smallwood, Mrazek, & Schooler, 2011。
- 大学课堂上学生的心智游移（Risko, Anderson, Sarwal, Engelhardt, & Kingstone, 2012）。在大学课堂上，能力强的大学生会表现出"接收"和"关闭"的循环（Bunce, Flens, & Neiles, 2010）。
- 教学讲解（所有阶段的小组课堂教学）经常无法为许多学生的学习带来实质性效果（Wittwer & Renkl, 2008, 2010）。
- 学生的错误观念无法简单地通过直接教学、聆听正确信息而被改变（Aydeniz & Kotowski, 2012）。持有预设观点的脑抗拒新信息，一篇经典的阅读材料可参见 Chinn & Brewer, 1993。
- 派代亚教学法（Billings & Fitzgerald, 2002）。关于增加学生发言的综述（Murphy, Wilkinson, Soter, Hennessey, & Alexander, 2009）。

第 7 章　为实现基本学术技能自动化而教学

你自愿参与一个关于词语识别的实验室研究，被要求盯着电脑屏幕，屏幕是空白的，除了屏幕中心一个小的红色十字。你注意到有个词语一闪而过，然后被要求回答你看到了什么。你会发现自己说："是 carrot（胡萝卜）这个词吗？"你说对了。令人惊讶的是，那个一闪而过的词语仅持续了 20 毫秒，也就是五十分之一秒。它持续的时间如此短暂，被认为是在意识阈限之外或低于正常视觉阈值的。词语一闪而过后，你的大脑用了几秒的时间想出了 carrot 这个词。事实上，你仍不确定这个词是如何浮现在你的脑海里的。正常来说，你并没有看到在屏幕上的词语。要真正清晰地看到这个词大概需要 60 毫秒的呈现时间，或将近十分之一秒。

这样极其短暂的闪现通常不会产生任何影响。如果你不熟悉这个词，更是如此。例如，假设闪过的词语是 cappotto（意大利语，大衣）。哪怕你不会讲意大利语，也依然可以轻松地读出 cappotto 这个词，但它需要花费超过 20 毫秒的时间。如果这个词是陌生的，你就会使用音位分析读它。要使用这种策略，词语需要在屏幕上出现半秒（500 毫秒），然后你要安静地默读复述几秒钟，确保自己的发音能够达到可接受的水平。

在这个实验中，能够在瞬间正确识别词语 carrot 体现的是自动化（automaticity）。但读出 cappotto 这个词语需要有意识的努力。通过音位分析，你很容易想起一些元素，比如 cap-，pot- 和 to- 等组块（chunk）所代表的音位。你很熟悉这些元素。当然，你可以准确地读出 cappotto 这个词，但音位的重编码策略（phonemic recoding strategy）将对你的脑施加数秒钟的认知负荷。虽然你运用活跃的工作记忆弄清楚了这个词的发音，但你不得不搁置其他方面的心智活动。

缺乏自动化时，思考与理解的能力会下降

为什么这种外界施加的瞬间认知负荷如此重要？因为它们能够干扰理解、分析、精加工和深度理解的活动。这种效应能够迅速叠加。一连串陌生的单词会对理解造成严重的破坏。如果你大脑的精力都被消耗在低水平的加工上，那么你就无法理解"大局"。连贯性被破坏了。我们的目标从理解整个语境变成了理解你眼前的那个单词。问题在于大脑知道词语对准确理解有多重要。无法理解某一个词语可能会对整个理解过程造成威胁。

当我们阅读的时候，在瞬间传达的时间框架（time frame）内，我们会接收每一个词语、每一个字母。比方说，在国外驾驶时，你会发现路标对你来说没有多大意义。但是，每一个标志对于个人的安全来说都可能是非常关键的。你开车经过它们，试图了解它们究竟传达了什么信息。这样做可能面临无法控制场面、违反交通规则、危害道路安全、去往错误方向的风险。在过去，研究者认为，阅读依赖于根据语境线索推断意义，而不是逐字加工。阅读依靠语境线索理解意义，而相对忽略对每个单词的识别，这一假设被20世纪70年代和80年代的大量科学研究推翻了。

一分钟三百词：你的自然阅读速度

关于有效阅读，我们还知道些什么？我们知道，当你阅读时，你的眼睛会短暂聚焦或注视几乎每一个单词，尽管你会跳过较短的词，如 at 或 in。幼儿通常对每个单词会有两个注视点。到了高中阶段，每个单词有一个注视点，基本上是在单词的中央位置。注视点每秒大约会出现四次，所以眼睛大约每250毫秒会出现一个不平稳的跳动，即眼跳运动（saccade）。成熟阅读者的注视点每次往后跳动约9个字母的空间，偶尔会更多，整个知觉广度最多大约是20个字母的空间。当你阅读难度高的材料时，知觉广度会缩小。

你的眼睛注视每个单词所用时间的多少，取决于你对这个词语有多熟悉。在大多数正常的阅读情境中，每个词语的注视时间很可能在60—250毫秒之间。一个陌生的单词会让你放慢阅读速度，因为你会在这词上注视较长时间，如果这个词你完全不认识，甚至需要几秒钟。我们知道，当目标材料相对简单时，成熟的阅读者一般每分钟阅读约300个单词。如果是休闲读物，我们的阅读速

度甚至可以更快。阅读信息量大的材料可能使你的速度放缓至每分钟约 200 个单词，这反映了我们可能需要重复阅读同样的词语或句子，这个过程被称为回读（look-back）或回溯（regression）。

打个比方，阅读就像是幻灯片放映一样，你看每一张幻灯片的时间大约是五分之一秒。每张幻灯片能看清一个单词，但在右侧有一些模糊的字母。你让幻灯片不断地放映，但有时你会喊"停止"，重播你没有看懂的幻灯片，或那些在你的工作记忆中不能形成句子的幻灯片。

人们对快速阅读的价值持有非常不同的看法。一流的阅读者可能达到每分钟约 500 个单词。以这样的速度，他们是在略读，而不是阅读每个词。毕竟，每分钟阅读约 500 个单词意味着平均每秒钟阅读 8.4 个单词。通常，大多数人可以通过练习和努力提高自己的速度，也许会比平时的阅读速度快 10%。各种快速阅读练习的主张往往有夸大之嫌，我们必须谨慎地对待。与之相对的是，我们注意到最近兴起的被称之为"慢阅读"（slow reading）的运动，它强调品读文本和深度思考的好处，而没有将速度视为知识加工的训练方式。

对于大多数成熟的阅读者而言，每分钟约 300 个单词是相当舒适的阅读速度。当你进行演说、对话或者只是聆听时，阅读速度可能在每分钟 150—200 个单词之间。在公开出版的有声读物中，目标速度被设定在每分钟 150—170 个单词。因此，相比自然的口语交流，阅读能以更快的速度输入信息。但是，当任何信息流低于每分钟 100 个单词，可理解性的问题就会出现。为了从互相联系的文本中建构意义，大脑要依赖在工作记忆范围内的句子的连贯性。单词必须以每秒钟大约两三个的速度出现。只要我们知道每个词的意思，就会感觉这种速度很自然，与我们理解他人话语的速度相吻合。

理解儿童的阅读问题

众所周知，幼儿的阅读习得与口语能力和早期的发音技巧（即知道如何运用发音规律，比如押韵）密切相关。仔细辨别声音和练习发音的机会，以及在唱歌、作诗等活动中了解语言规律，能够为 4—7 岁的儿童提供宝贵、丰富和有趣的经验，有助于他们早期的阅读习得。但可以确认的是，儿童的口语技能在 4 岁以前就得到了良好的发展，并且我们有理由相信辨别声音的能力在儿童出生后头几个月就开始形成。

在20世纪80年代，世界上几个主要的研究小组对儿童的学习障碍进行了调查，得出了非常相似的结果。有些学生被诊断为智力正常，却有阅读障碍，当他们被要求念出孤立的单词时，他们的速度慢得出奇。即使他们在日常对话中使用过相同的单词，亦是如此。这些儿童会看着电脑屏幕上显示的单词，用大约一秒或更多的时间才能读出来。他们的朗读是准确的，这使人们认为他们事实上是能够阅读的，但在理解文本（即推断文本的意义和写作目的）上需要帮助。另外一个特别的发现是这些儿童在朗读无意义词语时速度特别慢，比如DOMIRK，念出类似的无意义词语或假词，需要超过一秒钟的时间，而且往往时间更长。

随着研究的积累越来越明朗的是，阅读失败的主要原因之一是许多学生受困于词汇检索层面的心智加工过程。问题不在于理解，而在于理解之前的阶段，这个阶段涉及负责词汇识别的信息加工系统。在20世纪80年代之前，研究者和教育者观察到这些学生能够对单词进行准确的解码，便误以为他们肯定拥有很牢固的词汇知识。

但是，早期的教育者根本没有工具发现解码过程是如此缓慢且需要付出努力，以至于理解过程会受到阻碍。在对话中能够理解和使用一个单词，与快速阅读在文本中的同一个词是不一样的。这种情况，即慢速解码削弱理解意义的能力，被称为阅读的简单理论（simple theory of reading），这个理论在过去40年中得到了支持和证实。简而言之，如果你不能以每秒钟两个单词的速度处理全部单词，那么你就不可能理解整个句子，即使你完全知道每个单词的意思。这个理论能够解释此前记录在案的研究发现，即有阅读障碍的学生的阅读能力与他们的口语听力理解能力表现出巨大的差异。

文化发展：从口语能力到准确地阅读文本

在《心理学年鉴》（Annual Review of Psychology）中，神经科学家伊丽莎白·诺顿和玛丽安娜·沃尔夫（Elizabeth Norton & Maryanne Wolf, 2012）深刻地指出：

> 也许，关于阅读的最令人惊奇的一点是，儿童习得阅读技能，这一过程似乎与天性无关。在人类的进化史中，阅读是最近才开始的，我们并不

具备天生的专门用于阅读的生物学内在机制。相反,儿童生来就具有丰富的神经元结构用于支持口语的习得,并为学习书面语言预先提供了一个卓越的平台。对语言的发音和结构做出反应时,大脑的特定区域被激活……与此形成鲜明对比的是,每个儿童发展阅读技能时,都必须运用那些经过进化、已另作他用的脑区,如负责语言、视觉和注意力的脑区。

(pp.428–429)

56　　从20世纪80年代初开始,研究者越来越清楚地认识到,阅读只是发展专业能力的又一个例子。我们并非天生具有阅读能力。相反,学习阅读需要投入时间学习必要的技能,在社交生活中观察和模仿他人如何阅读,并参与到阅读共同体当中。其中一个需要学习的重要技能是按顺序加工信息——理解词语,进而凭直觉理解其含义。这是一种需要学习的技能,但有阅读障碍的学生往往缺乏这种技能。

　　阅读代表着一个重大的文化成就,受到代际力量和社会学习因素的影响。在许多国家中,人们识字水平低,而且在很多时候,个性化辅导是不存在的。在全球范围内,不同国家人口的识字率从25%到99%不等。在西方社会,我们期望每一个儿童具备基本的识字能力。这种期望是在19世纪后期的西方世界兴起的,它是文化期望和人类成就随着时间过去而发生变化的生动实例。

　　社会中的每一个人都应该具备识字能力,这样的观念在200年前被视为不切实际、无法实现的。普及性教育实现了这个目标,取得了巨大的成功,这告诉我们三个值得注意的方面:(a)文化因素;(b)人的可塑性;(c)教师的专业技能。尽管我们很容易忽视这些方面,但它们使实现全民识字取得了飞跃式发展。正如前文对诺顿和沃尔夫的引用表明,我们的口语交流能力和社会敏感性得到了进化,但识字能力并不是我们的进化蓝图的一部分。我们的脑的设定是读取语音规律和社交线索,而不是阅读这些在纸上勾画的奇怪线条。

　　然而,这些潦草的线条正是你在此刻需要做出反应的东西。为了阅读这些印刷出来的文字,你必须学会解码。与其他方面的专业知识相同的是,我们每个人很快就会忘记这样的技能变得自动化有多困难。这是本书强调的主题之一:达到专业水平在一定程度上会让人遗忘在学习时所要付出的努力和时间。我们无法毫不费力地洞悉到,为什么其他人无法掌握我们成功习得的能力。成功和自动化使我们看不到初学者遇到的困难。

拓展关于阅读的简单理论

如果你以每分钟 60 个单词的速度阅读连贯的文本（如句子），那么你几乎不可能理解你所阅读的内容。因此，大量年轻学生有阅读障碍是可以理解的。许多儿童并没有投入足够的时间积累必要的经验以发展专业能力。成人为阅读素养在日常生活中的广泛运用做出了示范，如果缺乏来自于成人的训练和鼓励，那么儿童将无法掌握阅读技能。很多儿童都缺乏这种促进性的经验。很多刚入学的儿童甚至在基本的符号-发音机制（sound-symbol functioning）上都缺乏自动化。经过最低水平的语音训练，他们或许能够完全地识别字母，描述声音和符号的关系，纯粹通过努力阅读孤立的单词。但如果没有通过强化的自我导向练习，提高阅读加工速度，那么他们依然无法在阅读时形成整体的理解。

阅读的简单理论推导出这样的一种观点，即如果一个儿童没有参与阅读，没有花费数百小时进行主动的阅读，那么他们就不能形成流畅的阅读理解能力。低效和慢速解码使儿童无法以其口语能力和听力理解所能允许的同等速度输入文字信息。这个简单的观点最初是菲利普·高夫（Philip Gough）在 1972 年提出的，然后在 1974 年戴维·拉伯奇（David LaBerge）和杰伊·萨缪尔斯（Jay Samuels）的重要论文中得到了进一步发展，在过去 40 年中逐渐积累了大量相关数据。

数学的相似之处：数字组合即时提取的重要性

2 加 3 等于几？在三分之一秒的时间内你能得到数字"5"。这是一种能够帮助你回答复杂问题的知识，比如"在 $6x-31=2+3$ 这个方程式中，x 等于几？"掌握一系列基本的数字事实（number facts）和组合能够减轻心智负荷。如果问你 26 乘以 4，你立刻就会想起 $4\times 25=100$。所以其结果要比 100 大 4。这样的例子不胜枚举。有研究显示，掌握这些元素可以将记忆负荷几乎减轻到为零。你能毫不费力地得出数字事实 $2+2=4$。那么，我们最初是如何习得这些基本的数字事实的？

其中一些数字事实是通过简单的计算获得的，至少当数量小于 5 时是这样的。从 5 开始，一个文化系统就被激活了，我们运用十进制的阿拉伯数字。阿拉伯数字代表着一个惊人的文化成就。它变得如此自然，我们甚至不会将数学视为一种文化成就。但是你不是生来就知道12的三分之一是4。你必须在年幼的时候学会这些琐碎而珍贵的知识。你通过综合运用以下方法做到这一点：与他人接触、自己弄懂、摆弄具体的物件、尝试不同的表示方式、在即时记忆中复述习得的知识单元、将其转化为长时记忆、无数次对其进行验证。

在小学低年级的课堂里，教师努力确保学生将数字事实作为有意义的单元进行学习，同时将快速和高效地检索作为一个核心目标。"乘法表"之类的记忆手段是巩固学习的有价值的工具，而不是学习乘法事实的策略。如果学生缺乏数字常识，没有掌握乘除法则，他们只能将乘法表作为孤立的记忆策略。但掌握了基本的数字事实以后，学生就可以在继续取得成功的期望下转向更困难的问题。一个被重复证实的发现是，如果学生在小学高年级结束时在数学上遇到困难，他们自动化提取数字事实的能力就会表现出缺陷。这样的缺陷会阻碍他们在数学领域进一步发展，常常伴随其他不良后果，如缺乏自信、缺乏乐趣、感到无助。

曾有一段时间，教师被鼓励去相信机械学习（rote learning）与深度理解是水火不容的。但这种观念是一种误解，因为所有的知识指标表现出正相关。"表层知识"和"深度理解"之间并没有严格意义上的界限。另一方面，自动化的概念意味着，当基本技能自动化以后，我们就可以腾出更多的心智空间，通过知识习得进行更深层次的思考和理解。确实，知识使我们的心智有迁移、发展和改变的空间。重复和巩固练习是一个有效途径，将知识存储在可检索的单元中，进而通过掌握概念和深层理解促进心智成长。

为什么数字事实很难学？

与很多成人通常持有的观点相反的是，学习基本数字组合之类的知识单元绝非易事。作为成年人，我们低估了初始知识习得所要付出的努力。对于年幼的儿童来说，在他们成长过程中的某一段时间，简单的算术问题是难以思考和解决的。这有些复杂，因为解决这些问题需要协调运用几个不同的知识源（knowledge source），例如：（a）数数；（b）数字与物件的对应关系；（c）顺序无关原则（order irrelevance principle）[①]。

[①] 顺序无关原则是指物件被数的顺序与数数的结果无关。——译者注

第 7 章　为实现基本学术技能自动化而教学

在成年阶段，你能毫不费力地回答"5 加 7 等于几？"。但是对于 6 岁左右的儿童，这是一个真正有趣的问题。不过，他或她知道如何通过激活先前习得的合适知识源来解决这个问题。一旦 5 加 7 的问题在很多不同场合都得到了解决，那么其结果就可以被表述为组块的形式，即 5+7=12，这个知识单元可以被运用在未来的理解和问题解决活动中。

这个有关认知加工的描述，与以下研究发现是一致的：如果儿童在接受学校教育的前两年缺乏基本的计算知识，这将预示着他无法应付小学高年级的数学，即使控制了智力、性别、转学和收入水平等影响因素之后，也是如此。假如小学低年级学生只掌握了低层次的数字事实，他们也能进入高层次的学习，但依然处于"危险中"，而且受到时间压力等因素的不利影响。我们也可以用另一种方式阐释这一研究发现，即当我们期望这些学生能够很快地跟上数学教学，或者参与有时间限制的考试，由于出现负向递增效应，劣势会变得更加明显。

我们也可以注意到，实验室条件下的研究表明，对于成人和儿童来说，提取记忆的速度预示着另外两个特征：自信和积极的情感。每当人们能够快速回忆起重要信息，就会有一种认为这些信息是正确的感觉油然而生，并且同时会产生一阵短暂的愉悦感。

缺乏自动化时，学习会带来沉重的负荷

如果儿童无法快速和灵活地提取数字事实和词语识别的知识，其代价或后果是，当他进入小学高年级，学校学习就会变得越来越困难。学生被迫将学业要求看作需要解决的问题，他们需要循环使用两个心智技巧做出应对，这两个技巧可以用以下两个描述性标签概括：（a）手段–目的思维；（b）分治策略（divide-and-conquer strategies）。这些术语的意思是，大脑必须付出努力，将较大任务分解成能够逐个击破的较小单元。分治法是我们面对困难和复杂问题时使用的策略。问题在于为了保持成功，我们必须全力以赴，或者我们会产生**认知负荷**。这种需要付出努力的策略迫使我们在以下四个进程之间进行转换：尝试满足任务需求、尝试了解问题是什么、决定采取何种行动和检验目标是否实现。

当儿童无法提取知识时，他就会持续地使用分治策略。但当学生已经具备充足的知识，能够快速地识别词语，并已掌握了大量数字事实，他就会较少使用这种需要意识参与且会产生严重认知负荷的策略。这些策略的价值在于作为

系统 2 的备用策略，而不是在第一道防线就被浪费掉。如果把课堂学习比喻成一场战争，让最好的部队保留实力以备不时之需是值得的。

如何教学以实现自动化？

非常奇怪的是，我们确实不是很了解如何教学以实现自动化。我们需要将大量在校时间分配在必要的练习上，使学生的基本知识技能完全自动化。我们在第 11 章提到，专家通常每天在其专业技能上投入 3—4 小时。在技能达到精英水平之前，他们可能需要花费十年时间。在阅读技能上，这种表述仍然适用。因此，儿童早期的教师充当儿童阅读"自动化的教练"的角色，这样的预设是不恰当的。自动化是每个儿童必须通过持续的支持和运用才能达到的，这个过程需要其生活中所有重要成人的参与。这种特质无法速成，也不是通过几个短期课程就能获得的。尽管如此，仍有很多事情是教师可以提供帮助的。

在识字教学领域，一种被深入研究的课堂教学方法是**反复朗读**（repeated reading）。更准确地说，这一概念代表着一系列不同的教学技巧，其基本原则是，一个学生大声朗读给另一个人听。随着重复次数增多，阅读的流畅性和韵律性就会得到显著提升。韵律指的是讲话变得更自然、生动、意味深远，能够恰到好处地运用重音。这类研究的其中一个发现是，朗读词语显著提高了词语的识别水平，但这种效应无法泛化到其他词语上。例如，重复朗读单词 carrot（胡萝卜）会使这个单词更加自动化，但对 carat（克拉）或 carpet（地毯）的识别则没有影响。任何形式的自动化练习都只能对特定的练习材料产生影响。

我们的假设是，学生在年幼时期就开始在家庭中接受刺激和鼓励，通过不断重复的经验而形成自动化。在分享阅读经验和数字游戏上投入的时间是至关重要的。有担当地使用金钱的机会，为进入数学领域提供了早期的动力，根据食谱进行烹饪、测量距离等经验也是如此。现有的教育技术和实践基于这样的一个假设，即日常经验使学生做好接受正式教育的准备，自然发生的技能发展使得连贯的结构化课程能被教授和掌握。

然而，不可避免的事实是，当这种假设不太有效时，我们就需要实施特殊的项目。全球各地的教育者为那些在接受学校教育的前两年无法通过大班课堂教学取得预期进步的学生设计了大量补救性项目。这里不会对这些项目进行综述，但我们可以引述两个在澳大利亚学校中被广泛使用的高质量项目。这两个项目旨在提高自动化水平，并且通过正向评估测试得到了验证。在阅读领域，麦考瑞大学开发了MULTILIT（making up lost time in literacy，识字时间弥补计划），并且非常成功地把来自弱势家庭背景的慢速阅读者培养成了能够满足学校基本识字要求的学生。在阅读和数学两个领域，澳大利亚新英格兰大学的快速智能项目（Quicksmart program），其有效性在过去10年的后续研究中得到了充分证实。

这些教师导向的项目基于直接教学实践，通过学生参加的小组来运作，这些学生参与项目的个人目标是使提取变得迅速和高效。例如，这样的项目通常运用卡片闪动和类似游戏的活动，鼓励主动参与和即时的纠正性反馈。快速智能项目的一个特征是，使用计算机管理考试的程序，记录和跟踪个人的反应时间。学生可以从这些强化的教学项目中大受裨益，他们在学业考试中的得分有很大提高。这种评估研究还表明项目对情绪方面也有积极影响，比如学生不再感到无力。

一项评估指出，澳大利亚有150所学校、超过2000名学生在使用快速智能项目。参与该项目30周以后，学生在数学成就进步测验（Progressive Achievement Test in Mathematics）上平均得分的提高相当于2—3年的自然进步，效应量一般为0.7，在某些地区会更高。MULTILIT的评估报告称，一系列测量维度也表现出同样的效应量，如词汇、拼写准确度、朗读短文的流畅性和阅读理解。凯文·瓦尔达尔（Kevin Wheldall）博士认为，"已有的科学研究证据表明，当提供有效的阅读教学时，来自弱势社会背景的学生可以而且确实能够取得很大的进步"（2009，p.151）。

观点：自动化和时间的隐藏角色

当学生进入小学高年级阅读和数学课程的学习，实现认知加工的自动化是他们的主要目标之一。如果不能实现自动化，他们在随后的学业中就要持续地使用需要付出很大努力和代价的心智策略。我们希望学生能够保存精力以迎接学习上的挑战，而不是被迫持续地使用问题解决技能，不断地陷于自我损耗的危险中。吊诡的是，在应对更常规的要求时，如果我们掌握了"低层次"的知识，那么就不需要一直使"高层次"的问题解决过程保持激活状态。

> 一个隐藏的要素，"在房间里的大象"①，是时间，以及在个人发展的日常生活经验中，时间是如何被安排的。无数研究表明，我们在阅读量上存在惊人的差异。例如，一项研究发现，青少年儿童每周的课外阅读量在16—1933个单词之间不等。很多调查研究都得出了类似的结论，无论是阅读量，还是阅读时间，都存在巨大的差异。从一位教师的观点来看，这些研究有助于改善令人不安的阅读现状。
>
> 要有所发展，就需要在相对轻松、愉悦、动力强烈的条件下，付出时间来练习低阶技能。无论儿童在什么事情上投入大量时间，随后的熟练和自动化都能对他在同一件事上的基本认知需求予以支持。但如果他不去做某一件事，发展就不会发生。这可能是一个关于知识发展的简单理论，但它有深远的意义。

导学问题

1. 自动化地读一个单词可能需要十分之一秒的时间。但是，如果做不到自动化，你读这个单词需要多长时间？

2. 如果你不能进行自动化的阅读，你会使用音位分析吗？它是什么呢？（有时候，这个技能叫作音位重编码。）

3. 但是，当你必须依靠这种解码策略时，在理解水平上会发生什么？

4. 你应该以多快的速度进行阅读？

5. 当你阅读的时候，你的眼睛在做什么？眼睛注视点与阅读理解之间有什么关系？

6. 有阅读障碍的儿童仍然可以相当不错地进行阅读，但速度缓慢。为什么这是一个很大的问题？

7. 所谓的"阅读的简单理论"是什么？

8. 12的三分之一是多少？你刚才如何得出这个问题的答案？在你的早年经历中，你需要经历什么样的学习过程？

9. 事实上，掌握基本数字技能需要付出相对困难的努力，其难度远比大多

---

① 谚语，指显而易见而又被忽视的事实。——译者注

第 7 章 为实现基本学术技能自动化而教学 | 073

数成人认为的难度大。是什么让这种学习如此困难？

10. 当自动化并不明显时，学生仍然可能继续下去，但效率和理解水平会降低。矛盾的是，与达到自动化水平的学生相比，他们可能需要更早、更多地使用高层次的心智策略。请用认知负荷这一术语解释这一现象。

11. 我们有哪些教育手段可以用来促进自动化？

参 考 注 释

- 基思·雷纳（Keith Rayner）博士在其职业生涯中一直致力于对阅读时的眼部运动进行细致的分析和测量。虽然这样的研究是技术上的，但下面两篇论文提供了易于阅读的综述（Pollatsek & Rayner, 2009；Rayner, 2001）。另外一个包含大量信息的解释能在萨缪尔斯和法斯特鲁普（Samuels & Farstrup, 2011）的著作的相关章节中看到。

- 有关阅读的科学研究的重要综述（Samuels & Farstrup, 2006, 2011；Stanovich, 2000）。这本 2006 年出版的书关注的是流畅性或阅读速度。欲了解更多有关儿童阅读障碍的信息，参见：E. S. Norton & Wolf, 2012; Wolf, 2007。

- 阅读的简单理论最初是由高夫提出的（Gough & Tunmer, 1986；Hoover & Gough, 1990），并得到进一步发展（LaBerge & Samuels, 1974）而被广泛接受。一些批评人士将该理论曲解为慢速阅读者只是在解码上存在问题，而在口语上不存在问题。但该理论清楚地认识到学生需要在语言技能方面取得长足的进步。没有理论会假设所有学生的语言能力是"相等的"。

- 一个哲学观点是，一些看似"简单"的理论是不可接受的，因为现象本身具有内在的复杂性。但这并不妨碍我们通过清晰和简明的解释对复杂的过程进行分析。这就是科学所擅长的。

- 早期无法掌握数字事实会影响后期的数学进步（Gersten et al., 2012；Gersten, Jordan, & Flojo, 2005）。早期发现的数学困难将对整个小学阶段产生持久的影响（Duncan et al., 2007）。

- 实验室研究表明，快速并成功地提取记忆能够产生自信和积极的情感，成人和儿童都一样（Ackerman & Koriat, 2011；V. Thompson & Morsanyi, 2012）。汤普森（V. Thompson）的文章是一篇综述，关注的是快速而流畅的阅读加工带来自信正确的积极情感。

- 对将反复朗读作为一种补救方法的研究综述（Therrien, 2004）。
- 有关补救性阅读教学的要素的研究综述（Reynolds, Wheldall, & Madelaine, 2010, 2011）。MULTILIT（识字时间弥补计划）：由澳大利亚麦考瑞大学开发（Wheldall, 2009）。
- 快速智能项目（Bellert, 2009）：由澳大利亚新英格兰大学 SiMEERR 国家研究中心约翰·佩格（John Pegg）博士开发。其他出版物和年度评估报告可在其优秀的网站 www.une.edu.au/simerr/quicksmart 上获得。
- 青少年的阅读量存在巨大的差异（Allington, 1984）。关于阅读如何增加学生的知识，一篇很有启发性的文章，参见 Cunningham & Stanovich, 2003。关于接触印刷品（即阅读量）的影响，主要研究综述参见 Mol & Bus, 2011。

第 8 章　反馈的作用

想象一下，你到达一个陌生的外国城市，需要到酒店登记入住。你没有全球卫星定位系统（GPS），在街上询问当地人。尽管你的发音不好，但这个人能听出这个酒店的名字，告诉你它的历史、糟糕的餐饮，并告诉你不要去那里。尽管如此，你还是恳求他告诉你，"我怎样可以找到它？"然后当地人接着说要查阅一张街道地图，告诉你他的弟弟开设了一门有关导航和定向的课程。你告诉他，你不想参与这样的课程，所以他又会问你，你对什么样的课程感兴趣。这里我们就遭遇了沟通失败（communication breakdown）。

上面这段的用意是为了幽默。但是当我们将教师告诉我们的反馈对于他们来说意味着什么，与据学生所说他们需要的反馈进行对比时，我们发现了非常相似的沟通失败。我们对教师进行了调查，发现了以下 10 个维度，简称"10C"。从教师的视角看，反馈包括：

- 点评（comments），以及更多关于如何继续推进的指导；
- 澄清（clarification）；
- 批评（criticism）；
- 肯定（confirmation）；
- 内容开发（content development）；
- 建设性反思（constructive reflection）；
- 纠正（correction）（关注正反两方面）；
- 工作的优缺点（cons and pros of the work）；
- 评语（commentary）（尤其是整体的评价）；
- 关于标准的量度（criterion relative to a standard）。

教师声称他们对学生的学习给予了高水平的反馈，但学生认为他们从未有此经历。当我们对学生进行访谈，问他们反馈使其明白了什么、为什么反馈很重要时，一个非常普遍的观点是：他们想知道如何改进自己的学习，期望下一次做得更好。学生倾向于关注未来，而不是惦记他们已经完成和遗留的任务。他们都知道过去的成果是"不完美的标本"，而怀着继续前进的念想，愿意更多地学习由教师以同一方式传授的新东西。只要过去的努力受到了尊重，他们就会继续付出努力。他们不欢迎批评，认为这是不必要的、啰唆冗长的、针对个人和造成伤害的。当然，他们会犯错，并希望纠正错误。但他们对提出批评的氛围是很敏感的。通常情况下，教师的意图是给予有益的批评性反馈，但在接收者眼中则转变为针对个人的评价。

矛盾的是，学生想要并且需要"下一步去哪里"的信息，但教师似乎经常通过提供消极反馈来提供这样的信息。学生的作业必须得到纠正，其中的错误可能是显而易见且比比皆是的。但消极反馈可能会产生问题。学生可能会感觉任务设置不合理。他们可能认为，教师的教学很差劲，或者他们被期望学到授课内容之外的东西。他们可能认为，他们付出的努力程度是相当大的，但却没有得到承认。

他们会觉得用于评价他们的标准是不公正的，或者用于评价班级成员的标准有很大差异。他们会认为自己比同伴做得稍微好一点就够了。在课堂中，**社会比较**（social comparison）是很普遍的。毕竟，有人会说什么是"好文章"，什么是"差文章"。此外，"我们都知道，有些教师很不公平"是一句熟悉的口头禅。有时，我们发现学生会无视教师对其书面作业的大量评论，他们认为这些评论跟他们下一步的学习无关。

除了这种自然的共情缺口，接受批评的另一个隐藏因素与批评的量有关。"避害强于趋利"这一原则的意思是，一件坏事也许要抵消四五件好事，才能得到心理上的平衡。如果好事对坏事的比率低于 3∶1，那么我们就会有发生坏事的预期。然而，当我们评价学生的学习表现时，负面评论的数量很容易超过积极评论。我们并不是建议不断地向学生予以正面的认可（这本身会带来问题），我们的意思仅仅是他们对生活中积极事件和负面事件的平衡非常敏感。

反馈与知识水平相匹配

我们也注意到，一些教师似乎以一种机械的方式给予反馈和分数，他们相信从某种角度看，所有学生都是"大同小异的"。然而，很明显的是，我们需要基于学习者目前的技能水平，给予他们不同类型的反馈。当初学者努力建构基础知识和词汇时，我们需要基于内容知识给予他们反馈。因此，他们需要认可和纠正性反馈，通常以正确与不正确或对与错的判断形式呈现出来。中级学习者习得了基本的概念，但在将概念联结起来、认清关系和拓展基本观点等方面需要获取帮助。他们需要教师肯定他们使用了正确的方法和策略，或提出备选策略的建议。（例如，"擅长使用形容词"，"有效地运用了加速原理"，或"构思良好的论证，但你有没有想过这对未来意味着什么？"）

在更高水平阶段，有用的反馈形式是，支持学习者进行自我调节或者更多的概念学习，使进一步拓展和运用知识的真正努力得到积极认可。总而言之，哪种类型的反馈最有效，这取决于个人的学习阶段——纠正性反馈适合新手，过程性反馈是熟练的学习者所需的，精细的概念性反馈对于能力极强的学生是有效的。

使反馈过程更加有效

反馈的重要作用在于帮助学习者提升自己的表现。大约在 150 年前，行为科学诞生时，这种作用就被认可了。在 VL 综合报告中，反馈的效应量是 0.73，这表明它是对学业和学习成就影响最大的因素之一。不太好的信息是，反馈有效性的差异是巨大的——某些类型的反馈比其他反馈更有效——所以我们需要确定反馈应该采取何种形式，它何时与很强的学习成果有关，何时无关。

接受反馈使学习者能够缩小一个关键的差距，具体来说，即当前状态与更理想的成就水平之间的差距。反馈不能等同于奖励或强化，奖励与强化是与动机因素相关的术语。反馈是指获得信息的过程，通过调整或校正促成改变，使学习者更为接近明确的目标。

总之，接受适当的反馈是非常有效的。为什么？因为它能促使个人往前推进，做出安排、规划、调整和反思，进而以现实和平衡的方式进行自我调节。这种关于反馈的心智加工观点带来了一种重要的警示。反馈之所以能够发挥作用，是因为通过真实的评价，我们能够知道和准确地定义目标。这就是为什么评价在所有形式的教学和正规指导中都显得很重要。学生认为作业和评价是教师真正看重的。学生越早通过客观测试或作业，了解并能够清晰地描述他们将要达到的学习结果，就越是能够专注于实现这些目标。

当教师和学生参与到评价的相关活动中时，如果他们对什么是成功有清晰的概念，那么评价的信息有很大作用。澄清成功的标准，不仅仅是说"你至少要达到B"，而是要向学生展示不同成功水平的样例。或在此情况下，更进一步，向学生展示 A 和 B 的样例，并讨论它们有何不同。

设想一下，一组学生即将开始参与一系列课程。在课程刚开始时，我们停下来，向他们展示怎么才能在课程结束时取得成功，或者告诉他们如何知道什么时候已经取得成功。现在比较一下这组学生与那些不被告知什么是成功的班级。差异可能是巨大的。VL 综合报告表明这两种情境的效应量存在巨大的差异。此外，这是一种相对较低的投入，只需要很少的时间，但当然也给教师带来了挑战——他们需要陪伴在学生身边，使达到成功标准的学生数量最大化。

现在的任务是使学生从目前的水平迈向达到成功标准的水平。反馈的目的是缩小当前知识水平和理想水平之间的差距。令人诧异的是，这个原则在视频游戏中表现得最为明显。这些游戏标记并监控你现在的表现（你上次结束游戏存档的地方），然后给出一个足够高于当前水平的挑战（即金发姑娘原则，不是太难，但也不是太简单），然后不断地予以反馈，直到你实现下一个成功水平。我们很多人会在这些游戏上投入大量时间，因为我们喜欢其中的挑战。试想一下，如果没有反馈或没有恰到好处的挑战难度，我们还会继续玩这些游戏吗？试想一下，如果面临的挑战过于困难或容易，我们还会继续玩这些游戏吗？

对于许多学生而言，课堂就像是无反馈的视频游戏，不知道成功是什么样的，或者不知道什么时候你在关键任务中取得了成功。此外，面对的目标要么太难，要么太容易。缺乏参与是一种可理解的反应。反馈将是强大的，如果满足以下条件：（a）学生知道成功是什么样的；（b）学生理解反馈的目的是缩小其现有水平和目标水平之间的差距；（c）教师专注于给学生提供目标水平的信息。

要不要表扬？

教育界对表扬的心理学有很大的误解。在某种程度上，这种误解是由斯金纳心理学、行为疗法理论，以及表扬强于惩罚这种概念混合而成。另外，这种误解也与"自尊运动"（self-esteem movement）交织在一起。两个已经被识破的谬论是：（a）人们受到的表扬越多，他们就学得越多；（b）人们需要不断的表扬来建立和保持自我价值感。尽管有数以千计的相关研究项目，但这些说法并没有获得任何重大的支持。在某些时候、某些情境中，表扬能让人更快乐。它可以引导你去想要做某些事情，或者使你继续留在这个领域。不过，它对你的学习并没有帮助。

我们知道，没有研究发现显示接受表扬本身可以帮助学习或增加学习者的知识和理解。著名研究者耶雷·布罗菲（Jere Brophy）对教师在课堂中运用表扬的研究进行了综述，他发现表扬通常用于处理人际关系，或者是作为一个管理策略。但研究发现，表扬不是学术型课堂学习的促进因素。

表扬已经在临床环境中被使用，例如，在严格控制的环境下治疗某些类型的学习迟缓者（slow learner）。一个有效的临床方法被称为塑造（shaping），即谨慎地定时表扬，对学习者的小收获予以鼓励。但是，就普通的课堂而言，表扬显然不是强化的有力来源。当你在班级里表扬一个学生时，整个班级都知道的是你在大力表扬，而这正是你此刻教给他们的东西。

表扬通常被视为一个使用明确术语的公开展示，如"好孩子"或"你真聪明"等。我们看到父母和教师尝试运用这样的原则，即每当儿童或学生做一些他们认可的事情，他们必须予以表扬。连续的表扬违背了行为主义心理学的一个不可动摇的准则：间歇性的和不可预知的强化会产生强而持久的习惯，而持续的和可预见的强化一旦不再呈现，则会使你停止努力。严格来说，如果我们要培养缺乏毅力和自制力的人、习惯于得到即时满足的人，那么利用每一个机会为他们提供奖励是一种众所周知的技巧。

相反，在教学情境中与其他人打交道时，在运用表扬的同时增加信息性反馈，是更负责任的做法。学生需要有明确的迹象表明他们怀有的有价值的目标正在成为现实。但他们不想浪费精力担忧你们的认可程度。营造积极和友好的氛围——相互尊重和信任——是很重要的。但是被反复和过度表扬是一种会让人产生怀疑的手段，如"我哪里错了吗，教师需要一直夸奖我？"或"如果我划伤自己，她也可能会表扬。有啥了不起？"或"你为什么不给我真实的反馈？"

当表扬有碍于努力

卡罗尔·德韦克（Carol Dweck）的著作中提到了表扬的另一个令人惊讶的方面。她在一些实验研究中发现，在早期较容易的学习任务中，青少年儿童受到"很聪明"的表扬后，解决问题的耐性会下降。受到"智商高"或"很聪明"之类的表扬会产生不大好的后果，它会使人注意到能力是一种有限的资源。如果你之后必须面对一个更加困难的任务，你的能力就会处于一种危险状态：简单地说，你可能没有足够的能力。由于学生在处理较容易的任务时具备某些天赋而予以表扬，那么当学习任务真的变得非常困难时，这种表扬就会对学生的努力产生破坏作用。

这里的困境是，当你面临的任务极为困难时，重要的不是考虑你的能力。重要的是让你的头脑在这一点上保持开放。大脑必须聚焦在任务上而不是自我上。然而，对一个人的能力予以表扬会改变归因方式，却会反过来导致自我怀疑。

学习者需要预料到困难的任务是难以完成的。但当遇到的困难被错误地解释，就会带来伤害。相信某人一直都能够成功，会使他产生自我怀疑，继而导致相应的努力减少。最近法国的一项针对11岁儿童的研究表明，如果学生在困难的问题解决任务上遭遇失败，帮助学生理解他们遇到的困难是学习过程中完全正常和意料之内的一个部分，可以抵消失败带来的影响。从实验者身上听到这个明确信息的学生比没有听到这个信息的学生在理解和记忆测试中表现更好。当任务难度被设置在较简单的水平时，相比于在早期任务上获得成功的学生，那些能够解释其遭遇过的失败的学生在测试中有更好的表现。

在你的专业领域中的反馈

作为一个专业人员，认识你的影响力是至关重要的。这似乎难以理解，但教师寻求越多关于自己影响力的反馈，学生获得的益处就越多。当教师追问谁受到了影响、他们被什么所影响和影响有多大时，他们就更有可能调整自己的教学方法，专心地了解学生的学习进度。这就是我们所说的"为了学习而评价"的本质，更贴切地说是"为了教学而评价"。评价你的学生是了解你的影响力的有力手段。

这种说法的妙处在于，为了学习而评价，现在被认为是教师对自己的行为做出的解释，而不再将关注点放在考试的性质上。正如50年前提出这些术语的迈克尔·斯克里文（Michael Scriven）所指出的，"形成性"和"总结性"指的是解读方式，而不是考试本身。当教师根据考试结果调整他/她下一步要做的事情，考试可以被解读为"形成性的"；假如这场考试是在一系列课程结束之时进行的,它又可以被解读为"总结性的"。教师从学生的参与中获得越多的反馈,那么他/她就越可能调整其行为和期望,而使学生受益。

> **观点:确保反馈是有效的**
>
> 从学生的角度来看,在课堂上受到表扬是一种社会学习体验,但这反映的更多是教师的目标,而不是需要特别关注的学生或者品质。有效的表扬能让学生认识到教师认可什么。虽然这是一个重要的信息,但它不必翻来覆去,直至令人厌烦。学生很快就会弄懂你的习惯、癖好和性情。当没有过多的表扬时,班级就会把精力放在真正重要的学习上,而无须担心你会认可或不认可。
>
> 当表扬与反馈信息结合起来,那么后者的作用就会被稀释,甚至可能无效。当然,我们的主张不是永远都不给予表扬,相反,学生希望受到表扬。少许的表扬可以有效地制造一个令人愉悦的学习氛围。但是,不要把表扬与给予反馈的过程相混淆。
>
> 相反,学生迫切需要反馈,获得他们实现自己的目标所需要的信息——下一步达到什么水平!他们需要知道如何缩小他们现有水平和目标水平之间的差距。学生没有兴趣对他们以前的学业结果进行反思和评价,除非这可以让他们清晰地明白下一个挑战是什么、如何实现目标水平。如果他们感觉到成功可以在短期内实现,他们就会受到激励。
>
> 反馈的功能之一是帮助学生辨别哪些目标是现实的和可行的。回想一下,与威林厄姆的论题(第1章)相一致的一个原则是,我们被可察觉且可缩小的知识缝隙所激发,却因知识断层而懈怠。你给予学生的反馈向他们提供了感知前方路径的工具,让他们相信那确实值得去努力。因为努力是有限的价值物,它不能浪费在注定要失败的事情或无法弥补的知识断层上。
>
> 对于如何在教学过程中有效利用反馈,约翰·哈蒂和马克·甘(Mark Gan)对大量相关文献进行了综述,总结出以下几个重要的意见。具体如下:
>
> 1. 重要的是关注如何接收反馈,而非如何给予反馈。
> 2. 当反馈能为学习者提供达成学习目标的清晰的成功标准时,反馈将是非常有力的。
> 3. 当反馈提示学习者将注意力放在任务及其相关的有效策略上,避免将自我作为关注的焦点时,反馈将是非常有力的。

4. 反馈需要使学习者处于或略高于他们当前的能力水平。

5. 反馈应该为学习者带来挑战，使其投入精力设定有挑战性的目标。

6. 学习环境必须对错误和差异保持开放。

7. 同伴反馈提供了一个有价值的平台，使学生能够运用精加工的语言。如果有机会，学生很容易学会适当的方法和规则，使互相尊重的同伴反馈得以被利用。

8. 反馈提示教师其教学管理存在缺陷，可以促使教师努力改善教学实践。

导学问题

1. 比较教师与学生有关反馈的观点时，我们发现了一个很明显的共情缺口。学生通常想从反馈中获得什么？

2. 学生认为自己接收到了多少反馈，这一点也存在另一个共情缺口。这里普遍的研究发现是什么？

3. 一项研究发现是，反馈应该采取不同的形式以与学生的技能水平相匹配。我们可以找出三种这样的水平。初学者需要纠正性反馈，但在其他两种水平上，什么类型的反馈对学生是有价值的？

4. 反馈能缩小当前表现和理想状态之间的差距。你能解释这是什么意思吗？这一观点具有什么样的动机？

5. 表扬与反馈有什么不同？人们常常认为表扬能够强化学习。这种观点与本章给出的信息一致吗？

6. 你目睹过成年人过度表扬学生的情况吗？对于他们的做法，你有什么意见？对于他人的高度表扬，学生应做何反应？

7. 卡罗尔·德韦克的研究暗示表扬会使人减少努力。这种情况究竟会如何发生？会涉及什么样的过程？

8. 因此，在运用反馈来帮助学生时，哪些因素是重要的？回顾哈蒂和甘提供的列表，试试看你是否能够对这一列表有所补充。

参考注释

- 有关反馈的文献综述（Hattie & Gan, 2011; Hattie & Timperley, 2007）。
- 沟通失败：教师与学生期望之间的差异（Carless，2006; Nuthall，2007）。
- 对于表扬在课堂生活中的角色的重要分析（Brophy，1981）。
- 接受表扬对于学生和其他人来说是一种信号，即教师认为他或她有缺陷或能力差（Graham & Barker, 1990; Meyer, 1982, 1992）。当个体学生得到教师的主动帮助，同样会产生类似的效果（Graham & Barker, 1990）。
- 表扬年幼的儿童"很聪明"会消减他们的恒心和毅力（Dweck, 1999）。
- 一项法国研究，帮助 11 岁儿童理解失败是正常的（Autin & Croizet, 2012）。
- 公开表扬会将注意力集中到自我身上，从而弱化技能方面的表现（Baumeister, Hutton, & Cairns, 1990）。
- 形成性评价和总结性评价：这个术语是斯克里文提出的（Scriven，1967）。

第 9 章 通过社会示范和直接教学习得复杂技能

我们如何才能培养学生熟练运用学习策略的能力？在教育领域，教师作为授课者（instructor）或者直接变革者，与教师作为促进者（facilitator）或"身边的向导"，这两个概念之间存在极大的张力。VL 综合报告的其中一个信息是，大量研究支持教师作为直接变革者（direct change agent）或者激活者（activator）[①]的概念。当把考试成绩作为衡量标准时，表 9.1 列出了在这方面的一些效应量。如果教师作为促进者的概念使我们不再重视通过明晰和直接的教学方法促进知识习得，那么这一概念是有缺陷的。学生的学习进步与教师在平常课堂上提供的教学的性质（在质量和数量两方面）强烈相关。但教学应该多直接呢？如果要教的内容涉及复杂认知呢？

这个领域有很多不同的常用术语，包括直接教学、明示教学、主动教学和讲解式教学。术语的多样性一般是无益的。这些术语不是用于指代不同或互相区分的事情。在阅读文献时，我们发现这些被使用的词语或多或少是可以互换的，它们指的是教师发挥领导作用，确保学生获得课堂必需的知识和技能，学生在教师的期望下学习课程内容，并且能够习得和展示更高水平的知识和技能。

表9.1 教师作为激活者和教师作为促进者对学生学业成就的效应量

教师作为激活者	d	教师作为促进者	d
教会学生自我表达（self-verbalisation）	0.76	归纳教学法	0.33

---

① "activator"和"facilitator"这两个词在"可见的学习"系列前两本著作中译法不一致，在 VL 综合报告（第 11 章）中被翻译为"指导者"和"辅助者"，而在教师版中被翻译为"活化剂"和"促进者"。由于在中文语境中，这些词语似乎都被视为是与"知识传授者"和"讲授者"相对的另一种教师角色，因此容易引起混淆。译者经过慎重考虑，决定对这两个词的译法做出调整。在此澄清这两个词的含义：对于"activator"一词，哈蒂的原意是将教师比喻为生物科学和基因工程中的酶或激活剂，如果缺少酶或激活剂，一些生物化学反应将不会发生。哈蒂用这个词来强调教师需要掌控教学的整个过程，对学生施加强有力的干预。相比之下，"facilitator"一词指向的是更弱的教师角色，强调学生主导的学习，教师只提供必要的或最低限度的指导。——译者注

续表

教师作为激活者	d	教师作为促进者	d
教师的清晰度	0.75	模拟和游戏	0.32
交互教学法（reciprocal teaching）	0.74	探究式教学法	0.31
反馈	0.74	缩小班级规模	0.21
元认知策略	0.67	个性化教学	0.22
直接教学法	0.59	基于网络的学习	0.18
掌握学习	0.57	基于问题的学习	0.15
提供样例	0.57	数学教学中的发现法	0.11
提供目标	0.50	整体语言教学法	0.06
频繁测试/测试效果	0.46	学生掌控的过度学习	0.04
行为组织者	0.41		
教师作为激活者的平均效应量	0.61	教师作为促进者的平均效应量	0.19

学习复杂的技能：观察是重要的，但还不够

直接教学倚赖于某些特定的要素。例如，教师承担教练和榜样的角色，在示范时有意识地使用观察学习的原则。社会示范背后的核心概念是让学习者有机会观察有能力的人展现的技能。但至关重要的是，示范者要认识到初学者需要获得很大的帮助。好的示范者并不是简单地重现理想的技能。他示范时必须让观察者有能力进行分析、解释和回忆。好消息是，坐在教室里的学生能敏锐地意识到教师何时在有意地展示一项技能，而不仅仅是在运用它。这个提示过程被称为**明示原则**（principle of ostension）（即展示和突出好的示例），这是物种进化背后的基本原则之一（参见本章末的专栏）。

观察到成功的表现本身未必对学习构成一个可行的示范刺激。如果这样可行的话，我们就可以通过参加音乐会成为音乐家，或在观看温布尔登网球决赛后就能很出色地打网球。的确，如果一个新手期望学习并展现高级技能，但却缺乏教学支持，那么他可能会受到负面影响。当具有良好表现的人与新手之间的差距很大，那么结果可能造成新手认知过载、压力过大和意志消沉。在教学时，专家往往不擅长循序渐进地展示基础的步骤，这种效应在研究文献中很常见（如在第 2 章中的综述）。

因此，当教师通过示范鼓励观察学习时，他们会有意地展现渐进的步骤，并确保观察者有充裕的机会逐步吸收信息。除了示范，其他关键的教学要素包括言语指导、鼓励、搭建脚手架，以及在即时提供高水平的纠正性反馈的条件下进行大量练习。

巴拉克·罗森夏恩（Barak Rosenshine，2012）描述了高度结构化的课堂的重要组成部分，它们发挥着一系列连贯的功能，包括课前复习、正式授课、指导性练习、反馈、独立练习和巩固复习。不过，在本章中，我们将回顾两个有代表性的项目，以证明参与采用认知加工策略的课程能使学生的学习取得明显的成效。

德拉巴斯和费尔顿：在高中教授文献分析技能

第一项研究是苏珊·德拉巴斯和马克·费尔顿（Susan De La Paz & Mark Felton，2010）与美国马里兰州两所高中的 10 个班级的教师开展合作。这两所学校的社会经济水平被视为"低于平均水平"。其中 5 个班级用传统方法教授历史。但另外 5 个班级作为实验组，采用另一种方法教授历史，这种方法聚焦于对如何处理来源文献进行系统分析。所有的班级接触相同的材料，但只教实验组使用表 9.2 中的分析图式（analytic schema）来分析现有文献。

表9.2 思考历史文献：德拉巴斯和费尔顿教授的策略模型

策略	程序性问题	评价性问题
关注作者	你对作者有什么了解？ 这篇文献是什么时候写的？ 作者最开始是如何知道这些事件的？	作者的观点对他或她的论证有影响吗？
了解来源	这是什么类型的文献？ 为什么要写该文献？ 这个来源反映的价值是什么？ 论证背后的假设是什么？	这个来源反映了什么样的世界观？

续表

策略	程序性问题	评价性问题
对来源进行批判性分析	（a）探讨各个来源： 作者给出了什么证据？ 有错误吗？ 在论证中有什么遗漏的吗？ （b）比较所有来源： 哪些观点重复出现了？ 主要的分歧是什么？ 它们不一致吗？	证据是否证明了其所声称要证明的东西？
形成一个更加透彻的理解	确定什么可以有不同的解释。 确定什么是最可靠和可信的。	每一个来源是如何加深你对历史事件的理解的？

他们采取直接教学法向学生教授这个图式，即有策略地处理来源文献，寻找任何主张背后的证据。正式教学不仅是向学生讲述表格中的图式，教师要使用五个课时教授这个图式，而且要直接示范如何运用它。然后，教师为学生提供机会，让他们自己练习使用新方法，同时予以高水平的反馈。这需要进行两周集中性的直接教学，随后还有两周练习，鼓励实验组学生持续地运用文献分析这项新技能。

然后10个班级在三个课时结束后进行相同的后测，学生须阅读之前未接触过的有关美国历史事件（北部湾事件）的文献，并写一篇文章，描述他们对该事件的理解。实验组学生写的文章更长，专业的历史学家认为他们的文章显得更具有历史准确性，且更有说服力。重要的是，这些文章也被评价为质量更高，且这些学生更擅长分析和适当地引用文献。

教师在教授文献分析的基本技能上投入的时间能够获得很大的回报，使学生对知识如何在现实的学科情境中产生有了更深入的理解。教师向学生传授了一种策略性方法，并在一系列课程中得到解释、表达、示范和练习。研究者指出：

我们的研究结果表明，学生在写作任务上有高水平的表现，因为他们亲自体验了如何运用阅读和写作策略实现历史写作中界定清晰的目标。这样，探究过程有了聚焦点，并让学生清楚了解到阅读、写作前和写作中策略的作用。

（De La Paz & Felton，2010，p.190）

费尔顿等人的研究：在大学教授科学原则

在第二个项目中，大卫·费尔顿、布里安娜·蒂默曼、科尔克·斯托和理查德·肖曼（David Feldon, Briana Timmerman, Kirk Stowe, & Richard Showman, 2010）回答了这样的问题：为什么大学水平的科学课程总是有大量学生中途退出，在有些课程中退课的人数甚至接近50%。他们推测，大学教学的传统模式是有缺陷的。他们通过一个对照实验来验证这个推测，这个对照实验运用的是一种不同的基于认知任务分析的教学方法。认知任务分析是指通过分析复杂技能的步骤和目标，将其拆分成各个组成部分。

CTA，这个新术语，与许多人所知的、特殊教育教师所用的"任务分析"相关。传统上，任务分析是一种将简单任务拆分为各个步骤的方法。CTA这个术语可用于涉及高阶思维和决策的复杂学习情境中。因此，CTA代表的是一种克服大学学习等情境中的固有缺陷的方法，在这些情境中，人们被期望自动有高水平的发挥，而无需实质性的指导。

费尔顿和他的同事们能够开设两种版本的生物课程，其中133名学生参加了由经验丰富的高级讲师开设的主题课程，该讲师获得过有关卓越教学的奖励，出版了很多相关书籍。从各种衡量标准来看，他都被认为是一名出色的教师。学生在线观看他的讲座。这些学生构成实验控制组，这代表了大学情境中最优秀的教学实践。

另一组的119名学生参加同一门课程，由同一讲师进行视频讲学。但是对于这组学生，讲师采取根据CTA原则编制而成的教学方案。这两种版本的课程关注的主题都是生物科学所运用的逻辑、哲学和科学方法。

那么，传统教学和使用认知任务分析的教学之间有什么区别？CTA的教学方案是由另外一组的三位专家共同编制的，他们主要关注的是程序性或"怎么做"的知识。正如任何接受过大学教育的人都清楚了解的，传统的教学方法侧重于抽象方面，以及传递大量信息。但CTA的教学方案对于如何开展研究提供了更多具体且详细的信息。关键的决策被定义为一系列分步行为。从本质上讲，CTA的方案是为了弥补专家在正常教学示范时所忽略的差距。CTA的教学方案

第9章 通过社会示范和直接教学习得复杂技能

通过一系列"如果-那么"式的步骤尽可能地描述更多信息,使初学者能够跟上进度。

因此,基于CTA的教学与传统的大学教学有所不同。它通过分步和循序渐进的方法传授的智慧,是很难通过传统方法传授的。例如,一个运用CTA的教学案例指出:

> 如果你的假设并没有说明每种实验条件下你的预期结果,那么你需要在你的实验室笔记本中明确列出,对于你所检验的因子变量的每个水平,你所期望的因变量发生的变化是什么。

我们注意到,这个例子使用了"如果-那么"的语句,这是CTA的定义特征。

这两门课程涵盖了相同的内容,而且在考试成绩上获得了大致相同的结果。但两组学生的反应仍有明显差异。在运用传统方法教学的组中,退课率为8%,而CTA组只有1%。此外,在学生的实验报告中也能发现差异。在讨论数据处理过程、考虑可行的替代性解释、论证实验局限性以及讨论的质量等方面,CTA学生得分更高。总之,尽管运用CTA将知识具体化并不影响学生的成就水平,但它的影响是使教学计划发生了微妙的变化,从而有利于学生的思维过程。学生能够更好地分析那些决定知识如何在复杂的学科背景中生成和发展的关键因素,尽管在尝试去揭开专业知识中的未知之谜时,他们并没有表现得更好。

强大的思维工具是可教的

我们已经着重提到了这两个项目,因为它们说明了直接教学在传授复杂技能方面起着关键作用。这两项研究要求学生处理本身就很难的材料。通常,学生被期望处理需要高阶思维和决策的问题,但没人向他们提供指导机会,使他们掌握适当的工具。这两项研究阐明了如何通过运用示范和直接口授的分组教学,明确地教授策略性思维。在这两项研究中,以学生能够用于解决复杂问题的思维工具为教学目标以后,学生都有极大的收获。关于思维方式的高度结构化的直接教学,使大脑能够习得和组织那些需要深度理解和复杂认知的领域中的知识。

与上述观点相对，有些人认为，直接的程序性讲解可能会妨碍学生掌握与适应性和灵活性相关的知识类型，后者对于问题解决很有价值。然而，在上文回顾的两项研究中，直接教学材料向学生提供了分步的启发法，这对他们在每个领域内的进步有巨大价值。在历史领域中，有必要让所有学生学会对来源文献进行批判性分析。知道如何应用科学方法本身是一种强大的思维工具。

为什么自我是知识建构的中介？

我们经常会听到这样一个观点：如果人们自己发现信息，而不是被告知相同的信息，他们会学得更好，有更多的理解。这个观点引起了很多人的共鸣，他们认为这是一个不言自明的真理。通常，这种观点的理由是，自我是一个积极进行改变的中介。你自己发现一些事情，需要深度的思维加工过程，这是不太可能遗忘的。自我参与得越多，加工层次就越深。因此，如果我们能够引导学生自己发现或推导知识，那么学习体验将是有意义的、难忘的和愉快的。

这样的观念是一种谬见，它将自我的角色与"大脑在学习时是活跃的"这个概念混为一谈。主动的信息加工和从直接教学中学习，两者并不矛盾。我们能够从个人探究中自动获得可靠的知识，这种观点是有缺陷的、不正确的。我们当然喜欢解决难题。我们发现探究能够激发学习动机。但是，几乎没有证据表明个人探究本身能够帮助一个人真正学习。事实上，我们探究和发现事物的需求会向我们的心智施加额外负荷，削弱我们同化未知信息的能力。有关**认知负荷**的研究已证实了这一点，我们在第16章进行了综述。但发现学习的过程要求高水平的不求产出的脑力劳动，这可能更有助于导向真正的知识建构。

我们天生就会从诸如社会示范、言语指导和纠正性反馈等外部来源中获取信息，这个事实进一步限制了学习来源于个人探究的观点。当一个知识渊博的教师提供了清晰的示范和明确直接的教学语言，这就具备了有效学习的条件。假如学习者集中注意力，而且学习内容不超出学习者的能力，那么有效学习就会在课堂内发生。如果这个教师停止演示和提供言语信息，那么就会缺乏学习条件，阻碍知识的同化。缺乏指导性信息和即时的纠正性反馈，学生就会退缩到那些能够快速激活先前知识的活动上。如果你要学一门技能，你就需要社会示范再加上描述性的语言，帮助你理解并记住观察到的东西。

发现学习缺乏研究支撑，以及有一些相关的谬误，在大量出版物中都有所

第9章 通过社会示范和直接教学习得复杂技能

提及，具体可参看本章的参考注释。例如，一些研究已经发现，低能力学生更喜欢发现学习课程，而非基于直接教学的课程，但他们学到的更少。在缺乏指导的情况下，低能力学生和高能力学生之间的知识差距往往会越来越大。缺乏直接指导对低能力学生的学习具有更大的破坏作用，尤其是当步骤不明确、反馈减少，以及错误概念仍然是一个亟待解决的问题而未被纠正时。

作为知识建构的观察学习

我们经常会听到这样一种说法，即知识需要在个人的头脑中被建构，因为知识不能被传递到头脑中。从教师教育机构的工作中，我们听说新教师通常被告知"知识传递"的学习理论是无效和过时的，并被这样的格言替换："听到的会被遗忘，做过的会被理解"。因此，主动学习被认为胜过任何形式的"被动"学习。

这种观点的一种变体，是孔子的一句话："不闻不若闻之，闻之不若见之，见之不若知之，知之不若行之；学至于行之而止矣。"[①] 也许，孔子强调的是观察学习的重要性胜过讲授？虽然我们知道，与专家接触通常不会有任何帮助，但文献中还有另一个相关的发现：当观察者有机会仔细观察时，他们的学习就会比那些在缺乏社会示范的情况下执行相同任务的学习者更好。这方面取决于环境。但不难理解，敏锐的观察者比那些单纯"做中学"的同伴具有更多优势。我们可以把注意力放在传递的信息上，而不对其进行回应或处理它带来的困难。如果我们不需要锻炼自己的技能，那么通过观察进行学习会有显著的收益，而不需要成本。这种效应的一个实例可参见"看不见的大猩猩"研究（见第29章），计算传球数的人会陷入认知过载，不然观察者不可能看不到大猩猩。

直接人际知识传递的力量

另一个让我们很感兴趣的观点是：通过个人探究同化的信息是肤浅的、不牢固的和不完整的。相比通过个人独立的归纳加工建构而成的知识，通过教学、人际交往、直接社会示范、口头交流所传递的信息会是更持久、更牢固和更有

[①] 这句话出自荀子的《儒效篇》，作者误以为孔子所说。——译者注

信服力的。通过社会交际传递的信息可以被有效组织、有逻辑地安排顺序，且术语能被很好地界定。

通过聆听优秀教师的讲授，关键的变量得到了强调，细微的差异和条件性因素被识别出来，合适的词语（即心智图式）被激活。隐藏要素得到了明确的表达，即使相对来说它们依然是不可见的，那些高度抽象的性质亦是如此。我们的注意力被引向了视野之外的方面。例如，通过聆听言语教学，你可以很容易地了解到仍可能发生但不太可能亲身经历的偶然事件。如果我们必须通过个人资源来学习，那么我们怎么知道获得的知识是否充足或完整？

讽刺的是，有两大负担将会伴随发现学习而来：（a）大脑的认知负荷增加；（b）使个人无法接触到那些能将知识建构过程建立在可靠的社会分享的基础上的因素。当学习任务很复杂时，教学的清晰度和组织性在有效的知识传递中显得更为重要。在理解这个复杂世界时，我们一直都需要看到和听到其他人如何处理同样的复杂性，这个动机被称为**社会比较**（social comparison）。这不是否认知识传递的存在，而是要求教育者领会这个过程的社会性和动态性。

观点：社会传递作为进化的驱动力

本章所表达的思想与一个新出现的观点相一致：教育处于人类文化的核心地位。知识习得有一个内在的社会和文化基础，成年人和教师扮演着直接传递者的重要角色。近来，许多社会生物学家发展了这一观点：作为一个物种，我们经过适应和进化获得了传递和接收知识的能力。这种观点最早是在分析早期原始人类的工具使用时产生的，但后来被拓展到总体的人类进化上。这些观念解释了为什么婴儿从生命的前几个月就习惯于关注成人并向成人学习。以下专栏展示了这种行为背后的社会生物学原则。这些观点是对**社会脑假说**的其中一个版本的解释。

教育学的社会进化视角：示范使物种生存

"社会学习和社会认知：教育学案例"是盖尔盖伊·奇布劳和焦尔杰·盖尔盖伊（Gergely Csibra & Gyorgy Gergely，2006）的一个重要行动报告的标题。在深入考察关于婴儿和幼儿的科学文献以后，他们发现了非常有力的证据，表明从出生最初的几个月开始，直接教学一直发挥着重要作用。他们确定了一些由人类进化和物种生存所决定的关键教学原则。我们在这里列出其中的五个：

1. 协同性原则：身边的成年人会向儿童传授重要的知识，甚至不惜为此付出一定的代价。

2. 明示原则：成年人向儿童发出信号，他将会做出示范的行为，并且这种示范是为了儿童的利益，而非成人教师的利益。

3. 相关性原则：儿童和成人教师都意识到学习情境的目标导向性，即传授的知识是新的，儿童在没有帮助的情况下难以理解。

4. 全知性原则：共同体中的成熟成员把知识储存在自己的头脑中，他们可以随时提取，即使他们不需要使用这些知识。

5. 公共知识原则：知识传递是公共的、共享的和普遍的。这里最典型的例子就是语言。一个成年个体使用的发音和词汇并不是他所特有的。

奇布劳博士是婴儿领域的专家，他进行了控制条件下的实验室研究，证明了成人如何通过眼睛与婴儿沟通。例如，他的研究小组发现，即使是半岁的儿童，他们对成年人发出的看哪里、看多久的信号也很敏感。这些数据说明了上文列出的一个关键原则：明示原则。从最早的几个月起，婴儿就能从成年人传达的信息中学习。凝视是婴儿掌握语言之前使用的关键沟通方式。如果你观察父母与婴儿的互动，你会注意到在所有交流中视线和语言都是融合在一起的。

社会生物学和人类学领域的其他重要研究者认为社会学习是推动物种进化的一个关键过程。他们已经能够解释不同个体之间能够相互学习的物种为什么更容易生存和适应。在自然界中，社会学习是一种规则。从字面上看，类人猿确实会模仿（apes do ape）。物种越复杂，其生存越依赖年轻时期的观察学习。

对于人类来说，这种能力发展到了最高水平。成年教师运用前面所述的原则，谨慎和有意地传递重要信息，而我们生来就有通过观察成年教师而获取复杂信息的能力。这种能力起源于仅数周大的婴儿对照顾者的回应。从生物学的角度，我们本能地通过观察学习习得大量知识。社会生物学文献的引用来源可以在参考注释中找到。

导学问题

1. 表 9.1 总结了大量数据和数千份已出版的研究报告。你能解释这些数据究竟告诉了我们什么吗？总体结论可能是什么？

2. 本章认为，区分直接教学、明示教学和讲解式教学没有任何意义。这些概念的共同点是什么？

3. 关于社会示范，究竟什么是明示原则？你的学生如何知道你正在运用这个原则？

4. 为了最大化观察学习发生的概率，社会示范者应该做什么？

5. 巴拉克·罗森夏恩将结构良好的课程中的关键功能描述为六个依次推进的步骤。这六个要实现的关键功能是什么？

6. 德拉巴斯和费尔顿用图式的方法向高中生教授历史，使得学生能够更加批判地分析和使用来源文献。对于高阶思维的教学，这些研究发现的隐含信息是什么？

7. 如果人们自己发现信息，而没有任何明确的指导，他们会学得更好吗？这被认为是一个不言自明的真理吗？

8. 本章认为，自己独立发现信息并不能产生深层的、牢固的学习，尤其是在复杂的学习情境下。个人能从强有力的社会和教学支持中获得什么好处？

9. 伴随发现学习而来的两个主要负担是什么？

10. 源于人类学和生物学的社会脑假说表明，物种进化生存有赖于通过社会示范过程的知识传递。为什么会出现这样的情况？

11. 在婴幼儿时期的社会学习中，涉及哪些主要原则？成年人如何使这些儿童社会化？

参考注释

- 前两本 VL 著作（Hattie, 2009, 2012）。
- 以教师为中心的教学，与以学生为中心的方法，比如开放教育，双方争论的历史（Chall, 2000）。
- 所有学习者（不包括专家）受益于清晰的直接教学（R. E. Clark, Kirschner, & Sweller, 2012）。

第 9 章　通过社会示范和直接教学习得复杂技能

- 领域专家在教学中不能做出好的示范（Feldon, 2007b）。
- 课堂结构分析（Rosenshine, 2012; Rosenshine & Stevens, 1986）。
- 使用文献分析法进行历史教学的研究（De La Paz & Felton, 2010）。大学课程中的认知任务分析（Feldon, Timmerman, Stowe, & Showman, 2010）。
- 发现法阻碍学生学习（P. A. Kirschner, Sweller, & Clark, 2006; Mayer, 2004）。在复杂系统中需要进行教学时，误用发现学习法（R. E. Clark, Yates, Early, & Moulton, 2009）。
- 文献综述证实，单纯的发现法无助于知识习得，但与其他更加有效的教学方法结合使用时，有指导的发现法能产生积极影响（Alfieri, Brooks, Aldrich, & Tenenbaum, 2011）。
- 观察学习比"做中学"的速度更快、更有效（Stull & Mayer, 2007）。
- 相比于依赖情境的个人探究，单单是示范（观察学习，或者通过观看来学习）就能获得更强的学习效果。这一观点来源于人类学和社会生物学领域。从字面上来说，"类人猿会模仿"（apes do ape）。对于动物而言，它们为了生存而密切观察同物种的其他个体并向其学习。相关的文献综述参见：Laland & Rendell, 2010; Reader & Biro, 2010。没有社会学习，大多数动物会灭绝。
- 社会学习能力推动物种的智力进化，使人类文化得到发展（van Schaik & Burkart, 2011）。对物种生存背后的社会学习机制的文献综述（Frith & Frith, 2012）。
- 专栏：人类文化传承的基本原则的进化论视角（Csibra & Gergely, 2006）。研究婴儿如何与成人对视（Senju & Csibra, 2008）。

第10章 专业能力是什么样的?

专家是指那些能在公认的技能领域表现最佳的人。例如,这个领域可以是一种职业、一个行业、一项运动,或者诸如音乐和艺术等的领域。然而,在人类生活的某些领域,很难找到个体专家。从定义上看,专家必须在一段时间内多次呈现出卓越的表现。例如,试想一个得到良好研究,却很难找到专家的领域——证券交易或者一直挑选可能会升值的股票。个体经纪人会碰到运气好的年份,也会碰到运气不好的年份。不同年份很少会有(如果有的话)连续性,在该领域中,有经验或资历的人并没有表现更好。几项研究显示,普通人,即"路人甲乙丙丁",在配置金融投资组合上甚至比经验丰富的经纪人更为出色。然而,在很多要求娴熟运用技能的领域,包括课堂教学,有相当多的证据支持专业能力的存在。

专业能力研究的历史背景

专业能力研究始于布赖恩和哈特(Bryan & Harter)1899年对摩尔斯电码报务员的研究。他们研究经验丰富的报务员在对单词和短语进行编码时的击键技能。至于该用什么术语描述这些研究发现,这项经典研究的一段引文在110多年后的今天仍具有重大意义。

> 学习者必须解决一次只能敲1个键的问题,他现在需要敲6个键,然后是在同样的时间里敲36个键。他必须系统化地完成工作,必须掌握一个与任务系统同步的自动化习惯系统。当他做到了这一点,他就是该领域的掌控者……最后,他的所有习惯可以迅速地为解决新问题服务。自动化不是天赋,它是天赋的手和脚。
>
> (p.375)

从这一经典研究起，研究者继续研究了专家如何在许多不同领域中工作，如化学、工程学、国际象棋、桥梁、医学、计算机、体育、音乐和美术等领域。世界战争推动了教育者对军事专家的研究，如航海、航空、战略部署和雷达观测等领域。

随着时间推移，人们开始发现一些清晰的规律。一个重要的研究方法是，探寻专家和在同一领域内有充分能力但未达到高技能水平的其他个体之间的差异。这样的研究设计通常被称为"专家－新手的对比"。但"新手"是一个被不恰当运用的术语。在大多数这样的研究中，他们不是初学者，而仅仅是没有顶尖表现的人。在这些研究中，为了提供适当的控制，新手必须是有能力的个体。例如，专科医师（专家）的诊断技能与普通医师（被称为新手）相比较。我们已知的是，有经验但不是专家型的教师与专家型教师之间的比较揭示了许多重要差异，即使这两组教师的经验水平相似（参见 Hattie, 2009）。

专业能力的七个基本特征

格拉泽和季清华（Glaser & Chi, 1988）将大量研究汇集在一起，总结了七点重要差异，此后，这七点被广泛引用。他们发现，与新手相比：

- 专家只擅长自己所在的领域。
- 专家能感知大量有意义的规律。
- 专家能够快速工作，几乎毫无差错地解决问题。
- 在他们的领域内，专家拥有惊人的短时记忆。
- 专家能够在更深或更基本的层次观察和描述问题，而新手只能注意到问题的表层。
- 专家用相对较多的时间认真地定性分析问题。
- 专家拥有很强的自我监控能力。

我们需要深入探讨这七个关键点。

专家只擅长自己所在的领域

第一点是，专业能力具有高度的领域特定性。这意味着，专家只在他们自己的技能领域内有高水平发挥。对于制定与他人相处的策略、管理军队或者规划一个假期，优秀教师并没有特别的优势。专业能力依赖于个人在相关领域内获得的知识，而不是任何通用的技能或能力。被反复证实的是，对一般能力（比如智商）的测量无法预测特定领域内的专业水平。

专家能够感知大量有意义的规律

第二点是，专家能非常有效地组织信息。其所使用的主要手段是分组或组块策略。实际上，专家能够处理的组块数量与新手一样有限。但通常差异在于单个有意义组块所包含的信息量。关于国际象棋手如何记住整个棋局的研究表明了这一点。专业棋手在棋局中能够看到包含大量信息的分布规律。但此技能只适用于真正的棋局。当同样多的棋子随机分布时，专家运用组块的能力就被破坏了。在一些研究中，专家在记忆随机棋子分布时的表现比新手更糟糕。

专家能够快速工作，几乎毫无差错地解决问题

第三点是，专家能够快速解决自己领域内的问题。专业能力的这个关键属性使我们能够一眼看出某人是否具备资格。专家对任何既定问题的难度都非常敏感。如果进展顺利，专家会快速地采取行动；但如果他们感觉到可能发生错误，就不会进行下去。不够专业的人往往不怕犯错误，并且行动时不会很谨慎。当面对超出能力的要求时，新手往往会鲁莽行事。相反，专家通常会努力整合资源，谨慎行事。您可能已经注意到，无知的人倾向于妄下结论、固执己见，而知识渊博的人则会回避这样做。

专家在自己的领域内拥有惊人的短时记忆

第四点是，专家的组块策略能产生显著的短时记忆效应。例如，在一项研究中，被试经过一年数字广度（digit span）的日常练习后，有几个人能够准确地回忆起 70—80 个以个位数的形式展示的数字。由于我们一般只能记住大约 7—8 位数字，因此该训练的效应量为 70。虽然这种极端的效果不太可能经常出现，但我们知道的是一旦人在某个领域内具有渊博的知识，他们的短时记忆广度似乎就会远远超过自然的加工能力。例如，我们中的一个研究者（耶茨）和一个同事要求一位经验丰富的健身教练复述在视频中出现的 22 项体育锻炼动作的次序，视频中的不同动作是随机排列在一起的。该教练复述了这个序列，回

忆起了20项动作。相反，一位刚取得资格的教练只复述了10项动作，便称记不清更多了。然而，在对20个无关单词的记忆测试中，新手教练回忆起9个，而专家教练只回忆起6个。

文献记载的许多案例都表明了工作记忆水平上存在类似效应。例如，一项研究发现，桥牌专家能够相当精确地回忆起10副手牌（他们最近的几局游戏），研究者将其描述为超常的记忆。国际象棋冠军可以蒙着眼下棋，无须真正地看到棋盘，他能够在头脑中轻松记忆大约40个棋子的位置。一项研究发现，相比很少下棋的成人，经常下棋的小学生能记得更多的棋位。同样，训练有素的音乐家几乎能重现他们刚听到的任何声调音符。专家没有经过特意的训练来提高他们的工作记忆容量。这种能力是随着他成为该领域专家而自动获得的。

专家能够在更深或更基本的层次观察和描述问题，而新手只能注意到问题的表层

第五点是，当专家在自己的领域内行事时，他们的思考总能超越已有的信息。他们对规律的认识和丰富的知识储备意味着他们不会被表面特征所误导。相反，他们的注意力会自动转移到关键的深层次原则上。他们关注现象背后的机制，并且对新手难以理解的事情具有高度敏感性。这与以上陈述的第二点（观察到大量规律）相吻合，因为专家能非常迅速地看到事件之间的联系，而这些事件在他人看来似乎是不相干的。

专家用相对较多的时间认真地定性分析问题

第六点是，在解决问题时，专家运用时间的方式与不太熟练的人有所不同。他们需要了解问题的所有方面。在完全理解之前，他们不会贸然行动。如果情况允许，专家似乎"冻结在思想中"，投入大量时间反思当前的问题与以前发生的事有何联系。他们将使用感觉识别过程和长时记忆来定位和寻找规律。

因此，当面临更加困难的问题时，由于专家进入了深度思考的模式，他采取行动似乎非常缓慢。这种减速机制的一个具体例子可以在职业高尔夫球员身上看到。与普通球员相比，我们发现职业高尔夫球员需要更长的时间准备一击，该现象被称为冷静观察期（quiet eye period）。虽然该现象最早是在高尔夫运动中被发现的，但很明显，冷静观察训练可以应用于任何需要谨慎做出判断的活动。

专家拥有很强的自我监控能力

第七点也是最后一点是，专家拥有敏锐的自我监控感。他们会规划一个包含备选计划的行动方案。他们善于追踪要实现的目标，当关键的子目标落空时，他们会调整策略。专家拥有多个计划方案，并能够在它们之间转换。如果一条路径受阻，他能够采取另一条路径。相反，新手做出反应时，往往似乎只有一种方法能够解决问题。一旦这些方法行不通，他们通常会放弃努力，没有意识到备选的策略。因此，专家表现出的元认知能力在初学者身上难以看到。

专家的其他特征

在格拉泽和季清华的重要综述之后，研究者又记录了专家的其他一些显著特征。研究者把专家-新手的研究设计应用于运动训练领域，取得了很多类似的发现。研究者开始使用高速摄像机之类的工具进行严密分析，以识别肉眼看不见的方面。例如，研究者经常发现专家具有的一个强烈特质是能够预见将要发生之事。通过对曲棍球和足球之类的团队运动中专业球员在球场上跑动的分析可以看到这一点。专业运动员能够预测争抢可能在哪个位置发生，迅速冲往那些地方，这是新手运动员所缺乏的技能。如果你看一个温布尔登的标准发球，使用视频播放器的逐帧播放功能，可以看到在球触碰发球者的球拍时，接球者如何对身体姿势进行关键的调整，以回应发球者。一项澳大利亚的研究发现，世界一流的板球运动员通过短暂观察投球手的预备和投掷动作，如手的方向，能够非常准确地预测到球的路径和速度。

在棒球比赛中，专业击球手实际上无法看清向他飞驰而来的球。球飞来的速度太快了（300毫秒，或者投球手投出球后的三分之一秒），使击球手来不及采取任何回应行为。相反，击球手通过观察投球手，预测球的运动轨迹，以调整击球的方式。相当奇怪的是，人们发现这些专业击球手几乎意识不到他们的眼睛和大脑在做什么。在棒球运动中，人们在指导初学者时通常会建议他们"看球"，但从技术上讲，专业水平的击球并不是这样的。

我们在前面提到，与新手相比，专家能够通过复杂的组块在他们的短时记忆中保持更多信息。事实上，他们实际的短时记忆容量与新手差不多。但显著不同的是他们能够更加有效地使用工作记忆系统。有些理论家表达了这一点，他们认为专家将他们的知识作为脑力劳动的基础，因此称专家拥有"长时工作记忆"。这听起来像一个用法奇怪的术语，但它强调的是，如果你是一个专家，你的工作记忆系统就会从你的长时记忆中直接提取大量信息。

工作记忆的一个关键方面是，它能够让头脑中的不同项目相互作用和形成联结。用计算机术语来说，这种能力类似于随机存取存储器（random access memory，简称 RAM），或者叫内存。新手通常用先后顺序和线性排序来处理各种事项，而专家却很少受到系列排序（serial ordering）的影响。在一般情况下，专家不会表现出我们从记忆的应用研究中得知的"序列位置效应"（serial position effect）。也就是说，由于信息是以序列形式呈现的，大部分人会记得第一个（**首因效应**）或最后一个（**近因效应**）出现的事情，但会忘记出现在中间的事情（中间的空洞效应）。当一个人成为专家时，这种影响很罕见。

另一个重要的方面，我们在本书中重述过几次，就是一个人越专业，就越难描述大脑正在做什么。在诸如专业板球、网球和棒球运动中利用高速摄像机的研究一致表明，球员自己讲述的技能通常不是摄像机所记录的。

无意识加工的作用

专家展现的许多高级技能都是以无意识加工为基础的。相当奇怪的是，这个观点最早是多年前关于鸡的性别辨别专家的研究提出来的。如果某人成功学会辨别日龄雏鸡性别的方法（每小时辨别多达 1000 只小鸡，这是一项相当有价值和赚钱的技能），当他们真的快速地做出判断时，似乎无法清晰地表达他们的想法。他们报告说："就是知道"。在不同的领域，许多专家汇报说这是直觉判断，或者对将要发生的事拥有第六感。这样的感觉并不神秘，它是大量存储的知识被快速激活的结果。

总之，当谈到专家如何向非专家人士解释时，内省（introspection）是不可信的。除了使用不同的词汇这个问题外，很多时候，他们根本不知道自己的技能是如何运作的。但缺乏这方面的意识，并不代表专家无法表达他们在做什么，即使他们的意见往往是不准确的。

举一个专家缺乏这种意识的简单例子，可以思考一下成熟阅读者如何移动他们的眼睛。实验室研究表明，我们看一个句子中的每个单词都要花费数微秒的时间。当我们阅读时，我们没有意识到正在做这件事。但现在，观察一下他人如何阅读。当你仔细观察时，可以辨认出他们快速的不平稳的眼睛运动（眼跳运动）。当我们阅读时，我们的感知与实际发生的不同。另一个奇怪的事实是，似乎没有一个人能描述我们如何接球，尽管我们在过去的几十年里有过无数次的接球。

尝试思考你是如何实现以下技能的：（a）骑自行车而没有摔倒；（b）走楼梯不看你的脚；（c）开车时手动换挡；（d）对汽车方向盘做微小调整以保持在道路上行使，即使道路是直线的。如今许多人都能相当自如地打字，但无法告诉你在 QWERTY 键盘上的哪个位置找到特定的字母。其中，G 在哪里？O 在哪里？在字母 S 和 H 之间有多少个字母？我们向几个人问了这些问题，没有人能够全部准确回答出来。但是，所有人都没有丝毫迟疑地打出了 HOGS。达到专家水平以后，我们无法讲出自己是如何做到这些事的。

> **观点：专家的特质**
>
> 从一个世纪以前开始，我们建立了一个庞大的数据库去描述专家与有能力但不是专家的人有哪些区别。大约 90 个不同领域进行了这样的研究，基本结果有惊人的相似。大约 25 年前发表的一份重要综合报告中，这些差异被总结为七个特质：（a）领域特定性；（b）知觉组块；（c）速度和准确度；（d）工作记忆容量；（e）深度加工；（f）投入时间努力思考；（g）自我监控进展情况的能力。
>
> 随后的研究揭示了，专家的特征是高水平的无意识加工。他们无法描述使用高级技能时正在发生什么。在许多领域，尤其是在竞技体育中，专家能够快速地处理信息，而无法进行内省分析，但通过使用客观记录设备能够进行分析，如延时摄影机。在下一章中，我们会关注如何发展专业知识，以及介绍我们知道哪些关于课堂教学的专业知识。

导学问题

1. 如果专家是他们所在领域中的佼佼者，为什么我们无法研究和分析某些特定领域的专家？是什么阻碍了这样的分析？

2. 虽然看起来像现代术语，但"学习曲线""瓶颈期"的概念在一个多世纪前就被用来描述我们如何学习了。在学习曲线中的瓶颈期是什么意思？

3. 一个研究发现是，专家似乎比普通人存储了更多信息、记忆了更多相关经验。有时，他们展现出惊人的记忆水平。他们是有意地发展这种高级记忆技能的吗？

4. 在什么条件下，专业国际象棋手能在几秒钟内记住棋局？

5. 虽然专家可以迅速开展工作，但实际上他们通常会努力放慢速度。哪些因素将驱动这一放缓的过程？

6. 人们发现，在许多球类游戏和团队运动中，更有经验的运动员不会比更年轻的运动员跑得更快，他们往往更慢，也没那么敏捷，但在比赛过程中仍处于主导地位。他们是如何做到这一点的？

7. 专家在多大程度上能够告诉我们他们在做什么？他们知道自己为什么有如此高水平的表现吗？他们所说的有多大可能是不真实的？

8. 设想你掌握了许多像专家那样的自动化水平的技能，你能说出其中的一些技能吗？你掌握了任何能使你与众不同的自动化技能吗？

参 考 注 释

- 对这个广泛领域的权威概述：《专业能力与专家行为剑桥手册》（*Cambridge Handbook of Expertise and Expert Performance*）（Ericsson，Charness，Feltovich，& Hoffman，2006）。
- 无法找到选股专家（Kahneman，2011）。非专业人员比正式经纪人表现更好（Gigerenzer, 2008）。有关不同专业领域的专业能力的论文集，参见 Ericsson, 2009。
- 格拉泽和季清华在《专业能力的本质》（*The Nature of Expertise*）的开篇进行了重要的历史性综述（Chi, Glaser, & Farr, 1988）。
- 对专业的摩尔斯电码报务员的经典研究（Bryan & Harter, 1899）。
- 戈贝和夏尔尼斯（Gobet & Charness）对国际象棋专业能力进行了综述，见《专业能力与专家行为剑桥手册》的第 30 章（Ericsson et al., 2006）。
- 对数字的非凡记忆力（Ericsson, Roring, & Nandagopal, 2007）。技术娴熟的桥牌冠军的惊人记忆力（Engle & Bukstel, 1978）。下象棋的儿童比成人记住更多（Chi & Ceci, 1987）。
- 专家经常运用冷静观察期（Wulf, McConnel, Gartner, & Schwarz, 2002）。这是

任何能够自由控制时间的运动都会用到的一种心智技术，最初在职业高尔夫球员身上观察到。

- 训练有素的音乐家可以立刻重现任何旋律曲调（Tervaniemi, Rytkönen, Schröger, Ilmoniemi, & Näätänen, 2001）。
- 精英板球运动员能够从投球手透露出的细微线索中准确地预测球的轨迹（Müller, Abernethy, & Farrow, 2006）。棒球击球手看不清飞驰的球（Takeuchi & Inomata, 2009）。
- 雏鸡的性别鉴定是一种无意识的技能（Biederman & Shiffrar, 1987）。我们无法了解自己是如何接球的（Reed et al., 2010）。

第 11 章　如何发展专业能力？

熟能生巧。从事一项活动数年后，你就会成为这项活动的专家。坚持下去，你就会达到最高水平。这一切只需要练习。

这些耳熟能详的话语背后的真相是什么？当然，我们现在知道这些观点可能有误导性。练习本身可以使一项技能变得熟练、稳固和恒久。但这就是其全部的作用。仅仅是花时间运用一个你已经掌握的技能，并不会自动地提高该项技能的实际表现水平。几乎没有什么理由假定它可以。例如，对职业技能的研究通常发现，工作表现与工作年限几乎没有关系。

很显然，对于我们大多数人来说，随着工作年限增加，工作表现甚至会出现轻微退化。例如，这种退化效应在医疗诊断和审计等工作中会有所表现。正如前一章指出的，对于这些关于职业的研究，经过最彻底检验的发现是，经验丰富的股票经纪人并不比新手表现更好，每年的表现并无关联。如果练习会自动带来技能的提升，那么这些研究发现就难以解释了。

熟能生巧的观点是误导性的，但是这种观点之所以被广泛接受，是因为每个人在展示出高水平技能和专业能力之前都付出了巨大的努力。通常，这种努力表现为投入成千上万小时磨炼技能。然而，这里指的是一种特殊的练习类型：**刻意练习**。下文会更深入地探讨。但先思考一下如何成为一个有天赋的人，这是很有用的。应该如何发展专业能力？

布卢姆的报告

在 20 世纪 80 年代中期，本杰明·布卢姆（Benjamin Bloom）和他的同事们就此方面开展了一个重要项目。他们采访了 120 个年轻人，这些年轻人被认为是不同领域内的顶尖人才（例如，钢琴演奏家、数学家、职业艺术家、奥林匹克运动冠军）。在这项研究中，没有一个人能够在少于 12 年的时间里取得如此高的成就，他们平均花费了 16 年。他们在童年时代就开始练习自己的技艺。到了青春期，他们在自己的领域每周投入大约 25 小时。他们都声称不得不大量进行过度学习，甚至在他们已经达到最顶尖的表现水平之后。布卢姆注意到，这样的练习使这些顶尖人才在运用技能时实现了**自动化**。

这项研究另辟蹊径的是，它对这些个体生活中的形成性因素（formative components）进行了分析。所有领域都表现出以下规律：

- 这些人的父母是以孩子为中心的，将大量的家庭资源用于孩子身上，并认为这很正常。
- 他们的家庭重视高成就，将其视为理所当然的目标而努力奋斗。
- 强调了一种内在的职业伦理（"努力工作，做最好的自己"——努力比什么都重要）。
- 在技能领域，他们从早期开始就能够接受高质量的教学，而且他们所受的教学通常是由父母挑选的。
- 他们在儿童时期就能喜欢这些领域。
- 初步的成功会使他们参加更高水平的培训和专门课程。
- 随着练习的要求不断提高，他们需要投入更多的时间、精力和金钱，表现目标变得高度个性化。
- 进一步投身该领域需要重新匹配重要性和付出。
- 当年轻人的潜能得到确认，而变得更广为人知，中等水平的教练会将其转交给大师级教练。
- 投身于某个领域是一个重大的人生决定。

对于那些为特定人才领域挑选学生参与特殊培训的教师，上述规律的很多要素都是非常熟悉的。在布卢姆的分析中，很明显的是，精英水平的成就可以视为教育的成果，或者至少是需要大量鼓励和支持的特定类型的教育的成果。许多家庭做出十分重大的妥协和牺牲来支持孩子发展其才能，即使他们并不确定这些年轻人在年幼时是否具有很大的潜力。

虽然布卢姆的团队有意采访每个领域中的顶尖人士，但并没有发现神童。尽管这些年轻有为的成年人很早就表现得很有前途，但他们在成长期并不一定是同龄人中的佼佼者。从某种意义上说，与那些很早就表现得很有前途却没有保持日常训练的人或天才相比，他们能够成为各自领域中的顶尖人士全靠坚持不懈。有天赋的儿童并不一定能够成为有天赋的成人，有天赋的成人不一定在儿童时期就很有天赋。

练习是必需的，但应该是什么类型的练习？

总之，伟大的成就不会自然地降临在有天赋的儿童身上。它似乎与多年的发展和踏实准备相关，通常大约需要20年，并且发生在一个高度支持性的环境中。动机和驱动力是与家庭目标、志向和生活态度相关的背景因素。尽管如此，在回顾性研究中，十分显著的因素始终与用于练习技能的时间相关。然而，这些练习是高度结构化的。它是被一系列越来越复杂的目标所驱动的。它受到教练或教师的监督，这些人都十分强调努力练习、技术完善和成功之间的关系。教练会运用一套被广泛认可的修辞，激励年轻人通过努力、一心一意的奋斗和不可避免的牺牲实现目标。

因此，高度参与被认为是其中一个关键因素。一般因素，如综合能力指标和智商，几乎无法预测特定领域的精英级成就。文献综述称，即使投入大量时间，个人的发展也是相对较慢的、逐渐改变的。有证据表明，不均衡发展、低成长或者瓶颈期是存在的。但在任何领域，人类的表现都不会有快速或爆发式的提高。相反，从儿童到成人阶段，我们的表现都在稳步提升，那些被认为是神童的人也不例外。

一个被普遍认可的概念被称为"十年法则"（10-year rule），即发展专业能力至少需要10年的时间。虽然合理，但这个概念并不严谨，因为不同的领域显示出不同的趋势。例如，杰出的科学家和作家可能需要20年至30年来发展专业能力。在被严格定义的技能领域，如记忆力，似乎只需2年就能够达到顶尖水平。在一些团队运动中，如足球，很多球员在5年或6年的高强度训练以后就可以达到最高水平。因此，十年法则仅供参考。许多研究人员将这个成长期描述为十多年（每天三到四小时），或者一万小时。

近现代以来，人类的技能水平已经发生了很大的改变。例如，1908年的奥运会游泳冠军可能没有资格参与今天的国际赛事。1950年以前，4分钟以内跑完 1 英里①被认为是超出人类生理极限的。如今，这样的成就依然备受尊重，但却被视为崭露头角的中长跑运动员必须达到的一个里程碑。大约在 1900 年，1500 米跑的世界纪录保持在 4 分 9 秒。大约在 2000 年，世界纪录保持为 3 分 26 秒。甚至国际象棋大师也取得了令人瞩目的进步，今天的国际象棋顶级大师比一个世纪前的大师所犯的错误更少。人类能力的很多提升都是由于技巧和训练方式发生了变化。教练开发出新的训练方法。表现卓越的人不断超越自身的技能水平。在那些能够进行客观记录的领域，表现逐代提升的趋势非常明显。

练习是一个刻意的、以目标为导向的活动

在一项经典研究中，安德斯·埃里克森（Anders Ericsson）和他的同事们对西柏林音乐学院小提琴演奏者接受训练时所记录的练习时数进行了回溯性研究。尽管所有演奏者都是非常优秀的音乐家，但是通过录音室的训练记录可以看到他们先前的训练是有很大差异的。最专业的小提琴家花了约 10000 小时，而熟练度最低的演奏者花了约 5000 小时。成就最高的学生的记录与一组专业交响音乐家相当。这些研究发现为刻意练习的概念提供了支持。这是一个重要的术语。这种类型的练习完全是为了提高技能，而不是单纯的技能练习。

刻意练习背后的关键理念是，时间被投入到个人能够用心地确认目标并依次实现的训练任务中。这种类型的练习具有高度组织性，而不是随意安排或以娱乐为目的。通常情况下，练习的时间表是在教师或教练的监督下制定的。他们先向练习者布置超过其当前表现水平的任务，但练习者可以通过重复练习和反馈，将注意力集中在关键方面和改进技巧上，在数小时内完成这些任务。在本质上，这种练习总是以一个想要实现的认知和心理运动技能为目标，并且能够运用客观手段进行评估。即时的短期目标和适时的纠正性反馈是这个过程的内在要素。

就其本质而言，刻意练习意味着集中注意力和关注结构化目标的设定。这与其他类型的练习有极大的差别。其他类型的练习可能是相对随意的，或者不涉及与技能发展过程相关的特定目标。例如，在一项关于歌手如何对待声乐课程的研究中，人们发现业余歌手的练习是为了享受和自我实现。另一方面，专

---

① 1 英里约合 1.609 公里。——译者注

业歌手则把精力专注于发展技巧。因此，两个群体在训练作用、个人目标和潜在动机上都有本质的差别，即使他们表面上参与的是相同的活动。

为什么仅靠练习不能提高熟练度？

该领域中被反复验证的结论是，刻意练习是技能发展的先决条件。花时间在相同水平上执行相同的活动，这意味着重复，但可能不会发生太多的学习。经过思考后，你可能会明白为什么一个人可能多年以来一直在执行一项技能，达到基本的掌握水平，但却仅此而已。例如，我们可以细想下我们朋友中的一些人，他们的驾驶技术几十年来一直非常糟糕。在一项研究中，基思和埃里克森（Keith & Ericsson）发现，大学生只有特意付出努力改善打字的表现，才会提高他们的打字技能。简单地执行一项活动，甚至每天执行，本身并不会改变一个人的专业能力水平。它只是没理由有所改变。确实，当我们思考自动化的作用时，就会发现这个令人好奇的问题。

在布卢姆的研究中，很显然，这些顶级人才的技能已经发展到几乎无须有意识地努力，就能执行高度熟练的常规活动。深入检视摩尔斯电码报务员的经典研究以后（在第 10 章有所描述），布卢姆将自动化称为"天赋的手和脚"（Bloom, 1986, p.70）。通过这样的分析，科学文献往往将自动化等同于高水平的技能。此外，50 多年来，研究人员已经证实了一个关于技能发展阶段的描述性模型的有效性，如表 11.1 所示。这个模型很有意义，尤其是对教师来说，你可以从这些描述中看到学生如何经历这些阶段，努力实现自动化。

表 11.1 技能发展的三个阶段

阶段	思维过程的描述	范例
陈述性阶段（或认知阶段）	学习者运用语言和文字来指导行动。个人通常自问（现在该怎么办？需要做些什么？）。记忆负荷很重。逐一地回忆各种项目，就像它们是没有关联的元素，几乎不会有相互作用或产生组块。	尝试操作不熟悉的计算机程序。尝试回忆你刚学习过的一个新游戏的教程，比如桥牌。阅读外语时，每次只能理解一个单词。

续表

阶段	思维过程的描述	范例
联结阶段	行动现在被有次序地联结起来。这个行动的序列，一开始可能是断断续续的，但经多次尝试以后，它会越来越快而顺畅。记忆负荷减小，但仍需要高度的注意力。这可以被描述为从陈述性知识到程序性知识的转变。	能够准确拼写大量单词。能够使用手动变速器换挡。在熟悉的计算机软件上执行标准的操作。依靠记忆进行完整的歌唱表演。
自动化阶段（能够展示专业级表现）	此阶段的表现很顺畅和轻松。达到了自动化，行动几乎不需要有意识的注意。对自动化元素过多的关注可能是有害的。因为感觉识别被激活了，记忆负荷就处于较低水平。表现不太可能被障碍干扰，但如果遇到障碍，工作记忆有能力应付。行动是经过良好组织的、可靠的，而且包含大量组块。	在20秒内记忆整个棋局。能够将注意力分配在两个任务上，如一边驾车，一边与朋友聊天。观察同领域内的表现者时，你可以评价其他人看不到的关键环节（例如，奥运会跳水比赛的裁判）。

自动化：其优点和缺点

虽然这种三个阶段的划分方法提供了有价值的描述性分析，但如果它被视为将自动化作为高水平专业能力背后的关键定义性特征，那么就会产生误导。事实上，自动化可能远早于专业能力的习得。一个人在实现自动化时，并不一定是专家。自动化会妨碍进一步的技能发展。术语"**发展受阻**"（arrested development）能很好地解释这个现象。当我们允许自动化占据主导，任何技能在任何水平上的发展都有可能受阻。

从更广阔的视角思考这一点。假设你学习一项技能，但在某个节点上发展受阻。你不能将整个生命都用于令人厌烦的刻意练习。你的生活中没有充足的时间，让你能够一直都保持在发展技能的状态中。因此，自动化使你能够节省一些注意力资源，同时将技能维持在可接受的水平上，而无须付出很大的努力。

自动化可以被视为人类的一项神经天赋。也就是说，你可以永远地保持在已达到的水平上。通过让自动化接管你的行为，你无须持续地消耗资源，就可以使自己的表现维持在已达到的水平上。自动化也可以被视为一种保留实力的策略，而不是用于描述一个人的专业能力的潜在因素。当你的资源紧张，或者当你的注意力需要转向别处，那么你就更加需要转换到自动控制系统上，即系统1。自动化能让你放松，按事情的轻重缓急分配精力，把你的注意力转移到重要的事上。

对表现出众的成年人进行访谈，如运动员和音乐家，结果表明他们能敏锐地意识到"发展受阻"的问题。许多人说他们形成了一些"坏习惯"，必须加以克服。许多顶尖表现者依赖于高素质教练持续地提供批评意见。他们声称自己永远都不能停止学习。当他们声称自己"变得懒惰"，他们可能并不是真正地松懈，而只是让自动化达到了一个过高的水平，使他们的技能的进一步发展受阻。

这里存在一个明显的矛盾。练习某个技能使你从有意识的控制转向自动运作，目的是停止发展这项技能。自动化可以将你的技能固定在某个水平上。它所需的只是充分的练习，在要求不是太高的条件下，你可以将注意力放在其他地方，因为这是一种能够永久生效的练习类型。

这个分析指出了进行练习时心在别处的自然效果。人类的大脑无法真正同时专注于两项活动，本书中关于"一心多用"的部分（第20章）会讨论一项明确的研究发现。如果一个年轻的新手司机一边开车一边听CD，那么他的驾驶技能不会提高，而仅仅是在练习。同样，边听音乐边学习可能不利于我们从学习中获得任何好处。一旦你把注意力从任务上移开，你就不能期望会发生任何有意义的学习和技能发展。你可能仍然表现出可接受的水平，并且可以定时监控自己的表现。但是不要骗自己相信这样的自动化表现能够教给你任何之前不知道的事情。

什么是与生俱来的天赋？

有关专业能力发展因素的研究证明，固有的或与生俱来的天赋，这样的概念是有问题的。把出色的表现归因于天赋并不是一个令人满意的解释。早期天赋的指标很少能预测长期的发展。可能的情况是，天赋测定是有价值的，但开发天赋需要刻意练习和指导。然而，在任何领域中，顶尖表现者都包括许多在早期指标上没有突出表现的大器晚成者。同样地，许多早期被认为有天赋的个人并没有明显地超越早期表现。把早熟与真正的能力相混淆是危险的。在体育训练方面，读者想要了解关于这个问题的精彩讨论，可以阅读安吉拉·阿波特和戴夫·柯林斯（Angela Abbott & Dave Collins, 2004）发表在《体育科学杂志》

(*Journal of Sports Sciences*)上的一篇文章。对早期天赋指标不稳固的基础进行综述后，他们发现了一个令人惊恐的困境，即"越早对儿童使用检测天赋的程序，有潜在天赋的个体越是可能泯然众人"（p.401）。

大多数最初被测定为有天赋的儿童往往不能成为有才能的成人，这是有据可查的。许多非常成功的成人在他们的成长期并没有锋芒毕露。早期发展指标无法预测个人的轨迹，这种现象并不能被合理地解释为天赋的泯灭。发展是许多因素相互作用的自然结果。随着时间的推移，动机、目标设定、刻意练习、个人认同和知识建构等众多方面，都对人们的生活产生微妙却有力的影响，它们产生影响的方式与早熟的天才在幼年时所参与的测试并无关联。

观点：技能发展和刻意练习

专业能力有赖于深度的发展，即在练习活动中投入的时间接近一万小时，或者在超过十年的时间内每天练习三四个小时。但是，这种练习必须是发展性的，需要付出努力，具有结构良好的目标，并处于积极的监控下。这一观点植根于刻意练习的概念中。如果缺乏这些刻意练习的附加特征，那么练习可能会带来危险。虽然自动化一度被认为是专业能力的标志，但在个人层面，自动化的出现本身可能不利于进一步的技能发展。为什么？因为它让个人无意识地执行一项技能，而无意识是刻意练习的天敌。

在这里，我们可以谈一下教师需要认识到的一个方面。在个人层面，技能发展在成长期以后可能是巩固期，甚至是缺乏发展的时期。布赖恩和哈特对摩尔斯电码专家的经典研究率先探讨了这种不平衡的模式。他们用**瓶颈期**（plateau）一词来形容尽管进行了大量练习，但取得的发展却不太明显。我们发现他们对这个术语的定义在今天仍然有意义：

在曲线图中，瓶颈期意味着低阶习惯正在接近于最大限度的发展，但尚未充分自动化，以使注意力能够自由地集中在高阶习惯上。瓶颈期的长度体现了使低阶习惯充分自动化的难度。

（1899，p.357）

第 11 章 如何发展专业能力？ | 113

　　最后，虽然我们强调时间在练习中的作用，但我们肯定不想让人觉得刻意练习是无休止的折磨。技能发展项目往往是以持续 20 分钟左右的小模块出现，在高强度的活动之后通常是短暂的休息时间。因此，运动员的三小时训练项目是有周期的，包含高强度的训练和有计划的中途休息。很多精英会在训练中间打几次盹，这是众所周知的。我们对此知之甚少，但它表明，表现卓越者会利用短暂的休息来恢复能量水平，这样就能以充沛的精力应对下一个挑战。

导学问题

1. 常言道，熟能生巧。我们怎么知道这不是真的，或者最多只是对了一半？
2. 20 世纪 80 年代，布卢姆的报告指出了，表现出众者有一致的成长规律。报告中描述了哪些效应和影响？
3. "十年法则"是什么意思？我们应该当真看待这一规律吗？
4. 为什么人类的成就和表现（例如，吉尼斯世界纪录）一直在提升？
5. 刻意练习的定义是什么？关于这一概念，对专业歌手和业余歌手的研究是什么样的？
6. 技能发展的三个阶段是什么？
7. 发展专业能力通常暗含了自动化的概念。但是为什么自动化会阻碍个人的发展？
8. 早期天赋指标的价值存在很多争论。阿波特和柯林斯指出，越早对儿童使用检测天赋的程序，有潜在天赋的个体越是可能泯然众人。为什么早期天赋指标如此不可靠？有什么其他因素在起作用吗？
9. 儿童展现出早期天赋但后来得不到发展，因而造成"人才浪费"（很多作者曾有过类似的言论），但本章认为这是一个谬论。为什么这种观点通常带有误导性？

参考注释

■ 仅有时间和经验不能提升熟练度（有时人们的表现甚至会变得更糟糕）。埃里克森对相关证据进行了综述，参见 Ericsson et al., 2006，第 38 章。医学中的此类研究，参见 Ericsson, 2008。

- 到 2011 年为止，50 年的研究表明，股票交易的结果依赖的是机会（运气）而不是技能，参见 2011 年卡内曼（Kahneman）的研究中的第 200 页。吉格伦泽（Gigerenzer, 2008）表明，相对于该领域内专业人士的预测，基于感觉识别的简单启发法（heuristics），能够更准确地预测股票市场的结果。
- 顶尖专业人士的家庭背景（Bloom，1985, 1986）。
- 培养国际象棋大师所需的时间（Ross, 2006）。柏林音乐家的研究（Ericsson, Krampe, & Tesch-Römer, 1993）。
- 刻意练习：除了埃里克森的科学论文，还有弗尔（Foer, 2011），尤其是科尔温（Colvin, 2008）提供了可读性很高的陈述。
- 歌手发展专业技能和自我实现的动机相互矛盾（Grape, Sandgren, Hansson, Ericson, & Theorell, 2002）。
- 提高大学生的打字技能（Keith & Ericsson, 2007）。
- "发展受阻"背后的心理机制（Ericsson et al., 2006，第 38 章）。
- 早期天赋检测的困境（Abbott & Collins, 2004）。儿童表现出来的天赋与成年阶段最终的真正成就之间缺乏连续性（Winner, 2000）。天赋理论背后的谬误，在已故的英国研究者迈克尔·豪（Michael Howe）的著作中有所论述（M. J. A. Howe, 1999; M. J. A. Howe, Davidson, & Sloboda, 1998）。

第 12 章　课堂教学领域中的专业能力

对专业能力的分析是行为科学的重要成就。大约在第二次世界大战时期，人们意识到经过数年的不断发展和学习，人的技能会变得非常精湛，然后形成一组连贯的行为特征。尽管每个专家都是一个独特的人，有自己的历史和能力特点，但似乎来自于不同领域的所有专家都有一些共同特质。第 10 章和第 11 章有对这些特质的详细描述。我们已经记不清研究过多少不同领域的专业知识。文献量很大，跨越多个学科和数据库，我们估计大约有 90—100 个不同的领域被研究过。课堂教学是其中一个被深入研究的领域。

教学领域存在专家吗？他们真的存在吗？根据定义，专家必须有顶尖或高水平的表现，基于站得住脚的、可见的标准，而且能够在较长时间里反复表现出高水平。我们要根据某人的表现来界定他是不是专家，而不是根据声望或工作年限。资历或工作年限都不能用于判断某人是不是专家。在寻找可能的专家时，声望是一个有用的向导。但是我们必须寻求真凭实据来确立某人在领域中的专家地位。

然而，在课堂层面，学生成绩的数据统计分析表明，一些教师与学生学业成绩的提高相关，而且这种相关性在多年里反复出现。这个研究结论在很多不同国家都是成立的，比如澳大利亚、新西兰、英国、德国和美国。如果我们将学生学业成绩的提高看成是有效和客观的标准，那么有大量证据表明，课堂教学是一个真正的技能领域。据保守估计，学生成绩的差异大约有 20%—30% 来自教师的影响。早在 20 世纪 60 年代，我们就已经得出了这样的数字。在许多分析中，这个数字会更高。VL 指出，教师对学生每年标准化测试成绩的影响，用效应量表示在 0.2—0.4 之间。但我们发现，一些教师每年带来的学生成绩进步的效应量始终保持在 0.5—0.6 之间，甚至更大。

教师的专业知识这一主题，在过去 30 年引发了大量研究。一些研究发现在表 12.1 中有所强调，这些研究结果的描述与认知心理学中专业能力的已知属性相匹配。你可以注意到，伯利纳（David Berliner）以及其他研究者如何描述教学专业能力与其他人类成就领域的专业能力之间强烈的相似性和联系。

表 12.1 专业能力因素与研究发现相匹配

已知的专业能力属性	关于专家型教师的实际发现	研究者
专家只擅长自己所在的领域	专家型教师能够极好地教授自己所在领域的内容，但对于他们课程领域之外的事情就不那么熟练了	伯利纳
专家能感知大量有意义的规律	专家型教师能够将课程设计为互相联系的、有次序的步骤，并以不同的方法达成目标；他们关注与目标相关的任务	博尔科（Borko）
专家能够快速工作，几乎毫无差错地解决问题	专家型教师能够在短时间内十分清晰地解释复杂概念，他们能够正确地使用教学方法	雷恩哈特（Leinhardt）、哈蒂
在他们的领域内，专家拥有惊人的短时记忆	专家型教师能够在脑中记录课堂上发生的一些关键事情，而忽略无关的细节	伯利纳
专家能够在更深或更基本的层次观察和描述问题	专家型教师能够非常高效地识别和解释课堂事件，专家型教师能够引导教学活动朝向课堂目标进行，他们能够判断个体对教学和反馈的需求	伯利纳、哈蒂
专家用相对较多的时间认真地定性分析问题	专家型教师为可能发生的各种突发事件做好准备；在新主题教学前，他们会认真阅读和研究；在提供答案之前，他们会帮助学生思考问题；他们设置有价值的挑战，在面对有能力的学生时，能够快速地将表层学习任务转变为深度学习任务	博尔科、哈蒂
专家拥有很强的自我监控能力	专家型教师能够最有效地"停止和开始"课程；他们聚精会神地倾听（甚至凝视）学生以获得关于学生学习的反馈；他们已经形成了独特的策略来控制学生的注意力；他们能预测可能出现的问题，因而能够及时做出回应以使学生保持学习的劲头	雷恩哈特、博尔科

我们如何理解这些研究发现？

每当我们给我们的学生展示表 12.1 中的研究结果时，都会惊奇地发现，这

第 12 章　课堂教学领域中的专业能力 | 117

些正在接受教师培训的人，似乎认为这样的结果在某种程度上是"显而易见"的。作为研究者和教育者，我们感到没有什么比这更远离真相了。我们谈论的是多年的专业技能发展，总是以目标为导向，而且通常需要高水平的**刻意练习**。新教师通常付出很大努力，试图在教学中保持完好的自尊和自豪感。但是在（有经验的但不是专业的）新手教师的课堂中，个性化和适应性教学的水平通常是很低的。通过观察一个专家，新手教师能够学到很多。如果对其循循善诱的话，新手教师也会开始运用一些相同的方法，以此获取纠正性反馈。

例如，我们知道，新手教师的问题之一是，他们在课堂的任何阶段都会高估学生学到了多少。在监控学生学习和注意力方面，专家型教师是很警觉的。他们会使用大量的评估工具，但却聚焦于真正的成果，比如书本知识的运用和测试分数。他们敏锐地解读个人的面部表情，清楚地意识到一些表面的行为，比如点头，会掩盖真正的学习情况。他们不断地做出教学判断以避免令学生陷入认知过载，非常擅长于使课程任务与个体能力相匹配，并给出认可和反馈。因此，他们熟知每一个学生下一步应该达到什么水平——能够熟练地基于学生先前的实际成就，了解他们下一步应该达到什么水平，这是其专业能力的标志。这些是特定情境中才会运用到的技能，需要多年的磨炼。总而言之，仅仅通过观察专家型教师的教学，新手教师就可以学到很多。

在已有研究中没有确切答案的问题是，成为专家型教师需要多长时间？伯利纳指出，他所研究的人们发展教学技能需要 5—10 年时间。这个专业发展阶段与科学文献中的已知结论一致，即接近一万小时的结构化练习是高水平表现的先决条件。

实验室和真实生活

从前文的讨论中，你能注意到专业能力研究通常使用的是实验室方法：通过要求被试在模拟状态下行动，发现专家的行为模式。在实验室可以实施高水平的控制，然后让被试在这种条件下对相同的线索（如电脑屏幕上的视频）做出反应。在实验室也可以对反应方式和时间等方面进行准确的测量，比如使用高速摄像机。伯利纳和他的团队在亚利桑那州立大学进行了几项针对专家型高中教师的实验室研究。用课堂录像作为需要理解的刺激物，他们发现，专家型教师具有相当高水平的解读课堂生活的能力。

在专家的案例中，他们的感知和记忆策略不同于有经验的普通教师，他们更关注课程结构、教师需求和期望、学生学习倾向方面的信息。相反，有经验但不专业的教师把注意力集中在他们在屏幕上看到的信息，但不一定会将这些信息与被观察的课堂背后隐含的教学目标联系起来。例如，非专家型教师注意到表面的细节，如学生的穿着。专家型教师不会注意到这些表面的细节。相反，专家关注的是深层结构，比如时间安排和屏幕中的教师在多大程度上做出了合理的教学决策。

一个令人惊叹的实验室发现是，与其他人相比，专家型教师能非常准确地从非言语暗示中推断出学生的理解程度。这确实是真的，但只有当他们非常熟悉录像中的学生时才是如此。因此，他们意识到个体学生的学习是独特的，依赖于师生关系，而不是存在一种普遍的知识形式。简而言之，专家型教师了解他们的学生，每个学生都有独特的习惯和表达方式。他们能够无意识地"解读"这些个体的反应。因此，专家型教师对自己学生正在学习和思考的东西高度敏感。

关于某个失败的实验室研究的一篇评论文章给我们带来了一些奇怪的信息。亚利桑那团队要求高等数学方面的专家型教师来到实验室，让他们做了半小时准备，然后开始教授一堂课，教学对象是从大学戏剧系招募过来的学生演员，他们伪装成一个"班级"。这些学生演员被要求按照事先编排好的剧本做出一些错误的行为，而教师事先并不知道这一点。后来经过采访这个半真半假实验的参与者，研究者发现，专家型教师一致认为教学令人非常不满意。他们抱怨，在人为的实验室环境中，不可能设计出一堂即兴表演的课。这些教师习惯通过激励自己的学生在有价值的任务上付出努力而取得成功。因此，要求这些专业人员在一个人为的环境中、在学生行为不端的课堂里进行教学，并没有什么意义。亚利桑那团队意识到，这个实验剥夺了专家型教师展示高级技能所需的条件。这类似于要求国际象棋大师记住随机分布的棋子，研究发现很多象棋大师在这项任务上表现很差。

如果参与者有机会对模拟真实世界的情境做出反应，使用实验室方法能够得到重要的信息。但对失败实验的分析使我们明白，教学的专业能力离不开在一段时间内与班级发展一段关系，并在目标导向的环境中引导整个班级。行为管理之类的问题变得不那么重要，因为教师与学生的议程一致。因此，我们应该同时在实验室和真实的课堂世界中研究课堂的专业能力。

第 12 章 课堂教学领域中的专业能力

观察行动中的专家型教师

我们其中一个人（哈蒂）参与了一项大型的美国研究。国家专业教师标准委员会（National Board for Professional Teacher Standards，简称 NBPTS）发起了一个项目，项目的其中一部分是监测中学教师（大部分是英语语言文学的教师）的课堂技能。该项目对 31 位专家型教师（通过 NBPTS 评估的教师）和 34 位有经验但非专家型教师（未通过 NBPTS 评估的教师）进行了对比。该项目让 22 位训练有素的评分人收集了大量数据并对其进行分析，包括访谈、观察、学生反应和样例方面的数据。研究结果出现了大量显著差异。其中一点是，专家型教师擅长把学生的学习成果从表层转变为深层的反应需求。我们发现，这些教师的学生在大部分的课堂时间里都致力于能够促进深层概念理解的任务。

总体的研究发现如下：

- 专家型教师拥有学科教学知识（pedagogical content knowledge），能够非常灵活地、创新地运用于教学中。
- 专家型教师更能够即兴发挥，能够根据课堂情境的背景特征调整教学。
- 专家型教师对个体学生在特定学习任务上成功和失败的原因有深度的理解。
- 专家型教师对学生的理解，使他们能够提供与学生发展相适应的学习任务，使学生参与其中，对学生提出挑战，激发学生兴趣，而不是让学生感到无聊或受到打击——他们知道"下一步要达到什么水平"。
- 专家型教师更有能力为可能遇到新概念的困难学生做出预期和计划。
- 专家型教师在事情进展不顺利时能够更轻松地即兴发挥。
- 专家型教师能够对学生成功和失败的原因做出更准确的假设。
- 专家型教师能够为他们的工作投入极大的热忱（Hattie, 2009, p. 261）。

在许多测量指标中，专家型教师都比有经验的教师得分更高。为了简单起见，这些指标可以分成三个主要维度：（a）设置目标并运用挑战去激发学生的最大努力；（b）监控学生的学习，运用反馈帮助他们进行教学决策；（c）运用高水平的课程知识（curriculum knowledge），使他们能够根据个体情况调整教学和快速诊断教学需求。以此为根据，我们采用 DIE 模式来培训实习教师，即向他们教授诊断（diagnosis）、干预（intervention）、评价（evaluation）自身影响的技能。这需要培养他们基于课堂和学生学习的证据进行诊断的技能、采取各种干预措施的技能（因为如果一个措施不起作用，重复尝试这一措施远不如尝试其他不同的干预措施有效），以及（以多种形式）评估干预对学习的影响的技能，这三方面不断地循环下去。

观察行动中的专家型教师，观察者会对他们综合决策的能力留下深刻印象。他们能够以滴水不漏的方式处理课堂教学中的管理和教学事务。这些研究中的观察者经常对专家型教师的课堂安排和组织做出评论，并认为在这些课堂上几乎没有发现学生的不端行为。这些课堂中学生太忙，且都是目标导向的，他们会极力反对其他学生的不端行为。

采访专家型教师时经常出现的一种情况是，他们愿意谈论可能会发生的课堂事件。他们似乎为各种可能性做好了心理准备，无论这些可能性多么罕见。几项早期的研究指出，经验丰富的教师似乎也会制订出非常糟糕的课程计划，至少在文本上非常糟糕。但当前的事实是，一位教师变得越专业，这些计划在他们的头脑中就越可能是熟悉的教案和常规。然而，这些教案不是一成不变的，而是可以做出相当大的变动和即兴发挥的。这些教师的知识基础是高度程序化的，他们掌握的大量技能使其能够采取一系列可行的行动，而不是认为只存在一种"正确的"方式处理当前的问题。

> **观点：专家型教学与人际关系敏感性相关**
>
> 　　大量的知识告诉我们，专家型教师不仅能够通过有效表现的指标来辨别，而且专家型教师与其他领域的专家有着相同的心理特质。在本书的许多地方，我们都强调过，当某些人试图将特定领域的知识教授给新手时，为什么新手在学习时会遇到困难。新手和专家之间的差距太大，以至于专家不能敏锐地做出诊断。新手和专家最终都遭受挫败，这样的情况很容易发生。
>
> 　　但是我们现在知道课堂教学本身是一个专业知识领域，而且存在一种"教学"的实践。这一发现是一个对我们的职业有所启示的重要事实。这意味着有些人已经对新手的学习需求发展出高度的敏感性。实验室项目和课堂观察的数据分析告诉我们，专家型教师不仅能够随时对无规律的暗示做出回应，还能积极塑造课堂世界，巧妙地引导学生成为有动力的学习者，与教师分享

第12章 课堂教学领域中的专业能力

相同的学习目标。但是要做到这一点，需要大量的知识，以及5—10年的个人投入。高质量的教学不能被视为一项机械运动。相反，它依赖于与一群年轻人发展关系，使他们信任并尊重教师为他们制定的目标。

一位顶尖的研究者指出，"教学是一种以确保学习者能够接收的方式传递知识的艺术"（Leinhardt, 1987, p. 225）。我们认为这是一个非常深刻的见解。运用言语、示范和反馈，给缺乏初始动机的同伴解释复杂观点和概念，这样的技能不应受到轻视。传递知识（和理解）不只是意味着与人交谈，因为这只是传递过程中的一个小的方面。相反，这是一种依赖于智力和人际关系敏感度的能力。本书探讨的很多主题回顾了与教学过程相关的人际关系方面的研究发现揭示了什么。在理解为什么一些教师能够非常成功地引导年轻人进入学习、阅读、自由开放的世界时，这些知识很有价值。

导学问题

1. 我们有理由认为一些课堂教师可以被贴上专家的标签吗？

2. 新教师或职前教师通常将表12.1中列举的材料视为"显而易见"的。根据你在这个领域的经验，这些要点真的"显而易见"吗？如果它们如此"显而易见"，那么为什么它们在新教师身上如此罕见？

3. 在阅读教师专业能力特征的清单时，哪些特征可以在你自己身上看到？这些特征中哪些是成功的策略，哪些是你需要改善的？

4. 我们如何运用实验室方法辨识出专业的教学技能？

5. 另一方面，一个研究团队发现，我们不应期望专家型教师向他们不认识的学生教授一堂即兴表演的课。为什么不呢？这样的情景中缺少了什么？

6. 一个反复出现的因素是教学中即兴发挥的概念。它意味着什么？来源于哪里？如何实现？

7. 另一个经常出现的因素是专家型教师以学生的反馈作为教学的基础。你能够解释这个反馈过程是如何运作的吗？

8. "教学是一种以确保学习者能够接收的方式传递知识的艺术。"为什么有效的知识传递依赖于对人际关系的高度敏感性？

参考注释

- VL 的第 7 章对教师的影响力进行了综述（Hattie, 2009）。
- 一个历史视角，参见布卢姆（Bloom, 1976）的研究。
- 一份强调优质教育的强有力的论述，特别分析了澳大利亚教育的数据（K. Rowe, 2006）。
- 表 12.1 引用了源自于多个研究的发现，包括：Berliner, 2004; Borko & Livingston, 1989; Leinhardt, 1987; Leinhardt & Greeno, 1986; Sabers, Cushing, & Berliner, 1991。
- 从一项失败的实验中得出的见解，在伯利纳（Berliner, 2004）的研究中有详细讨论。
- VL 的第 11 章中描述了美国的 NBPTS 研究（Hattie, 2009），英格瓦尔森和哈蒂（Ingvarson & Hattie, 2008）对其进行了更深入的探讨。

第2部分
学习基础

第13章　我们如何习得知识？

当我们看到学习，我们都知道它是怎么一回事！或者说，至少很多人都这样认为。但我们不是沿着一条笔直的路径学习——它更像是不连贯的断奏——我们聆听、尝试，集中精神、再次尝试，犯错、改正，我们共同学习。在过去的一个世纪，我们已经揭开了很多学习的奥秘，这一章按以下三个主题来介绍这些研究发现：

a. 习得的六个原则；
b. 记忆的六个原则；
c. 控制信息过载的五个方面。

在讨论这些主题以后，我们会简短地评述一下已知的三种记忆系统，即图像或感觉记忆、工作记忆和长时记忆。

习得的六个原则

1. 学习需要时间、努力和动力

人类的学习是一个缓慢的过程，持续数月乃至数年，而非朝夕之事。学习不可或缺的要素包括：(a) 时间；(b) 目标导向；(c) 支持性反馈；(d) 累次成功的实践；(e) 时常复习。诸如"速成专家"（instant experts）、"极速学习"（superfast learning）、"快速阅读"（speed-reading）以及其他魔法般的学习方法，不过是时兴的骗人把戏，它们都违背了我们已知的、经过验证的人类学习原理。如果学习真的那么简单就好了。

我们似乎能够在很短时间内学会某个小幅度的动作、一些零散的知识，或者实现其他低层次的目标。但出于种种原因，这种"快速学习"的感觉是带有欺骗性的。除非学习材料的意义、关联性和时效性都十分强，否则很快就会被忘得一干二净。任何新的学习都能被轻易地打乱。要在一个新的领域驾轻就熟，需要 50—100 小时的练习。而真正成为专家需要一万小时，或者是八到十年持续的技能发展。众所周知，中等智力的人都能在一个小时以内掌握国际象棋的规则，然后进行初级的对局。然而，要成为国际象棋大师却需要十多年时间。

2. 注意力周期很短

我们大多数人正常的注意力周期大概是 15—20 分钟，在这之后就会出现显著的**心智游移**现象。动机强烈的学习者在这以后或许能再次将其精神活动集中在任务上，但却依然需要放下学习任务，进行短暂的休息，以免导致认知过载效应。如果你要教授任何人新的信息，那么你必须在 15 分钟内完成，否则他们就不会再听你讲了。注意力很容易被打断。一边听音乐一边试图学习其他东西，这不利于集中注意力，会扰乱你的学习——这个研究结论与媒体上十分流行却无凭据的"莫扎特效应"正好相反，这本书后面将会提到它（第 23 章）。

3. 分散式练习比集中式或填鸭式练习更加有效

与在单独的一整块时间内进行学习相比，将相同的时间划分成小段，分散在几天或几个星期进行学习往往更加有效。在训练程序性技能时，这种分散练习的效果尤其明显。例如，你要学习开车，一周 6 次、每次 20 分钟的学习要比单独一次两小时的学习使你获益更多。从成本收益的角度看，在大部分人类学习的场景中，15—30 分钟的时间分段是非常有效的。分散练习效应有时候亦被称为"间隔效应"（spacing effect）。

4. 先前知识的效应很强

戴维·奥苏伯尔（David Ausubel）曾说："如果我必须将全部教育心理学的知识缩减到一条原则，我会说：'影响学习最重要的因素是学习者已经知道的东西。弄清楚他的已有知识，以此为据展开教学。'"知识习得的一个主要决定因素是大脑已知的东西。在现有知识结构的基础上继续学习比重新学习新材料简单得多。我们现有的知识和理解是新信息的过滤器（有时候正确，有时候错误）——故而先前知识十分重要。那些无法与现有知识产生联系的信息很快就会被遗忘。先前知识对学习有着十分强大的影响力，其效应比其他可能影响学习的变量都要强。先前知识的效应大大超过了智商或者所谓"学习风格"的效应，后两者对学习的影响微乎其微。然而当你的先前知识建立在错误的概念之上时，它就会成为障碍，产生干扰（interference）效应。有时候，我们必须舍弃我们学过的东西，正确的、更为扎实的学习才能发生。

　　大脑很难处理凌乱的数据。当要记住随机的清单或者学习不相关的材料时，我们会觉得绞尽脑汁。我们学习任何东西，都需要找出其组织、结构和意义。意义或者关联性，都直接源于先前知识。当有人向我们演示如何将知识组织起来、如何找出规律、如何利用规律、如何将其图式化并进行总结时，我们会获益匪浅。我们通常需要被教会一个"晾衣架"（或者说"高阶概念"），才能把新的知识"晾"起来。在教学情境中，好的教师会给出我们所要学习的知识的总览，这被称为"**先行组织者**"（advance organisers），其作用是激活先前知识，使我们能够更加高效地进行学习。如果这些先行组织者能够展示出在学习结束之时成功的标准是什么样的，这将会有助于提供"晾衣架"，这样我们就可以说："啊哈，现在我明白了。"

5. 你的大脑对多媒体信息输入的反应非常敏锐

　　我们不时会遇到一些关于"视觉学习者"、"听觉学习者"或者"触觉学习者"的理论。其实人们在学习风格上大同小异。我们在第 19 章会对这部分内容进行更深入的分析。不只是某部分人，我们都是视觉学习者，也都是听觉学习者。实验室研究表明，当我们感知到的信息输入是**多通道的**（multi-modal）或者经过多种媒介传递的，我们都能学得很好。我们的大脑就是一台为整合不同来源，特别是不同通道的信息输入而设的精密机器。当文字和图像结合起来时，就会学得很扎实。"一些学生通过文字进行学习，一些学生通过图像进行学习"，类似的结论是不正确的，因为所有学生最有效的学习方式都是将文字和图像结合起来。通过提取先前知识，使文字和图像获得意义，这样的效应会变得尤其强大。学生在学习上的差异主要是由其先前知识和他们接收的方式造成的，而不是他们的学习风格。

6. 在学习时，你的大脑必须要保持活跃

　　这条原则很简单，只有大脑对有意义的经验做出有意义的回应时，学习才会变得有效。当大脑积极地对刺激物做出回应时，其记忆功能才会被激活。我们学习的时候，大脑不可能偷懒。它可能在集中注意力，在观察，然后从很多看似"被动的"经验(即表面上没有做出任何显著的回应)中学到很多东西。在很多教学情境中,那些认真观察的人都比那些执行指定任务的人获取到更多的信息。当学习任务不涉及身体或运动技能时,这种观察学习效应尤其明显。但这种学习情境中的被动性会导致一些内在的危险,比如:(a)无法意识到自己学习的失败;(b)注意力涣散;(c)打瞌睡。这条原则与"**精加工**"(elaboration)的概念是一致的,这一章后面的内容会对它进行讨论。

记忆的六个原则

1. 识别很简单,回忆很难

"识别"(recognise)这个词意味着材料是已知的。这需要以与记忆一致的方式给出提示,比如在多项选择测试中,在方框上打钩。而"回忆"意味着生成、重构,或者重建。以识别的方式记起部分或不完整的知识,这是非常简单的。以回忆的方式记起不完整的知识则是极其艰难和迟钝的。因此,在名词识记方面,回忆型考试的得分往往低于识别型考试。事实上,高质量的多项选择考试的技巧之一是设置无法通过简单直接识别进行作答、需要更深层次加工的选项。

2. 开头和结尾的信息最容易被记住

作为学习者,个体不可避免要处理序列信息。人类的大脑是一种线性处理器,你如何记忆事情受到所谓的"序列位置效应"(serial position effects)的影响,显然,有些进入大脑的信息比其他信息重要,最先进入大脑的信息最容易被回忆,这被称为"**首因效应**"(primacy effect)。相反,最后进入大脑的信息在学习中更有优势,这被称为"**近因效应**"(recency effect)。总而言之,当你听一场讲座时,你更容易回忆起开头和结尾的信息,而中间更容易被忘记。在一段学习经历之后,近因效应开始时是非常强的,但当回忆很久以前的事情时,首因效应会变得更强。然而这很难一概而论,因为实验室研究表明,有些人倾向于表现出更强的首因效应,而另外一些人则表现出更强的近因效应。

3. 随着时间推移,遗忘的速度有差异

只要肯下功夫,无意义的材料也能被记住。无意义的词语串、随机数列都

能进入到记忆当中。但死记硬背式的学习的保持率非常低，一天之后只有20%能被记住。死记硬背式习得的结果是在学习结束后不久就出现迅速的遗忘。如果要记住这样的材料，我们必须不时进行复习，或者领悟到明晰的规律——这就是死记硬背与深层记忆的区别。采用不同的记忆技巧有助于提高保持率，从而使工作记忆有更多空间进行深度学习。但不要将运用技巧进行回忆与深度学习混为一谈。

遗忘的速度取决于原初学习的类型。比如，一旦我们掌握了某个动作技能，就能保持一生。一名健康的老年人在不骑自行车50年以后依然能够骑自行车。同样，词汇的保持程度也是非常高的，至少对于你的母语来说。而大部分心智技能都会出现一定程度的延迟，特别是假如这项技能依赖于某个事实或数字等细节知识。我们都很难记住随机的东西，比如电话号码、银行账号，尽管这些东西看起来非常重要。

4. 记忆是一个高度建构性的过程

我们经常觉得记忆就像是一台"重播的录像机"。这个比喻是误导人的。记忆是高度建构的，它需要大脑把不完整的线索和不准确的信息变得有意义。记忆需要在学习的时候注意力高度集中。但在同样的学习经历中，两个人关注的事物可能是不一样的。正如尼采所说，没有所谓"无玷的知识"（immaculate perception）。人类目睹复杂事情的证词是非常不可靠的。在时间估算、语气重音、细节说辞、因果顺序，甚至是人物与行为的配对上，记忆可能与目睹的实际情况大相径庭。对事实的诠释受到先前的预期或者是其他合理化策略的影响。回忆必须被视为一个人试图在混乱的事件中找到有意义的规律。因而我们的记忆会出现不同类型的错误，比如过度简化、省略、图式化、扭曲和侵扰（intrusion）。"侵扰"是指个体回忆起某些并非原初学习经验，却能在其记忆的情景中得到合理解释的事物。

人们并不会发觉记忆在欺骗他们。我们掉进了陷阱——坚信我们的记忆能够与现实完美地关联起来。然而目击者的自信程度并非实际发生事件的有效指标。相反，这种自信反映出，无论我们是否是目击者，都能够编造一个言之有理的故事。一个全球性现象——昭雪计划（The Innocence Project）取得成功，证明了法庭由于采信目击者的证词犯下了诸多悲剧性的错误。到目前为止，现代的DNA技术已为超过280位被误告者平反昭雪。

我们的回忆报告不时受到刻板印象、偏见和错误的期待等因素的影响而有失公允。无论什么时候，人们对他们所参与之事进行报告时，总会出现很多不同来由的扭曲。我们必须意识到人类的交往互动，尤其是发生在瞬息之间的事情，仅仅凭借你的大脑几乎是无法准确还原出来的。很多研究关注到"**错误记忆效应**"（false memory effects），即人们在报告中提到没有发生过的事件。在对照研究中，研究者运用很多巧妙的技巧，在被试身上植入了错误的记忆。

5. 积蓄原则：被遗忘之事依然产生作用

假设你在20年前学习过某种外语，但现在似乎已经忘得一干二净了。当然，可能不完全是这样。研究表明，即使对初次学习几乎毫无印象，我们仍可以非常迅速地再次学会同样的材料。我们得知这项原则是因为人们在再学习（relearn）材料时拥有巨大的时间优势。在这种情况下，人们不会察觉这种效应的作用，也可能不会意识到他们之前已经有大量积淀。他们只知道他们似乎"学得很快"。这种效应是非常令人惊讶的。一个人去过某个国家，但他已经20年没有使用过当地的语言，当他再次造访那个国家，一个星期以后就重新学会了当地语言。这种效应在不知不觉中发挥作用，它能够解释为什么你能很快地学会某项技能。

6. 你的记忆会受到干扰

干扰（interference）是指原初学习之前或之后的学习经验导致的记忆的自然缺失。比如，如果你学习了20个西班牙语单词之后，又学习了20个法语单词，当你回忆西班牙语单词时会受到法语单词的干扰。这被称为"**倒摄干扰**"（retroactive interference）。类似地，当你因为之前学习了西班牙语单词，而在回忆法语单词时遇到困难，这被称为"**前摄干扰**"（proactive interference）。这些确实是影响记忆的效应，而不仅仅是由于劳累或者认知过载。

在学校情境中，我们能够巧妙地控制这些效应。尽管我们认为先前知识一般都有助于学习，但有些时候先前知识会变成一种前摄干扰。当你的先前知识有缺陷，或是含有错误概念时，这种情况就会出现。例如，在科学课程中的术语，比如力（force）、物质（matter）、矢量（vector）、比率（ratio）、空间（space）和生物（living），都含有学生难以理解的技术定义，因为这些词在日常生活中的含义与它们的技术定义有很大的差别。

控制信息过载的五个方面

人们不时发现他们处于过载（overload）之中。由于大脑要处理太多东西，行动的效率和组织受到威胁。很多人类病态行为和痛苦都牵涉到过载。这个概念很好地解释了为什么人们有时候表现出与他们的意愿和自身利益相反的行为。比如，在挑衅和压力之下，教师可能会打学生，尽管他知道这些肢体动作是违法、无效和不恰当的。很多种类型的暴力行为都可以解释为行为者认知过载，无法处理。在意识到这个人类心理的基本维度以后，我们可以总结出五个关键点。

1. 从学习者的角度看，学习并不都是愉快的经历

总的来看，学习会带来高层次的奖赏和个体满足感。但细想，积极的情绪与两种东西有关：（a）一开始的计划和目标设定；（b）达成计划目标。大部分的学习本身并不令人愉快。我们享受的是拥有技能、展示实力和设想自己能做什么。施展技能获得益处或者想象这个过程都能使我们愉悦。然而，学习是艰苦的。学习的实际过程，学习发生之时，都充满压力和不确定的情绪。这个概念与第1章所讲的威林厄姆论题是一致的。

这个原则隐含的一个因素是大多数学生有一个自然倾向，就是对自己的学习能力**过于自信**，即我们容易成为乐观主义者，在大多数情境中认为自己的表现能够比我们的实际能力好。同样地，我们总是低估掌握一个新技能所需的时间和练习。我们总是低估发展专业能力所需的自律和毅力。这些自然倾向是人类与生俱来的，无所谓好坏，但所有教育者、教师和父母都能意识到这些倾向。过于自信的效应在人们获得关于他们表现的客观反馈之前尤为强烈。反馈能够迫使一个人的自我评价发生剧烈的变化。

2. 学习对心智资源造成压力

学习者是脆弱的。学习者在面临不确定的结果时必须保持镇静。学习者需要动员起来，投入努力和保持警觉，从而准备随时以多种不同方式回应外来的经验。而学习者可能不知道外部世界对他们做出的行为有何反应。他们可能不

知道应该关注何种外界刺激，可能不知道如何使他们回应的强度与即时的输入相匹配，或者是当他们高估自身能力时如何后退。简而言之，心智资源（mental resources）陷入了紧张状态，一旦达到了认知过载的临界点，大脑装载新信息的能力就会急剧下降。

3. 对学习者来说，寻找应对策略是最关键的

我们都会发展出一些控制过载的方法，比如集中注意力、减缓学习速度、提高练习水平、重读材料，或者是找到一位好老师。我们的应对策略可以划归为两个基本方面：（a）增加我们学习的机会；（b）控制我们的情绪反应。每个学生都有必要去发展多种行之有效的应对之策。如果不能学会应对的技能，个体可能会在面对难以避免的过载时陷入被动。顺带提一下，研究发现个体在应对不同来源的压力时都会使用高度一致的策略。这些应对策略与性格等其他方面似乎没有太大关联，但不论如何，个体常常选择相同的策略。研究认为，个体的应对风格和策略是在高中阶段形成的。

4. 我们能够找到认知过载的源头

造成过载的原因不是单一的，有些学生能比其他人更好地处理过载的压力。然而，在个体学习者的层面上，我们有可能将过载的原因与下列任意一项联系起来：

- 低水平的先前知识；
- 心智策略运用不足或者运用不恰当的应对策略；
- 不现实的期待（比如，过度自信、好高骛远，或不懂变通）；
- 不规范的指导、不恰当的教学或与学习材料不衔接；
- 不利的学习条件（比如，学习的设备问题、存在干扰因素）；
- 对评价的担忧（比如，不公平的考试、存在竞争、情绪问题）。

5. 我们都会陷入过载

当出现诸如上面所列的不利因素时，所有人都会在学习上遇到问题，否则我们的表现都能处于最理想的状态。当我们将要陷入过载时，似乎不会出现任何天然的"警钟"提醒我们。相反，只有过载发生了，我们才会发现。关于人

类处理信息的一个常见的谬误是大脑在同一时间能学习多种东西。在计算机周围长大的年轻人（所谓"**数字原住民**"）常常被冠上了这样的特性。关于这种效应的研究已经有很多，我们会在第 20 章和第 21 章细述这些问题。较多证据支持的结论是，人类还没进化到当任务需要意识积极地进行认知加工时能够真正地一心多用。当涉及两种有意的行为，任何程度的心智转换（mental switching）都会使你付出很大代价。试图一心多用或者分配注意力都只会加重过载，而非繁忙生活的解决之道。

多重储存理论（Multi-Store）

多重储存理论表明，人类记忆系统包含至少三个层次的记忆，我们笼统地将它们称为"存储器"（banks 或 stores）。它们是图像记忆、短时记忆或工作记忆、长时记忆。下文将会讨论这些不同层次的记忆，以及为了使学习发生，每个学习者都需要发展的策略。

图像记忆

这种形式的记忆通常被视为感觉记忆，或瞬时记忆。图像记忆与经由感觉通道输入的经验和感知相关。例如实验表明，视觉系统的大部分数据能被存储大约一秒钟。比如，在一个实验室研究中，你可能被要求去盯着屏幕，图像出现二十分之一秒，你的视觉系统会将它记录下来，然后可能需要超过一秒的时间去"识别"图像，直到它消失在你的大脑里。听觉系统似乎能留下更长时间的感觉印象，可能持续两到三秒。

短时记忆或工作记忆

尽管研究者采取不同方式去界定短时记忆和工作记忆，这两个术语显然是相关的，并且常常能够互换。就定义来说，短时记忆更多地指我们基本的生理容量，工作记忆则是指在这个容量之内大脑在做什么。从字面寓意来看，这是你的大脑的意识中的工作区域或者"工作台"（workbench）。但这是一个必须要保持活跃的系统，如果记忆项目从工作台上掉下来，就永久地丢失了。它确实是一个容量有限的工作台，代表着我们学习能力的瓶颈。

短时记忆系统有两个基本问题。第一，它在同一时间能轻松应付的信息仅限于少量项目。第二，信息会迅速从系统中消失。它能保持多少信息，对其进一步加工？答案是：如果这些项目是不相似的，那么大约能保持四个项目；但如果它们是类似的项目，比如都是数字、字母或简单的单词，则大约能保持八个。

信息在系统中停留多长时间？答案是5—20秒。比如，你在电话簿中找到一个电话号码。但在你读号码和打电话的间隔，有人和你讲话。这个互动会破坏大脑的复述，在5秒后你就无法完全正确地背出号码，打断20秒后，你就完全忘记了。为了保持这样的信息，你需要进行复述，以将其存入一个活跃的缓冲区，我们称之为"**语音回路**"（articulatory loop）。实验室研究表明，大脑每次使用自然的语音回路能持续1.5秒时间。只要你在1.5秒之内不断地向自己复述，那么信息就很容易得以保持。另一种方式是将信息转移到长时记忆当中。

长时记忆

从字面意思来看，长时记忆是档案馆式的存储器（archival library store），里面存放着用于提取的数据。人们通常认为这个系统以永久保存的方式储存信息。毫无疑问，疾病和大脑损伤都会严重地影响到长时记忆的储存。但这个系统不会受到与制约工作记忆效率一样的衰退过程的影响。实质上，时间流逝本身不会使长时记忆系统的信息变得模糊。

长时记忆有很多与存储相关的问题。一个重要的问题是，这个系统不具有任何像计算机的文件传输协议（file transfer protocol，简称FTP）一样的下载功能。人类身上没有类似于将信息从U盘传输到硬盘的机制。同样需要指出的是，人类出现明显遗忘的主要原因是一开始没有进行合理的学习。正如我们前面所讲，人类往往对他们的学习能力过度自信，低估了掌握技能所需的时间和努力。因此，由于他们低估了所需的努力，人们往往无法对学习机会给予足够的重视。

就我们目前所知的，长时记忆没有空间或容量的限制。实际上，先前知识原则表明：你拥有越多的知识，学习就会越简单。在衰老的过程中，大脑会失去一定的灵活性，特别是在快速提取记忆方面，但存储资料的容量本身基本上不会受到衰老的影响。

长时记忆的主要问题与以下三点相关：（a）将信息载入长时记忆系统的难度；（b）发展高效编码策略的需要，使大脑能够以与先前知识相联系的方式充分加工和理解输入的信息；（c）运用提取策略的需要，使存储的信息能被轻松提取。

不要认为你的长时记忆是一个被动的存储器。在行动中，它一点也不被动，因为这种形式的记忆决定了你是谁、你能做什么、你如何看待你的世界。你所做的每一项精神活动都取决于你能否轻易地提取出你早年获得的信息。每一次当你觉得某种经验有意义，那是因为它的关系早已存在于你的头脑当中。例如，你可能会认为某项任务在客观上是"简单"或者"困难"的。这是一种错觉，因为难易都是由个体学习的经历（从长时记忆中提取出信息）所定义的，而不是客观标准。你觉得难的任务，对于在这个领域中拥有更多知识的人来说是小事一桩。

发展高效学习策略的需要

多重储存理论将学习描述为信息在大脑的记忆存储器之间的传递。尽管似乎图像存储器会接收到大量信息，但是注意力过程会保证只有少量的项目能从图像存储器转移到短时记忆。在这种意义上，注意力起了过滤器的作用，将大量信息筛除在意识之外。

信息可能会在短时记忆中保持一段短暂的时间，但除非是即时得到更新，它很快就变得模糊，然后永久地消失。另一方面，学习者能运用策略将数据转移到长时记忆中。这需要大脑在材料消失之前做出某种形式的积极回应。但你能做什么？

你可以在大脑中尝试一下"CRIME"，即组块（chunking）、**复述**（rehearsal）、想象（imagery）、记忆术（mnemonics）和**精加工**（elaboration）。当大脑将直接经验中并不一定在一起的项目组织起来，这时候就涉及组块。组块意味着组合、排序、组织或分类。其核心理念是，运用先前知识将相关的项目整理成一个有意义的模式，这样大脑能降低心智负荷。

"复述"的字面意思是对自己反复地述说，从而更新数据。在工作记忆中默读能完成这个过程（使其发挥作用）。一个人大声地复述，被称为"背诵"（reciting）。大脑按照这样的一个概念运作，即重复能使记忆痕迹更加持久。当这种方式被应用在无法与现有知识联系起来的数据上时，我们会用"死记硬背"（rote learning）这个词。在幼儿期，一种基本的记忆策略就是"贴标签"（labelling），即无论出现什么刺激物，一看到就对其命名。在童年后期，复述会以清单（list）的方式出现，儿童能悄悄地对自己重复这个清单，甚至当这些事物没有出现在眼前时。青少年时期，复述采取一种**逐渐累积、快速完成**（cumulative rehearsal and fast finish）的方式，这是一种更为复杂的方式。

"想象"是对输入的经验进行回应的另一种方式，字面意思是在大脑中"描绘出一幅画面"，有些人报告这是他们运用自如的一种技能。例如，我们遇到一些人声称他们记电话号码不是通过默读复述的方式，而是想象数字被写下来的样子。我们中的一个人（耶茨）曾经遇到一个人声称自己通过想象将数字投射到一堵白墙上来记住电话号码，然后通过读墙上的数字，他能顺序或逆序地读出它们。

"记忆术"是一个统称，被用来指各种记忆手段。但我们经常用这个词来指一些临时的技巧，比如用"ROYGBIV"（赤橙黄绿青蓝紫）来记住彩虹的颜色，用"Every Good Boy Deserves Fruit"来记住音乐中高音谱表的音符，或者是用"CRIME"来记忆。作为学生，你会知道在你的知识领域中与问题相关的具体的记忆术。例如对圆周率的值、元素周期表、行星位置、人体神经等的记忆都有类似的技巧。

"精加工"指的是以赋予意义的方式处理信息。你可以运用输入的信息触发长时记忆，将其他数据带进工作记忆的意识中，从而将新信息与旧知识混合在一起，创造出更加持久和容易提取的记忆痕迹。让我们举个例子来说明这一点：你必须记住一串数字 8912815，你想到自己在 1989 年 12 月出生，接着你假装具体时间是早上 8 点 15 分。另一个例子：你在电视节目上看到了一个单词"Taipan"（太潘蛇），你的思绪回到了你在昆士兰州时，一个农民告诉你小心甘蔗田里的毒蛇。

在这两个例子中，由于你的大脑在"初次接触的时刻"进行了精加工，你对输入信息（数字和电视节目）的记忆得到了提升。这样的精加工可能是不自觉的，也可能被刻意地用作一种有意识的学习策略，新信息与先前知识的联系得到了巩固。我们注意到，我们见过的所有记忆训练方案或书籍都是以精加工、组织和组块的原则为依据的。

> **观点：到目前为止一切顺利，但我们遗漏了什么？答案：我们的社会脑**
>
> 关于学习的基本介绍到此结束。这一章对影响学习的因素进行了粗略的考察。很多基本的概念都在本书的其他章节中讨论过了。但很显然的是，这一章完全忽视了我们期望学生成功建构自己知识体系所处的社会环境。
>
> 这个星球上的所有物种中，人类是对同伴最为敏感的物种。我们从社会经验中学习的能力超越了其他任何物种。我们生来就善于捕捉其他人的细微暗示，并以这些信息作为我们行为的依据。尽管动物确实从观看同类中学习到很多，但无论是类人猿还是猴子都不具备像人类一样的敏锐能力，从观察、社会暗示和语言中学习。黑猩猩的模仿能力大概只相当于人类三岁小孩的能力。现在有关人类大脑发展的最新见解强调，大脑作为一个器官的作用主要是与理解社交情境相关。我们进化出容量很大的脑，使我们能够建立和维持社会关系，将文化传承到下一代。
>
> 我们是一种典型的社会动物。这样的观点见诸本书的很多章节，它提示我们通过人际交往去理解学习。但依然有必要去思考一下，个体的大脑如何储存和组织知识。这就是下一章的主题。

导学问题

1. 如果我们想要学生高度集中注意力，减少心智游移的情况，学习最好持续多久？

2. 先前知识的效应似乎常常比智商的效应强。你能回忆起跟这个结论相符的学生的例子吗？如果你有一个学生，他关于某个主题的知识达到了很高水平，会发生什么？

3. 是不是有些学生用视觉或听觉学习的效果比其他人更好？

4. 如果大脑必须对学习保持活跃，那么为什么我们只靠观察他人就能学习？

5. 哪种学习容易保持？什么信息会被迅速地遗忘？

6. 积蓄原则意味着我们能非常迅速地学会某些东西，这究竟是怎么发生的？

7. 导致过载的其中一个因素是我们天生的过度自信。这与自尊之类的因素没有任何关系，但它反映出人们常犯的一类错误。如何才能减少这种错误？

8. 解释一下为什么学习不都是愉快的经历。
9. 这一章列举了过载的六个成因。它们是什么?
10. 描述一下学生在学习情境中可能使用的策略。"CRIME"指的是什么?

参考注释

请查看第14章的参考注释。

第14章 大脑如何储存知识？

你已经知道的东西决定了你能学习什么和你如何思考。当新知识建立在稳固的根基之上，学习就能平稳而高效地进行。这些理念是现代心理学带来的最有力的信息。然而在教师的视野中，先前知识的效应却戏剧性地隐藏起来了。在这一章，我们将会探讨一下生活经验带给你的各种知识的类型。这些类型汇总在表14.1中。前五种类型（感觉识别、字符串、理念、图式和心智模型）可以被总称为"陈述性知识"，因为它们都接近于能用言语表达的知识。而程序性知识是通过行为展示出来的。

在这一章，我们会研究知识的六种类型，对每一种类型进行描述，紧接着解释一下这些不同类型的知识是如何被学习并及时地储存到大脑当中的。

表14.1 知识类型

知识类型	相关术语	作用	例子
感觉识别	视觉记忆 触觉判断 听觉辨别	你运用感觉输入，准确和专业地做出合理的判断。	了解基本形状、规律和物质构成。 能够判断距离。 知道面团什么时候搅拌均匀了。
字符串	系列排序 顺序 链 简单关联	你可以存储和使用一系列短且易于处理的信息，而无需精加工的过程。	电话号码。 诗句。 乘法表。
理念	命题 主谓结构 客体性质 事实	允许以非连续实体之间关系的形式储存信息单元。	玻璃是由沙制成的。 玛丽与弗里德里克是夫妻且有两个孩子。 西澳大利亚的主要人口中心是美丽的城市珀斯。

续表

知识类型	相关术语	作用	例子
图式	概念 抽象 脚本 整体的图景	理念不是孤立的，它们可以借助脚手架和结构框架整合成更高层次的组织。	所有国家都有议会大厦、港口、货币等。 任何用于移动事物的东西都是"载体"，杯子是载体，法律合同也是载体。
心智模型	问题解决 假设性思维	运用理念和图式去模拟现实中可能出现的不同情况。	如果两极冰川融化会发生什么？ 如果细胞膜无法抵御攻击会发生什么？
程序性知识	实际技能 任务分析 "如果－那么"、假设 自动化 条件性知识	当某个情景出现时，你以恰当的顺序、适当的强度并在合适的时机做出回应，从而实现现实生活和时间中的目标。	知道如何跳读。 计算某块地的面积。 为你的大众汽车更换瘪气的轮胎。 当你被粗暴的父母攻击时，你知道如何做出专业的行动。

感觉识别知识：掌握感觉差异

感觉识别知识（sensory recognition knowledge）指的是我们的大脑如何与我们即时感觉体验中的信息关联起来。例如，我们都能识别出像正方形和三角形等的基本图形，在"观察头部有大斑点的白鸟"的教学中，我们能毫不费力地辨别形状和颜色。我们学会了辨别对个体有意义的视觉信息，比如识别我们熟悉的人脸、我们经常去的地方，或者在机场的行李输送带上找到我们的行李包。同样，我们学会了十分敏感地辨析声音，比如计算机开机时发出的声音。我们能够运用感觉技能去做判断，比如"这个物体有弹性"，这很容易被其他人所理解。

我们根据经验、利用感觉差异去做出更加细微复杂的判断，比如当球飞过来时，预测它的运动轨迹，判断烤肉什么时候熟透，或者使用电动工具时应该用多大力。有了大量独特的经验，你的感觉知识得到发展，因而可能会以不同于他人的方式去观察世界。举个例子，你的朋友注意到一条小船，而你会将其看作一艘"保养良好的激光级帆船"。一旦你形成了这样一些感觉认知,你就像无法阻止自己去读字母"A"一样无法将它们"关闭"。

学习条件。感觉识别技能依靠于将感觉的变化与结果匹配起来,以及识别可知反馈的本质(即实际情况)。关注细节是最为重要的。此类学习在一开始往往是无法言表的。然而,他之后可以学习到恰当的词语去描述他所运用的感觉差异。最初的学习是很快的,但当他很难向他人解释这种差别的本质时,耗费的时间就会增加。因此,主厨向你大吼"把面团搅拌均匀",你可能会对这种指导感到十分无助。这就是为什么教师发出了一大堆(在他们看来很有价值和可感觉到的)反馈,学习者却没有接收、理解或行动。

字符串:我们如何处理简单的关联

字符串(string)是你精神生活中最有用的一部分。它们也常被称为"**系列排序**"(serial orderings),也被称为"关联"(associations)。这种知识对我们在世界中的生存至关重要。在你的一生中,你会学到几百个这样的序列。以正确的顺序获取正确的信息,这种能力是极为重要的生存要素。举例来说,试着辨别下列句子的后半句是什么:

A B C D _____。
我们都住在黄色的_____。
他完全相信了,钩子、线和_____。
活着还是_____。
想必是_____。
你的电话号码是_____。

学习科学的一个奇怪之处是,并没有真正被定义为"死记硬背"的现象,尽管口语中经常这样讲。当我们使用这个术语时,它指的是系列排序的习得。这种知识以序列的形式呈现,很容易在一段短暂的时间范围内进行复述。它有一个起始点,其后紧接着一段相对短促的信息流。这样的信息可能会或者不会与你储存的其他方面的知识有关联。而对你来说,最重要的事情是记住这些短序列的信息。

我们如何习得字符串知识。字符串是通过有意的专注和重复习得的。大脑需要被清空，新的字符串实体才能在工作记忆中被复述，在工作记忆中你能有意识地控制信息的速度。例如，你得到了一个新的银行卡号，你要快速地念，然后再慢慢地念，低声地默读，然后把它写下来。为了更好的效果，你可以采用著名的"看—读—掩—写—查"，这种方法经常被用来教授儿童拼读。

理念：作为命题的知识

"理念"（idea）描述的是更高层次的复杂性。理念通过有主语和谓语的句子来表达。理念是关于事物的命题，通常把实体与性质关联起来。句子成为能够承载众多命题的工具。例如，读"西澳大利亚的主要人口中心是美丽的城市珀斯"的时候其实是在读一个传达了五种不同理念的简单句子（西澳大利亚可能有很多城镇，珀斯是一个城市，珀斯比西澳大利亚的其他地方拥有更多的人口，等等）。

"理念"指的是概念意义上的联系，而非简单的字符串。当你学到新词时，这些词必须与你先前的词汇联系起来。新词与旧词有相同的读音或结构，但却能使你的心智网络在理念的性质上得到改进。例如，你可能此前没有遇到过"图式"（schema）这个术语。但学习这个新单词并不难，因为它以一种有意义的方式与当前语境结合起来。在本质上，你在先前知识的基础上继续发展。你确实将"图式"看作一个新术语，但它很接近你头脑中早已存在的"概念"（concept）的概念。

我们知道，当人们无法回忆起被使用的具体词语，他们会在理念的层次上处理信息。我们在理解别人传达的理念时，是用自己的语言去表达理念，意义因而优先于语言的形式。比如你现在读到"西澳大利亚最大的城市是珀斯，它是一个可爱的城市"。你可能会将这个句子当作你前面读到的句子。只有往回看，将两个句子放在一起比较，你才能看到差异。

我们学习新理念的条件。理念是通过接触事实性信息习得的。无论信息是以口头还是书面的形式给出的，只要没有突破注意力的界限，都是无关紧要的。但是我们能同化多少信息是有极限的，意义这个因素在这里会被格外地放大。此前几章中的很多内容都跟这种学习有关。新理念一旦与先前知识联系起来，新输入的句子就会得到一定程度的精加工，新理念由此获得了意义。

我们的现有知识从来都不是一个被动的存储器。相反，它是思考和解释新信息的途径。任何使新信息更深地融入你现有心智网络的努力，都能阻止新信息被遗忘。学习理念和事实的一个重要目的是，当你在未来需要它们的时候，它们能够被轻松地提取出来。持久和易于提取的理念需要我们运用有意的专注和一定程度的精力，认真地打下基础。

学习任何新事实的一个最好方法是问自己一个直截了当的问题："为什么这个事实是真的？"重要的是专注，然后根据你已知的事实去给出一个合理的答案。通过这种方式，新理念与你头脑中已有的网络联系起来。这种技巧可以使联系更加清晰，因为当我们孤立地处理新信息时，可能会陷入一种危险，即形成"惰性知识"或者"知识的孤岛"，而不是一个充满有意义的联系、紧密相连的网络。

图式：知识被组织起来

图式（schemata，或者 schemas）是我们组织和架构知识的基本单位。理念可能会以随机或偶然的方式习得，而在图式的层次上，更深层的含义显现出来，理解"整体的图景"成为可能。图式为我们提供了必要的框架去理解理念和事实，否则这些理念和事实只能是"知识的孤岛"。

例如，一旦儿童理解一个国家存在的图式，她就能知道一个国家会有首都、港口、民族、语言、机场等等。因而，当她读到"惠灵顿是首都"，这样的信息很容易作为她关于新西兰的知识的一部分而被储存起来。你可以将图式看作能使事实、概念甚至序列获得深层意义的高阶结构。另一个例子，当你要去海外旅行，为了实现它，你必须要完成一系列的事情。因此，"安排和执行海外旅行"是一个组织性图式，无论是去哪个国家或采取何种旅行模式，它都能适用。根据具体情况做出调整是有可能的（比如你是否需要签证），但其隐含的图式往往是一样的。类似于旅行这样的图式也可以被称为"脚本"（script），因为事情必须按照一个特定顺序发生。

我们如何形成图式。图式不容易被习得，因为组织的水平变得更加复杂。概念可能很容易学会（一般只需三到四次在不同的场合中接触到相同的理念），而图式的习得则是一种逐渐优化的过程，可能持续很多年。"**图式优化**"（schema refinement）可能始于一个人意识到其组织知识的已有方式有所不足。

我们最早可以在皮亚杰"失衡"的概念中找到这个过程，即图式优化有赖于个体对成功和不成功的思维进行比较，以对不协调的数据做出细微合理的调整。

心智模型：使图式运作起来

心智模型是你能完全在头脑中运行的东西，类似于一种软件程序。模型使你能模拟现实。这种知识能使你投入到复杂的问题解决中，需要运用一切可用的图式。比如，你家里的计算机无法正常运行，于是你考虑了一系列可能的原因。你所做的是调用了一个关于你的计算机系统的模型。不过这个模型存在于你头脑当中，它建立在你的先前知识之上。

同样道理，当你咨询医生时，医生做出的诊断是基于其最初在医学院中学到的关于疾病和治疗方法的心智模型。在这个例子中，医生的心智模型需要调用多个图式，而这些图式是由你的医生学到的上千个事实所支撑的。

模型能使"如果－那么"思维（if-then thinking）得到充分发挥。比如：如果汽油的价格在一夜之间翻倍，将发生什么事情？假如全球的航空旅行都是免费的会怎样？如果人们真的能够不花时间在学习上就能获得知识，将会怎么样？如果没有牙医会发生什么事？如果冰川融化，将会导致什么后果？

心智模型能使人投入到各种不同假设和想象的思考中。但需要指出，这种思考的质量和成功程度取决于个体可用的图式和理念。如果无法以有组织的图式的方式提供丰富的准确数据，问题解决不可能发生。很遗憾的是，如果要成功地运行心智模型，一个人的创造力无法取代真正的知识。尽管心智模型使假设思维成为可能，但这种思维过程的结果必须与现实重新联系起来。简而言之，现实世界的问题解决十分依赖于两个主要因素：（a）准确知识的可用性；（b）在工作记忆中操作这些储存的知识的难易程度。当两种或更多来源的知识以从未有过的方式结合在一起，这就是创造力。

习得心智模型。我们对心智模型习得的条件知之甚少。但我们知道这些条件包括有挑战性的经历以及社交暗示，比如接触到非常有能力的个体展示抽象思维的过程。随着个体专业能力的发展（参见第11章），他们会形成一个坚实的知识基础，使得他们能够相对轻松地激活心智模型。

关于这种延伸发展的一个例子，我们可以想一下"进化"这个术语，当学生度过学校生活时，他本身经受了逐步完善的过程。一开始，我们可以将"进化"看作在某个课堂的某个时刻学到的一个简单纯粹的事实。但随着越来越多的知识进入大脑,这个术语会呈现出一个概念的特点,即它能适用于不同的情景中。只需在不同的情景中看到这个理念的三个例子,大脑就会将"进化"当作一个概念。然后,它会成为将大量信息组织起来的一个重要图式。在高中毕业时,"进化"已经发展为一个能发挥重要作用的关于生物系统的理论,它为大脑提供了一个心智模型,用以解决高度复杂的问题。

换言之,一个聪明的孩子在 7 岁时同化了"进化"的基本理念,这将成为一个非常不同的关于一切生命形式的解释性模型的基础,当这个学生在大学学习生物基础时,他需要这个模型。这个学生关于"进化"的概念本身经历了图式优化的各个阶段,直至复杂的心智模拟成为可能。

程序性知识:行为的学习

最近,我们中的一人(耶茨)问一群大学生,他们是否知道如何为他们的汽车更换瘪气的轮胎。几乎一半的人举起手来。当问到谁曾经换过轮胎时,却没有人举手。你可能在语言表达上知道如何更换轮胎。但如果你之前从未做过,在尝试的时候就很容易伤到自己。一般来说,言语教学对程序性知识产生的影响很少,尽管言语可以提示学习者回忆先前掌握的程序。

程序性知识隐含着一系列子目标。一个任务可以被分解成多个组成部分,每个部分都是可以被准确定义和掌握的步骤。这包含了一系列的"如果 – 那么"假设。如果轮胎瘪了,那么将汽车驶到安全区域;如果你打开了后备厢,那么检查备用轮胎的气压;如果气压足够的话,那么拧开备用轮胎的螺栓;如果备用轮胎可以取下来,那么找到千斤顶;如果你找到了千斤顶,那么找到底盘的支撑点;等等。

程序性知识同样包括认知技能,以及身体或运动技能。例如,每个学生必须掌握运算的重要步骤。这是关于如何达成特定结果的知识,比如计算面积、操作计算机程序的每个步骤,或者计算支撑结构中关键木梁的承重。

在早期学校生活中,要懂得如何阅读和理解课文暗含着特定的程序性技能。比如,阅读不同体裁的课文,或者知道什么时候快速阅读、什么时候重读困难的材料,都有不同的程序步骤。程序性知识使学生能有策略地阅读,根据不同目标采取不同的策略。研究者可能会将这种意识称为"条件性知识"

（conditional knowledge），即在不同情景下采取不同程序的知识。

如何习得程序性知识。程序性学习是指个体在回应现实问题时的亲身体验。与他人的社交互动有助于确定可行的问题解决策略。如果有机会观察演示特定技能的社会示范，人们将会获益匪浅。

将样例分解开来研究能极大地提升程序性技能。对照研究表明，当向学习者提供样例时，（比如，来自教师的）额外的言语指示是不必要的。当然，学习者需要高水平的正确反馈，有时候言语有助于提醒学习者使用何种程序。然而，当你平静地按照自己的方式去完成每一个程序的时候，你最不需要的是一个外部的声音去提醒你下一步该做什么。

在直接教学的情景中，详述固定步骤的生成系统常被称为任务分析，这个系统可以像算法一样呈现出来，它包含一系列的步骤和决策。类似的工具可能是误导性的，如果它们似乎导致仓促或简单的决策。一个简单的事实是，程序性学习很缓慢，而且需要很多反馈和额外的练习。一旦被掌握，程序性知识就会成为行动和专业能力的基础，同时它也牵涉到行为链和**自动化**的基本要素。

程序性任务在实际中应该是易于控制的，但由于可能会超过个体即时的承受能力，它们常常被以逆序教授（先确保掌握最后的步骤，再去教授开始的步骤）。在教授困难技能时，**逆序训练**（backward training）往往是有价值的。在多次尝试以后，对有意识的指导的需求降低了，占用的记忆资源减少了，此时行动才开始流畅地进行，而不被视为一系列独立却有挑战性的步骤。

观点：认知和思维的方式

我们意识到，要使我们的学习能力得到充分发展，需要大量的时间和精力。成熟的思维方式需要数十年的图式优化，而我们从未停止学习。尽管我们可以像小孩一样解决一些简单问题，但成年人的问题解决技能有着极为不同的特征，即运用了头脑中的复杂模型，这些模型决定了这个世界是如何被建构的。

这一章反思的是认知心理学对知识的分析。有趣的是，这种方法不同于20世纪50年代出现的基于课程的目标分类法。在这种目标分类法中，知识被描述成一个序列中最底层的步骤，这个序列如下：（a）知识；（b）理解；（c）应用；（d）分析；（e）综合；（f）评价。这样的分类法以逻辑为基础，在设计评估项目时是有用的（尽管甚至这一点也被质疑），但它们无法解释大脑实际上是如何运作的。我们不能说大脑以某种方式习得知识，进而达至理解，然后去应用它，等等。尽管目标分类法能为教学规划和设计评估提供可行的框架，但你要意识到学习背后的心理过程并不遵循这样的顺序。

一个更加有说服力的分类法是由两个澳大利亚人，约翰·比格斯（John Biggs）和凯文·柯里斯（Kevin Collis）发明的，他们称之为 SOLO（可观测学习结果的结构）分类法。他们提出了四个层次：单点层次、多点层次、关联层次、拓展层次。前面两层是表层认知，后面两层是深层认知。这个分类法强调了深层认知必须建立在表层信息之上，当教师尝试将批判性学习或探究学习作为一种通用工具时常常会忽略这一点。在这个前提下，你必须要有思考的对象，然后才能关联、延伸、批判和探究。探究和批判性思维必须根植于一个具体的学科领域，这可能也就不足为奇了。这些思维技能通常很难教授。确实，学习的迁移是最难完成的事情。

导学问题

1. 判断面团什么时候搅拌均匀是一种需要进行感觉识别的知识。你是否能想到生活中的其他例子，使你从中学会了直接依靠感觉信息的变化做出感觉性的评估？我们如何教授这些感觉的差异？

2. 现代社会的一个现实是需要学习多种字符串信息，比如你的银行卡号、密码和身份证号码。你能回想起你生活中的一些由于无法记起某个字符串信息从而引起灾祸的场景吗？有什么好方法能记住这样的字符串？

3. 在你的心智结构中，"珀斯是一个美丽的城市"并不是字符串信息。相反，它是一个命题或者说理念。那么字符串和理念之间有什么区别？

4. 图式比理念更加抽象。理念（作为事实）可以被直接教授。当然，图式也可以被教授，但是相比之下要达到这种结果的学习为什么如此困难？

5. 问题解决是人们能够在他们头脑中运行心智模型的结果。这种观点说的是只有在恰当的时间和恰当的地点激活了恰当的知识，问题才能得以解决。这种心智模型的观点与"解决问题依赖于一个人的发散思维或者创造力"的观点有何不同？

6. "进化"的概念最初作为一个理念被习得，后来成为一个用于连贯知识结构的图式，最后成为一个得到充分发展的、能在头脑中运作的心智模型。解释一下这个过程。你是否能想到在你的领域中的一些例子，简单的理念经过多年逐步发展成为能发挥作用的深度精加工的模型？

7. 一个有趣的发现是，尽管言语提示确实能帮助一个人回忆起需要执行的程序，但事实上言语教学本身对程序性学习并没有帮助（甚至会起干扰作用）。如果这是真的，那么一个人如何才能有效地进行程序性学习？必须采取什么措施？什么对这个过程有所助益？

8. 知识先被习得，再达至理解，然后才能运用和分析，这种说法正确吗？这种逻辑顺序有什么错误？

参考注释

- 对学习的研究已有150多年的积累。这两章总结了主要的信息，这些信息通常可以在这个领域的两本入门教科书中找到。然而，要阅读更加关注学校学习的进阶教科书，以下是优质的资源：Bruning, Schraw, & Norby, 2011; Gagne, Yekovich, & Yekovich, 1993; Pressley & McCormick, 1995。
- 戴维·奥苏伯尔，他是将认知科学的原则引入教育心理学研究的重要人物（Ausubel, 1968, p.vi）。
- 伊丽莎白·洛夫特斯（Elizabeth Loftus）教授关于错误记忆效应的著作（Bernstein & Loftus, 2009）。"昭雪计划"的更多详情见：http://www.en.wikipedia.org/wiki/Innocence_project。
- 社会脑假说的一个版本是英国人类学家罗宾·邓巴（Robin Dunbar）提出的（Dunbar, 2009, 2010）。他注意到"配偶关系"（pair bonding）对不同物种之间脑进化的作用。然而，灵长类动物进化出越来越大的大脑，用于处理它们复杂的社交系统。一个正常的智人会与五到七名个体保持亲密关系（或者"互助派系"），每天可能与多达40个个体进行交往。此外，我们的大脑容量使得我们的相识关系可多达150人。在150人以下，团体能够良好地运作。超过这个数目，在管理、派系主义、安全和道德纪律等事宜上，都会变得松散。因此，150就是著名的邓巴数（Dunbar's number）。高中教师管理的学生人数常常超过了这个数字。
- 程序性知识是通过研究示范和实例习得的，而很少通过言语教学（Wittwer & Renkl, 2010）。
- SOLO分类模型（Biggs & Collis, 1982）。

第15章 学习需要意识的参与吗？身体姿势发挥何种隐性的作用？

想想下面这组奇怪的数据。通过计算神经联结的数量，在每一个时刻大约有1100万个信号或信息单元从感觉接收器传送到大脑中。视觉系统如此复杂，在这1100万个可能的信号中大约有1000万个是来自于眼睛。为了更加灵活地运作，我们能对大量输入的可能信息进行积极的过滤，直至我们的意识思维，或者我们的注意力焦点可以（像照相机的变焦镜头一样）缩小到每秒仅接收40个单元的信息。那么在大脑如此高度集中的一瞬间，大脑接收到的其余10999960个信息单元发生了什么？

一个不可避免的答案是，大部分接收到的信息，我们都不会注意到。我们对关注之事有高度的选择性。我们必须这样做！由于这种选择性注意的非凡能力，我们的感官捕捉到的大量信息都不会对我们的意识思维产生影响。依靠大脑的这种能力，我们可以专注于瞬间的细节上，而将其他一切输入的信息排除在外。

这种选择功能是显而易见的，但在对其进行观察时，我们会发现另一个有趣的问题。到底是不是外界输入到大脑系统的信息比意识思维实际上知道的多？我们在多大程度上将那些似乎不感兴趣的信息排除在外？这不是无关紧要的问题。当我们没有意识到自己在学习的时候，我们真的能够学习吗？

这些问题没有确定的答案。然而在现有的知识范围之内，对这样的问题唯一合理的回答是"你的大脑接收的信息确实比你的意识思维所处理的即时信息多得多"。即使你没有打算进行学习，并且你没有清晰地注意到那时候某种经验的来源，那种经验依然可能对你产生影响并产生学习的结果。这种现象在广义上被称为"隐性学习"。这种人类能力表明学习可以在没有清晰的言语意识下进行，它已经成为过去20年的一个热点研究领域。

第15章　学习需要意识的参与吗？身体姿势发挥何种隐性的作用？

隐性学习无处不在

显然，很多关于隐性学习的基本结论在很多早期的研究中就可以找到。比如在经典条件反射实验中，研究对象先是动物，然后是人，条件反射被认为发生在个体意识之外。例如，人们能够感染到恐惧和其他情绪反应，却无法确切地说出到底是什么刺激引起他们的条件反应。

同样，无论儿童还是成人都可能对社会关注或表扬做出积极的回应，却依然没有意识到这些外部事物是如何激发他们的外在行为的。在社会影响的情况下，我们能迅速地复制他人的行为。我们就像变色龙一样表现出一个社会示范刺激物的某些特征，却不能清晰地意识到榜样是如何对我们造成影响的。我们的一切行为都是某种意识控制机制的结果，这种观点与我们所知的很多关于学习的概念相矛盾。第30章关于系统1和系统2运作的部分将会对这方面进行更深入的探究。

在广义上，隐性学习指的是所有不能用言语或思想去表达的学习。比如，大多数技能发展和动作学习都可以被称为隐性学习或默会学习。试试向自己解释如何骑自行车：你可能开始分析你如何移动身体以使车轮保持重心稳定，然而过多的思考可能会导致注意力分散，你会从自行车上掉下来。同样，如果你在开车直行时看一下你的双手，会注意到你的双手是如何不时地对方向盘做出细微的调整。这种校正调整的知识从一开始就与技能学习没有关系。基于这种知识的教学是没有帮助的。

德国研究者吉尔德·吉格伦泽（Gird Gigerenzer）描述过棒球教练意识不到大脑如何预估飞驰的球在何处着地，因而在教授接球技术时给出错误的指导。没有任何证据表明，这种技能能以言语符码的形式教授给儿童。事实上，人们只是不知道如何去接球，他们不知道眼睛、腿部和手部做了什么事情使得他们能够接到球。尽管能成功地接到球，但他们可能终其一生都缺乏这样的知识。然而，隐性学习不仅限于运动技能，也可以用于解释大脑如何处理信息。确实，我们可以从环境中吸收很多信息，尽管个体无法立即用言语描述所学的东西。

学习作为一个无意识的活动

下面这个研究是安图瓦纳·贝沙拉（Antoine Bechara）和她的同事在1977

年发表在著名杂志《科学》(Science)上的。成人被试被要求去玩一个赌博游戏,他们需要从一副扑克牌中做出选择,身体连接到一台测量皮肤电阻导电率(skin resistance conductivity,简称SCR)的机器上,这种机器通常用于观测情绪学习。每一张卡牌都与胜负的组合相关,但奇数那一半的卡牌价值较低,另外一半价值更高。但他们最初并不清楚这一点。不同卡牌之间的胜负组合使得他们选择的结果很难预测。人们不会尝试去找出卡牌中的差异,因为没有任何理由使他们认为卡牌会不一样。

然而在最后一个环节,人们却能够说出哪些卡牌是好的,哪些是差的。他们最后都非常好地察觉到这一点。但令人惊奇的是,只有在SCR上显示他们的神经系统做出反应后,这种知识才会形成。在有意识的思考之外出现了感觉不对劲的情绪反应。在他们的神经系统发送信号以后,人们开始意识到某些卡牌是差的,并且意识到他们在避开这些卡牌。在大约10张卡牌以后SCR检测到情绪反应,大约50张卡牌以后人们的行为选择发生变化,大约80张卡牌以后言语意识开始介入。作者总结道:"在有意识的知识出现之前,无意识的偏见已经在引导行为。如果没有这种偏见,显性知识可能不足以确保所有行为都对自身有利。"(p.1293)

在其他实验室研究中,人们被要求去学习呈现在屏幕上的序列信息,这些序列是按照不同的规则产生的。比如,假设出现如下序列:GSSYJTHSSWJAGKSSFJTU等,约有数百个字母。

这里有一个内在的规律,即SS隔开一个字母紧接着是J。在接触这种序列约10分钟以后,你的大脑开始期望SS后面会出现J。有趣的是,学习这样重复出现的规律并不需要在口头上表达出来。类似的知觉学习(perceptual learning)发生时,你可能不知道隐含的规律,甚至根本不知道它们的存在。空间规律尤其是这样,比如能够"预知"刺激可能会出现在屏幕上的什么位置。我们的大脑生来就能迅速地掌握空间方位,而不需要言语和意识的参与。

在这些实验室研究中,人们可能会报告他们知道结果却不知道原因。此时发生的事情是,我们经历了一个直觉阶段,然后有迹象表明我们已经习得了知识背后的规律。在你的大脑能够用言语去表达这些知识之前,它们已经对你的实际行为产生了显著的影响。有时候,人们根本没有意识到存在规律。但是缺乏这样的意识并不会影响他们在预测上取得进步,即预测序列下一次会出现什么、出现在哪里(比如知道在屏幕的什么位置找到某样东西)。确实,"智慧"

的某种定义就是当你不明白要怎么做的时候，知道去做什么。

隐性的社交学习

另外一个例子，可见于由希雷和韦拉尼（Erin Heerey & Hemma Velani，2010）巧妙设计的控制实验的研究发现。学生与由计算机伪装的虚拟角色玩"剪刀石头布"游戏，这些角色非常真实，使得人们无法意识到他们的对手是计算机。游戏是五局三胜制，每次获胜概率是三分之一，即33%。但研究人员对计算机的角色进行了设置，它们会展示出一些能预测选项的细微线索（比如嘴或眼眉的动作）。一种特定的面部线索，比如皱眉头，可能预示着石头。在几局以后，这种预测性线索使玩家的获胜率从33%提高到44%。

然而，学生们并没有意识到这些面部线索与他们预测对手行为的能力提升之间有任何关系。有必要指出的是，预测性线索只是计算机角色被设置展示出来的众多行为线索的其中一种。这些预测性线索被隐藏在一种随机的序列中。显然即使我们对实际情况没有清晰的认识，我们依然能学会识别和运用面部表情等社交暗示去做出明智的决定。

这些令人惊叹的发现，使我们不禁问这样的一些问题：知道某事意味着什么？以及无意识的学习与有意识的学习有何不同？很多研究者表示隐性学习实际上不是以独立的形式存在。确实，它只是一种不完整的学习，尚未被完全纳入意识当中。

隐性学习的启示

我们该如何诠释这个领域的研究结果？一个重要的方面是要理解学习并不总是以纯粹言语的形式表达出来，即便有些领域的本质就是认知的或言语的。每当重复的规律出现在这个世界上，无意识思维似乎都能察觉到这些规律，并预测下次可能出现的事情。无意识思维以相关性或关联的可能性形式将规律记录下来。直到这种相关性变得非常强时，意识思维才会注意到它，对它进行解读，然后用言语去描述这种关系。到了这个时候，这种关系就在我们的意识范围之内了。显然，我们知道很多我们不知道自己知道的事情。

隐性学习是自然世界规律性的结果。因此通过经验，我们无须有意地进行学习就能接收很多信息。空间学习亦是以这种方式进行的，比如你对建筑或城市布局的知识，或者预测空中的球落地时的位置。正如前文所述，在缺乏清晰的意识认知时，我们也会积极地从刺激物的关联和强化相倚（reinforcement contingency）中学习。你无须意识到对你产生影响的强化物（reinforcer）。同样，我们从世界中可用的社交模式中学习，我们没有任何有意识的计划去模仿他人，也会自动这样做。确实，很多人都十分厌恶成为一个"模仿者"，尽管他们很容易受到社会的影响。

然而，倏忽的思虑都会告诉你，隐性学习的机制远远算不上有效。一个人可能一辈子都在忍受吃完面包就出现的疼痛，却从来不会联想到他对麸质过敏。人们会接受检查、诊断他们的过敏症状，但如果隐性学习的机制总是有效的，他们理应能够发现到底是什么让他们难受。很多关于隐性学习的实验室研究确实涉及多次重复试验，考虑到这一点，在多次相同经历中等待隐性学习的出现似乎是不划算的。当赌徒学会避免一切形式的赌博，当赌博与痛苦的相关性在他的大脑中从隐性变成显性认识时，他可能早已破产。

尽管隐性学习效应背后的机制依然没有被完全弄清楚，但其中的一种可能性是大脑习惯于对任何导致失败的错误和暗示保持警觉。每当事情不顺利或者是出现丝毫威胁的时候，我们的大脑都会做出强烈的情绪化反应。比如，在上文的贝沙拉卡牌选择的情景中，显然人们都很容易受到负面信息的影响。即便是只翻开了10张卡牌，无意识思维都会记录下哪些卡牌是最坏的。负面的反馈信息要远远强于正面信息，这是现代心理学经常出现的主题，这也体现在"避害强于趋利"这个习语当中。在我们对课堂中的反馈做出回应时，我们也可以看到这一点。失验性反馈（disconfirmation feedback）比验证性反馈更有可能引起我们的改变。一个常见的结论是，惩罚或损失造成的心理影响超过了同等客观价值奖赏的两到三倍。

身体姿势作为揭示和运用隐性知识的方法

想想下面这个令人惊叹的项目带来的启示。这个项目是由苏珊·戈尔丁-梅多（Susan Goldin-Meadow）率领的团队发表的，理论假设学生的知识同时存在隐性和显性形式。他们对106名低年级小学生分别进行录像，要求学生解释如何解决几个数学问题。在106名学生中有67名学生在执行这个任务时使用了

第15章 学习需要意识的参与吗？身体姿势发挥何种隐性的作用？

明显的手势动作。研究者对这些录像进行深入研究，将学生的言语与他们的手势进行匹配。结果发现有35名学生用手势表达出来的知识和策略在他们的言语中没有找到。换言之，大约三分之一的学生，与单独分析他们的言语相比，他们的手势显示出更深层的理解。

在后续的项目中，学生被要求在对数学任务进行解释的时候有意地使用手势表达。这些学生更有意识地运用策略去解决任务。但这个研究出现了一个更为奇怪的结果。在执行第一个数学任务时，学生按照指示积极和有意地运用手势去表达自己的想法。这些学生在紧接着的第二个任务中表现更为出色。第二个任务涉及学习方程等式的规律。由于他们是低年级小学的水平，因此这个任务超出了他们年龄的能力范围。

研究者给出的理论是，在第一个任务中使用手势激活一部分隐性知识，使得学生在学习等式时能够运用这些知识。身体姿势使隐性知识得到评价和提升，并运用在新的学习环境中。未被充分意识到的知识，却可能在某种形式中变得清晰，恰恰是通过身体姿势来进行转换。比喻来说，身体姿势就像是隐性知识转换成显性知识的"中途站"。在你能够使用语言去表达某事之前，你依然能够将手部作为表达的工具。身体姿势能够揭示在你能力边缘的思想。

你会注意到，为什么有些成年人谈话时运用他们的手部。这些个体都是非常成功的交谈者。在人际交往中，身体姿势是人类进行交流不可缺少的一部分。在所有人身上，身体姿势都是自动的和明显的，即便是那些天生丧失视力的人。很多人甚至在打电话时都会使用手势。然而我们很少会承认这样一种观点的真实性：当学生用动作示意、边说边做手势时，他们对他们所说之事的理解能更进一步，他们在学术任务中的总体表现能够得到提高。当然，这不意味着我们应该教导儿童四处挥手，只是我们需要重视身体姿势的作用，它是深度思维开始萌芽的一个可能标志。

身体姿势为思考和交流提供重要帮助

你可能疑惑，要求学生在思考和尝试解释事情时用动作示意，是否会干扰他们的心智过程，或者是引起分心。你可能要求某人去努力思考。但要求他们去用手势思考确实是多余之举吗？但实际的研究结论是很明确的。姿势示意有助于你的心智过程，并且完全是积极的作用。要求人们在努力思考时用姿势示意时，他们做出的回应更加有策略性和缜密。从实验室研究和现实情景中的应用性研究中，我们现已得知人们能够自动地做到这一点，不会抱怨，也无须逼迫。你在思考的时候使用身体姿势，事实上降低了你言语和记忆系统上的认知负荷。说话时加上身体姿势，你的大脑就能更高效地工作，你的思考能力和问题解决能力也会提高。另外，人们报告称这种体验能带来满足感。用姿势示意是人之常情，它有助于沟通，能得到他人的回应，能带给自己愉悦，并且很有趣。但最重要的是在我们看来，身体姿势是学习发生的最初缔造者。知识在能被言语表达之前就表现在身体姿势中。

学习是主动的，一个人手臂和手部的运动方式能与他尝试学习的信息高度吻合。我们的语言中充满了与身体姿势和动作相关的表达和暗指。另一方面，行为静止和总体上缺乏身体运动显然都与消极和抑郁相关。

儿童深受成人身体姿势的影响

在一个研究中，戈尔丁-梅多博士发现，婴儿14个月时使用的身体姿势的数量能够预测其4岁时的词汇量。我们知道，婴儿在10个月的时候会尝试用身体姿势进行交流。但父母如何回应是关键。研究表明，婴儿在14个月时能够使用多少种身体姿势，与他们的父母在与婴儿进行交流时如何使用身体姿势密切相关。简而言之，儿童世界中重要的成人与他们交谈时积极地使用大量身体姿势，会为早期儿童的语言习得带来明显的益处。这些研究发现的一个令人惊讶之处是，使用身体姿势对沟通和心智发展产生如此多的益处，如此强力的变量发挥作用时却几乎不被人注意到。

这些神奇的研究对你的教学技能有直接的启示。已发表的研究表明：（a）学生会积极地使用教师通过身体姿势传授的知识；（b）当教师在讲课时明确将使用手势作为一种教学策略时，学生能从课堂学到更多东西；（c）当教师用他的手指出需要观察的重要信息时，学生会觉得教师更有学识。

最近的一份相关证据的综述表明，当学习包含身体、空间或心理运动等成分时，身体姿势的效应最强。但涉及抽象的主题时，身体姿势一般都不太有效。当身体姿势与需要解释的信息结合起来，它们将是最有效的。这份综述发现，儿童和学生能从成人姿势示意的方式中获取大量信息。这为教师带来了十分重要的启示：每当你教学的时候，学生们都在观察你的手臂、手和身体所做的一切，并从中学习。

第 15 章　学习需要意识的参与吗？身体姿势发挥何种隐性的作用？ | 155

> **观点：隐性学习的隐秘世界和身体姿势的角色**
>
> 这个领域的研究所要传达的信息，大致可归纳为以下七个要点：
> - 只要稍微接触到环境中重复出现的规律，我们的大脑就会对它们进行学习。
> - 很多这样的知觉学习都发生在隐性或无意识的层面上。
> - 一旦我们发现了我们自身行为和情绪的规律，学习通常能从隐性层次转化成显性或言语层次。
> - 我们的无意识思维似乎对负面信息和错误特别敏感。
> - 在揭露我们的隐性知识、帮助我们完全表达我们所知的事情和与他人的沟通交流上，身体姿势都有隐秘的作用。
> - 身体姿势在早期心智发展和人际交往学习中发挥重要作用。
> - 学生观察你的身体姿势是不可避免的，尤其是你在教学时如何使用手势，他们会将你的身体姿势当作他们建构自身知识的提示。

导学问题

1. 我们能力的一个奇妙之处是我们可以对所要关注之事有高度的选择性。这显示出意识思维的专注力。但这意味着每当我们集中注意力时，我们将所有其他的信息排除在外吗？

2. 隐性知识显露出来意味着什么？如果它是隐性的，我们如何知道它？

3. 已有的研究表明，我们对如何接住球知之甚少。那么你是怎么做到的？如果你要尝试向一个机器人解释这项技能，你会采用何种教学方法？

4. 在贝沙拉等人关于卡牌选择的研究中，什么最先出现：意识、情绪还是行为选择？

5. 我们在不知道规则存在的情况下能否学习规则？我们是怎么知道的？

6. 希雷和韦拉尼的虚拟角色实验对人类互动和我们与他人面对面的交往进行了很多研究，这个实验中到底发生了什么？

7. 戈尔丁-梅多博士发现，要求儿童使用手势去解释数学问题的方法将会引起理解的提升还是心智的混乱？

8. 姿势示意与大脑如何运作有何关系？我们应该鼓励学生用手势去思考吗？或者说，我们应该阻止学生运用姿势示意，以使其更多地在头脑中进行思考吗？

9. 你在教学时应该尽量使用身体姿势吗？当你在教授复杂概念时，你的手臂在做什么？试看一下你教学的录像视频。

参 考 注 释

- 对无意识进程的综述有几个文献来源，特别是威尔逊（T. D. Wilson, 2002）和穆洛迪诺（Mlodinow, 2012），他们强调了潜意识知觉（subliminal perception）的作用。德国研究者吉格伦泽（Gigerenzer, 2008）对无意识的启发进程做出了特别有价值的综述。
- 大脑每秒处理1100万个单元的数据（Norretranders, 1998）。我们的注意力有高度的选择性（Driver, 2001）。
- 隐性学习不涉及言语的学习（Seger, 1994）。我们可以找到一篇关于隐性学习与神经学的综述，尽管超出了本书的视野范围（Knowlton & Foerde, 2008）。
- 无意识地模拟随机事件（Bandura, 1986; Chartrand, Maddux, & Lakin, 2005）。
- 教练错误的接球教学（Gigerenzer, 2008, pp.8-13）。人们不知道他们如何能接住球（Reed et al., 2010）。
- 关于卡牌的无意识学习（Bechara, Damasio, Tranel, & Damasio, 1997）。
- 无意识的社交敏感性：与虚拟角色玩"剪刀石头布"（Heerey & Velani, 2010）。
- 避害强于趋利：大脑与负面事件的关联非常强（Baumeister et al., 2001）。从神经学上看，我们的大脑对任何细微的负面信息都十分敏感（Eisenberger, Inagaki, Muscatell, Haltom, & Leary, 2011）。
- 身体姿势作为思考、学习和记忆的工具（Cook, Yip, & Goldin-Meadow, 2010; Goldin-Meadow, Cook, & Mitchell, 2009）。
- 身体姿势减轻认知负荷（Goldin-Meadow & Wagner, 2005; Paas & Sweller, 2012）。
- 证据表明父母使用身体姿势能促进学龄前儿童的词汇习得（M. L. Rowe & Goldin-Meadow, 2009）。儿童对教师的手势做出反应（Palmquist & Jaswal, 2012）。关于沟通和教学中的身体姿势的研究综述（Hostetter, 2011）。
- 一份关于阈下启动（subliminal priming）的可靠研究（Mlodinow, 2012）。

第 16 章　认知负荷的影响

近年来对人类学习的研究最重要的进展之一出现在"**认知负荷**"这个概括性标签之下。这个理论通常被称为"认知负荷理论"（CLT），是从我们所知的信息加工过程的大框架中发展出来的。认知负荷理论受到教育者的关注，有两个主要原因：（a）它直接回应了这个问题，即为什么人类在学习上有与生俱来的困难；（b）它指明了教师和教学设计者如何能使学生更容易地学习和储存新知识。

大脑的架构

认知负荷理论始于对被统称为"人类**认知架构**"（human cognitive architecture）的若干陈述的澄清。下面是杰伦·范梅里安波尔（Jeroen van Merriënboer）和约翰·斯威勒（John Sweller）总结的一些要点（van Merriënboer & Sweller, 2005）：

- 我们的工作记忆是有限的，它能储存大约 7 位（bit）的信息，但每次只能处理 2—4 个元素。
- 工作记忆只能将信息保留几秒钟。除非经过复述的过程，所有信息都在 20 秒内消失。
- 这些容量限制只对通过感觉记忆获取的新信息有效。
- 工作记忆在处理从长时记忆提取出来的信息时没有已知的限制。
- 因此，你的长时记忆会极大地改变工作记忆中的信息的内容和性质。
- 长时记忆以认知图式的方式存在，在复杂性和自动化（即提取的难易程度）上有所不同。
- 你的专业能力源于储存在图式中的知识，而非来自于利用长时记忆中零散的信息碎片来进行推理的能力。学习者有意地将简单的理念结合成复杂的图式，专业能力就能得到发展，这个过程被称为知识建构。

158 | 可见的学习与学习科学

- 你形成的复杂图式可以将你的知识组织起来，大大地减少工作记忆的负荷。这是因为即使是最为复杂的图式，在工作记忆中都能作为单个元素来处理。

在本质上，这种方法将大脑等同于工作记忆。确实，这是唯一一种能被观察的记忆类型，其他记忆类型进入工作记忆之前似乎都是隐藏的。你很快会看到认知负荷理论主要是关于：（a）你的大脑如何使自己组织起来；（b）技巧娴熟和知识渊博意味着什么。一个领域内的专家将复杂的事情看作单一元素。

一名经验丰富的内科医生稍微浏览一下病人的信息，大致就能判断出是"亨廷顿病"（Huntington's disease）。但新手医学生却很难将不同的症状放在一起去理解，他们需要技巧才能看到其中的关系以做出"亨廷顿病"的诊断。而对于专家来说，这些症状的规律是单一有意义的组块。对于新手而言，同样的刺激事件似乎是一系列没有太多关联的事实，无法同时保持在工作记忆中。新手会陷入茫然，因为这超出了他们工作记忆的能力。但是这种记忆的限制在专家身上却消失了，因为他们运用的是长时记忆。当你的知识变得高度自动化时，你能快速地、几乎毫不费力地进行提取，这样就绕过了前面所说的工作记忆系统，从而直接进入**自动化**阶段——这是最为理想的境界。

应对复杂性：元素相互作用的概念

面对陌生或零散无序的信息时，你的工作记忆很容易不知所措。你的知识的基本结构取决于知识如何被储存在你的长时记忆中。如果缺乏结构，大脑就会陷入困境，因为它的目的是维持结构和降低负荷。然而，当任何新元素进入到工作记忆，**相互作用的元素**（interacting elements）的数量就会激增。面对两个心智元素或项目，我们能很好地进行思考。三个元素会造成问题，但我们依然勉强能应对。但在同样的时间内，元素多于三个，我们将疲于应付。

但这些互相作用的元素意味着什么？这指的是工作记忆中的项目之间的关系。例如，如果你告诉学生，电池需要一个正极和一个负极，正负极之间是电解质。这样我们就有三个项目，但当要描述它们的顺序时就可能出现六种情况。当项目的数量增加时，它们相互联系的方式也会增加。项目间的关系大致可以用以下这些方面来界定，比如顺序、类别、等级层次、特定条件、强度变化，

第 16 章 认知负荷的影响 | 159

或者是成因和效果。简而言之，学习情境中相互影响的元素会产生高强度的负荷，尽管相对而言，教师可能不会意识到新手在多短的时间内会出现这种负荷。

在很多学习情境中，元素的相互作用可能较弱。但在其他的一些情境中，元素的相互作用很强，这就产生了复杂性。例如，学习登录计算机网络只涉及简单的次序问题，相互作用较弱。一步接一步做就可以（比如按电源键，打开"我的电脑"等）。但要理解汽车的制动系统如何运作则需要了解多个元素之间的相互作用。尽管汽车制动的例子一开始似乎也只是次序的问题，但由于你需要理解不同元素之间的相互作用，所以它对大脑的要求更高。确切地说，理解系统如何运作，整体远比其组成部分复杂——直到它被过度学习，你才能将系统看作"单一的概念"。

一个人是"非机械专业"的并且不熟悉汽车制动系统的运作，要在一节课之内对这些材料达至精通，几乎是不可能的。但大部分成年人能够通过提取已有的图式，使这节课更加有意义。比如，他们可能已经知道推杆、汽缸和管路是什么，压力和摩擦是什么。当一个人能够提取到这些相关知识，负荷就能降低，然而项目之间的相互作用依然很强，因为问题是系统如何运作，而不仅仅是回忆每个组成项目。

认知负荷的来源

在复杂的学习情境中要达至理解，你需要同时处理多个相互影响的信息单元，而你的大脑可能很快会变得不知所措。作为一个学习者，你会有强烈的动机去维持秩序，并可能无意中采取了一些策略去降低你的心智负荷。然而为了继续研究这个理论，有必要对学习任务中两种类型的负荷进行描述：（a）内在的；（b）外在的。

内在的认知负荷是任务本身的性质所致的。其主要的决定因素是个体的先前知识，这意味着在个体层面上图式的可用性。因此，对于那些没有技术知识的人来说，学习汽车的制动是一种内在的困难。但同样的任务对那些日常操作机器的人来说却是相对简单的。

外在的认知负荷指的是由学习条件和教学情境本身造成的负荷，但它与理想的学习结果并无关系。从理想的角度看，必须要减少外在的负荷，这是因为它会威胁到一个人专注于需要掌握的关键信息的能力。引入多余的信息，或者对学生提出不必要的要求，都会带来外在的负荷。例如，我们中的很多人会犯这样的错误，就是在学生面前喋喋不休，自以为是在"激发"学生，其实我们不过是在加重学生所要承受的负荷。

有些研究已经表明，在简单的学习情境中，学习者能忍受相对较高的外在负荷。但当学习变难，任何降低外在负荷的措施都能使学习者受益匪浅。简而言之，当（a）相互作用的元素的数量增加，或者（b）个体缺乏先前知识，外在负荷的影响就开始显现出来。

通过降低认知负荷帮助学生学习

研究人员已经运用认知负荷理论找到了多种教学程序，通过以改变外在认知负荷为基础的方法来帮助学习者。例如埃德温娜·波洛克、保罗·钱德勒和约翰·斯威勒（Edwina Pollock, Paul Chandler, & John Sweller, 2002）对工厂学徒学习维修复杂的电路板进行了研究。研究发现，事先向学徒展示电路元件能大幅度地减少实际学习情境施加的负荷，从而从整体上提升了他们的掌握水平（即概念先行原则，见表16.1）。事先展示的环节比多个课时重复相同的复杂任务更加有效。预先展示电路元件的效应能够帮助新手学徒。但同样的经验却会阻碍其他在上述培训之前已经很熟悉电路元件的工人。

教学前经验（pre-instructional experience）对新手很有价值，这是一个非常重要的研究发现。这就是为什么"翻转教学"（flip teaching）能够成功。学生先接触到重要的概念、词汇和样例，这样他们开始对需要学习的事物形成更高层次的观念——然后再去学习需要掌握的实际细节和更加确切的信息。比如，在进入更详细的学习前，学生可以在"可汗学院"上观看一个视频，了解某种事物如何运作，聆听一整首音乐，阅读课本的某个章节，摆弄一些工具。这种"翻转教学"或逆向设计法能帮助学习者在细节之间建立关联。这同样是教师在开始教授系列课程时解释成功标准能发挥巨大作用的原因。

认知负荷理论的研究非常关注能够帮助新手的教学程序。但在教授知识渊博的人时，这些程序可能没那么有效，甚至是浪费时间。这是因为他们的记忆系统运作的方式非常不同。帮助一个新手集中注意力和学习，关键是控制工作记忆需要处理的信息量。这成了应用负荷理论的基本理念之一。新手需要对具体概念尽量保持专注，不被其他信息干扰。

识别学习者的内在限制是认知负荷理论的一个重要启示。作为一个具备知识的人，教师可能会低估新手的大脑所承受的负荷，并误读反馈线索。例如，一个学习者可能会以点头、凝视或者如"嗯嗯"等正面言语的方式向教师给予暗示。这些迹象意味着学习者正在努力地使项目在工作记忆中运转起来。但教师常常以为这些迹象暗示的是更深层的理解，因而继续教学，却没有意识到新手们是多么接近能力的极限。大脑中只是存在太多项目，却没有意识到这些项目之间如何相互作用，这样就很容易触及极限。

很多标准的教学程序适合那些先前早已熟悉某个领域的学生，却无法识别出新手工作记忆的限制，这个主题贯串了很多认知负荷理论研究者出版的著作。

表 16.1　认知负荷研究文献中所述的学习原则

原则	研究发现
样例（worked example）	由于问题解决无法进一步建构我们的知识，作为新手，我们需要了解知识如何运用到具体案例中。
多媒体（multimedia）	与单纯文字相比，图文结合能使我们学得更好。我们的大脑能高效地将文字和图像结合起来。
相近性（contiguity）	文字与图像的位置要尽可能邻近。
时间相近性（temporal contiguity）	与文字和图像相继出现相比，两者同时出现，我们能学得更好。
一致性（coherence）	当多余的信息被移除时，我们能学得更好。对于新手来说，澄清比精加工更重要（专家学习者则相反）。
模态（modality）	边听边看图像比边读课文边看图像使我们学得更好。
冗余（redundancy）	听和读同样的信息是无效的，并且会降低整体的学习效率。
标记（signalling）	在关键信息处做标记，将使我们受益。
步调（pacing）	能控制信息传入的步调，将使我们受益。
概念先行（concepts first）	我们要先学习基本的概念，之后才能将其应用于复杂的过程中。
人称化（personalisation）	使用个人称谓，你能学得更好（比如这个句子）。

问题解决的问题

认知负荷理论研究中反复出现的一个结论是，如果你尝试教授某个知识图式，问题解决似乎不是一个有效的方法。你需要了解这些概念，然后才能将它们与问题解决情境联系起来，或应用在问题解决情境中。问题解决活动会向我们施加沉重的负荷，这可能会成为一个干扰源。例如，一项研究表明，高中学生学习数学时，要求学生解决数学问题会阻碍学生有效地学习其隐含的图式。即使学生解决了给定的具体问题，他们仍可能无法习得隐含的原则，因而无法将这种问题解决的经验一般化。问题解决付出的代价（高负荷）可能会阻碍进一步的学习，使学生无法达至稳定的自动化水平。问题解决会对大脑施加沉重的负荷，然而逐步的巩固性学习却需要负荷降低，而非增加。

当情境相对简单或项目间相互作用水平较低时，或者是当概念已经得到很好的理解时，通过问题解决进行学习是可行的。悖论在于，你需要学习如何解决复杂问题，但你从解决一个具体问题中学到的东西是非常有限的，并且对你整体的知识建构可能毫无用处。我们不应该先入为主地将问题解决看作帮助人们建立深层知识的好方法。不幸的是，在过去，很多教育者宣称解决问题是一种学习新材料的途径，然而这个判断只在所要学习的材料非常简单的时候才能成立。那么什么时候问题解决才是有效的？

样例的作用

如果在学习之后，直接给问题让学生去解决，这是一种很差的教学方法，那么我们要怎么做？认知负荷理论研究非常关注样例在很多不同领域中的价值，它可以作为一种有效并且易于运用的手段向初学者提供必要的指导。这种方法使有逻辑的迁移过程得以发生，即学习者从一开始的学习知识过渡到观察这些知识如何被运用。样例的效应目前是应用心理学最为重要的研究发现之一。

样例通过展示成功的过程或结果提供一个模仿的对象。比如，它们可以展示数学问题的解决过程，或者在互联网上搜索主题的步骤方法，或者是回顾一个案例研究，范例的过程在这里被凸显出来并被证实是有效的。在很多领域中，我们可以先向学生展示完整的样例，然后再去展示部分完成的例子。这种类型的例子通常被称为"完型示例"（completion example）。完型示例中，最初的一些步骤已经展示出来，但学生之后要补全整个序列。

那些被要求通过学习样例或完型示例去巩固学习的学生，在后来的考试中比那些将同样时间用在无人指导的问题解决活动中的学生取得了更好的成绩。这种效应在新手身上特别显著，但随着技能水平的提高和深层知识的习得，样例的效果逐渐变弱，因为它们变得不再必要。

这里隐含的原则与认知负荷理论相一致，就是新手不能，或者说不太可能在习得知识的时候就进行应用。教授某人一项新技能，然后指望他立刻能运用在新的复杂情境中，这是过分要求了。即使这个人能奋力闯过并解决了问题，在这上面付出的精力亦会削弱整体的知识建构过程，而使得进一步的一般化不太可能发生。

小组合作能分担认知负荷吗？

这个领域传统的结论是，个体的问题解决活动会妨碍新手的学习和图式习得。然而，费姆科·基施纳等人（Femke Kirschner et al., 2011）在最近一份研究中指出，当有能力的学生在一个积极性高的合作性小组中共事，而非独自奋斗，问题解决可能会变成一个有效的教学工具。他们向高中生教授复杂的人类基因学原理，然后立刻将学生分配为个体或三人小组。一半学生解决问题，向另一半学生展示样例。

与先前的结论一致，结果表明当学生独自学习时，问题解决通常会削弱学习。但当学生在三人小组中共事时，要求他们进行相同的问题解决，却有助于学习。对此的解释可能是，当小组高效地运作时，小组成员通过共享工作记忆的功能，从而使认知负荷保持稳定。实际上，当一个高效的小组拥有解决一个难题的全部知识时，当它努力工作并能协调其活动时，它自身就成了一个信息处理系统。在这种理想的团队条件下，小组的表现很容易超过个体。

当我们独自学习时，我们被迫在高认知负荷的条件下艰难地学习，几乎没有其他人能够分担这种负荷。因此，认知负荷理论表明合作学习有效，不是因为内在的"社交"方面的原因，而是因为它能够降低小组中个体的大脑在工作记忆上的负荷。小组合作绝非一剂万灵药。但当小组成员齐心协力、干劲十足、群策群力，他们能够克服这样一个自然问题，即有限的可用工作记忆阻碍了我们以个体的方式在问题解决的过程中进行学习。

改进教育材料

在过去20年里，认知负荷理论产生了很多与教学和教学材料相关的研究发现，克拉克、源和斯威勒（Clark, Nguyen, & Sweller, 2006）以专著的篇幅对其进行了深度的解读。其中与教师切身相关的是大脑如何将来自图像和言语的信息融合在一起的相关研究（见表16.1）。比如，言语能够将学习者的注意力引导至图表的关键之处。但阅读文本中的词句可能不是一个非常有效的理解图表的方式，因为眼睛可能无法找到关键的信息。但有时将书面文字和被展示的关键视觉信息的距离拉近，能使图表更有效。

认知负荷理论同样表明，当传递的信息过量，尤其是以不必要的言语的方式传递（这在教授数学问题时十分常见），新手学习者会陷入困难。尽管我们知道重复能够帮助学习者，但研究者报告中经常出现的结论是当同样的信息以不同的媒介传递，比如听和读同时进行，此类学习的效果将大打折扣，这被称为"冗余原则"。事实上，这些研究表明，我们不应该鼓励学生选择他们喜欢的媒介。

通过一系列认知负荷理论研究，我们的结论是以下做法有助于学习：（a）标记和提示需要注意的东西；（b）谨慎地选择和描述所用的关键词；（c）在起初的学习阶段采取各种措施降低对记忆的依赖（比如，不要在工作记忆中保持各种不同来源的信息超过数秒钟）。从认知负荷理论衍生出来的学习原则详见表16.1。

认知负荷理论和教学

认知负荷理论为教师尝试以学生的视角去观察世界提供了另一种方式。这个理论已经产生了很多令人惊讶的研究发现，向我们展示了新手面临的一个特殊的学习问题，它可以被称为工作记忆的限制。新手可能会发出恰当的声音，在恰当的时候点头，但为了跟上快速转换的教学流程，或对付非关键信息，他们所付出的代价依然非常高，使得知识图式难以出现持久的变化。

有必要指出，只要教学发生了，它都能被学生"接收"，即使真正的学习并没有发生。当学生全神贯注的时候，作为教师，你可以观察一下他们。但你观察到的（或者推断出的）不过是学生个体的大脑处于负荷之下。作为教师，我们假定在将信息带进学生的工作记忆上，我们的言语发挥了重要作用。但我们可能全部都错了。

举例来说，我们可以用如下问题去测试我们的班级：（a）8乘以6一定等于（equivalent）4乘以12吗？（b）这个句子运用头韵法，表现出作者的肤浅还是讽刺（irony）之意？你怎么想？（c）要注意为什么这一栏的数字必须与另外五栏的数字相加起来，否则下一栏将会出现亏损（deficit）。

在这三个例子中，我们都可能对学生造成沉重的心智负担。比如，"等于""讽刺""亏损"等术语都可能使工作记忆经历这样的过程：如上述的例子（b），"讽刺……对的……好像之前见过……它的意思是有趣……有些扭曲……意想不到……有些聪明"。在这个例子中，通过对心智字典进行提取，工作记忆积极地展开联想。但由于大量相互作用的元素，这将会产生沉重的负荷。成功的回忆需要承受负荷的精力和处理信息的时间。等到学生推断出词语的意思，教师提出这个问题的真正目的已经变得模糊，至少对学生的大脑来说。尽管学生积极性很高，并且确实很专注，但工作记忆的限制使得他们无法理解教师真正的意图。

观点：从认知的角度理解我们对学习者的要求

简而言之，我们想要表达的意思似乎很多时候在传递的过程中丢失了，而这背后的解释基于这样一个观念：一方无法理解另一方承受的认知负荷。认知负荷理论和研究告诉我们，新手特别容易受到这种难以察觉的效应的影响。新手学习者的工作记忆很快就会陷入过载，无论是在实验室、课堂（尤其是高中课堂）还是工厂培训的研究中，这个结论得到了大量证据的支持。

认知负荷理论代表的是一种全世界培训机构公认的学习方法。这个理论产生了很多切实可行的教育理念，这些理念与很多资深教师的智慧和经验是一致的。

导学问题

1. 认知负荷理论建立在这样一个概念之上，即我们的短时记忆有诸多限制。然而，如果信息是从长时记忆中提取的，则工作记忆没有这些限制。因此，短时记忆和工作记忆是两个用法有细微差别的术语。那么短时记忆与工作记忆有何不同？

2. 长时记忆中的图式是什么？如果我们说知识结合成图式，这意味着什么？

3. 运用知识图式能使你避免部分认知负荷，否则你的大脑将会陷入过载。有经验的内科医生在病人身上"诊断"出亨廷顿病，这个例子是如何充分地证明上述原则的。

4. 认知负荷研究认为，我们勉强能处理三到四个信息项目。但你可能也读到过，短时记忆应该能保持七个项目。那么这里的"保持"和"处理"有何差别？

5. 很多我们希望学生掌握的课程任务都涉及相互作用的元素。这个概念是什么意思？在你的课程领域中，你能想到心智复杂性达到这样水平的任务吗？相反，哪些任务的元素间相互作用较弱？

6. 认知负荷理论认为，课堂教学的很多方面都会带来外在的负荷。学习者通常能够承受一定程度的负荷。那么在何种情况下外在负荷会产生严重问题？对谁的影响最大？

7. 回顾一下表16.1，它包含认知负荷研究发现的11条主要原则。请注意，一致性原则指的是新手能从清晰的直接教学中学习，而不需要拓展性的精加工。然而，当学习者的造诣变深厚，或者成为专家以后，结论正好"颠倒"过来。你能解释一下为什么会发生这样的颠倒吗？

8. 作者认为，教师会很容易低估学生大脑所承受的负荷。这种低估是如何发生的？什么因素妨碍了教师理解所发生之事？

9. 样例和完型示例之间有何区别？

10. 认知负荷理论认为，合作性的小组活动有助于学生进行问题解决。但这不是一个自动化的过程，这个效应背后的关键因素是什么？

11. 然而一个重复出现的研究结论是，在教授学生新的或有难度的知识以后直接让学生参与到问题解决的活动中，这将会降低这段教学体验的整体学习效果。为什么问题解决有可能产生负面效应，阻碍学生达至更深层的理解？到底发生了什么事（或者没有发生什么事），导致了这种违背常理、自相矛盾的效果？

参 考 注 释

- 关于认知负荷研究的书籍（R. C. Clark, Nguyen, & Sweller, 2006; Sweller, Ayres, & Kalyuga, 2011）。
- 认知架构的基本描述（van Merriënboer & Sweller, 2005）。
- 通过先前经验，降低学徒培训中的负荷（Pollock, Chandler, & Sweller, 2002）。
- 教学程序可能适合于那些早已熟悉某个领域的学生，但却没有考虑到新手工作记忆的限制（R. E. Clark et al., 2012; P. A. Kirschner et al., 2006）。
- 对于学习任何复杂的或涉及图式优化的东西，问题解决都不是一个有效的方法（P. A. Kirschner et al., 2006; Sweller, 1988）。关于采用问题解决方法教授技能欠缺的学生之所以失败的分析，详见 Westwood, 2011。
- 运用样例（Sweller, Clark, & Kirschner, 2010; Wittwer & Renkl, 2010）。
- 运用合作性小组活动来分担记忆负荷和解决问题的学习（F. Kirschner, Paas, Kirschner, & Janssen, 2011）。

第17章　你的记忆以及它是如何形成的

众所周知，教学涉及帮助学生记忆重要的信息和见解。这些信息可能是概念、概念之间的关系，或者是建立联系的策略——无论是什么，我们都希望学生能记住。在这一章，我们将会讨论一个研究团队的一些发现，这些发现将学生的学习策略与他们教师的有意或无意的细微行为联系起来。这些教师是巧妙暗示学生需要运用策略去实现心中长期目标的专家。在谈及这些研究之前，我们会先让你了解关于记忆系统自身如何形成的一些已知观点。

你的早期记忆：语言扮演的角色

如果你能回忆起生命最初三年里发生的任何事情，即使不是完全不可能，也是十分不寻常的。这个现象被称为**"婴儿期遗忘"**（infantile amnesia）。并不是你在早期这些年什么也没学到。大量研究表明，婴儿能够重复他们见到过的他人示范的行为。令人不可思议的是，在生命的这个阶段，大量的学习切切实实地发生着，但在以后的生命中却很难清晰地记得到底学习了什么。

作为一个成年人，你对早年的记忆大多是不可提取的。你可能仍有模糊的印象，但那时候你的大脑并不是像现在这样运作。你没有完整的语言系统用于解析事件和储存事件。事实上，现在人们已经发现，那些早期语言发展较快的儿童同样表现出更好的记忆力，他们能记住早期生命经历中发生的真实事件。

从大约三岁开始，你形成了语言和记忆系统，使你能够回忆起具体的经验。你生命中的关键事件开始变得突出。你能回忆起你喜欢或厌恶的人和事。有些事件尤其记忆深刻，你能以言语或图像的形式进行回忆。这种类型的记忆被称为**"情节记忆"**（episodic memory），因为它与你经历中发生的实际事件相关，常常与特定的人、地点和时间联系起来。

欢迎来到人类世界。关于动物的一个有趣的理论是，它们对时间没有任何内在的感觉。除了我们人类，其他动物都一直生活在当下，生活在"停滞的时间"里。相比之下，我们拥有过去、现在和未来，它们贯串了人类的思维。这是理所当然的，但需要注意的是这些关键的时间框架是如何通过语言表达出来的。作为人类意味着我们已经形成了谈论业已发生之事的工具。我们的预测、计划和意图，都是用于表达将要发生之事。我们拥有自由转换时间的能力，至少在大脑中。如果这听起来很奇怪，那么思考以下对话，幼儿园放学后，4岁的吉尔和她妈妈一起坐下来吃蛋糕（见下面的专栏）。

> **一段带有积极回忆风格的简单对话**
>
> 妈妈：我们上星期在比尔家玩得很开心。是不是，吉尔？他妈妈花了很多心思去办这个欢快的聚会。所有那些游戏！难道你不喜欢那里吗？
>
> 吉尔：还好吧。比尔他哭了。他摔倒了。
>
> 妈妈：是啊，比尔受伤了。但他没事。记得你给他礼物的时候，他很开心。这个蛋糕很好吃，是不是？（吉尔边吃边点头。）我们要想一下你生日的时候要做哪种蛋糕。你觉得哪幅图上的蛋糕最好？（指向一本翻开了的烹饪书。）
>
> 吉尔：不是那个。妈妈，这里，看看这个。我们可以做这个吗？比尔的蛋糕也很不错，不是吗？

乍一看，这个对话似乎平淡无奇。但实际上发生着什么？在短短几分钟之内，吉尔的思绪发于过去、跨越现在、进入未来，如此往复。母亲熟练地运用语言去促进或调和这种转换。由于紧紧围绕着蛋糕和聚会这两个主题，对话展现出不同时间的无缝转换。即使只有4岁，吉尔也能立即察觉母亲的话语是关于过去、现在还是未来。利用语言在不同时间中遨游，这代表着一种极高的智力成就。

对话作为记忆习得的发展基石

关于儿童发展的文献中有大量证据表明，类似于吉尔和她母亲这样的对话在儿童记忆系统发展的过程中扮演着重要角色。在我们的例子中，母亲的话语回溯了吉尔在过去见证过的事件。我们要注意母亲是如何引起话题的，她给出了时间转换过程的暗示，这是记忆运作的关键。她们一起对她们共同回忆的事件的意义进行阐释。她们在分享见解。研究者将这样的互动称为"回忆风格"（reminiscing styles）。父母用高质量的语言去帮助儿童理解过去的事件，这可以被认为是展现出显著的**"精细化回忆风格"**（elaborative reminiscing style）。

这种对话风格的一个关键部分在于，要引起儿童积极的回应，而不只是聆听父母的话语。这种分享的过程被称为**"共同交谈"**（joint talk）。儿童必须成为对话的一部分，这种参与十分重要。如果父母习惯让儿童参与到丰富的对话互动中，那么这些儿童在生命初期将会获得更加可靠的智力优势，包括习得大量单词，意识到在讲故事之类的活动中句子是如何排序的。奥恩斯泰因、科夫曼、格拉默、圣苏西和麦考尔（Ornstein, Coffman, Grammer, San Souci, & McCall, 2010, p.51）指出，"回忆的精细化风格可以为儿童提供机会去练习从记忆和经验中搜寻和提取信息，利用叙事的习惯去解释他们的经历"。

在一个特别有趣的项目中，伯兰德、哈登和奥恩斯泰因（Boland, Haden & Ornstein, 2003）在一群学龄前儿童面前上演一系列事件。按照随机分配的原则，其中一半母亲接受训练，使她们的子女在这些事件发生的时候参与到互动式的对话中，以便运用语言将儿童的注意力吸引到正在发生之事上。与那些母亲没有接受训练的儿童相比，这些儿童在后来的测试中表现出更强的回忆能力。同样，早期的研究运用类似的方法发现，与只是由母亲提及的经验相比，在母亲和儿童共同交谈过的具体事项上，儿童的回忆更为出色。当儿童能够通过对话理解他们所经历之事，他们就能更加全面地注意到一个事件的关键特征，因而能对这些特征进行比以前更加完整的编码。

因此，再看看吉尔和她母亲的互动。尽管母亲说了很多并且主导了整个对话，吉尔依然是一个积极给予回应的参与者。在某种程度上，母亲的言语教导吉尔集中注意力和回想过去发生的事情。这里运用"教导"（instruction）这个术语似乎有点奇怪，但从心理分析的角度看却是很贴切的。如果不是她母亲告诉她，她玩得很开心和比尔的妈妈遇上这样的麻烦，吉尔就不会想起比尔。这些想法不是来自于吉尔，也不是她的自娱自乐，而是她听到她母亲的话才产生的。她母亲并没有给予任何正式的教导。但在非正式的层面，她的言语确实提供了清晰的教导，使吉尔的大脑能够激活与比尔的聚会相关的情节记忆。

上学：儿童成为学生，认知发生显著变化

随着吉尔进入学校，其记忆系统面临的要求将发生另一种显著变化。学校教育带来了一种新的语言系统，它不同于在关于聚会的对话中展示出来的类型。在1991年，史蒂芬·塞西（Stephen Ceci）就上学和不上学的儿童在学习不同的认知技能上有何差别这个问题，对世界各地儿童发展的文献进行了综述。差别是非常巨大的。他发现在所有认知功能上，上学都能带来持续的优势，包括智力或者智商测试成绩。严格地控制年龄和其他因素后，研究发现上学的儿童更加可能：

- 高效地聚焦他们的注意力；
- 在以数字为基础的感知问题上表现更佳；
- 更加灵活地运用视觉深度知觉线索；
- 找出视觉刺激物的抽象规律，以及找出图片中隐藏的图形；
- 以概念或分类为基础将项目分组，当以记忆为目标时能自然地将项目组块；
- 形成记忆策略，比如复述、重编码和背诵；
- 自发地运用言语去帮助他们描述和解决问题；
- 展现出更出色的记忆能力；
- 与不上学的同龄人相比，每年智商多提升6个点。

根据20世纪20年代的研究，塞西在他的文献综述中发现，与原始的能力测试相比，比如皮亚杰的认知发展测验，这种显著差异在学校型任务的案例中更加突出。上学极大程度地改变了学生感知能力、语言技能和知识存储系统的组织方式。有时候这种早期家庭与学校阶段的差别被称为"语码转换"（code switching）——需要一种技能使这种转换得以发生——又是有利于那些有准备的人。

吉尔很好地适应她的学生角色

吉尔现在上学了。现在她必须坐着专心聆听一个成年人对一群同龄学生的

谈话，而不是她喜欢的与妈妈之间一对一的温柔对话。但她的老师正在传递言语信息，老师希望班上的每个学生都能记住这些信息。对吉尔的要求变得非常不同于之前的家庭交往。但她早已做好准备。她习惯于聆听成年人的话，并用他们的话语进行交谈。她习惯于让成年人的话语去引导她的注意力和思维过程。她习惯于从成年人的声音中接受教育。但她的记忆系统仍将出现很多其他的变化。

已知的是，在早年学校生活期间，大脑可用的记忆策略将会经历一个可预见的发展阶段。例如，我们要求学生回忆一个清单，如"苹果、钢笔、汽车、树"，用卡片依次展示这个清单上的物品。1 年级学生只能说出当时出现在眼前的卡牌。但 4 年级学生能够建立一个"复述框架"，这样她能将所有项目都保存在头脑中，在看不见这些项目时仍能背诵出这个清单。7 年级学生将会尝试在头脑中建立多个复述框架，从而增加工作记忆所能保持的项目数。

类似地，小学高年级学生将会巧妙地运用组块和分类策略。低年级学生通常不会自发地使用分类策略。但在明确指示的促使下，或者当他们清晰地注意到这些相似的事物能被轻易地联系起来，这时候他们通常也能进行分类。

儿童发展研究者发现，学生的年龄与他们不断变化的组织和复述策略存在清晰的联系。随着年龄增长，在尝试记忆更多信息时，儿童能更加有效地运用他们的长时记忆系统。因此，他们不会将外界输入的信息看作一系列全新的项目，而是开始根据他们先前储存的知识之间的联系将这些项目联系起来。

一旦开始运用**精加工策略**，他们能取得更大的优势。精加工意味着将一个新的项目与已有知识联系起来，或者反过来通过建立联系增添刺激物。例如，一个小孩在街上发现了一辆新车，然后说："妈妈快看，那是电力驱动的车。"儿童的评论被添加到经验的**编码**中，使得他对这件事情更加印象深刻。以相似的方式，儿童不断增长的知识基础使得记忆技巧得以运用和提升。因此，不断增长的知识基础成为较年长的学生运用策略的重要资源。年长的学生之所以能记住更多，只是因为他们知道更多。

但儿童的发展不是凭空出现的。正如前文所述，我们知道，父母的对话风格在儿童早期记忆发展过程中扮演至关重要的角色。研究者也考察了教师在帮助学生形成"记忆术技巧"（mnemonic skills）时可能发挥的作用。记忆术（mnemonics）这个术语可以用来形容个体所做的有益于记忆过程的一切行为。记忆术包括缩略语（用 ROYGBIV 来记住彩虹的颜色）、短语〔用 Super Man Helps Every One（超人帮助每一个人）或者 HOMES 来记住北美洲的五大湖——苏必利尔湖（Superior）、密歇根湖（Michigan）、休伦湖（Huron）、伊利湖（Erie）和安大略湖（Ontario）]，以及押韵[In 1492, Columbus sailed the ocean blue（1492年，哥伦布在蓝色海洋上乘风破浪）]。复述、组织、精加工、想象和知识活化（knowledge activation）从广义上看都是记忆术。然而更加普遍的是，我们用这个术语来指称一个人在任何时候有意识地尝试将信息储存在长时记忆中。

因此，对自己重复某事，这就是把"背诵"作为一种基于言语复述过程的记忆术手段。为了回忆起你的密码，将它与你出生的小镇联系起来，这是一种基于"精加工"的记忆术手段。为了回忆起某人的名字，将它与心中的图像[比如，布克曼先生（Mr Bookman）正在踏进图书馆]联系起来，这是运用"想象"作为一种记忆术手段（双峰骆驼的背像是字母B，单峰骆驼的背像是字母D）。每个个体都有一系列可用的记忆术工具，而背诵是最为常见的日常行为，几乎所有成年人都会不自觉地使用。每当你要求人们记起某样事情，他们尝试的第一件事就是将它背出来。我们用"背诵"（recitation）这个术语来指称大声地读出某事，而用"复述"（rehearsal）指称在大脑中完成这个过程。

基于课堂的研究：教师需要教授记忆技能吗？

莫埃利和哈特（Moely & Hart，1992）调查了教师在日常课堂教学中尝试以何种方式去传授记忆术技能。他们的早期研究是基于对69位小学教师的观察。这个研究采用间隔时间取样的方法，发现教授记忆策略只占用2%的时间。事实上，10%的教师显然从未在记忆策略上给出任何直接的指导。矛盾的是，尽管教师坦白他们希望学生能准确地记住信息，但令人诧异的是关于如何记忆的教学却很少发生。学生可能被要求去记忆，但在如何记忆上似乎没有得到任何指导。

奥恩斯泰因及其研究团队关于1年级教师的后续研究，对这个问题提出了一种稍微有所不同的观点（Ornstein et al.，2010）。这个研究采用了一个细致的观察分类量表，结果表明在课堂观察中50%的时间都涉及一定程度的记忆工作，或者需要进行记忆，尽管很少直接教授记忆策略，直接传授大约只占5%的时间。

在莫埃利和奥恩斯泰因的研究中都能看到的是，个体教师在记忆策略上给予学生何种程度的提示，这存在极大的自然差异。例如，奥恩斯泰因的研究团队发现，教师在实际教学中对记忆策略进行提示，用时占观察时间的1%—14%不等（如，"如果不明白的话，回头再仔细重读一遍"）。同样，研究发现教师在元认知提问上耗时占1%—10%不等（如，"你采用何种方法解决问题？"）。

运用几种不同的衡量方法，他们能够区分出高记忆教师和低记忆教师。高记忆教师（high mnemonic teacher）的特征是经常运用与记忆相关的语言，比如直接提示好的学习方法，询问学生为什么某种方法可能是有效的。低记忆教师（low mnemonic teacher）很少关注到心智策略，他们更倾向于提出基础问题，而非以过程为导向的提示，并且分配更少的时间在元认知活动上，比如理解某种方法为什么有价值。那么，研究的问题变成了由高记忆教师（他们执教1年级时十分强调记忆术的作用）所教的学生在这一年的课程中会表现出任何可测量的学习优势吗？

有些教师更擅长教授记忆技能？

从研究发现中直接得到的答案似乎是肯定的。研究者对学生展开了为期两年的紧密跟踪。尽管低记忆教师和高记忆教师所教的学生一开始在记忆和分组的测试中得分相近，但在第一学年的课程以后他们开始分化。当这些学生进入第二学年时，效应依然显著。具体地说，高记忆教师所教的学生开始在定期的记忆测试中运用组织策略，在分组方法和语义类别的运用上都表现出优势。比如在一次测试中，让儿童在两分钟内尝试记忆各种有趣的物品。高记忆学生花费更多时间积极地进行记忆，并展示出更高层次的项目分类能力。在2年级实施的词语分类任务中，两组学生之间的差异依然显著；继续跟踪这些学生进入4年级，实施的三次学习技能测试中有两次依然可见这种差异。

这些研究中值得关注的一个发现是，高记忆教师产生的学习效应在那些入学基础技能测试得分较低的学生身上尤其明显。实际上，这些儿童展示出来的记忆技能"赶上了"原来比他们出色的同龄人。而那些能力强的学生无论是由低记忆教师还是高记忆教师来教授，并没有显著差异。换言之，学生入学时的技能水平与教师质量之间的关联是显著的。对于能力较弱的学生来说，接触到一个积极教授记忆术技能的教师是至关重要的。

第 17 章　你的记忆以及它是如何形成的 | 175

> **观点：如何教授记忆技能**
>
> 　　我们现在知道，某些教师在课堂上采用带有记忆提示的对话会使学生获得持久的益处，这可能在他们离开那些教师很多年以后才展现出来。从这些研究中，我们清晰地看到，高记忆教师以一种特别的方式将年幼的学生带入"学术世界"，他们能将记忆技巧的训练直接而又巧妙地融入日常教学实践中。
>
> 　　这些教师似乎能成功地使学生明白人类大脑必须经过个体在记忆上的努力才能建立起知识的基础。这是一个很难明白的道理。早期任何对年幼个体大脑起作用的帮助似乎都能促进后续的发展。尽管父母与儿童间的早期对话与后来教师与学生间的交流有本质上的不同，但记忆术支持、成年人发出提示、大量使用语言，这些主题似乎在不同的社会化情景中都扮演着重要角色，使儿童获得的优势比其他任何途径都多。我们为这些年轻个体营造何种质量的语言和社交环境，直接意味着我们为他们提供何种工具去应对他们记忆能力所面临的内在要求。
>
> 　　最后一点是，每当我们想到记忆系统时，我们都倾向于将它看作一个能力有限的客观的或机械的装置。我们都知道记忆是不完美的。但在很多情况下，这似乎就足够了，因为这些不多不少的缺陷反映的正是普通人的生活。但本章引用的一些研究，奥恩斯泰因教授等儿童心理学研究者的著作告诉我们，儿童世界中重要的成年人能在记忆技能上做出示范，给予提示、鼓励和强化。我们与学生交谈的方式既可以鼓励也可以阻碍他们进一步发展记忆能力。这种社交学习效应在家庭和学校中都十分显著。

导学问题

　　1. 动物似乎感觉不到时间的流逝，而我们人类却拥有思考过去、现在和未来的能力，但假如我们不使用语言的话，还能够做到这一点吗？你现在对于这个问题的见解是否与阅读这章之前的见解相同？

　　2. 很多对话看似平淡无奇，但事实上却包含关于如何思考的教诲。为什么这些对话在帮助年幼儿童建立时间观念中发挥关键作用？在一个平常对话中的"时间转换"是什么样的？

3. 父母在对话中采取精细化的回忆风格能刺激儿童的记忆系统。你在现实生活中看到过这种风格的例子吗？

4. 与精细化回忆风格相呼应的是"共同交谈"的概念。这个概念指的是什么？

5. 在世界各地的研究中都能发现，儿童是否上学将产生很多深刻的差异。塞西博士的综述的主要结论是什么？

6. 解释一下为什么父母的对话风格可能对学生初入学时的反应起帮助或阻碍作用。

7. 一个人的记忆发展被视为一种技能类型。我们能找到什么样的记忆技能（或者记忆术技能）？

8. 早期研究表明，教师希望学生记住一些东西，但却很少直接教授任何记忆技能。但后来的研究显示，似乎有些教师确实在与学生的交流中自然地对心智策略做出了提示。这些高记忆教师强调的是什么？

9. 低年级学生与高记忆教师接触能获得什么好处？

10. 在你的班上有记忆技能较弱的学生吗？有人尝试过教他们如何记忆重要的事情吗？

参 考 注 释

- 婴儿期遗忘作为一种现象（M. L. Howe & Courage, 1993）。
- 早期语言发展与生活事件的记忆相关（Haden et al., 2011）。
- 动物感受不到时间流逝（Roberts, 2002）。
- 父母高质量的精细化回忆风格：与成年人跨越不同时间的对话促进儿童记忆系统的发展（Fivush, Haden, & Reese, 2006; Haden, Ornstein, Rudek, & Cameron, 2009; Hedrick, Haden, & Ornstein, 2009）。当母亲谈论事情时，她们的孩子能回忆更多（Boland, Haden, & Ornstein, 2003）。
- 关于学校教育如何影响儿童的心智发展的重要综述（Ceci,1991）。
- 儿童接受学校教育以后，阅读和数学技能得到很大的发展（Fitzpatrick, Grissmer, & Hastedt, 2011）。
- 在学校教育期间记忆策略的发展（Bjorklund, 2012）。
- 教师如何教授记忆策略（Moely & Hart, 1992; Ornstein,Coffman, Grammer, San Souci, & McCall, 2010）。

第18章　记忆术：作为运动、艺术和教学的工具

在2005年，一个年轻的记者约书亚·弗尔（Joshua Foer）被指派去报道美国记忆锦标赛。记忆锦标赛是一项类似于体育赛事的竞赛，参赛者在各项任务中互相比拼，比如记忆数字串、扑克牌、词语表，或者将名字与人脸照片匹配起来。这是真正将心智表现水平推向人类能力极限的锦标赛。这类锦标赛每年在全世界30个国家举行，吸引数千人参加。大赛组织委员会将其视为一项脑运动，参赛者则将自己称为"心智运动员"（mental athletes，MA）。除了每年的锦标赛，每隔四年还会举办一项独立的大赛——世界记忆力大赛（Memoriad），相当于记忆力的奥林匹克赛会。

弗尔看到的比赛给他留下了深刻印象，运动员告诉他"他们做到的，每个人都能做到"，于是他接受了下一年参赛的邀请，将这次历练称为"参与性报道"（participatory journalism）。他2006年重返大赛，如约赢得了赛事。他在英国记忆艺术专家爱德华·库克（Edward Cooke）的指导下接受了为期一年的训练。弗尔代表美国参加了2006年的世界记忆锦标赛，并且完成了全部13个项目。在这以后弗尔离开了这项运动，但根据他的经历写下了一本值得纪念的书《与爱因斯坦月球漫步：记忆的艺术与科学》（Moonwalking with Einstein:The art and science of remembering everything, 2011）。我们非常推荐这本书，它在历史情景中追溯记忆的艺术，写得很有智慧、没有偏见。

在高强度训练开始之前和结束以后，弗尔曾到佛罗里达州立大学的心理学实验室，在安德斯·埃里克森（Anders Ericsson）教授的指导下对自己进行测试。在人类专业知识的研究领域，安德斯·埃里克森的工作是最为顶尖的。事实上，弗尔对自身经历的总结性评论，以及本书关于专业知识章节（第10章、第11章和第12章）的表格，大多数都是来自于埃里克森的研究。

我们可以确定的是，大多数记忆竞赛都是基于对随机呈现的信息进行即时的回忆，这些信息通常在记起的时候就需要被忘掉。现在保持的任何信息都很可能成为未来存储新信息的干扰源。这种快进快出的任务所需的技能，非常不

同于类似于记忆圆周率的活动,圆周率是一个数学常量。顺便提一下,记忆圆周率的纪录是小数点后 67890 位,由一个中国男子吕超所保持。经过多年的准备,他花了 24 小时去背诵这些数字。

心智训练项目

弗尔所接受的训练项目基于在大脑中营造并运用与个人相关的场景,比如房屋、建筑,或者走过熟悉的街道。这些都被用作"记忆钩子"(memory pegs)。进入大脑的信息可以与特定场景联系起来。库克鼓励弗尔深入地想象与这些场景相关的感官感受。这被称为"**轨迹法**"(method of loci)。弗尔将他这种技巧称为建立"**记忆宫殿**"(memory palaces)。在库克的指导下,弗尔建立了很多不同的记忆宫殿,并能将它们用于词语表或其他类似列表的编码中。因而当信息进入大脑时就有位置可以容纳这些项目,否则它们就被迫与记忆宫殿中已有的项目发生相互作用。

在记忆数字的时候,他采用的是主系统法(major system),即将数字转换成语音单元,进而运用个人的创造力将其转换成言语。方案见表 18.1。

表 18.1　主系统记忆法

0	1	2	3	4	5	6	7	8	9
S	T 或 D	N	M	R	L	Sh 或 Ch	K 或 G	F 或 V	P 或 B

值得注意的是,编码系统本质上是任意的。心智运动员能发展出更加复杂的方案。但主系统法只需一小时的训练就能使用。37 可以编码为 MG(名爵汽车),我们在孩子出生前拥有的一辆车。这个系统基本只采用辅音标记,因此你可以随机插入元音赋予其意义。因此,在你的大脑中,61 可以记作 SHoT(射击),62 可以记作 SHiN(小腿),101 可以记作 DuST(灰尘),3001 可以记作 MoSSaD(摩萨德)。

有时你需要发挥想象力。比如,我们在记忆 2012 时遇到困难,即 NSTN,那么我们就把它当作一个虚构的电台(radio STatioN)。理论依据是,从长期来看,使用记忆术会变得简单。在一开始,认知负荷是很重的,或通俗来说,这里需要一种"学习曲线"的投入过程。但经过反复练习,使用者会获得更强的

第 18 章 记忆术：作为运动、艺术和教学的工具

能力去记忆无意义数字之类的项目，将语音辅音作为锚点，从而使有意义的图像能投射出来。

记忆竞赛的世界在不断发展和更新。那些认真的参赛者在不断地尝试发明全新的、更加复杂的心智方案，目标是胜过那些还在使用陈旧方法的对手。在所有领域，人类的表现都在不断地突破极限，记录不断地被刷新。在 1991 年，心智运动员中最顶尖的记忆大师能在大约两分钟内记住一副扑克牌。20 年后，世界纪录是 22 秒。

想象一下，一个人用 22 秒去浏览一副扑克牌，便能准确地回忆起 52 张牌的顺序。此等壮举是多么震撼人心。我们可以在视频网站上找到很多类似的例子和示范。如果读者对这种类型的任务感兴趣，或想进一步测试自己的记忆技能，可以访问 Memoriad（世界记忆力大赛）的网站。这个网站的一个重要功能是向你提供免费的计算机软件，使你能够进行测试或者练习。如果你觉得能够记住一整副扑克牌，可以在练习时运用在线工具进行计时。

我们应该训练我们的记忆吗？

但我们需要发展这种强大的记忆术技能吗？我们生活的世界随时都能获得外部的记忆辅助工具。计算机、手机、参考手册、书籍和网络都是极其快捷的工具。我们很少真正需要有意识地坐下来，对一大堆数据进行记忆。我们很少在记忆关键信息时遇到问题，如我们的护照号码、报税号码、银行账号的详细信息，或者我们朋友的生日。如果信息很重要，我们可以写下来保存。我们在日历上写上备忘录，张贴便签纸提醒自己，买生活用品时带上清单。我们已经学会，生活最好的方式不只是依赖我们的记忆。我们已经熟知记忆是不可靠的，非常容易出错，并且可能是偏见之源。相反，我们知道外部设备，比如纸、照片、录像带和硬盘，为我们提供了更为可靠的工具。

当你在一个领域中学习到更多的技能，你的工作记忆储存更多东西的能力就提升了。但你的短时记忆本身，或者说原始容量，并没有增加。但是确实发生的是，你有能力处理大规模的、有意义的规律，这意味着你的工作记忆变得更加高效。这种效应通常是非常巨大的，甚至连当事人都觉得惊讶。冠军棋手并没有设下目标去记忆整个棋局。但随着专业知识的增加，他确实拥有这种能力。然而，心智运动员中的记忆大师掌握高级技能，却是以一种相反的顺序。

在这种情况下，记忆本身变成了目标。因此，用于展示这种技能的材料是随意的。

例如，在记忆锦标赛上经常测试的一种技能是回忆二进制数列，即类似于00101110010010的长达数页的字符串。这些字符串是随机呈现的，不会造成一种假象——它们可能是有意义的。技巧就是（a）尽快地接收这些信息，然后（b）把它说出来，最后（c）尽快地忘记它。记忆运动员可能会在其他任务中再次使用同样的记忆钩子（记忆宫殿）。弗尔谈到的其中一个方面是，心智运动员通常在大赛开始的一个星期前就会停止训练他们的技能，因为他们必须"清空"记忆宫殿，使其在那一天能够使用。

对于某些人来说，这种高级记忆技能的实用价值在于能追踪赌博游戏中卡牌的规律，比如"二十一点"（blackjack）。通过观察庄家发出的卡牌，二十一点玩家能够预测选择另一张卡牌会提高还是降低胜率。算牌策略在很多部类型电影中都有描述，包括《雨人》（Rainman）、《21》和《最后的赌局》（The Last Casino）。这些电影含有事实的成分，是基于真实事件的。赌场会将那些他们认为拥有记忆技巧的玩家列入黑名单。英国魔术师戴伦·布朗（Derren Brown）展示过一个以记忆术为基础的算牌体系。布朗自然被禁止进入赌场。尽管这些方法显然有用——从玩家的角度去改变胜率，但要将技巧训练到这种水平需要数百小时，并且这样的训练需要在压力下完成。

采取一种均衡的视角

如果没有打算去赌场免费游玩一番，那么值得下功夫去发展这种记忆术技能吗？尽管心智运动员中的记忆大师都是受过良好教育的个体，但他们的记忆技能并没有让他们高人一等。他们中的很多人似乎都将自己看作普通人，从事普通的工作，但是通过些许的努力、结构化的目标设置以及**刻意练习**，他们发展出非凡的技能。对于这些人来说，记忆只是运用在他们的运动上，他们能够从中得到一些好处。

很多人都想知道的是，为什么聪明人会花上百个小时去训练一个几乎没有用处的技能？其中一个解释得到了弗尔的支持，即很多人在竞赛的影响下产生了强烈的动机。但除此之外，一些人似乎有以下的信念：（a）现代教育体系没有教会人们如何去记忆；（b）记忆是一种失落的艺术，是人类的基本属性，它

第 18 章　记忆术：作为运动、艺术和教学的工具 | 181

由古希腊文明所发展和践行，但现在需要复兴；（c）类似于记忆随机的词语表，这些心智活动能为人类高阶能力提供指引；（d）这些记忆术技能在人类社会和日常生活中有着广泛的应用。

然而在现实面前，这四个信念都是不成立的。能够背诵圆周率到 1000 位不能使你成为数学家，记忆随机的二进制字符串也不能使你成为计算机程序员。能够出色地运用记忆技巧本身并不能帮助你理解你所记忆的材料。记忆词汇表不会完善你的心智图式，使你在阅读和学习时获得更深层的理解。记忆大师运用已有的图式去帮助记忆，但这些短时间割裂的二次运用并不会以任何有意义的方式建立新的心智图式。

显然，古希腊的演说家运用记忆术去记住他们想要阐述的观点。学习记忆术很重要，因为他们缺乏书写的工具，比如记事本。但我们已经发明了纸与笔。一种工具的价值来自于它在其他工具发展之前的运用，这依然是一种很诡异的观点。如果出现了更加有效的交流载体，传递知识的口述传统就不会那么重要。作为一种文明，我们已经学会了：（a）多大的信息量需要依靠外部储存设备来传递；（b）当要记忆大量的随机信息，比如数字，个体的大脑是多么容易出错。我们意识到我们的记忆常常无法等同于客观记录。

总而言之，试图以人的大脑去做一件小型数字计算机无需大脑就能完成的事，这是一种无意义的练习。尽管如此，有充分的证据证明，记忆技巧的教学可以直接融入你负责的课程内容中。这个主题出现在奥恩斯泰因的著作中，在第 17 章有所引用。我们需要思考，教授这些学生本来不会运用的记忆策略，学生能从中获得什么益处。

我们应该教授记忆术吗？

在课堂情境中，我们能够并且应该积极地教授清晰可用的记忆技巧。一个最基本的原因是，当遇到有需要的场合，它们是真正能派上用场的技能。教师希望他们的学生能够记住关键的信息，但在能以最小的代价达成它的时候，我们却没有将记忆术指导融入我们的教学中。每当记忆负荷很重的时候，向学生提供记忆上的帮助，能使学生从中受益并被鼓励去发展自己的刻意记忆策略。

强调记忆和理解应该并行不悖，这完全没错。记忆有时候能促进理解，另外一些时候则相反。我们的大脑以这种方式运行，这没有任何无法理解的地方，并且在训练的情景中向学习者示范记忆信息的特定方法，他们将会获益良多，否则这些信息将很难被习得。

我们在推广这样的观点：简单和有意的记忆技巧能被训练成可行的心智工具。表18.2是一个**字钩法**（pegword）的记忆方案，我们在大学的课堂上将其用于演示如何快速记忆一个包含超过20种不相关项目的清单，比如购物清单。项目必须是有意义的，已经储存在你的头脑中。技巧是在这些需要学习的项目与记忆钩子之间建立联系，如表18.2所示。

表18.2　一个字钩法的记忆方案

1 is a bun（圆面包）	2 is a shoe（鞋）	3 is a tree（树）	4 is a door（门）	5 is a beehive（蜂窝）
6 is sticks（木棒）	7 is heaven（天空）	8 is gate（大门）	9 is wine（酒）	10 is a hen（母鸡）
11 is cricket（板球）	12 is a dozen（一打）	13 is hurting（伤害）	14 is courting（求偶）	15 is lifting（举起）
16 is licking（舔）	17 is beckoning（招手）	18 is waiting（等待）	19 is pining（思念）	20 is two hens（两只母鸡）

我们的经验是，成年人在一个小时以内能轻松地成功学会和运用这种方法。这个系统的运作方式是将一个有意义的输入项目与它可用的记忆钩子联结起来。这些钩子是永久储存的，在回忆起这些钩子的同时，也能回想起这些记忆项目。这个方案是在一定程度上使人们能够随机存取记忆，例如它使人们能够提取第14个项目（与求偶联系起来）。你的回忆通常是基于先前经自然背诵输入信息的顺序，而该方案有别于这些情景。尝试去问某人"字母表的第14个字母是什么"，注意这种随机存取的原则为什么不能应用在这种类型的学习中，字母表显然是一个序列字符串（参见第14章）。

我们发现，小学阶段的儿童能够掌握这种字钩法系统的前10个项目，年龄更大的学生能够学会全部20个钩子。一开始，这需要集中注意力、展开想象和勤加练习。然后这些钩子就能用作一种类型的记忆宫殿。我们知道，有些教师向后进的学生教授前10个项目，到"母鸡"为止，为的正是使学生树立信心——他们"一点也不笨"，他们能够成功，他们有很好的记忆力，只要他们懂得运用好的策略。

第 18 章　记忆术：作为运动、艺术和教学的工具 | 183

与内容相关的记忆术

另外，很多优秀教师运用首字母组合法（acrostic）和缩略语（acronym）等形式的特定记忆术（见以下专栏）。当一个缩写词本身成为一个词语的时候，我们可以用"缩略语"来指代［比如 NATO（North Atlantic Treaty Organization，北约）、COBOL（Common Business Oriented Language，通用商业语言）、GIF（graphic interchange format，图形交换格式）］。"首字母组合法"多指把一个词语作为一种记忆支持手段，在回忆的过程中给予提示。比如，我们看到一个经验丰富的教师在鼓励学生检查他们的作文时，指导他们运用"COPS"的方法。COPS 指的是大写（capitals）、组织（organisation）、标点（punctuation）和拼写（spelling）。在这个主题上有很多变式。在学习拼写难词时，有很多运用特定记忆术的例子，比如 Rhythm Helps Your Two Hips Move（rhythm，节奏助你舞动），或者 A Red Indian Thought He Might Eat Toffee In Church（arithmetic，一个红发印第安人想他能在教堂吃太妃糖）。这是被称为"首字母记忆术"（first letter mnemonics）的例子。顺带提一下，你数一下下面这个句子的字母数，然后看一下圆周率的值：How I wish I could calculate pi easily（3.1415926）。

学习记忆术的关键词

- 字钩法方案：正如前文所述，如"1 is a bun, 2 is a …"。
- 故事链：创作一个短故事，将独立的项目联系起来。
- 轨迹法：运用真实场景的图像，使你能在想象的漫步中放置各种项目。
- 首字母组合法：用一个单词去安放一个清单。比如，COPS 的意思是大写（capitals）、组织（organisation）、标点（punctuation）和拼写（spelling）。ROYGBIV 代表的是色彩光谱。这里有一个用于紧急医疗事故的例子。如果你遇到某人头部受到重击，或者可能是中风，那么你就要采取 START，意思是让病人对你笑（Smile）和讲话（Talk），举起手来（Arm Raise，双手高举过肩膀），最后让他们伸出舌头（Tongue）。如果这些伤者都做不到，那么就需要立即救护。
- 缩略语：用一个新单词去代替长而不必要的字符串，比如 NAPLAN 代表的是"全国读写和算术评估项目"（National Assessment Program Literacy

and Numeracy），JPEG 代表的是联合图像专家组（Joint Photographic Experts Group，该组织发明了图像压缩标准）。
- 首字母提示：通过一个短韵句来提示重要细节，比如"Rhythm helps your two hips move"。
- 特定的词语联想：运用的是语言学精加工策略。比如"校长"（principal）的拼写，因为她是我的伙伴（pal），而另外一种易混淆的拼写肯定是不同秩序下的原则（principle），根本不是我的伙伴（pal）。或者是将"钾"（potassium）看作"一杯茶，加两块糖，谢谢"（one Tea with two Sugars, please）。

医学院的学生通常运用记忆术去记忆大量信息。例如，如果一个医学生在培训中必须处理陷入昏迷的病人，那么回忆 COMA MIDAS 能够帮助回忆合适的程序。大脑想到组成 COMA 的基本元素是二氧化碳（CO_2）、用药过量（overdose）、新陈代谢（metabolic）和脑中风（apoplexy，或 stroke）。另外一些需要检查的重要项目是脑膜炎（meningitis）、中毒（intoxication）、糖尿病（diabetes）、空气流量（air flow）、硬膜下血肿（subdural haemorrhage），故记作 MIDAS。医学世界在训练见习医生上已经发展出了一套具有重大价值的记忆术体系，可以在一些网站上找到。

为了达成某些特定目的，人们已经发展出专业记忆术。在学习新词语，或者学习外语单词时，一个有效的方法是运用关键词。关键词记忆策略是将新单词与长时记忆中已有的意思联系起来。技巧是寻找可记忆的联系。下面是一些例子：

1. Ranidae 是在澳大利亚北部发现的一种青蛙的学名。科学教师可以将 Ranidae 与"雨天"（rainy day）联系起来，教学生想象一只青蛙站在昆士兰州热带雨林中的一片荷叶上。

2. 斑索蟾（crinia signifera）是一种在澳大利亚很多城市都十分常见的动物，它会不停地发出蟋蟀叫似的声音。这不停歇的叽喳叫让你"永远都忐忑不安"（cringe significantly forever）。

3. 草坪上的一种常见野草酸箕，学名是酢浆草（oxalis）。想象一只"公牛"（ox）在你的草坪上吃酸箕草。

4. "苹果"的意大利语是："mela"。多少苹果能凑成一餐（meal）？

5."机场"的德语是"Flughafen"。它是"飞行的避风港"（haven for flight）。

有必要指出，只有我们在一开始的时候就很好地学习和理解这些陌生的单词，关键词法才是有效的。关键词法通常不适合用于最初的词汇习得。相反，当要记忆这些生词对应母语中的何种意思时，关键词法变得有用。因此，下次你看到Flughafen，就会想起"haven for flight"（飞行的避风港），然后触发你的记忆"机场"。对于这种类型的记忆，在你第一次接触这些生词以后采用关键词法，是非常有效的。观察这些生词，然后慢慢地正确拼读至少三次，然后再想一个关键词或者是向老师请教一个，这是有帮助的。因而，教师能够向学生提供记忆上的关联，使一个陌生的项目瞬间变得有意义，而不是一个只能通过死记硬背来学习的单词。

整个班级层次上的记忆术

学生是否能够从记忆术的直接训练中获益？已经有人尝试去研究这个问题了。答案是不确定的。典型的研究发现是，儿童在训练的特定任务中有明显的提高，但这种效应很少能一般化。在2010年，海伦·圣克莱尔-汤普生（Helen St Clair-Thompson）与赫尔大学的一支研究团队发表了一个有趣的研究报告，五所学校中各有一个班级采用了被称为"记忆助力器"的计算机培训程序，而其他对照班则没有。这个程序教授复述、想象、故事联结等策略，训练持续六到八小时，内容以一个愉快的冒险故事的形式呈现。大约100名学生被分成若干组。学生是小学低年级的水平（年龄在7岁左右），五个月后检视培训的效果。增强记忆力方面成效显著，比如能够聆听和理解教学指导。在学业成绩的评估上，两组没有差异。研究人员如此解释他们的研究结果：

> 计算机记忆策略训练能够提高儿童在有关工作记忆的任务中以及课堂中的表现。然而，记忆策略训练不会提高标准化能力测试的成绩，因为这些测试并不需要运用记忆策略。
>
> （2010, p.215）

问题的实质似乎是记忆技能有助于学习层次较低的表层知识，而不一定有助于更深层次的学习（关联和拓展这些知识）。但毋庸置疑的是，我们需要先了解这些表层知识，然后才能关联和拓展它们！

> **观点：记忆术的局限**
>
> 　　一旦个体精通于某事，他们就很少有意地运用记忆技巧。一个专业翻译者不会有意地运用关键词。一个经验丰富的急诊医生看到病人陷入昏迷时并不会回忆首字母的记忆术。这并非大脑精通于某事时可能出现的运作方式。高层次的分辨和识别过程占据主导，而记忆提取自然地变得简单和高效。然而新手医生在开始训练时，记忆负荷是十分沉重的。因此有必要去寻求一些可用的学习帮助，寻求任何能将重要信息还原至那弱小的、过载的工作记忆系统中的方法。
>
> 　　在训练期间的经验表明，优秀教师能够很快并且有意义地将记忆术传授给学生。有用的记忆术与具体情景是紧密相关的，而不能被看作学习无意义信息清单的通用工具。确实，弗尔所练习的通用记忆工具并没有太大的实用价值。一些记忆运动员称自己能在常规的考试中"拔得头筹"，但这样的数据却严重缺乏。正如我们在教育机构中所发现的那样，记忆运动员只是没有将他们的技能运用到知识建构上。
>
> 　　在书的最后弗尔如此描述道，在与朋友庆祝他成为记忆冠军一整晚以后，他坐了地铁回家，却忘了他是开车到会场的。回到日常生活中，即使是记忆冠军也会出现细微的记忆差错。

导学问题

1. 心智运动员的目标是什么？他们的目标不同于我们的教育目标吗？

2. 你能解释为什么有人会尝试背诵圆周率到1000位等类似的壮举吗？

3. 数字很难回忆，很多心智运动员使用不同的主系统法。主系统法有什么作用？

4. 你真的喜欢拥有一种过目不忘的记忆吗？你什么时候会使用它？什么时候它会变成一种诅咒？

第 18 章　记忆术：作为运动、艺术和教学的工具

5．记忆艺术的支持者常常会指责教育者没有教授记忆技巧。他们常常声称记忆就像是一种失落的艺术。你会如何回应这种控诉？

6．很显然，教师确实经常传授记忆技巧，但在何种特定情景中最有可能发生？

7．除了课本上记忆技巧的例子，在你的教学领域中，你还会采取哪些特定的工具？

8．虽然向你的学生直接教授记忆技巧显然很有价值，但这可能对他们的学业成就产生显著的成效吗？

参考注释

- 信息量非常大的书籍《与爱因斯坦月球漫步：记忆的艺术与科学》（Foer, 2011）。
- 国际记忆锦标赛：见 www.memoriad.com。
- 探究超凡的记忆效应（Hu & Ericsson, 2012）。
- 大部分心理学和教育心理学的入门教科书都对记忆术这个主题做了很好的处理。
- 赫尔大学对运用"记忆助力器"训练小学生的研究（St Clair-Thompson, Stevens, Hunt, & Bolder, 2010）。

第19章 分析学生的学习风格

2012年9月,我们在网上搜索"学习风格评估"这个关键词,谷歌瞬间定位出了10个网站,这些网站向我们提供:(a)在线测试个人学习风格;(b)测量学习风格的问卷工具。我们查看了这些网站上的调查问卷,发现它们都是基于研究者称之为VAK的模型。这个模型认为,根据我们处理信息所运用的感觉输入系统,人类个体可以自然地划分为三个类别:视觉学习者(V, visual learners)、听觉学习者(A, auditory learners)、动觉学习者(K, kinaesthetic learners)。模型认为,大部分人都是视觉学习者,以视觉元素、想象或者空间关系为特征的教学,或者至少是以视觉形式呈现的教学,能使他们获益。听觉学习者从聆听言语中获益,并且能通过语言和积累词汇量进行有效学习。动觉学习者从运动、行为、亲身实践以及一般的触觉型资源中学习。

所有教育者都对这些概念非常熟悉。VAK主题下的变式在教育思想中已经存在了大约50年。但这个模型只是人们严肃提出的20多种不同学习风格的其中一种。英国的一个综述团队在文献中找到了71种不同的学习风格评估(Coffield, Mosely, Hall, & Ecclestone, 2004)。然而,在考察了已有的不同学习风格以后,我们得出一个明确的结论:没有确凿的证据表明了解和判断学习风格能帮助你更好地教授你的学生。

这不是一个草率的结论。尽管有证据表明学习风格会影响我们行为的某些方面,但没有任何确凿证据表明学习风格真正能够以任何有意义的方式预测学习行为。作为一个研究领域,在尝试分析支撑学习的过程方面,学习风格不一定是毫无建树的。但我们一定要澄清的是:学习风格不同于发展各种学习策略。学习风格指的是这样的一种观点,即我们在处理信息时偏好不同的感觉系统和心智模式,这些属性会使个体产生差异。

学习风格理论认为个体都是独特的。尽管这是一个简单且不言自明的道理,但这些理论进而假定了将人们区别开来的特定维度。因而,可能存在一个从视觉到言语的维度,有些学生被评价为偏向于视觉型,有些偏向于言语型,有些

第 19 章　分析学生的学习风格

可能在两者之间。另一种更加流行的方法是假设存在不同类型的学习者。比如在一种理论方案中，学生被描述成行动型、思考型、理论型和务实型。人们提出了很多类似的以分类为基础的方案。每一种方案似乎都有自己的评估手段，用于将个体划分到预设的类别中。比如在北美流行的一个模型，由邓恩（Rita Dunn）和他的同事提出，主要关注五个主要维度：（a）对学习环境类型的偏好；（b）在动机方面的偏向；（c）倾向于小组学习还是单独学习；（d）对输入媒介和时间段的偏好；（e）偏向于整体思维还是分析思维。这些宽泛的分类需要 20 种不同的测量问卷，这些问卷很容易获取。

主题简史：为什么发展出这样的领域？

在进一步深入介绍这些研究发现之前，我们先绕开它去讲一下这个领域是如何出现的，这个故事始于第一次世界大战。当美国在 1917 年加入战争时，它面临一个问题：超过 150 万人应征入伍，后勤面临空前的难题。应征者有些来自城市，有些来自农村，但没有任何辨别的标准，如何建立一支现代的军队？在数月之内，这些人必须从过着平静的城市或农村生活转变成作为一支强大战斗部队的组成部分。现代机械技术使战争变得比以前更加精确和昂贵，同时也使这件事更加复杂混乱。问题在于找到合理的方法将个体匹配到合适的军事训练角色上。在这个议程上，一般能力测试得以应用。

一位年轻的心理学家亚瑟·奥蒂斯（Arthur Otis）被指派去设计一个能力测试，帮助军队对新兵进行分类。军队阿尔法测试（Army Alpha test）在短短六周时间之内被设计出来，采用多项选择的形式。它的计分很简单，更重要的是它能够在一个大众场合下进行，比如当地的市政大厅。在两年时间内，差不多 200 万新兵参与了奥蒂斯测试，评级从 A 到 E，决定了他们在军队机器中的位置。

由于在军队中的应用大获成功，能力分类测试在 20 世纪二三十年代被改编成不同的形式。智力商数或智商（intelligence quotient, IQ）一开始主要用于特殊教育上，在那个时代却占据了主流的想象力。人们开发了各种测试，应用于商业公司、职业指导和教育机构中。一个获得了普遍认可的观点是，人的能力受制于其天赋。奥蒂斯测试以及它的衍生工具用于标识个体的智商得分，而智商则决定了个体的潜力。因此，根据这次军队的经验，涉及责任、工作分配、培训机会、职业选择和学术机会等的重要决策都可以采取这些新的"科学"方法。

但在20世纪30年代，人们开始发现在某些专业的分配上，一般能力测试似乎不是那么有用。首当其冲的是航空领域。人们逐渐发觉，智商测试在选择实习飞行员时不是那么有效。因此，航空专家开始设计一套特殊的测试工具，包括空间技能、方位感知任务和决策等方面。在他们开发的这样一套测试中，就有一些工具后来发展为通用型的、被称之为"感知或认知风格"的测试。

"认知风格"背后的理念是，人们平常注意刺激信息的方式有所不同。比如，有些人倾向于关注他们感知领域中界定明确的一些方面，他们能够找出关键的刺激信息，凭借它们做出决断。这些人被认为是"场独立型"（field independent）的。但有些人可能更加关注大局，通过接收更多信息，他们能凭感觉或全局的特征做出良好的回应。这些人被认为是"场依赖型"（field dependent）的。研究发现，飞行员在操控飞机时的感知过程中，需要"场独立型"。在操纵杆后面，能够在压力之下判断水平倾斜的角度，远远胜过高智商。

第二次世界大战以后一个流行的观点是，人类的能力和气质应该从以下几方面进行描述：（a）一般能力特质，比如智商；（b）特殊能力特质，比如数学；（c）相较而言的非智力属性，比如认知风格。这些风格通常被用于描述不同个体如何应对学习任务，在能力因素之外如何运用不同的感知和心智策略。为什么某些学生在学校情境中遇到困难，尽管他们都表现出足够的智力？VAK模式在当时开始被认为是一种可行的解释。假设你的学习风格主要是通过图像，但你却被期望通过书上的词语和文本进行学习。如果这样的话，结论是你处理信息的天然风格与你身处的情境之间出现了不匹配。

然而现在的情况是，我们在很大程度上混淆了能力和风格的概念。如果人们有不同的能力，这并不意味着擅长某一方面，另外一些方面就弱。但这却是理论家一开始认定风格存在时所做的潜在假设。从科学心理学的角度看，在英国和美国，VAK模式的变体在"二战"后的一段短暂时间里得到了检验，结果是它们都没有效度。当谈及正常的、无缺陷的人如何学习和处理信息时，人们在媒介输入系统上有明显差异并且在某些方面表现出优势，这样的说法显然是不正确的。换言之，在同一个班上，你的学生有些能被归类为视觉学习者，另外一些则是听觉学习者，这样的观点是荒谬的。无论是从神经学上看，还是从真正的行为表现上看，这样的分类方法都是无效的。但这个现实并没有阻止VAK的概念朝着另一个方向迅猛发展。

风格作为偏好

在战后时期以及之后发生的事情是，相当多的理论家以不同的方式发展了学习风格这个概念。由于缺乏行为测试的技术，他们通常运用调查法去观察人们的言语反应。问卷通常会问人们在学习困难事物时有何种偏好。比如，问卷可能会问他们通常会更多地思考，还是更愿意付诸行动；他们喜欢通过阅读了解一件事情，还是以其他方式进行；他们放眼于大局，还是关注于大厦之下的小砖块；他们展现出聚焦还是发散的思维方式；等等。

我们发现确实能够开发出问卷工具，使人们能够多维度地进行自我测评，其中就包括了基于VAK模式的问卷工具。比如，如果你问一个人"你喜欢通过图像还是阅读进行学习？"人们能够回答类似的问题。因此，在20世纪60年代以后，"风格"这一术语从一种行为属性转变成一个问卷测评的领域。很多此类问卷现在都能通过互联网搜索到。正如我们前面所说的，这样的问卷工具大多是免费开放的，但有些问卷在一定程度上也是处于知识产权的保护下。直到今天，运用这些工具去诊断学习风格依然是一项非常重要的商业服务。

但这里有一个有趣的问题。人们有明显的偏好，这个观察也仅仅意味着人们认为自己有明显的偏好。问卷要求人们做出一般性的判断。你通常不能给出一个条件性的答案，也不能回答"好吧，这得视情况而定"。

最糟糕的是，有些问卷题目希望你自己补充情景。比如，假如你被问到是否会赞同下述表述："当时机恰当时，我会快速思考，尽快做出行动"，或者是"我需要看着说话者的面部表情和肢体语言去理解他的话语"。这些问题是从互联网上查到的题库中抽取出来的。有人会否定第一个问题吗？我们认为这更多是一种语言的误导，而非诊断学习风格的偏好。类似地，一个人对第二个问题做出何种回应，取决于他那时候如何理解"需要"这个词。在人们讲话的时候观察他们的肢体语言肯定是有用的，但如果这个陈述对你来说完全属实，那么你可能永远无法进行一次电话交谈。

表达这个观点的另一种方式是，我们注意到用于评估学习风格的问卷工具中的题目很少有正确的选项，因为我们的一般感觉是人们之间应该没有太大差异。当出现这样的差异时（即人们做出了不同的回应），这与对字词意思的理解或者明显的误解有关。坦白地说，学习风格的题库能够用于自我陈述（self-reports），但它只观察到了表面，除此之外在诊断上没有任何令人满意的效度。

个体差异的本质

教师不需要用这样的题库去判断学生在自然倾向上的个体差异。有些学生聪慧过人，有些学生焦虑不安，有些当机立断，有些思虑细密。有些学生面对新领域依然保持自信，而有些似乎没有那么乐观。但不要以为现代心理学能为你提供科学的工具去发掘学生学习倾向的细微差异，并将他们归到几种风格类别中。很多理论方案告诉你，有很多不同类型的学生坐在你班上，你要以不同的方式去教授他们，对此我们需保持谨慎或者怀疑的态度。

在人格心理学中有一个经典笑话：这个世界上有两类人，一类人相信这世界有两类人，另外一类不相信。另外一个经典笑话是，尽管我们会为了统计学上的目的，利用各种信息对个体进行归类，但学生在进入学校时额头上并没有任何标签。学习风格的文献中有一个令人诧异之处，那就是很多理论家都倾向于支持这两种观点：（a）每个学生都是独特的个体；（b）我们可以将他们分组，划归为不同类别或者风格。稍做思考，我们就可能发现这两个基本原则之间存在很大的矛盾，或者说逻辑谬误。

超过一百年的研究得出了下面这个结论：除一些基本概念以外，比如性别和诸如种族、信仰和社会经济地位等人口学特征，我们很难去对任何个体进行主观的分类。但学习风格的研究常常忽略了这一点，并且以为要求人们——成人或者儿童都一样——对一份简单问卷上的一些粗浅问题做出一系列的选择，就能轻易地发现不同个体之间持久而深刻的差异。

匹配的问题

我们不时会遇到一种更加危险的观点。那就是你的学生会出现三个方面之间的不匹配：（a）他们的个人学习风格；（b）他们所接受的教学的性质；（c）你的个人教学风格。例如，你可能是一个具有听觉学习和教学风格的教师。这只适合于你30%的学生，他们是听觉学习者，因此他们喜欢你不停地唠叨。但其余70%的学生会出现不匹配。但隔壁班的老师运用的是图像和想象，因而她的教学正好是视觉学习者的强处。第三位教师确保她的学生有机会通过身体运动和动作获得发展，比如采用角色扮演的教学方法。当然，所有学生都能从这些教学中获益，无论是分析图像、聆听话语，还是表演出关键的方面。但这并不是匹配假设（match hypothesis）的本意。

这里的问题反映的是研究者所谓的"**性向与处理交互作用**"（aptitude-treatment interaction）。这个理论认为，不同的教学适合不同类型的人。从一些精心设计的对照实验中，我们知道很容易在两个已知领域中发现这种性向与处理交互作用：焦虑和知识层次效应。焦虑型学生能很好地接受强有力的指导、直接的监督和选择的限制；而非焦虑型学生对恰好相反的条件能做出良好反应。在知识习得上，这种效应也是成立的，初学者从清晰的分步教学（step-by-step instruction）中获益，而对问题解决的任务心不在焉；另一方面，高知识水平的学习者能从问题解决中获益，分步教学只能起阻碍的作用。

但除了这两个研究发现以外，很难在别处找到性向与处理交互作用，或者至少它们无法通过严格的研究得到验证。一份反思研究质量的报告指出，这种性向与处理交互作用在学习风格的领域中从未有效过。其中一个观点是它们从未被彻底地研究过。但与这个观点矛盾的是，一份综述找到了1900篇学习风格领域的论文。尽管匹配假设十分流行，但其背后的基本观点从未被证明有效，我们呼吁人们在接受和提倡这些观点时保持谨慎。这是一个言辞超过数据的领域。那么，主要的研究评述者有何结论？

实证研究文献的重要综述

在这个领域，我们得益于几支研究团队的一些关键性的文献综述。在1987年，科瓦勒和福尼斯（Kavale & Forness）综述了39份关于教学与媒介偏好（比如VAK模型）相匹配的研究，发现对学习并没有产生显著的影响。在1999年，儿童阅读的重要研究者斯蒂芬·斯塔尔（Steven Stahl）同样回顾了已有的研究并指出，"研究者之所以对学习风格满眼不屑，是因为他们完全找不到任何证据能够证明评估学生的学习风格并使其与教学方法匹配起来能对学生的学习产生影响"（1999, p.1）。

2004年，伦敦教育学院的弗兰克·科菲尔德（Frank Coffield）教授和他的同事发表了一份重要的综述，仔细地检验了学习风格文献中的论点是否有效。在这个长达一年的项目中，他们认真地检视了已发表的实证研究，并指出独立研究十分缺乏。支持学习风格的研究通常都是由那些为了推广自己的理论和特定产品的人所主持的。在检验独立开展的研究时，数据无法证实关于学习风格

194 | 可见的学习与学习科学

的任何主要观点的有效性。

科菲尔德报告采用的语言引起了我们的注意。例如，他们认为某些学习风格的方案"很有问题"（p.25），"在理论和心理测量上有缺陷"（p.19），"不适合用于个体评估"（p.19）。他们写道："因此，我们建议教育干预不能仅仅以学习风格测试为依据"（p.140），并且"最为人所知和广泛使用的一些测试工具都有这样的致命弱点（比如，很低的信度和效度，微不足道的教育影响），我们建议研究和实践停止使用这些测试工具"（p.138）。

科菲尔德等人认为，这个领域的特点是"自相矛盾的理论和混乱不堪的概念"（p.135），以及"贴标签、先入为主、言过其实"（p.137）。随后的新闻报道引用科菲尔德博士的话："我们暗示学生他们仅仅有一种学习风格，而不是根据内容灵活选择不同的方法，这对他们造成了严重的伤害。"（《每日电讯报》，2007年7月29日）同一条报道还引用了脑科学家苏珊·格林菲尔德女男爵（Baroness Susan Greenfield）的话："根据学习风格对学生进行分类的方法是在浪费宝贵的时间和资源。"

在这个争论在英国发展起来以后，美国心理科学协会指派了四名顶尖的认知心理学家去检验那些在大众领域中传播的学习风格言论背后的证据。他们的特别简报对风格匹配假设（style matching hypothesis）进行了评估。报告发表在《心理科学杂志》的公共利益版（Psychological Science in the Public Interest）（Pashler, McDaniel, Rohrer, & Bjork, 2008）。与英国的报告相似，美国的报告对这个领域的言论做出了严正的批评，并写道：

> 将学习风格评估融入普通教育实践，并没有足够的证据支撑这种观点。因此，有限的教育资源最好投入到其他证据确凿的教育实践中，后者的数量在不断增加。
>
> （p.105）

美国的报告特别强调，匹配假设（不同学生对不同教学措施做出不同反应）在已发表的研究中只有负面的证据。当学习者的偏好被考虑在内时，才能最好地学习，这种理论在关于人类学习的已有文献中也没有获得真正的支持。总体上，这个报告严厉地批判了通过学习风格产品营销发展起来的产业。

2010年，由埃默里大学的斯科特·利林菲尔德（Scott Lilienfeld）带领的一

第 19 章　分析学生的学习风格 | 195

个研究团队出版了一本非凡的汇编著作，书名为《大众心理学的五十大误区：破除对人类行为的普遍误解》（*Fifty Great Myths of Popular Psychology: Shattering widespread misconceptions about human behavior*）。整本书让人爱不释手，它审视了那些被信以为真的效应背后的真凭实据。当教学风格与学习风格相匹配时，学生学得最好，这个观念被列为第 18 个误区。作者总结道，这个观念构成了"一个教育心理学的都市神话"（p. 96）。

一份澳大利亚的报告严厉批评了某些学校将学习风格用作一种诊断工具。给学业遇到困难的学生贴上"触觉或动觉学习者"的标签，这种趋势导致了不适当的教学方法、时间的浪费和刻板印象。这份报告总结道："学习风格并不是一种无伤大雅的潮流，它助长了一种刻板僵化的、造成损害的教学实践，而后者恰好是我们反对的。"（Scott, 2010, p.5）

除了这些主要的报告，我们还找到了很多其他的作者，他们也检验了部分数据，但没有那么令人印象深刻。我们不可能臆断一个虚无假设，然后说"学习风格根本不存在"这样的话。的确很显然，如果我们将学习风格定义为学习者个人陈述的偏好，那么它们确实存在。但我们尝试在口头上表达出来的学习风格与我们真正如何学习有什么关系，这里存在一个很大的问题。那就是症结所在。

观点：走向言论背后的真相

学习风格是一个令人迷惑和不快的领域。其言论超出了已有的现实基础（见表 19.1）。通过自陈问卷去了解学生的学习风格无法提供任何关于学生如何学习的真知灼见。对学习风格的测量所面临的危险是关注了错误的变量。

你的教学风格与学生个体展示出的学习风格之间可能出现不匹配，这种言论是非常可疑的。教师与学生之间确实可能产生冲突。教师也确实可能表现出教学方法上的缺陷。但将这种冲突和缺陷归咎于学生的学习风格与教师的教学风格之间相互作用的产物，这是不正确和误导性的。当一个教师展现出一种有问题的教学风格，那"不匹配"就可能不止发生在部分学生身上，而是全部学生。一种教学风格有利于一种类型的学生，不利于其他类型的学生，这样的观念依然缺乏任何支持证据，并且是错误的。

可见的学习与学习科学

表 19.1　学习风格与言辞：四大观念背后的真相

观念 1：学生是独特的个体，不同于其他人。因此不能一刀切，教师需要对个体差异保持敏感。	正确。所有教育者都承认这条真理，从来没有发现两个人是相同的。例如，学习者之间的差异源自于他们进入任何学习情景时知识水平的差距。
观念 2：学习者在他们感觉最佳的学习方式上有明显的偏好。当向人们提供选项时，他们能够告诉我们，他们想以何种方式进行学习。	正确。但问题在于这种偏好似乎与真实情景中的学习没有太大关系。当人们说他们如何学习，并不代表他们真的那样学习，这种说法并不比那些每个人都适用的陈述强。
观念 3：当教师的教学风格与学生的学习风格相匹配时，个体学习者能更加高效地进行学习。因而你的教学有利于部分学生，而不利于其他学生。	错误。这种理论缺乏支持的数据。这种观念认为教学方法与不同类型的学生会产生互动效应，而这种学生的分类从未被证实。大量关于有效教学策略的研究提供了相反的证据，这些研究显示主效应（即对所有学生，而不是部分学生的效应）非常强。
观念 4：不同的学生需要以不同的方式教授。在某种程度上，教学必须是个性化的。	部分正确。但错在细节上。人皆不同，这是真理（观念 1）。但根据学习者的差异调整你的计划，必须与你的学生在真实情景中如何学习关联起来，运用真正个性化的反馈，而不是这些设想的特征，它们的存在都是没有被证实的。

导学问题

1. 通过互联网搜索，哈蒂和耶茨发现一些宣称用于测量"学习风格"的问卷样本，这些问卷依然基于旧的 VAK 模型，尽管有细微的不同。VAK 模型的假设是什么？

2. 人皆不同，因此我们应该分析他们的学习风格。这种逻辑有什么错误？

3. 解释一下"风格"这个概念是如何产生的：（a）智商测试显然不适合用于飞行训练中；（b）人们认为问卷能够用于揭示心智组织上的巨大差异。

4. 为什么学习风格问卷的作答完全不可信？什么东西决定了人们回答这些问题的方式？

第 19 章 分析学生的学习风格 | 197

5. 根据人们的"类型"对其进行评价，这有多大的意义？学习风格理论假设存在多少种"类型"？现在的人格心理学对这些"类型"有何回应？

6. 你是一个视觉学习者吗？如果是的话，这意味着你的教学风格有利于你班上的视觉学习者吗？

7. 关于"性向与处理交互作用"的研究文献有一个主要的问题。这个问题是什么？

8. 学习风格研究已经持续了50多年，产生了大约1900篇研究论文。总体的研究结论是什么？

9. 我们不能说"学习风格根本不存在"，因为人们能够清晰地表达他们在这方面的偏好。但人们在问卷中所说的与他们真正是如何学习的有什么关系？

参考注释

- 一支英国的综述团队找到了学习风格的71种不同的评估方式（Coffield, Mosely, Hall, & Ecclestone, 2004）。
- 一种流行的学习风格模型（Dunn, 1984）。
- 人们如何解析问卷中的问题（Schwarz, 1999; Shulruf, Hattie, & Dixon, 2008）。
- 人类个体无法被有意义地归类到不同的心理学范畴，或者人的"类型"当中（Cervone, 2005）。
- "性向与处理交互作用"的研究历史（Corno, 2008）。
- 重要的文献综述，质疑"学习风格"作为学习的一种决定因素的可靠性（Coffield et al., 2004; Kavale & Forness, 1987; Lilienfeld, Lynn, Ruscio, & Beyerstein, 2010; Pashler, McDaniel, Rohrer, & Bjork, 2008; Scott, 2010; Stahl, 1999）。
- 科菲尔德认为学习风格是对学生的一种损害（同时引用了格林菲尔德女男爵的话）：《每日电讯报》，2007年7月29日，网址为：www.telegraph.co.uk/news/uknews/1558822/professor-pans-learning-style-teaching-method.html（获取于2013年5月20日）。
- 参见耶茨（Yates, 2000）的研究。将学生的学习风格与教学程序相匹配，完全是不可行的。

第 20 章　一心多用：一个常见的谬论

你可曾羡慕过有些人能同时听电话、修指甲、读报纸、吃三文治？当有需要的时候，如果能同时处理多个问题，或者一心多用（multitasking），似乎是一种很有吸引力且高效的时间管理方式。这个术语一开始是用于形容早期的计算机处理系统[①]，但现在其涵义泛化了。在有些地方，这个术语似乎用来指代一类生活方式。我们最近发现一款面包的广告是为"一心多用的人"提供能量，还有位雇主想招聘一个能"一心多用"的采购员。

但我们真的能够"一心多用"吗？如果我们在同一时间做多件事，我们真的能完成更多事吗？我们生活中的很多事情似乎都包含多个目的、互相重叠的活动。我们边开车，边谈话。我们边煮饭，边看书。我们嚼着口香糖与他人谈话。我们可能在整理花园时陷入了沉思。

我们的儿童边听音乐边学习。很多学生宣称他们能一边做作业，一边在脸书（Facebook）上交流。很多研究对那些自称能一心多用的学生进行了调查。例如美国的一个大型调查当中，尤拉·弗尔（Ulla Foehr）发现 64% 的小学生称他们能边用计算机边做别的事情。但她要求一部分的学生去写日志，她发现在计算机上做作业时有 50% 的时间用在其他目的上。我们经常将学生描述成"**数字原住民**"，生长在计算机时代，他们掌握了很多技能让"一心多用"成为人类能力的自然延伸。

那么在学习上又如何？我们真的能将我们的活动重叠在一起，同时学习两样东西吗？筛查过已有的研究证据以后，对于这个问题，我们只能明确地给出一个否定的答案。

[①] multitasking 在计算机科学中译为"多任务处理"。——译者注

何谓"一心多用"？

"一心多用"这个术语指以下几种情况：（a）大脑同时在进行两种或更多的活动；（b）通过切换任务，在同一段时间内完成多个目标；（c）关注一个主要目标，但在这个过程中允许其他任务或次要的目标处于优先状态；（d）有意识地将时间分配到本质上要求不高的任务上，比如一边等邮件，一边盯着烤箱，同时收听电台节目。

第一种观念（即大脑可能真正能够同时做两件事情）严格来讲没有效度，这是得到了普遍认可的。在有关"同步加工"（simultaneous processing）的研究中，正如心理实验室的研究结果表明，这样的能力显然超越了任何有效的人体机能。当同时出现两种信号，你只能注意到其中一种。每当人们宣称他们能够一心多用时，他们指的都是那种能够高效地切换活动的感觉。人们可能在相对较短的时间内达成多个目标，然后产生了一种他们能够通过大脑的多任务处理达成目标的感觉。

更深一层，"有效多任务处理"的言论通常忽视的一点是，有些目标和任务涉及学习和思考，而有些任务只需完成一个已经学会的行为。这种区别是很大的。与运用头脑中已有的知识相比，在学习新材料时，干扰效应更加显著，对大脑的要求也更高。尽管在练习已经学会的活动时允许出现一定程度的重叠，但尝试同时学习不同的事情，这对大脑来说简直就是一场灾难，文献中可能将这称为"干扰"。如果你试图在10—15分钟内学习两种不同的东西，大脑会将它们混淆在一起，陷入迷茫。从一开始，即在150多年以前，关于记忆的研究就十分确定地记录过这种干扰效应。

但有一种更加现代的人类思维模型，那就是计算机。我们经常听到计算机以多任务的方式处理信息。但这并非事实。计算机的中央处理器由实时采样协议（time sampling protocols）所支配，这样它处理任务时能在微秒级别上进行切换。计算机是这样设计的，中央处理器每秒几百次地检测接收到的指令，只要没有超出计算机的内存容量，处理多个指令几乎不会降低它的效能。从一开始，计算机中央处理器的设计就是让它在一个分时系统（time-sharing system）中运作。这就是为什么你的家庭计算机能毫不费力地管理多个设备，比如硬盘、移动硬盘、打印机等。

用计算机比喻大脑，这是非常不恰当的。人类大脑与已知的任何计算机都有很大的差异。我们的大脑不具备类似于计算机的分时能力。我们也没有一个中央处理器，随时准备处理数据序列。说到底，在真实的学习情境中，一心多用是不存在的。我们不应该让学生觉得他们有能力同时做两件事，如果这些事情包含任何形式的学习的话。如果注意力分散了，学习就不会发生。我们不应该鼓励学生去相信他们在互联网社交工具上互动的同时也能高效地学习。在预期的学习环节，一个人在同一时间的活动越多，干扰就越多，这将使我们付出巨大的代价。

隐性但代价很高的心智转换

到目前为止，实验室研究能告诉我们的是，在高要求的任务之间任何程度的切换都会导致行为失误，这就是"转换成本"。有些研究表明，相对于年龄较大的人和男性，年龄较小的人和女性受到的影响较少。但总体上，人类大脑在需要注意力高度集中或学习的任务间自由切换，已有的证据均不支持这样的愿望。那些希望一心多用的人通常只会降低总体效率。实验室测试同样表明，人们没有意识到他们的表现在一心多用的情况下会变得糟糕。

相比于不切换，在高要求的任务之间进行切换需要付出一定的代价。但最致命的是，当你在不完整的活动中切换时，你并不会自动地察觉到总体表现在下降。一个研究发现，在实验室测试中，那些自以为能一心多用的人表现最差。他们的组织能力很差，并且无法有效地运用他们的记忆力。那些自诩能一心多用的人对他们的能力抱有不切实际和过度自信的幻想。那些在不完整的活动间快速切换的人往往容易冲动，同时也表现出一种较差的元认知辨别能力，他们无法察觉他们的总体效率在下降。

20世纪50年代的应用性研究发现，当要求一个打字员接听公司电话时，其总体的打字效率会明显下降，代价远远不止接电话持续的时间。如果不只是简单的例行公事，那么在工作中回复一封邮件花费的平均时间大约是15分钟。即使是那些似乎很擅长同时负责多项工作的员工，显然他们也因为任务切换而感到过大的压力和挫折感。最近的研究亦表明，仅仅是关注接收到的社交媒体信息就对学生的阅读成绩造成了严重的影响。

有些电视新闻节目在屏幕下方会设置一个标题栏，有时被称为"滚动条"，而在人们如何观看这种新闻节目的研究中，"转换成本"显得尤为明显。我们很

第20章 一心多用：一个常见的谬论

难同时关注主线故事和滚动条上的单独条目。尽管我们可能会尝试同时察看滚动条和主线故事，但总的来说，结果是我们记住的更少了。讽刺的是，尽管我们接收到了更多的信息，但是由于注意力分散，记忆的总体保持率更低了。

我们可以从历史的角度去分析"转换成本"这个概念。这个概念最先在第二次世界大战中出现，那时战斗机得到迅猛的发展。随着飞机性能的提升和技术的巨大进步，在一段较短的时间里，对飞行员的认知要求也在提高。不幸的是，在事故记录中，飞行员的失误是事故发生的一个十分常见的原因。从那以后，依据工程心理学和航空学设计建造的与人类能力和极限相符的飞行控制系统已经取得了极大的发展。

那么开车呢？

我们能以几种有趣的方式去解释人类机能显然在执行多任务的例子。比如，我们在开车时能够参与到其他活动中，比如与他人聊天。这可能是通过"**自动化**"（automaticity）的过程。顾名思义，你让你的自动化驾驶系统接管了汽车。这个过程不需要有意识的心智活动，因为这个驾驶系统知道哪个踏板是刹车之类的。你的眼睛关注路况，而无须施加主动的操作。

有经验的司机每隔几秒就会扫视一下后视镜，但这是无须意识参与的。开车的机械动作是高度自动化的，通过上百小时的成功练习可以达到这种境界。讽刺的是，达到这种境界时，你已经忘了在你刚开始学车时与他人谈话是多么困难。的确，贯串认知心理学的一个重要主题就是，自动化的认知过程比非自动化过程需要更少的资源。

然而，达到自动化并不意味着驾驶不会受到你神经系统中发生的任何其他事情的影响。聊天、听广播、接电话都是使注意力偏离驾驶的常见因素。如果这是一心多用的话，它会要我们付出极大的代价。你的眼睛稍微不留意路上的其他车辆，反应时间就会变慢，你及时刹车的能力会受到损害。有证据显示，开车时接电话与很多糟糕的驾驶行为有关，比如越线、不能及时刹车、冲红灯、对突发的交通状况反应迟缓。实验室研究采用计算机驾驶模拟器，结果表明在接电话时你将无法察觉前方道路的一半信息。在美国的一个大型研究中，结果发现只有3%的人在使用手机时仍能表现出无损的驾驶技术。

这项研究同时在真实的道路和实验室模拟中进行，结果显示人们不会意识到他们的驾驶技术在很多方面受到损害。实验参加者通常在得知真实数据显示表现有所下降时都十分震惊。行车时用手机造成的表现下降，相当于 0.08 血液酒精浓度的醉酒驾驶。很多事故，包括摩托车和行人之类，都是由于使用手机。如果大脑真的能够一心多用，那么禁止司机使用手机可能是没有必要的。

当你处于压力的状态下驾驶，比如在一个陌生的城市，那么最好的策略是：（a）关掉 CD 机；（b）停止说话；（c）集中注意力在驾驶上。如果你需要使用 GPS，那么请停止驾驶，因为它需要大约 55 秒去启动设备。视线离开道路超过 2 秒钟，将会导致严重后果。把车靠在路边能救你一命。

下列网络资源值得我们去访问：美国政府有一个网站为年轻人提供信息，主要关于驾驶时使用手机等设备的危险性（见本章的参考注释）。据估计，90%的年轻人在开车时携带开机的手机，并且放在触手可及的地方。观察研究报告称有 10% 的驾驶者边开车边打电话。这个网站强调了本章引用过的某些认知研究。我们认为所有司机，无论老少，都必须浏览这个网站。

在澳大利亚，其中一家最大的保险公司定期开展的调查表明，在司机的报告中，使用手机和发短信的比率高得惊人。事故调查和道路安全中心，依托昆士兰理工大学，建立了一个提供有用信息的网站，里面有可下载的向新司机发放的小册子，其内容有坚实的研究基础。

一心多用与学习：保持注意力的困难

任何削弱专注度的事物都可能是学习的负面因素。我们丝毫不会惊讶，有些调查显示得分较低的学生似乎常常在学习时花费过多时间浏览社交网站的页面。以成人为对象的实验室研究表明，相对于简单学习，一心多用对深度学习的影响更大。为什么强调我们要建议和帮助学生去识别这个领域存在的误区？这是一个重要的原因。

类似地，听音乐可能是一个无益的因素。对音乐的已有研究结果并不明确，缓和的或者不引起注意的背景音乐可能是无害的，甚至是有帮助的。但如果音乐变得喧闹和明显，它就会迅速地降低学习表现。听音乐会迅速削弱学习者的专注程度。当学习者开始听音乐，而非专注于材料上，音乐就变成了一个问题。

你偶尔会遇到一些成绩很好的学生公开声称自己学习时听音乐。但进一步深究的话，我们发现有些人会习惯于将音乐作为一种背景因素。音乐在响，然

第20章 一心多用：一个常见的谬论

而他们并不会聆听或者注意到它。换言之，这些学生是在运用选择性注意的策略，而不是一心多用。讽刺的是，只有在学生没有注意到音乐，而是将其当作一种环境的白噪音的时候，边听音乐边学习才会成功。

那么教师应该将这样的策略作为一种学习的手段吗？我们不应该鼓励这样的策略，因为已有的研究表明，越是听音乐，在其他心智活动上可用的注意力就越少。但这样的活动并不是硬性的要求，人们常常将音乐引入到环境中作为一种背景因素，部分为了减少厌倦，部分为了营造气氛。比如在锻炼、乘车或者为屋顶刷漆时，音乐能够营造一种积极的气氛，使得其他活动能够顺利地、令人愉悦地持续几个小时。但说实话，这些都不是学习情境。音乐能够将一个无趣重复的任务变成一种令人愉快的经历，年轻人容易欣然接受这种现实。现代技术使得所有人都能在切换任务时将音乐引入他们的心智世界。

在保持专注和投入学习的意义上，我们推荐的环境必须安静且不存在外在刺激因素。我们知道，在所有图书馆唯一允许的声音是空调的嗡嗡声，有很多措施去降低其他一切噪音。学习必须保持心智的专注。需要在家庭环境中学习的学生可能面临的问题是，如何维持和控制其学习环境。因此，佩戴耳机、播放背景音乐可以与外界隔绝开来，这可能（仅仅是可能）是个体使专注度维持在可接受水平的策略。但这并非一种值得推荐的策略，我们不建议你把它推荐给学生，尤其是那些表现出学习缺陷的学生。

"一心多用"有用吗？有的，可排解无趣感

这看似与我们前文所述相矛盾，轻度的一心多用确实可能在某些情境中使你表现更佳。不过这很容易解释。当某人被要求去完成一项简单但需要长时间保持专注的任务时，疲劳效应很快就会闪现。这是不可避免的。表现随着时间推移而下降。认知研究者将其称为**"警觉递减"**（vigilance decrement），而外行人会用"疲劳""分心"等词。当有一项无趣或重复的工作要完成，表现在相对较短的时间内就会出现下降，大约10—15分钟。人们可能勉强地保持高度专注，表现依然相当好，但效率不如他们觉得新鲜和热切的时候。

在这样警觉无趣（boring vigilance）的情境中，一个人如果不时转换到其他任务上做出一次简单的回应，然后又切换回主任务，这能够减轻警觉递减效应（但不是完全消除）。表面上，这看似是一种形式的一心多用。然而这不是有

意义的一心多用，而且学习也没有发生。在一些无趣、要求不高的活动中，当你的大脑以低效率运行、想要停下来，或者昏昏入睡时，一心多用有助于使你保持唤醒和警觉状态。这样的唤醒功能有助于恢复由于时间推移而损失的精力。比如，聆听动感的音乐可以帮助你在无聊的长途驾驶中保持警觉。

> **观点：教师应该知道和重视的事情**
>
> 多任务处理是计算机的功能。然而在习得新知识上，人类无法做到真正意义上的"一心多用"。一个更深入的分析表明，即使我们有时候似乎能够同时做多种事情，但其实我们只是将十分熟练的技能重叠在一起并在它们之间转换。只有任务的结构不需要持续的警觉和吸收新信息时，我们才能这样做。
>
> 你在生活中的很多活动都看似在一心多用。然而这种印象是表面的，它之所以能够维持是因为很多活动要求不高并且相对自动化。当人们似乎在一心多用时，他们是将两个或者更多的任务重叠在一起，但依然是在能力极限之内。一心多用没有提高你的能力，即使你是高度警觉并且有强烈动机的。在任何压力水平之下，任务转换本身都会消耗精力，导致总体效率的下降。
>
> 反过来讲，当我们尝试一心多用时，我们无法意识到附带的转换成本。人类大脑似乎并不是为一心多用设计的，至少在准确的意义或解释上并不是那样。讽刺的是，一心多用使你失去了用于监测表现下降的意识机制，或者说元认知能力。研究者将这种效应称为"隐性成本"（hidden costs），即这种成本是我们无法看到，也无法监测到的。尽管对于大部分要求较低的任务来说，这似乎不是很严重的问题，但这种成本将会损害和破坏我们接受新信息和建构新知识的能力。
>
> 总而言之，我们要传达的信息是，任何时候你想要学习、习得知识或者深入思考时，一心多用都是错误的选择。你需要付出努力和保持敏感，在某种程度上，试图一心多用只会使你的表现更差。在一心多用的状态下，你运用智力和元认知做出谨慎决策的能力将最先受到损害。

第 20 章　一心多用：一个常见的谬论 | 205

导学问题

1. 在今天，"一心多用"是对每一个人的要求吗？这是一条新的准则吗？你见过或者听到过某些人宣称自己需要一心多用吗？

2. "一心多用"（multitasking）这个词似乎有四种不同的使用方式，分别是什么？

3. 学习和运用一项技能有什么区别？哪一个更容易受影响？

4. 在这个领域，"转换成本"这个概念总是若隐若现。那么"转换成本"到底是什么？

5. 人们真的意识到了转换成本吗？转换成本不明显吗？如果不明显，那是为什么？

6. 我们经常认为人们能够一边开车一边做其他事，比如聊天。那么为什么驾驶时使用手机是违法的？

7. 研究显示，在对驾驶表现的影响上，使用手机相当于何种水平血液酒精浓度的醉驾？

8. 很多学生称他们在学习时播放音乐或者打开社交媒体。我们应该承认这种行为是当今学生的一种自然现象吗？他们已经掌握了"一心多用的技能"吗？

9. 有时候一心多用能够改善总体的表现。什么时候才会发生？

10. 对于一心多用，我们应该给予学生什么建议？为什么"一心多用的技能"这个概念本身有内在的缺陷？

参考注释

- 大部分学生声称自己在学习时一心多用（Foehr, 2006）。
- 学习新信息与提取旧信息的差别（Naveh-Benjamin, Craik, Perretta, & Tonev, 2000）。
- 转换成本：那些一心多用的成人难以集中注意力、抵御干扰，以及记忆（Ophir, Nass, & Wagner, 2009）。尝试在学习时一心多用的人无法将学习推广到新情境中（Foerde, Knowlton, & Poldrack, 2006）。
- 工作情境中巨大的转换成本（Mark, Gudith, & Klocke, 2008）。
- 电视新闻的滚动条加重记忆负荷（Bergen, Grimes, & Potter, 2005）。

- 关注邮件和社交信息有损阅读的专注度（Bowman, Levine, Waite, & Gendron, 2010）。
- 飞行的人为因素是一个很大的话题，从美国视角对相关历史的一个可读性很强的解释，可参见罗斯科（Roscoe，1997）的研究。
- 在干扰影响下驾驶的效应：使用手机和酒精（Strayer, Drews, & Crouch, 2006；Strayer & Watson, 2012）。2006 年的文章称，从对驾驶表现造成的负面影响来讲，使用手机相当于 0.08 的血液酒精浓度。
- 驾驶时不受手机影响的人口比例大概是 3%（Watson & Strayer, 2010）。
- 美国政府网站详细介绍了驾驶时使用手机的危险性的研究：www.distraction.gov。
- 事故调查和道路安全中心在网上提供了非常棒的小册子：www.carrsq.qut.edu.au。
- 听喧闹的音乐扰乱注意力和学习（W. F. Thompson, Schellenberg, & Letnic, 2012）。
- 在课堂上一心多用的学生得分较低（Ellis, Daniels, & Jauregui, 2010）。低得分与使用互联网社交媒体相关（Junco & Cotten, 2012）。
- 一心多用有助于减轻无趣和防止疲劳（Ariga & Lleras, 2011）。

第 21 章　你的学生是数字原住民。或者说他们是吗？

几位作家十多年前提出了**数字原住民**理论，这里面有一个非常有趣的概念。但马尔科·普伦斯基（Marc Prensky）将这样的概念带进了当代教育思想中，比如"现在学生的思维和处理信息的过程与他们的上一代有本质上的不同"之类的陈述（2001，p.1）。这个效应可归结于他们成长在一个数字化的时代，能接触到计算机和大量其他的电子设备。按普伦斯基的话来讲，"我们的学生，作为数字原住民，将会继续进化，他们变化的速度是如此之快，使得我们望尘莫及"（2006，p.9），以及"对于未来将会带来什么，年轻人比我们知道得多"（2006，p.10）。

某本顶尖的专业教育期刊为了获得更多的专业教师读者，进一步推进了这些言论。由于这些言论"触到了痛处"，其影响持续至今。其直接的含义是，教师作为**数字移民**（digital immigrants）通常尚未准备好去迎接这股浪潮。这些学生精通计算机，能做他们的教师所不能做的事。隐含的假设是，鉴于技术发展如此迅猛和影响深远，数字移民不应该阻碍数字原住民的发展。

计算机能力的需求

普伦斯基的言论有其合理之处。比如，在讨论教育需要计算机和其他电子设备时，他指出，"不用这些工具去教育和评价学生，就好像不用扳手去教和评价一个管道工人，这是毫无意义的"（2006，p.12）。每位教师都会意识到，在使用某些计算机程序时，学生比他们更加熟练。一旦学生投入时间去使用这些程序，他们使用这些工具的技能就会变得熟练。我们强调的一个贯串整本书的主题是，每当我们投入时间对某些活动进行**刻意练习**时（参见第 11 章），与这些活动相关的知识基础就会得到拓展，从而使得我们能够发展出专业能力。

同样可以理解的是，调查显示一般美国儿童在看电视和使用电子媒介上所花的时间（每周约 50 小时）超过了其上课的时间。而最近的调查表明，70% 以上的学生习惯于使用社交网络，平均每天花费约 1 小时在互联网上。很多评论家指出，这种现象在过去 10 年呈现出稳步上升的趋势。学生越来越精通于计算机，很可能在学习的时候接触社交媒体，这似乎是一个全球性现象。

另一方面，数字原住民理论过分夸大其辞。普伦斯基认为，"原住民"大脑的运作方式不同于他们的先辈。他宣称："事实上，他们如此不同于我们，我们无法再以 20 世纪的知识或训练，在教育上给予他们最好的指导。"（2006，p.9）这些"原住民"的特点是高速地学习，能建立起不同的联系，很快地精通某个复杂的领域。比如，当以类似于游戏的形式呈现出来时，他们能很快地学会某些复杂的主题，比如代数。

所有这些显然都有夸张的成分。我们看到新闻报道上引用了形形色色的教育家和管理高层的话：今天的学生习惯于同时从多个屏幕上学习，他们生活在一个电子世界中，因而如果他们的教师无法根据这个新世界的现实调整教学实践，将会对他们造成非常不利的影响。简而言之，数字原住民是一种新型的动物，只有对我们的教育实践、课程和提供学习的机构做出重大的变革，才能满足他们的需求。

人类的本质会改变吗？

数字原住民理论最大的问题是，它是在缺乏任何数据基础的情况下被提出的。学生似乎被贴上了他们不具备的特征标签。特定类型的经验会改变人类的信息加工过程，这种观点几乎是无从考证的。作为这种观点最初的形式，数字原住民理论肯定是过于夸大其词，本质上是不正确的。人类的能力未必如该理论所言的那么容易变化或者受经验的影响。

我们很清楚的是，我们在这个领域发现有两种概念混淆在一起：（a）你的学生熟悉地运用和操作现代技术、设备和强大的软件工具；（b）对人类自然能力的描述。电子世界的经验提高了自然认知能力，这是一个有严重缺陷的论点。我们最好避免根据这些未经检验的观点做出重要的决定或判断。

简而言之，我们依然高度质疑那些宣称生于数字时代就处于优势的言论。

我们也同意这样的观点，即与信息通信技术资源展开互动并不会自动地促进：（a）深层和有意义的心智加工过程；（b）改变儿童的信息加工过程。这确实可能需要其他技能，比如快速地对网络中泛滥的表层信息的质量做出评估。

第 21 章　你的学生是数字原住民。或者说他们是吗？ | 209

高度熟悉数字世界、熟练操作手机、能够运用互联网搜索或者使用智能图表软件包，这些技能不应该与知识习得的实际提升、真正理解复杂概念以及意识到更深层的含义混为一谈。

就人类学习而言，并没有任何新的把戏。人们过分地夸大数字革命给学生学习带来的益处。作为教育者，在过去的 40 年里，这些作者早就听过计算机辅助学习将要带来一场教学革命。计算机确实被证明是有价值的资源，但革命却没有发生。

计算机的使用增加了学习机会，但却没有创造出具备任何全新内在机制的学习。大脑没有形成任何能使信息从屏幕跳入脑海的特殊程序。能够使用复杂的工具去创造令人惊奇的产品，无法等同于知识和理解的深度。类似地，能够使用维基百科去找出孤立的事实（比如波尔战争的发生时间）意味着掌握了另一种有价值的资源，但它跟所有百科全书和字典一样都只是有价值的学习工具。

评价计算机在教学中的角色

因此，在现代世界中，计算机能有助于学生的学习吗？在过去 30 年，我们见证过很多种形式的计算机辅助教育。但所有形式都值得一试吗？在《可见的学习》中，约翰·哈蒂找出了这个领域中多达 81 份元分析并对其进行综述。结果发现，计算机对学生产生的影响大致上是正面的，整体效应量是 0.37——接近于学习的平均效应量。在所有学校教育层次和能力水平上，都能发现这个效应。计算机似乎对所有课程领域展现出益处，对数学教育的影响是最弱的。这种效应量在过去的 30 年没有发生过变化。

我们能够从中得到几点重要的推论：（a）当计算机作为传统教学的补充，而非完全取代它时，效应最强；（b）当教师接受过更高水平的计算机应用培训时，效应更强；（c）当计算机能够为学生创造机会、延长他们学习实践的时间，或者充分发挥辅导支持的作用时，效应强；（d）学生在掌控学习环境上有明显的提高，比如自定步调掌握新材料；（e）两人一组进行学习时，学生使用计算机的效率最高；（f）计算机能向学习者提供高度个性化的反馈；（g）在两人一组运用技术工具时，学生学得更多。

通过仔细阅读大量研究文献，我们越来越清楚地意识到，达成这些积极效应所需的学习原则，与所有其他的人类学习领域是一样的。多媒体和信息通信技术教学的主要倡导者理查德·梅耶尔（Richard Mayer）教授也反复强调这一点。计算机平台能在很多方面带来重要的发展，比如个性化诊断、分步讲解、激发学习的视听资源、反应的实时监控能力以及提供有价值的反馈。在机器无限的耐心之下，这一切都能够实现。但大脑依然是那么笨拙，必须在学习上下苦功。正如前文所述，我们尚未见到过知识从计算机屏幕跳进脑海的任何例子。我们很容易将信息获取与知识习得混淆在一起。

有关数字原住民的文献很少承认的一个隐秘方面是：我们必须意识到计算机不是"教师"。计算机所能实现的是帮助人类教师设计课程，并以不同的媒介和方式将其传授给其他人类。有经验的教师团队很可能已经开发出精心设计的教学程序包，并将继续开发类似的产品。尽管如此，传统教学情境和新时代的计算机辅助教学在讲解、教学、练习、知识习得、反馈和应用上的基本原则并没有差异。

观点：进化先于革命

学校教育计算机化已经持续了30多年，我们同意数字原住民理论的这种观点：我们学校中的每个儿童都必须懂得使用计算机，才能充分参与到现代的社会生活中。这是有内在价值的技能。学生必须能够高效地获取知识资源并做出评估。更重要的是，我们必须教会他们，不要将无须动脑筋的获取信息与真正的知识习得和深度理解混淆在一起。我们要阻止他们通过互联网搜索、采取"复制粘贴"的方法去收集信息。我们注意到，在学校的情境中，我们能利用计算机程序去提供高质量的教学，它最好被视为一种能为知识渊博和训练有素的教师所用的资源。

然而，对于部分文献提出的下述两种观点，我们很少能找到证据或合理的解释：(a)计算机能够代替或取代落后于时代的教师；(b)由于新一代学生开发出有利于数字化的认知资源，他们的思考和学习能达到越来越高层次的深度和复杂性。我们发现这样的观点是不切实际、无法达成和完全错误的。

第21章　你的学生是数字原住民。或者说他们是吗？

导学问题

1. 数字原住民理论确实体现出某些合理的观点。这些观点是什么？
2. 但这个理论同样也含有一些不切实际或者过于乐观的观点。这些过分夸大的观点是什么？
3. 本章指出，"电子世界的经验提高了认知能力，这是一个有严重缺陷的论点"。你此前遇到过这个有缺陷的论点吗？
4. 文献在总体上显示，计算机辅助学习能产生轻度的积极影响。这些轻度的积极效应涉及哪些因素？
5. 然而，关于数字原住民的理论，教育者应该采取一种什么样的平衡视角？

参考注释

- "数字原住民"和"数字移民"的术语源自于普伦斯基的文章和著作（Prensky, 2001, 2006, 2010）。
- 儿童花费大量时间在互联网上（Foehr, 2006）。
- 电子世界的经验提高了自然认知能力，这是一种有严重缺陷的论点（Bennett, Maton, & Kervin, 2008）。
- 综述信息通信技术对成绩的影响，参见《可见的学习》（Hattie, 2009, pp.220–227）。
- ICT和非ICT的教学对学习者的要求是一样的（Mayer, 2003）。

第22章　互联网正使我们成为浅薄的思考者吗？

在过去的20年，课堂教师必须联合起来对抗一个由"信息高速公路"造成的现象。那就是学生用"复制粘贴"的方式完成作业。当学生能熟练地运用互联网搜索和电子工具时，他们创造的作品能以非常高的水平呈现出来。特定的套路和方法使学生能够从可用资源中获取文字和图像，并对其重新包装，尽管它们勉强也算得上是个人作品（很多学者在准备演示文稿时也是这样做）。剪切、粘贴、编辑和展示都有十分精妙的技巧。但问题是个体运用这样的技巧去展示作品，可能掩盖了他们在掌握恰当学科知识上的缺陷。

每个教师都可能遇到这样的情况，学生创作和展现出大量令人印象深刻的作品，以至于使人怀疑这是否真的是学生的个人作品。学生，有时候也包括他们的教师，都有可能对抄袭和版权之类的事宜不敏感。这方面的一个经典笑话是，从一个作品上抄袭是"剽窃"，从十个作品上抄袭是"研究"。很多机构都十分重视"不正当抄袭"的问题，甚至使用电子程序［比如Turnitin（"图尼丁"软件）］去找出与提交的样章最相似的互联网出处。

危言耸听的观点

互联网正使我们的思考和行为变得浅薄吗？可以看到的是，自从互联网兴起，很多重要人物都针对现代技术可能带来的后果写过文章。在1994年，美国作家斯文·伯克茨（Sven Birkerts）没有接受技术将会取代书籍成为知识和智慧的源泉这个观点。他认为技术取代知识可能会导致"短时记忆区块的扩展和长时记忆的相对退化"（p.139）。

在2007年出版的一本重要著作中，玛丽安娜·沃尔夫（Maryanne Wolf）对电子阅读提出了严重的质疑，特别是那些年幼的儿童或有学习困难的学生。值得注意的是，在这个例子中，沃尔夫博士是儿童阅读领域中的权威研究者，她在通过检验有效的项目帮助学生克服阅读障碍上拥有相当的专业能力。她认为

第 22 章 互联网正使我们成为浅薄的思考者吗？ | 213

那些使用互联网的儿童变得只会对信息进行解码，他们既没有时间也没有动力去思考在"谷歌世界"之下或之外的事。她同时指出，"唾手可得的大量信息不应该与真正的知识混淆在一起"（《纽约时报》，2007 年 9 月 6 日报道）。这些是非常有力的观点。

沃尔夫博士写道：

> 我丝毫没有怀疑，新媒介将会实现很多我们希望"阅读脑"（reading brain）达成的目标，特别是激励我们学会解码，阅读和体验可得的知识。但作为一名认知神经学家，我认为我们需要对此进行严谨的研究，即在比喻意义和生理层面上，我们的年青一代的"阅读回路"（reading circuit）是否会出现"短路"（short-circuited）。我最大的忧虑是，这些年轻的大脑对文本进行第一次解码后就再没有时间（不论是几毫秒、几小时，还是几年）学会更深入地思考，他们的注意力被媒介四处拖拽，以前是眼花缭乱的信息、侧边栏，而现在可能是视频。
>
> （《纽约时报》，2009 年 10 月 14 日报道）

在一本重要的专业期刊《教育领导力》（*Educational Leadership*）上，她更加直接地表达了这种观点：

> 数字文化加剧了注意力的快速转移，并且增强了各种干扰源，这使得速度较慢、认知要求更高的理解过程可能出现短路，但只有经过后者才能形成深度阅读和思考。如果任由这种"截断"（truncated）的趋势发展下去，我们可能会孕育出一种习惯于声音片段和思维碎片的文化，这种文化既不会培养其成员的批判分析能力，也不会使他们拥有深入思考的过程。
>
> （Wolf & Barzillai, 2009, p.36）

2008 年，尼古拉斯·卡尔（Nicholas Carr）发表了一篇极具挑衅性的文章，题为《谷歌在把我们变傻？》（*Is Google Making us Stupid*），紧接着在 2010 年出版了著作《浅薄：互联网如何毒化了我们的大脑》（*The Shallows: What the Internet is doing to our brains*）。其潜在的信息是，大量地使用互联网会对我们的大脑产生不利影响，削弱我们的专注力和深度思考的能力。我们可能会成为信息收集、编辑和浏览的专家。但如果这样的话，我们的策略性阅读行为只会以略读的形式表现出来，而非真正深度地内化知识。换言之，互联网使我们误以为知识习得就是将花几分钟进行互联网搜索获取到的信息集合起来。知识建构表现为一种肤浅的"复制粘贴"形式。

人的本质真的会改变吗？

十分有趣的是，"互联网使思想变浅薄"与使用信息技术造就了能力很强的数字原住民，这两个观点显然是矛盾的。但这两种观点都有相同的弱点：使用互联网本身会导致认知能力的改变或削弱，这种概念在已有的研究文献中找不到证据支撑。与数字原住民理论的情况一样，至少从短期来看，其基本假设（即使用互联网削弱人类的认知能力）很可能是无法检验的。很显然，这些重要人物在这个问题上带有强烈的个人观点。但在现实中不存在任何方法能证明这些观点。

我们认为对于这些问题的一个平衡的视角可以如此表述：人类能力的可塑性可能不如某些理论所暗示的那么大。我们在这里指的是人类与生俱来的能力和局限，而非我们能够如何使用这些能力。两位顶尖的神经心理学家，克里斯托弗·查布里斯（Christopher Chabris）和丹尼尔·西蒙斯（Daniel Simons），他们以"看不见的大猩猩研究"闻名（参见第29章），当被要求对这个问题做出评论时，他们如此说道：

> 大脑"线路"的基本方案是由基因组和生物化学反应决定的，这部分工作在儿童使用脸书和推特之前就已经完成。没有实验室证据表明使用新技术能从本质上改变大脑的构造，进而对个体的专注力造成影响。
>
> （《洛杉矶时报》，2010年7月25日报道）

我们的态度与查布里斯和西蒙斯是一致的。一个平衡的视角必须意识到信息输入的模式对人类的理解过程并不是特别重要。我们将看到的事物与阅读的内容结合起来建构理解。我们需要学习机会和正确地用词。设计一个对照研究，试图找出在阅读相同内容的条件下，印刷品比计算机屏幕能导致更多还是更少的理解，这似乎意义不大。我们已经知道了决定理解的关键变量是词汇量和命题型的知识。只要文本是清晰可辨的，读者注意力集中，放松自在，有足够的视力完成任务，诸如字体、大小和斜体基本上都是无关紧要的（见本章的参考

第 22 章　互联网正使我们成为浅薄的思考者吗？　|　215

注释，对这一点有进一步的评论）。

互联网作为一个信息源

尽管人类的能力无法改变，但是我们都见证了互联网作为一个信息源得到迅速普及。我们注意到医学专业的领导者也不约而同地非常忧虑他们领域中的一个被称为"FUTON"的偏见。医学领域出现了一种趋势，那就是只用能快速下载的信息、研究和报告。FUTON 是"网上全文"（Full Text On the Net）的缩略语。同样，一位颇有影响力的美国作家和诗人肯尼斯·戈德史密斯（Kenneth Goldsmith）教授在 2005 年发表了一篇煽动性文章，题为《如果某种事物不存在于互联网上，它就根本不存在》(*If it doesn't exist on the Internet, it doesn't exist*)。

最后，对于我们自身来说，我们依然可能陷入一种类似于 FUTON 偏见的危险中，谷歌和维基百科等工具成了我们生活中必不可少的工具和常识的资源库。后者的例子有：(a) 我们看到了一位有天赋的电视剧演员，然后找出她过去的故事；(b) 我们感觉有必要核实一下医生关于骨关节炎的话；(c) 我们想知道种果树应该选用哪一种肥料。当感觉有需要的时候，我们瞬间就能获取信息。总而言之，下面这个观点是毫无争议的：大部分人都能轻易地通过互联网获取有用的信息，使他们的生活更加充实。这种能力代表了我们这个时代最重要的文化成就。

观点：人性的必然延续性

我们今天看到的境况是，我们的社会及其教育系统以一种进化的方式去适应新技术，而非以革命的方式。教师位于这个运动的最前端，他们肩负责任去做出机智和灵敏的改变。我们在学习如何在新旧之间保持平衡。我们依然使用那个已经蹒跚了数百万年的古老大脑。我们所用的媒介发生了变化，但这都只是表面特征。我们思考、感觉和学习的方式，大多是由我们在婴儿期和学前阶段接触到的基本语言、人际行为和文化本质决定的，而非最近的技术发展。

每当班上有人以这种失之偏颇的观点来质问我们，我们都会建议学生去看一下莎士比亚的作品。文辞是一种障碍，但这种障碍只是在表面或者是在词

> 汇使用的层次上。故事情节、伏线、主题和情感都是人所共通的。一位生活在400多年前的英国作家，我们今天能够通过在课堂上恰当地运用现代计算机技术，将他的作品更加生动、容易理解和有意义地呈现给学生，这着实令人欣慰。

导学问题

1. 技术革命，特别是互联网的到来，并非总是得到重要教育家的赞许。你能够简单描述一下这些批评性的或过分担忧的观点吗？

2. 玛丽安娜·沃尔夫博士指出有学习障碍的学生可能与阅读数字媒体有关。她如何解释这个问题的本质？

3. 哪种观点才是正确的——数字媒体提高学生的能力，还是使学生的思维变得迟缓？有证据能够用于解答这个问题吗？

4. 电子媒体的经验真的能够改变人脑的构造吗？随时可用的信息高速公路是否改变了我们的思维和感知方式？

参考注释

- 一种危言耸听的观点：技术可能损害大脑的心智效率（Birkerts, 1994, p.139）。
- 数字阅读可能会阻碍思考性阅读和深层理解（Wolf, 2007; Wolf & Barzillai, 2009）。这些论文提出了一种普遍的观点，但是尤其关注表现较差的阅读者。
- 权威的阅读研究者玛丽安娜·沃尔夫博士的引述，来源于《纽约时报》2007年9月6日和2009年10月14日的报道。
- 字体与理解基本上是不相关的。这表面上与我们在第30章引用的研究有矛盾，即难以阅读的字体能抑制妄下定论的冲动。但潜在的因素是先前知识和熟悉度。如果字体是熟悉的，我们的阅读速度较快，而字体不熟悉时，阅读速度较慢。
- 互联网的"浅薄"（Carr, 2010）。

第23章　音乐如何影响学习？

创作和聆听音乐是人类生活最为普遍的一个方面。我们的世界充满了音乐，它给我们带来了丰富的情感体验。从我们生命最初的岁月起，我们就注意到父母的轻唱，它给了我们抚慰和安稳。母亲的摇篮曲几乎是人类文明生活的共同特征。研究一致表明，婴儿和蹒跚学步的儿童对声音的旋律特别敏感。大脑和听觉系统生来就十分留意人类的歌声，现在有研究认为这种天性在婴儿与父母的关系纽带中扮演重要角色。

拜访任何幼儿中心，我们都会发现，唱歌和奏乐是日常活动中非常重要的一部分。我们中的很多人都会将一部分收入花费在音乐娱乐上。媒体上也充满了音乐，基本上每个电视节目都会有标志性的调子。音乐剪辑是电影制作的一个重要特征，尽管你很少意识到音乐如何操纵你的情绪。试想一下，《烈火战车》（Chariots of Fire）、《洛基》（Rocky）、《走出非洲》（Out of Africa），或者《与狼共舞》（Dances with Wolves）等电影，没有优美的配乐会是什么样。音乐的价值在于人类活动中的情感表达，它代表了我们文化创造最重要的一个方面。

那么，认知研究能告诉我们音乐活动与人类学习之间存在什么关系吗？当我们思考音乐在课堂中的角色时，有三种研究路线与这个主题相关，我们的综述将会回应以下问题：

1. 背景音乐有何作用？
2. 听音乐影响大脑吗？音乐能帮助我们更好地学习或表现吗？
3. 音乐教学能为学生非音乐领域的学习带来益处吗？

背景音乐有何作用？

得以证实的是，背景音乐能够影响人们的运动，比如他们行走的速度，或整体的节奏。尽管如此，当人们参与到非音乐的任务中，背景音乐的存在与实际学习之间基本上是没有关系的。舒缓的音乐在背景中安静地播放，不会使人们学得更好或更差。但有时候，当音乐变得烦扰时，就会使我们分心。如果情境需要高度专注，或者要进行考试或测验，这时候将音乐引入到情境中是非常不明智的。当你需要全神贯注时，音乐也会成为一种刺激物和干扰源。另一方面，音乐能改变情绪状态，特别是作为一种平静和放松的手段。聆听这样的音乐能够激发积极的情绪，使得情境对个体更加有利。

有些学生能从音乐治疗中获益，特别是他们需要坚持完成那些看似要求很高的任务时。比如研究表明，唱熟悉的歌能使学生在艺术创作中更有创造力。更多的是出于好奇，我们注意到一个研究发现：在聆听喜欢的音乐唱片时，人们的驾驶表现有所提高。另外，大量研究显示，医疗场所的音乐能带来积极影响。例如，一份综述的结论是，病人在开刀手术后接受音乐治疗，表现出更低的焦虑感，需要相对较低剂量的止痛药物。

聆听特定类型的音乐，比如莫扎特作品，能改变我们的大脑、使我们表现更好吗？

近年来一件引人瞩目的事情，就是所谓的"莫扎特效应"。据说聆听 10 分钟莫扎特钢琴奏鸣曲 K.448 的一部分，能够提高人们在智商测试中的成绩，特别是空间推理能力。这种言论最先出现在著名的《自然》(Nature)杂志 1993 年刊登的一篇文章中。但这种言论很快就失去了控制，公关人员声称这种做法能使智商提高 8—9 分。他们注册了商业产品，以"莫扎特效应"的名号进行营销，一个野心勃勃的商人获得了这个术语的版权。他将这些令人惊奇的言论传播开来，即音乐有利于婴儿、学前儿童、学龄儿童和大学生的身心健康。互联网的发展为这种效应的流行提供了极大的推动作用。研究似乎直接利用了一个根深蒂固的文化观念，即音乐很有价值，而现在这俨然已经获得了科学依据。

有些言论有时候表现为一种可笑的歪曲，比如那些尚在胎中的婴儿听了《女人皆如此》(Cosi Fan Tutte)，它们从子宫里出来的时候就会比同辈人更加聪明。许多种古典音乐都被认为有积极作用。据说，聆听这样的音乐能与大脑形成"共鸣"，似乎就能激活那些休眠的神经元，从而使智商得到额外的提高。他们推荐学生在学习前聆听巴洛克音乐，这能提高他们大脑的接受能力。这是一种能开发他们未知潜能的方法。在这种言论的推动下，1998 年，美国的三个州制定法令要求当地的教育机构向年幼的儿童播放古典音乐。当时还出现了激烈的争论，到底哪些类型的音乐会触发"莫扎特效应"，而哪些不会。但事实上根本不存在这种效应。

莫扎特效应的误解是如何产生的？这两个文献深入地对其进行了描述和分析：班格特和希思（Bangerter & Heath, 2004）以及利林菲尔德、林恩、鲁西欧和贝耶斯蒂恩（Lilienfeld, Lynn, Ruscio, & Beyerstein, 2010）。班格特和希思发现 80% 的美国人十分熟悉这种效应，当时的另一个调查发现四分之三的大学生认为莫扎特效应是一个得到证实的现象。后来在 2010 年，查布里斯和西蒙斯把 1500 位美国人作为一个社区样本，询问他们"聆听莫扎特的音乐是否会提高你的智力"。他们发现 40% 的人给出了肯定的答案。

事实是，莫扎特效应得到了深入的研究，但仍未被证实。几篇关键的文献综述已经发表了，它们对已发表的大量研究进行综述，包括数千位研究人员的数据。这些数据证实，聆听古典音乐有助于保持警觉和清醒，但并不会提高你的智力。研究者现在将"莫扎特效应"视为一种被称为"觉醒"（arousal）的人类行为。任何阻止你注意力涣散的事物都有助于使你保持积极性。莫扎特效应确实存在，但在本质上它与听音乐没有任何关系。利林菲尔德等人认为喝一杯咖啡也能够达到类似的效果。在大众心理学的各种误区中，莫扎特效应被列为最流行的第六个误区。

音乐教学有利于学生非音乐领域的学习吗？

第三个问题在过去一个世纪中引起了很多作家的兴趣。因为音乐教学涉及高水平的投入、练习和目标设置，这些都需要在高度自律的条件下发生，那么这种类型的教学能为学习者的一般智力带来益处吗？在正式课程中开设的音乐课通常包括这些要素：分级练习、准确定义的目标、细致的辨析、持续的反馈和优秀的示例。反馈既有外部的，也有自我导向的，学生能够快速和轻松地对自己进步的层次做出评价。

非常有趣的是，不同于莫扎特效应（往往在神经机制上大做文章），音乐课程可能有助于学术学习，这个观点基于合理的心理学原则。这种现象可以被称为"远迁移"（far transfer），即努力程度、自控、精确匹配、元认知监控、范例学习和其他心智策略等特性可能是音乐技能发展和其他技能领域共通的。没人会将学习音乐当作医学教育的一种方法。但音乐的严格训练对非音乐领域可能会有额外的作用，这种观点依然只是一种猜测。

研究一致表明，那些经常练习音乐的学生在学校表现更加出色，并且拥有更高的智商。但同时也发现，一个儿童越聪明，他接触音乐课程的机会就越大。在已有研究的背景下，我们几乎无法理清这些联系，因为很多变量纠缠在一起，比如家庭背景、财富和是否有音乐导师等。尽管如此，依然有部分证据表明，参加音乐培训有益于音乐之外的学习。加拿大最近的一项研究中，4—6岁的儿童参与了一个为期20天的项目，这个项目使用计算机进行学习，内容包括聆听音乐、音高和旋律等。与其他学生相比，这些学生在两项智力测试中有显著的提高，包括词汇测试和抑制控制能力测量。

音乐训练对学生有认知上的益处，这种观点虽然有争议，但却获得了证据支持。比如，一位研究者西尔万·莫伦诺（Sylvain Moreno）阐述了学生的音乐经验、听觉技能和第二语言学习的语音辨析之间的关系。

> **观点：权衡证据**
>
> 音乐是我们世界中不可缺少的一部分。不管我们是否愿意，音乐的存在影响着我们思考和感觉的方式。很多不同形式的聚会、典礼和仪式上都运用了音乐。研究表明，我们听到的背景音乐会影响我们的行为。它能使我们走得更快或更慢，也能帮助我们在喧闹的购物广场中思考我们的选择。当你感觉不舒服，或者刚从医疗中恢复过来，你喜欢的音乐能改善你的状态。通过提高你的唤醒水平，音乐甚至能帮助你进行长途驾驶。
>
> 但音乐对学习能力并没有特别的影响。当我们真正努力学习时，音乐的存在很可能是一种干扰。特定类型的巴洛克音乐能够激发大脑、释放未知潜能，这种观点只是一种不负责任的夸大之词，它建立在误解一个不可复制的实验报告之上。
>
> 另一方面，大量研究指出，年幼的儿童接受结构性的音乐课程和练习，可能会产生有益的影响。数据基础非常薄弱，效应可能也不是很强。然而，对音乐常识的正式学习可能有助于年轻的大脑进行音乐课程之外的思考和学习，这是一种非常有趣的观点，有待进一步研究。
>
> 尽管有些理论家认为音乐训练能直接促进心智发展，但它的效应可能仅限于自制力和意志力。音乐训练通常能使学生参与到一个高度结构化的活动中，而假如没有音乐训练，学生就会投入令人愉快但不求结果的休闲活动中。

因此，如果音乐对发展有任何衍生的作用，这些作用都关系到个人控制和自律，以及努力和成绩在感觉上的一致性。确实，这些都是很多学生难以习得的品质。

导学问题

1. 我们怎么知道对声音和音乐的敏感性对人类的存在十分重要？
2. 聆听优美的音乐，比如莫扎特 K.448 有助于人类很多方面的适应和成就。音乐能帮助我们学习或提高智商吗？
3. 莫扎特效应的核心假设是什么？据说存在着什么样的机制？你觉得为什么很多人都被这种理论所欺骗？
4. 应当把音乐引入学校吗？音乐在什么时候会有帮助？
5. 音乐训练可能对音乐之外的心智技能有所助益。如果确实如此，音乐教育的哪些方面是非常重要的？这种影响既是直接的也是间接的吗？
6. 研究表明，经常学习和练习音乐的学生在学校的表现更加出色。为什么这个研究结果很难解释？

参考注释

- 婴儿和蹒跚学步的儿童对声音的旋律特征十分敏感（Trehub, 2001）。
- 塞尔塞克、威尔逊和普赖尔（Črnčec, Wilson, & Prior, 2006）对背景音乐的效应进行了综述。音乐改变人类感觉和行为的作用，对这个问题的文献综述（Kämpfe, Sedlmeier, & Renkewitz, 2011）。
- 播放音乐能使教室安静下来（Hallam, Price, & Katsarou, 2002）。唱熟悉的歌使学生在艺术创作上更加有创造力（Schellenberg, Nakata, Hunter, & Tamoto, 2007）。
- 当人们需要集中注意力时，烦扰的音乐对阅读理解和有意记忆产生负面作用（W. F. Thompson et al., 2012）。
- 聆听喜欢的音乐对驾驶有助益（van der Zwaag et al., 2011）。
- 音乐治疗帮助病人康复（Rudin, Kiss, Wetz, & Sottile, 2007）。

- 分析莫扎特效应的误区（Bangerter & Heath, 2004; Chabris & Simons, 2010; Lilienfeld et al., 2010）。拆穿莫扎特效应的科学文献综述（Pietschnig, Voracek, & Formann, 2010）。
- 经常练习音乐的学生智商更高，但高智商学生有更多的机会参与到音乐学习和训练中（Schellenberg, 2011）。
- 年幼儿童参与到为期 20 天的音乐项目中（Moreno et al., 2011）。音乐训练与第二语言辨析之间的关系（Moreno, 2009）。

第3部分

认识你自己

第 24 章　信心及其三个隐藏层次 *

问一台机器它是否对自己的表现充满自信，这是非常荒唐的。但是，在描述人类的活动时，自信是我们可以随意运用的术语。我们钦佩电视名人自信的举止。我们发现在从事一份工作一段时间后，我们会变得越来越自信。有时，我们缺乏自信，并试图避免他人发现这一事实。而有时候，我们甚至可能向他们表明自己缺乏信心，以此来作为消除顾虑、团队建设或个人防卫的手段。自信不仅是我们内心感受到的，也是我们向他人展示的东西。在任何社交场合，自信是我们能够在他人身上迅速感知到的东西。

在课堂上，学生表现出自信，或者可能缺乏自信。当学生回答问题时，我们可以从口头表达和行为迹象中推断其自信程度，比如迟缓或快速的回答。尽管知识渊博、聪明和正确经常与自信联系在一起，但人们时常表现出**过度自信**（overconfidence）。一些研究表明，在学业方面，男生比女生更加倾向于展现出比实际水平更高的自信。例如，在做多项选择题时，我们发现女生通常能够判断出她们所犯的错误。但是，男生往往相对自信，甚至在那些他们做错的题目上。每当谈到决定是否参加比赛时，男生比女生更倾向于自告奋勇。人们发现其中的隐含因素是信心，男女的能力差异几乎可以忽略不计，但男孩的自信水平较高。

作为教师，我们经常会评估学生所表现的自信程度。在对我们学生所具备的知识进行诊断时，我们会从学生的声音和行为中提取信息。我们将此作为反馈，指引我们下一步该如何做。即使学生的回答显然是正确的，我们也希望该学生在进入更为复杂的领域之前同样表现出高度的自信。学生必须理解正确，也必须知道自己的理解是正确的，而且必须能够运用和拓展这方面的知识。因为知识建构的过程本质上是逐渐积累的，我们需要从学生的声音中听到自信，确信他们已打下牢固的基础。缺乏自信而像鹦鹉学舌般重复肤浅的、低水平的

---

* 第 24—28 章为张玉娴翻译，邓莉、伍绍杨校对。

答案，这意味着需要在复习和巩固上面投入更多的时间。

但除了自己的感觉，我们几乎没有固定的指标来判断自信意味着什么。这个术语会令人感到疑惑，因为我们使用同一个词，以稍有不同的方式来指称不同的现象。在动机心理学的历史中，我们很容易发现研究自信的三种不同方式或层面。自信的三个层面是：（a）整体层面的**自尊**（self-esteem）；（b）领域层面的**感知到的能力**（perceived competency）；（c）与任务相关的层面，通常被称为**自我效能感**（self-efficacy）。

整体人格的自信：你的自尊

我们的整体自尊与我们对自我价值的信念相关。这是我们整体人格的一部分。几位著名的调查研究者曾经对整体自尊进行过研究。问卷特意使用那些抽象和整体的问题，例如，"我对自己有正面的看法"，以及"整体而言，我对自己很满意"。有些句子的表达较为负面，比如，"我觉得自己没有太多值得骄傲的地方"。我们需要注意到，这样的言论通常会避免提及具体情境。相反，它们被尽可能笼统地写出来，可以用于描述人们在不同情境中对个人价值所持有的更高层次的感受。

在过去 50 年中，对自尊的研究一直都是数量众多且成果丰硕的，得出了大量证据确凿的结论。在自尊测量方面得分较高的人也显示出较为快乐且做事效率高，这并不令人惊奇，因为他们可以看到有充足的证据表明他们应该在自我信念中"支持自己"。这些人渴望成功，在对自己的期望上，他们习惯于将成功作为一种自然的默认状态。相关性研究显示，自尊与许多积极的特征之间存在联系，如好的学业成就、善于交际（即被别人喜欢且有朋友）、较少的焦虑、强健的心理健康状态和积极的社会态度。这些相关性在统计学上不一定是显著的，但它们经常出现。总而言之，我们必须将高水平的自尊视为个人享受生活、实现目标、积极寻求有价值的活动的强烈迹象，自尊心强的人也会被别人看作一个成功的人。

那么，自尊是教育事业合乎逻辑的目标吗？以我们的专业角色来发展和促进学生的自尊心是可能的吗？这些观点代表了从 20 世纪 60 年代至今广为流行的理论。这个理论是，自尊心是人格的中心部分，是需要培养的重要核心。如果我们能够培养学生积极的自尊感，动机、社会责任、学业成就等方面的积极结果也会随之而来。在 20 世纪 70 年代，这个理论的其中一个版本认为，通过学校项目提高自尊心，可以缓解未成年少女怀孕、犯罪、滥用药物和贫困等社会问题。从本质上说，每一个社会问题都可以归因于自尊感的缺乏。该理论很有趣、很乐观，并且引起了很多争论，但它是错的。

自尊理论的破绽

这种方法的问题在于数据很差。自 20 世纪 70 年代开始，研究显示，自尊的提升是成功适应生活的自然结果，而不是其原因。比如，在学校里，当学生表现好时，自尊也会随之提升，而不是自尊提升带来学习进步。罗伊·鲍迈斯特（Roy Baumeister）教授领导的小组于 2003 年在《心理科学》杂志的公共利益版上发表了一篇重要的研究综述，揭开了自尊理论背后的迷思。他们调查了大量的数据并获得了惊人的结论：

> 大多数证据表明自尊对后续的学业成就毫无影响。极少数研究表明自尊会带来积极因果影响，但我们发现其影响是非常微弱的。一些研究甚至得出了相反的结论（同样很弱），即过高的自尊或者人为地提升自尊可能会降低后续的表现。
>
> （pp.13–14）

另一个问题是，我们很少能在普通人群中找到真正表现出自尊很低的人。当你仔细查看人们在调查问卷上写的内容时，你很难找出中等水平以下的人。在正常的或非临床的群体中，似乎没有缺乏自尊之类的严重问题。我们注意到，让·特文格（Jean Twenge）综述的一系列研究表明，在过去的 25 年里，人类的自恋倾向在逐渐上升，这既带来了有利的因素，也带来了不利的因素。我们的语言包含了很多与这种自尊提高有关的消极暗示，比如自鸣得意、自以为是、傲慢自大和自吹自擂。

但是更令人警醒的是，研究者揭露了自尊提升的黑暗面。研究者已经证明，很多社会病态行为有时与自尊水平提高有关，比如犯罪、行为不良、不道德的行为、轻率的行为、攻击性行为、自恋、缺乏自制力、性尝试以及社会歧视。当然，这些行为并不是高自尊的结果，而是与其他人出现潜在冲突时，高自尊的人通常都会大胆地表现出自私行为。

这类研究的一个案例是群体内偏见效应（in-group bias effect），即我们倾向于做出有利于亲密之人的行为，如直系亲属和朋友，而不顾非亲密之人的利益。我们在高自尊的人身上发现了这种偏见。很多早期的自尊理论希望对自我的积极看法能够转化为更强的社会责任感。然而这种希望已经被越来越多的研究发现所破灭。由于高自尊的人比那些自尊水平较低的人更有可能根据自身利益行事，因此将个体自尊作为社会和教育改革的目标，是不太现实也不确定的选项。

通过感知到的能力建立信心

我们使用"自信"这一术语的第二种主要方式通常是用于描述自我感觉擅长的东西。你可以在心里将自己的技能分成不同的领域。你擅长数学吗？你在打网球、下棋、开车或游泳上的表现怎么样？当你不得不与陌生人交往，或者学校要求你升职的时候，你是否感觉自在呢？在这个层面上，我们还是在谈论很多有不同作用的范畴，即研究者所称的"领域"。因此，有数学领域、语言领域、各种运动领域，也有更广义的领域，比如人际交往领域，或者与工作相关的领域。

我们可以在很多方面获得自信。犯罪分子在开锁、反侦察、忠于同伴等方面引以为豪；水球守门员从踩水跳出水面、灵活的上身动作和准确预测其他球员的走位中获得自信。举例来说，这些人都拥有高水平的自尊，但这并不会转化为更高的学业成就。只有当一个人从成为学习者或高成就的人中获得自信，你才可以期望自尊与成就是相关的。

在调查研究中，研究者使用问卷询问人们，他们感觉自己在 X 领域、Y 领域等等当中有多好、多有能力或者有多聪明，通过他们对这些问题的回答来测量**感知到的能力**。你擅长 X 领域，并不意味着你擅长 Y 领域。特别是当儿童进入青春期时，他们往往从"擅长一切"转变到擅长较少的领域。每个人都会有一个总体的能力概况。例如，人们可能会觉得自己擅长打网球和数学，但不擅长打篮球或与陌生人说话。

一个令人好奇的方面是，感知到的能力通常不与相同能力的实际指标相匹配。我们天生就倾向于认为自己比别人评价的自己更好。在缺少我们有多好的真实反馈数据的情况下，这种膨胀效应尤为强烈。如果对反馈有所怀疑的话，我们的自我会膨胀，以迅速地填补这一差距，并确信不疑。下一章将深入讨论这个问题，这被称为**自我提升**效应（self-enhancement effect）。

你的整体自尊和感知到的能力之间的关系是什么？这取决于你的社交圈如何衡量一项技能的价值。例如，我们两人可以幸福地度过一生，但是搞不定网球；我们中的某个人觉得自己擅长板球，并多年来担负着教练和裁判员的责任；我们两都觉得自己在写作方面还不错，主要还是因为这是我们所在的专业领域。

假如你觉得自己"不擅长学术"，却生于高成就的学术家庭。你的自尊心可能会因为你原生家庭的价值观和你对自己能力的感知之间的不匹配而备受折磨。与此相对，如果你的兄弟姊妹在学业上很成功，他们所处的社交世界则十分有利于其塑造积极的自我形象。

你的整体自尊不一定能为你提供相关领域的信心。你在粉刷房子时的信心与拥有高水平的整体自尊无关。然而，事实情况是，因为学校是学生整个生活中非常重要的一部分，所以学生在学校取得成功时，会自然地形成一个总体的学业自我概念（academic self-concept）。我们希望学生有自信、有自豪感以及有对成为成功学习者的期望，所以发展学业自我概念是极其重要的。这种对在校能力的总体感觉能让学生更积极、更专心，使学生在学校科目上取得更高的学业成就。就是这种自我感觉的获得，能够为我们提供缓冲和应对策略，使更多学习得以发生（尤其是面对学习失败和难以即时理解等困难时）。当学生拿着证据说"我是一个学习者"时，他们就更有可能投入学习，并从学习中获得乐趣。这确实是一种良性循环。

第三个层面：任务中的自我效能感

"Efficacy"（效能）是一个古老的英文单词，意思是要达到的效果或实现某个想法。20世纪70年代初期，斯坦福大学的奥尔伯特·班杜拉（Albert Bandura）发表了引人注目的研究报告，将这个词重新引入日常语言。自我效能感可以表现为一个人对生活日程中的下一项任务获得成功的信心水平。因此，这一水平与领域不是很相关，而是与任务相关。与你拥有的那些特质（如你的自尊和感知到的能力）不同，你的效能感是你对成功完成眼前特定任务的信心。

因此，这方面的信心是在真实情境中所做的实际判断，而不是仅仅预想自己是什么类型的人。此外,请注意这种形式的信心与"擅长做"任何事情无关。相反,它是你妥善处理眼前任务的期望,无论是在此时此地,还是在不久的将来。

当然,你可以通过你的能力获得效能感。但它们仍然是截然不同的。我们可能会感到我们"擅长竞技",但若要在 12 秒内跑 100 米,我们便缺乏任何水平的自我效能感或信心来满足这种期望。我们知道无论我们如何努力都可能会失败。自我效能感与现实情境和现实目标有关。因此,无法在具体时间点实现一个具体目标不太会影响你的自尊或能力,除非它是灾难性的失败。

在生活中竭尽所能意味着:(a)衡量这项任务是否值得你做;(b)做出决定"是的,我能做到"。你不能抽象地做出这种判断。相反,效能感取决于对局势的仔细分析,并做出现实的评估。请注意,这意味着它对问题情境是非常敏感的。一个人长期的自我看法,如提升的自尊和感知到的能力,在任务难度太大时,很有可能会产生误导性评估。启动一项注定会失败的重要任务是毫无意义的。

自我效能感与如何做某事的知识无关,它是一个人对是否能够做某事的判断。但研究者已经证明,实际能力和自我效能感的信念很难完全匹配。他们发现,能力水平相似的个体在效能感或信心评估方面仍然存在很大差别。一些逃避挑战的人或许低估了他们自己的能力。其他人则自不量力地强迫自己往前进。

区分真正的自我效能感与不切实际的自我肯定

不切实际的言辞,比如"我能够做一切事情",或者"'不可能'这个词是不存在的",不能代表真正的自我效能感,也不应与自我效能感混为一谈。自我效能感的本质是与任务相关的,所以它与许多整体概念几乎是相背离的。如"我可以做任何事"的想法可能是空洞或愚蠢的,这取决于当时的情境。然而,一定水平的**自我肯定**(self-affirmation)往往可以通过引导人们集中注意力,帮助他们继续坚持下去,而不会因一个小错误接受失败。我们将在下一节讨论这方面的问题。

研究自我效能感所使用的一般方式不是问卷调查,而是使用难度逐渐递增的任务。被试者被询问,在每个难度水平上他或她是否会成功。通过这种测试方式,研究者发现人会在大约一秒内评估任务的要求,并对自我效能感做出评估。通常情况下，这种反应也就是"是的，我能做到"，或者"我认为我做不到"。

无论何时看到一项需要你关注和参与的任务，效能感评估都是你头脑中的第一反应。做出积极的自我效能感评估能够带来四种直接的结果：（a）愿意承担这项任务，即便知道会很难；（b）调动可用的资源来匹配感知到的难度水平；（c）为了解决障碍可以投入更多资源的意愿；（d）关注点会转移到任务要求上，而不是沉溺于个人的或者感性的反应。

虽然明显是陈词滥调，但"当世事艰难，唯勇者行"或"我想我能，我认为我可以，我知道我可以"传达出很多有关自我效能感的本质。这便是"挑战"这一概念如何进入这样的情形中——我们大多数人欢迎挑战，只要有一个合理水平的自我效能感能够应对这些挑战，然后我们就可以投入到完成挑战的任务中。金发姑娘原则在起作用——挑战不能太容易，但也不能完全不可触及。

获得自信的心理机制

你的自我效能感从何而来？本质上，它与你的自尊无关，尽管它与你在某一相关领域的任务中感知到的能力相关。但影响自我效能感的主导因素是你的记忆。要对下一项任务抱有信心，你必须能够激发过去成功完成类似任务有关的知识。然而，你并非在回顾你的成功，而是尽可能地回忆起能使你成功的潜在知识图式。所以关键的记忆不是"我过去做得很好"，而是"我可以使用能够快速提取的知识来完成这个任务"。**轻松提取**知识是自我效能感的一个关键因素，这就是为什么大脑需要一秒左右才能做出判断。

通常，你可以通过观察和识别他人的行为来激活自己的知识。在20世纪80年代的早期著作中，班杜拉和他的研究小组发现，年轻的学生可以通过观察同伴处理难题来获得一种自我效能感。与成功的榜样接触，是激励一个人相信他或她也可以成功的一种绝佳方式。但榜样为什么适合于某个人，需要一个好理由。如果技能差距十分显著（例如新手与专家之间的差距），接触极其优秀的榜样会使人变得沮丧。这里再一次需要运用金发姑娘原则——不能太容易，而且也不能太难。榜样会影响你，是因为他们与你有相似之处，而不是因为存在看得见的差异。

研究还发现，我们可以通过某些类型的言语劝勉（verbal exhortation）提高孩子的自我效能感。但有一个小窍门。只告诉学生"你能做到"并不是一个适当的信息，特别是如果这一信息与这位年轻人自己的信念相冲突的话。此类言论只有在传达有意义的信息时才会起作用，如"我知道你可以解决这些问题，就像你上周解决的问题一样，只是难一点点而已"。鼓励能够发挥作用，并不是因为说服了他人，而是因为它在适当的时间唤醒了适当的记忆。如果你过去成功过，完全有理由相信你能继续成功。

细想一下诸如"我相信你，对你抱有很大期待"，"我知道你是一个有价值的人，你尝试任何事情都会取得成功"这样的言论。不幸的是，这样的言论更多是一种情感勒索，而非真正的鼓励。如果一个人处于自我怀疑当中，此类信息可能会增加这个人心理上的困惑，而无法为其提供建设性的解决方法。问题是，强烈的自我效能感必须建立在提取和激活成功所需的基本知识之上。

不过，人的心中仍会留有空间进行一定程度的**自我肯定**。这里的鼓励不是来自外界，而是来自作为第一人称的你自己。诸如"我可以做这个"，或"我是一个有能力且有价值的人"，或"我不应该接受失败"，或"我在生活中的其他事情上获得了成功"等想法，可以使一个人充满动力并奋发向前。当你遇到困难时，静静地进行自我肯定的复述可以帮助你重振旗鼓，重新调整你的努力。但再次提醒，重要的是自我肯定要基于现实，以回忆起来的过去的真实成就为基础。很明显，实事求是的自我肯定与"我可以做任何事"之类不切实际的想法之间只有一步之遥。关键因素是自我肯定在你的记忆中是否有真正的基础。

预估我们的努力

预估或估计任务难度、需要多大投入以及成功的概率，这种能力对学习的决策是至关重要的。如果我们高估了任务难度、投入或失败的概率，我们很可能放弃，说我们做不到；如果我们低估了这些，可能会说这事儿太容易了，并且会失去接受挑战的兴奋。我们从 900 多份元分析中得知，学生的自我期望或他们对任务结果的预估是学校教育中影响力最大的因素之一。如果我们预计自己在即将到来的考试中的表现与上次一样，那么我们可能就不会对学习有额外的投入——因而教师的主要角色之一是帮助学生超过他们的期望！在面临能力的考验时，学生（像我们所有人一样）经常为自己设定安全的目标，而且需要教师来为其提供他们能够超出预期的证据、支持和鼓励。

在预估我们可能的表现时，我们在现有水平与想要达到的水平之间设下了一个差距。在太多的课堂情境中，学习者很少具备甚至缺乏有关标准或成功标准方面的知识，因此他们预估自己的表现与他们的现有水平是一样的。这就是为什么成功标准或样例有助于重新校准关于熟练度（proficiency）的现有概念。我们当然不希望学生说"这实在太难了"或"我做不到"，因为任何新的学习似乎都符合这些消极的效能信念。相反，我们想要学习进入一个良性循环——预估的成功充分高于现有的成就水平，因此，他们很可能会投入到学习中，运用策略、寻求帮助、坚持学习以达到目标，从而获得证据表明他们对自己的效能信念是正确的。

我们可以有许多方法教会学生提高成功标准和学习判断的有效性。在对学习进行判断时，我们可以使学习者专注于有效线索——向他们展示什么支持他们的信念和什么不支持；我们可以给学习者提供样例，让他们知道成功看起来是什么样的，向他们解释现有水平和理想水平之间的差距，这样他们就知道"他们什么时候达到理想水平"；我们可以清楚地了解他们的已有知识（对已有知识的不准确理解，与不知道已有知识不正确或部分正确一样，都是一种障碍）；我们可以通过诊断当前学习和适当提供反馈，帮助学生缩小当前和预期学习之间的差距；如果学生仍未学会，我们可以重新教。

过度自信的价值

那么，适应性的自我效能感应该一直与实际能力或才能相匹配吗？好吧，不是这样的！要获得高水平的动机，并不需要准确的自我评价。关于抱负水平（aspirational level）的研究表明，对一个人的能力略有高估是完全合理的。当一个人可以中途退缩而免受过度惩罚时，尤其如此。过度自信是正常的人类行为，它能够促使一个人提高技能水平以与其个人信念相匹配。例如，相信自己"擅长数学"的学生可能会寻求更多额外的数学作业，坚持不懈地解决难题，以达到更高的理解水平。

相反，缺乏自信往往与缺乏动力有关。自我效能感会很快陷入一个恶性循环之中。效能感低会导致努力不足，从而带来不良的表现，学习的掌握程度也低，这便会强化初始的效能感。要打破这种循环或自我陷阱（self-trap），需要的不仅仅是几分钟善意的建议或办公室辅导。在课堂情境中，较低的效能感往往源自于技能缺陷或真正的知识差距。因此，通过直接教学和结构化练习来解决这种技能缺陷，是提高效能感的可行手段。有必要强调一下我们所引用的关于自尊的研究结论：学生在学校中的成功能够提高整体的自尊，但高水平的自尊并不能预测学业成功。

> **观点：对教育的启示**
>
> 　　上述分析对教育有什么启示？第一，积极的自尊心和自豪感可以从成功的学习中获得。但一个人的自尊需要有一个稳固的现实基础。高自尊可以是社会和学业成功的标志，但提高自尊并不一定能提高学业成就。将自尊想象成汽车中的汽油量是十分有帮助的。油量可以告诉你这辆车会走多远。如果油量处于低点，拨动里程表的指针也不能让汽车走得更远。
>
> 　　第二，自信背后的关键因素是自我效能反应，反过来，自我效能感取决于你能否认识到你在生活中面临的任务本质上是可以完成的。但世界上的知识结构是复杂的。我们期望学生掌握的课程是广泛且深入的，以多种多样不断累积的元素为基础。作为学生，我们每个人都带着最初的乐观开始这趟旅程。然而，随着难度开始呈梯度变化，我们信心的基础也开始改变。能够感知到你过去成功地做了什么与今后这趟旅程会走向哪里之间的联系，是已知能够维持以信心为基础的动力和应对能力的唯一途径。
>
> 　　有两个效应循环与信心和自我有关。恶性循环是说服自己不能成功完成任务或挑战，因而不付出努力、不听指导、不接收反馈，最终的结果就是为自己提供了证据——你不能成功。良性循环是说服自己可以成功完成任务或挑战，因此要付出努力、听取甚至寻求指导、容忍错误并将其看作学习机会、接收反馈，最终找到了证明自己正确的证据。摆脱恶性循环的方法是，坚持将投入、倾听、寻求和接收反馈的价值展现出来，然后提供这些学习方法能够发挥作用的证据，帮助学生产生"我认为自己能行，我认为自己能行"的想法……最后是"我现在知道我能行，我现在知道我能行"。
>
> 　　总之，帮助学生获取自信，使他们相信自己有能力应付现代学校课程压力，在这一方面上，教师扮演着关键的角色。在下面的专栏中，我们总结了大量优秀的教学策略，这些策略与激发和维持年轻学习者的信心有关。

帮助你的学生建立学业自信

我们影响学生信心的两种主要方式是教学和激励。

第一，使用积极的教学策略

1. 充分使用"可以做"的语言（例如，每个人都会学习，我们期待这个）。

2. 在短时间内使用积极的直接教学方法，确保准确且清晰地教授技能，使用良好的教学方法、先前知识和设计良好的比喻等。

3. 确保所有学生接触材料。确保活动从易到难。尝试设计支架（例如，暗示、线索、提示、额外的研究资源或同伴帮助），使你课堂上的所有学习者都感觉到自己能够进步。

第二，使用积极的激励策略

4. 帮助学生"拥有"自己的学业作品（例如，方案、论文、数学项目、地图等等）。确保每个人都有引以为豪的作品。

5. 巧妙地将成功归因于努力，而不是能力。向学生传递如下信息：努力是周期性的或是突然迸发出来的（努力是短暂的，但可以不断再生）。

6. 强调当前的挑战实际上是与过去的问题相联系的。今天的目标建立在过去的基础上。当前的挑战与过去的问题之间总是存在一些共同因素、先前知识和基本图式，学习永远是不断累积的（"我知道你能做这些，因为你上周处理了类似的问题。这些都是有点难度的。好吧，但你看，它们具有同样的原理"）。

7. 确保高水平的反馈能够发挥纠正的功能。小心不要过度地使用笼统的表扬（"你是一个厉害的人"）。表扬必须与现实相联系，与场合相符，能够被受表扬者所领会。一般情况下，表扬是无效的激励因素。

8. 认识到你的学生的个性特征。将他们看作真实的人，去了解他们的个人生活。他们有喜好、目标、价值观、工作和家庭责任。学会如何坐在一个人身边，去谈话和倾听。做书面笔记，建立文件夹，记录你所知道的他们的爱好和价值观。这种知识在调整个体教学反馈和补救工作中是无价的。

9. 直接教导学生合理归因。不要卷入负面的归因或讨论，如"我不能做数学"，或"我没用"。要认识到无助感是可以被操控的，而且往往是在自我价值的辩护中产生的。教师的问题是避免强化自我挫败的认知。如果不得不对一个学生的学习失败进行解释，教师可以采用以下不同的归因：(a) 缺乏输入（不专注，学生错过了课程，概念的教授不够好）；(b) 缺乏练习（过快地切换到较难的材料）；(c) 知识沟或"计算太马虎"；(d) 缺乏努力，可能的原因是学生没有很好地权衡生活中各种事情的轻重缓急；(e) 目标太高，没有短期目标，导致目标遥不可及。

10．沟通的一项基本原则是，能力不是完全固定的。能力是付出努力的自然结果。学习需要时间，通常远多于我们预测所需的时间。而合理的策略就是将目标和期望重设到现实水平。

11．积极劝导学生不要进行社会比较，相反要强调每天都朝着目标有所进展。

导学问题

1．为什么大多数整体自尊的测量不询问有关具体情境或经验的问题？

2．列出已知与高自尊有关的积极归因。

3．高自尊有时与负面归因相关联。这些负面归因是什么？

4．提升自尊心是适当的教育目标吗？

5．自尊和感知到的能力之间的关系是什么？它们何时会联系在一起？何时它们可能是没有联系的？

6．能够激发自我效能感与能够激发一个人的自尊是不同的。在做出自我效能感判断时，什么是最重要的决策？

7．一旦你做出自我效能感的判断，立即会带来四种结果或后果。它们是什么？

8．有时激励可以用于提高学生的自我效能感。但如果是这样，这种激励必须包含什么关键成分，或者传达什么基本信息？

9．个人激励可以源于自我肯定。自我肯定与"我可以做任何事"之类不切实际的想法有何不同？

10．有什么行之有效的方法，教师可以用于激发学生作为学习者的信心？

参考注释

- 男生对测试过于自信（Lundeberg, Fox, & Punccohar, 1994）。
- 因为女生的自信水平较低，所以相对于男生，女生更不愿参与竞争（Niederle & Vesterlund, 2011）。
- 虽然自尊反映了积极的生活因素，但不能预测出积极的变化（Baumeister, Campbell, Krueger, & Vohs, 2003; Emler, 2001; Leary & Guadagno, 2011）。
- 高自尊呈现出的阴暗的反社会的一面（Baumeister, Smart, & Boden, 1996）。在高自尊的人身上发现群体内偏见（Aberson, Healy, & Romero, 2000; Jelić, 2009）。
- 学业自我概念促进学业成就提升（Marsh & O'Mara, 2008）。
- 自我效能感研究（Bandura, 1977; Bandura & Schunk, 1981）。
- 通过劝勉去鼓励学生付出努力（Usher & Pajares, 2009）。
- 自我肯定（P. R. Harris, 2011; Schmeichel & Vohs, 2009）。
- 有时过度自信可以成为动力（Johnson & Fowler, 2011; S. E. Taylor & Brown, 1988; S. E. Taylor, Lerner, Sherman, Sage, & McDowell, 2003）。

第 25 章　自我提升和阿呆与阿瓜效应

自我实现的关键是自我展示（self-presentation）。向外展示出信心的人会获得他人较高的肯定。在生活中，"展现出来"的东西非常重要。例如，研究发现，如果你被认为是一个自信的人，那么你更有可能当选为领导者，更有可能获得一份工作，更容易吸引浪漫的伴侣，人们也更有可能认真听取你的意见，你更有可能被视为可信的人。无论何时，如果你需要报道某件事或提供证据，你表现出来的自信程度都会成为人们判断你的证词是否真实的一个关键因素。如果人们有效提高他们的自信，他们就更有可能影响他人或者被委以重任。每当人们聚在一起，那些表现出自信的人、那些能够很好地展示自己的人，很快就会发现他们享有巨大的社会优势。

人们知道他们很好

考虑到自我展示在生活中的重要作用，当我们听到数十年的研究发现了大量关于**自我提升**（self-enhancement）的证据时，就不会觉得很惊讶了。自我提升是指个人倾向于从正面描述自己的品质。在一些经典的研究中，人们发现约80%的人认为自己是优秀的汽车驾驶员。对自我看法（self-regard）进行过调查研究的所有领域都有类似的发现。例如，在一项研究中，94%的大学讲师认为自己的工作表现高于平均水平。你见过哪个教师说过"我是一个低于平均水平的老师"吗？

在一项针对高中的研究中，60%的学生宣称他们的社交技能水平居于前10%。一位顶尖的研究者如此戏谑地描述这些发现："通常，没人觉得自己很一般。大多数人都声称自己更有纪律、更有理想、社会技能更强、驾驶技术更高超、更善于领导，而且还比一般人更健康。这在数学上不可能是正确的。"（Dunning，2006，p.601）

在一些研究中，人们被问到是否存有偏见，以及与其他人相比偏见程度如何。这是一种内在的负面特质,所以他们宣称对任何事物都没有偏见。他们说,其他人才有偏见呢。人们都倾向于认为其他人有偏见。但是,你可以清晰地看到别人身上的这种缺点,但不会承认自己也有……当然不会!

无论何时,针对负面的特质,自我提升过程总会发挥反作用。负面特质与他人联系在一起,而与自己无关。当谈到许多负面事件,如发生或引发交通事故、陷入纠纷或感染疾病时,人们总会认为自己比一般人经历这样的事情的概率要低。

为什么我们会自我提升?

当自我提升的研究结果刚刚开始在社会科学文献中涌现时,研究者起初认为自我提升效应可能是吹嘘、刻意虚假陈述或直接说谎的一种形式。但是,一系列的研究表明,自我提升效应似乎是强大且真实的。当人们被劝导如实回答,或者没有理由说谎,或者提供不准确的自我评估信息会导致不愉快的后果,这时候自我提升效应也仍然存在。人们真的相信他们比别人做得更好。最好的一个解释是,如后续的研究所表明的,我们对什么是"平均"没有一个清晰的概念。人们很难界定"平均"这一概念。但无论这个"平均"水平是什么,我们都认为自己远远优于平均。

另一个经过检验的核心观点是,自我提升是一种欺骗的形式,甚至是一种自我欺骗。但这样的观点是值得商榷的。研究表明,人们并非是在私下权衡自己的"真正价值",然后小心翼翼地往里面"添油加醋"。欺骗意味着一个人实际上知道自己的位置,但却给出不一致的陈述。然而,研究表明,这种观点不能解释为什么人们一开始就对自己感觉良好。当人们评价或称赞自己,即使是在他人面前,他们也都认为自己是在陈述事实,任何公正的裁判者都会认为他们所说的是事实。

许多人,包括儿童,都会努力抓住任何机会来夸夸其谈、自吹自擂。例如,每当发现一个崇拜他们的听众,他们就会吹嘘自己的成就。在这样的情景下,他们清楚地知道事实被歪曲了。但被揭穿的概率微乎其微。很多人痴迷于给别人留下深刻印象,这也是自恋最典型的一个方面。即使这个观点对于大多数人来说太过极端,它仍然是真实的,我们都努力地给他人留下积极的印象。

人们会承认自己接近平均水平,但这通常仅限于一些无关紧要的特质。就拿平衡铅笔使它立起来的能力为例。这样的技能居于平均水平无关痛痒，我们甚至会很高兴地说，我们在这些技能方面表现一般。但每当提到那些有价值的特质，世界上的大多数人，无论成人还是儿童，都宣称自己拥有这种特质，这些品质是他们天生的一种状态。当被讨论的特质是固定的，而非本质上变化不定的，人们宣称自己拥有这种积极特质的倾向就会变得尤为强烈。

我们受之无愧

我们如何解释这样的感受？人们普遍认为自己拥有某些理想特质，这主要是由于以下两种互相影响的因素：（a）日常语言的模糊性；（b）生活经验的丰富性。在我们的脑海中，语言是我们用于反思的工具。成为一个诚实的人意味着什么？你能在长时记忆中找到你曾经是、以后也是诚实的人的证据吗？你能迅速激活其他哪些记忆？你是忠于事实的吗？你靠得住吗？你拥有自制力吗？对于这些与自我相关的问题，答案不是虚无缥缈的。

你的职业素质是什么？你是一个优秀的教师吗？你的记忆帮助你找到你的表现达到较高专业水平的证据了吗？你教学技能精湛，深受好评，使学生学到很多。你可以回忆起你的学生如何表达由于你帮助他们而生发的温暖和感激之情。你做得很好，因为你是一个优秀的教师。现在回想起来，还有很多例子表明你拥有高标准的专业技能。你不仅是一个正直诚实的人，你也是你的职业群体中有价值的成员之一。

总而言之，每当提到一个理想的特质，我们都不难从记忆中找到符合要求的事件。我们可以找到有根据的、毫无争议的证据。在认知心理学术语中，我们将这样的记忆描述为**可快速获取的**，因此可以**轻松提取**（ease of access）。这些都是重要的概念，因为这些认知因素会强烈地影响我们自我形象的建构。我们是谁？我们拥有什么特质？我们与其他人有什么不同？我们是优秀的吗？极为多样且广泛的信息深藏在你的长时记忆深处，它们提供了丰富的个人信息。寻找信息以支持这些积极的特质，这很少会遇到问题。

自我评价的可能性

认真对待这些想法会导致另一个关键问题：真实的自我洞察力能达到什么程度？一个如此奇怪的问题！个人的基本假设肯定是他或她拥有不容置疑的自

我认识。正如苏格拉底的劝告：认识你自己。你已经观察自己多年。你必须成为你自己的性格和能力的好裁判。

大量研究的数据表明，与客观指标相比，自我评价不仅贫乏，而且往往没有其他人的评价准确。矛盾的是，一旦你熟悉了另外一个人，你往往能够比那人自己还能更准确预测他或她的行动。康奈尔大学的戴维·邓宁（David Dunning）所做的几个非凡的研究能够支持这句话背后的理念。例如，在一项研究中，学生的寝室室友比他们自己能够更好地预测谁未来会做志愿者工作。其他研究发现，在预测智商和其他测试分数方面，人们对他人的预测比对本人的预测更准确。

这究竟是怎么回事？检验客观表现、自我评价和其他人所做的评价之间的关系的研究显示，他人做出的评价比本人的自我评价更加符合客观表现。例如，在大学课程中，学生能够准确地预测其他学生的成绩，准确度高于他们对自己的预测。研究生可以预测他们的同伴需要多长时间才能完成研究，但极大地低估了自己花费的时间。类似的现象也出现在工业界、办公室工作、军事训练以及医疗实践中。这不是一个未解之谜，它只是再一次说明，人们还是不擅长评估自己的行动和表现水平——主要是因为我们倾向于高估自己。

人们会在自我提升的基础上来进行自我评价。在另一方面，观察者可以相当准确地预测到他人可能会出现的行为，因为他们并未处于这种膨胀的自然状态中。这听起来很奇怪，但如果你想得到自己在新环境中会表现如何的准确预测，可以从熟人那里得知这些。他人可能比你自己更了解自己，这一观点是社会科学几十年来的研究结论。

我们的自我评价太容易出现偏差。自我评价的准确度似乎与是否在任何既定的技能领域获得准确的反馈有很大关系。一项重要的文献综述发现，在运动领域中，反馈是很常见的，实际成绩与自我认识的相关系数是 0.47，这已经可以被认为是非常高了。而对于社会技能来说，相关度要低得多，为 0.17。这是一个巨大的差异。

对于管理能力，相关系数显示为零。我们来回顾一下这个有趣的研究发现：一群在工作环境中以管理者身份出现的人，他们对自己能否做好管理者无法做出准确的自我评估。这个问题也是管理一个现代公正的社会的主要忧虑之一，戴维·邓宁、奇普·希思和杰里·苏尔思（David Dunning, Chip Heath and Jerry Suls）在 2004 年《心理科学》杂志的公共利益版上发表了相关文献综述，深入地探讨了这一问题。

综上所述，过去50年的研究表明，自我评价和客观表现指标在很大程度上并不一致。在许多研究中，它们似乎不存在有意义的相关。只有在提供准确和客观反馈的领域（比如竞技性的国际象棋和田径运动），自我评价才与客观表现指标趋于一致，可以反映出更多客观的数据。

长期的自我观对自我评价的影响

你的自我评价与你的自我信念是密切相关的。因此，由于缺乏其他数据，很自然地，这种评价能够反映出你对自己的总体看法，这也是我们前文所提到的自我提升的倾向。进一步说，你的自我形象表现为你在三个方面的自我认识：能力、道德和被爱（lovability）——你是一个好人，天生就有能力，认识你就会爱上你。

这三个关键观念有三种显著的心理属性：（a）长期的或持久的；（b）不可侵犯的或不容置疑的；（c）具有内在的积极性。无论你是谁，你总是确信自己是性本善的。不管在什么环境下，你的内心都不会改变。无论你周围发生了什么，或者你不得不做什么，你将永远是你。

为了深入了解我们的长期自我形象的核心，阅读以下专栏中关于个性的描述是很有帮助的。这份文辞精妙的材料在过去60年的研究里一直被使用。该领域的传统发现是：将这段材料伪装成个性化评价，大约有80%—90%看过它的人，认为这些材料是对他们自己作为独特个体的贴切且深刻的描述。当要求人们用5分制打分来描述这段评价的准确性时，平均分通常高于4分。在1949年研究者创作了以下这个文段以后，这项研究发现被称为**巴纳姆效应**（Barnum effect，因为这段话用在所有人身上都合适），或者有时也被称为**福勒效应**（Forer effect）。

巴纳姆个性描述

你祈求受到他人喜爱，却对自己吹毛求疵。你拥有很多尚未开发的潜能，你还没有将这些潜能变成你的优势。虽然个性有些缺陷，大体而言你都有办法弥补。看似强硬、严格自律的外在掩盖着不安与忧虑的内心。许多时候，你严重怀疑自己是否做了对的事情或正确的决定。你喜欢一定程度的变化，并在受限时感到不满。你为自己是独立的思考者而自豪，并且不会接受没有

> 充分证据的言论。但你认为对他人过度坦率是不明智的。有些时候你外向、亲和，也乐于与人交往。有些时候你却很内向、谨慎和保守。你的一些抱负是不切实际的。安全是你人生的主要目标。

请注意，这些语句是模棱两可的。它们会提出一个观点，然后收回同样的观点。所有基本点都有所提及，并且所有猜测都是两面下注的。你有能力，但尚未开发。你有抱负，但它们可能不太现实。你既外向，又内向。你是一个独立的人，但你又看重社会认可。对于这样的描述，我们很难有什么异议。虽然自我是一个私人的东西，但我们会认为这样的描述掀开了事实的帷幕。确实如此，因为对于我们所有人来说，它们正是那一层帷幕。

阿呆与阿瓜效应

在缺乏反馈信息时，一个人就没有建立自我认知的坚实基础。这种自然倾向会以如下方式进入我们的头脑，形成一种很有趣的效应，教师理解这种效应是很重要的。这种效应就是，缺乏能力的人没有了解他们的能力有多不足的任何内在基础。一般情况下，缺乏能力的人还是会觉得他们是高于平均水平的。两名美国研究者通过对照实验研究首次记录了这一发现后，这种效应被称为达克效应（Dunning-Kruger effect，全称邓宁-克鲁格效应）。用通俗的语言说，它也被称为阿呆与阿瓜效应（dumb-and-dumber effect）。

在一项研究中，邓宁博士及其团队要求大学生在离开考场时预估自己在这场重要考试中的得分。为了便于分析，他们将学生分为四组，分数最低的25%的学生一组，中间分数的学生分两组，分数最高的25%的学生一组。前25%的学生组得分要比他们预计的高。这项测试总分40分，这些高水平的学生平均分为35分，但他们对自己的预估分数是33分。后25%的学生平均分为22分，但他们预估自己能做对30分的题目。低分组的学生，即（按照定义）平均百分比排名在12%的学生，认为自己高于平均水平，百分比排名在60%左右。相比之下，排名前25%的人认为他们的百分比排名在77%左右，但（按照定义）他们实际的平均百分比排名在87%。

符合达克效应的名言

我们的自我形象源于有缺陷的视角,就像一幅有瑕疵的画:我们总是高估自己的能力,而忽视自己的缺陷。

邓宁、希思和苏尔思(Dunning, Heath, & Suls,美国社会学者)

我们这个时代的一件痛苦的事情是,那些自信满怀的人都是笨蛋,而那些富有想象力和知识的人又总是犹疑不决。

伯特兰·罗素(Bertrand Russell,英国哲学家,1872—1970)

世界上百分之九十的苦恼来自于人们的不自知,不了解自己的能力、弱点,甚至自己真正的优点。我们大多数人终其一生都对自己一无所知。

西德尼·哈里斯(Sydney J. Harris,美国作家,1917—1986)

有三样东西极难叩开,钢铁、钻石以及自己的心扉。

本杰明·富兰克林(Benjamin Franklin,美国博物学家,1706—1790)

知之为知之,不知为不知,是知也。

孔子(中国哲学家,前551—前479)

我不怯于承认自己对于未知事物的无知。

西塞罗(古罗马演说家,前106—前43)

意识到自己的无知是向前迈进的一大步。

本杰明·迪斯累里(Benjamin Disraeli,英国政治家,1804—1881)

承认无知,就是展现智慧。

阿什利·蒙塔古(Ashley Montague,英国人类学家,1905—1999)

一生中你所需要的只是无知和信心,那成功是注定的。

马克·吐温(Mark Twain,美国作家,1835—1910)

> 愚妄人所行的，在自己眼中看为正直。惟智慧人，肯听人的劝教。
>
> 《箴言》12:15
>
> 矛盾的是，适于放进拼图中的零片越少，我们就越容易编造一个连贯的故事。万事皆合理，这个让我们觉得宽慰的信念建立在这样一个稳固的基础上：我们几乎拥有无限的能力来忽视我们的无知。
>
> 丹尼尔·卡内曼（Daniel Kahneman，美国心理学家，2011，p.201）

换言之，处于低分组的学生没有意识到他们是低于平均水平的，而且将自己的考试成绩高估了20%。他们获得了55%的分数，但考试结束时，他们预测自己能够获得75%的分数。研究发现即使是那些未能通过考试的学生，在离开房间时仍然相信自己高于平均水平。

另一方面，优秀的学生往往略微低估了他们的最终得分。他们没有意识到他们相对于其他同学是多么优秀。其他的研究表明，每当遇到较为容易的任务时，表现优秀的人常常低估他们的成就水平。在这种情况下，他们认为这项任务对其他人来说也是容易的。当你达到高技能水平时，这是一种自然效应（见有关专业能力的章节）。当你的技能走向娴熟，你的感知会发生变化，你无法判断别人完成该任务的难度。反过来，这一因素也可以用来解释为什么领域专家经常感到教授初学者是困难的。

游到了水深没顶的地方

自从邓宁和克鲁格在1999年发表了经典的研究报告之后，能力不足的人不能评估自己有多无能，这个研究发现已经被重复十几次了。但是，这个效应并不是只出现在能力不足的人身上。相反，每当人们尝试解决超出自己能力的困难问题时，都可能会出现这样的效应。如果你游到了水深没顶的地方，你就无法意识到自己偏离了多远。如果你游到了水深没顶的地方，你就不知道水底有多深，但你依然可以踩水，尽管处于一种充满恐慌的状态。

这个情形会让你筋疲力尽：解决一项真正困难的任务会产生过多的**认知负荷**，这不但会压垮你的思维，也会摧毁你的判断力。不过，你觉得自己其实还好。考虑到这项任务有多么棘手，你不会抱有完美解决它的期望。然而，你依然感觉很自信，觉得自己的表现还好——至少与其他处于同样情形中的人做得一样好。即使是偶尔适度的成功也能维持基本能力的错觉。你知道自己并不完美。但你长期的自我观也告诉自己，你并不愚钝。

针对这一效应的整体解释是，缺乏创造技能的人也缺乏识别技能。例如，我们可以在书面语言技能薄弱的儿童身上看到这一现象。他们不仅无法写出格式正确的句子，而且也无法判断他们写作的质量或其他人写作的质量。这样的学生无意写出语法结构差的句子，但知识的缺乏阻碍了他们做出适当的元认知判断，以区分作品是否合格。那些表现不佳的人不能成为优秀的裁判员，因为裁判员需要依靠牢固的知识基础来做出决定。

记忆在阿呆与阿瓜效应中所起的关键作用

有一个推测是，一个人几乎不可能认为他的表现、考试成绩或者其他重要特质低于平均水平，这主要是因为他没有明确证明自己"失败"的记忆内容。记忆的**提取**（access）和**可用性**（availability）是认知心理学的永恒主题。

每当学生完成测验或考试后反思自己的表现，会有三个不同的可用数据来源，稍微访问一下记忆库就可以找到。反过来，这些记忆来源会产生三种类型的感受。它们是：

a. 觉得自己在一些考试题目上的回答很有说服力、很有深度、考虑很周全，应该得高分（感觉 A 型）；

b. 觉得自己在一些考试题目上的回答很浅薄，但出于公平，也应该得到一些分数（感觉 B 型）；

c. 觉得自己在一些考试题目上的回答并不成功，因为他们没有真正做出努力（感觉 C 型）。

个人对考试表现的反思直接基于前两种感觉类型的权衡。我们可以在这两个可能的锚点之间建立平衡。由于我们不能期望完美，能力较低的个体会慢慢产生第二种感觉，即 B 型。这意味着我们相信评卷人所使用的评分系统是很宽松的。目标不是证明自己掌握了这些知识，而是表现得"足够好"，以使自己的百分比排名更高。

因为这是一个友好且公平的世界，在试卷上写上任何文字都能够获得分数。进一步来讲，大脑回忆起这一天它付出了太多的努力写（即"编造"）这些文字。因此，你之所以会通过这个考试，是因为你所知道的这个世界本质上是公平的。

但对于任何完成一项正式考试的人，第三种感觉类型 C 的存在都是难以理解的。一位哲学家称之为"遗漏的错误"。这里发生的事情很不明朗。你不可能知道你不知道的东西。缺乏知识使你无法准确地评估，要理解这样的问题是不可能的。

作为高校教师，在我们最近的经验中，我们看到过极端的反应，如：（a）一个学生哭着说她"考砸了"，因为有一些她不会做的题，但在批改她的试卷时，我们发现她答对了 88% 的题目，而全班平均答对 63% 的题目；（b）一个学生打电话说他不知道两三道期末考试题目的答案。但事实上，他也就完成了四分之一的题目。在这两种情况中，我们的印象是，学生对自己在测试中的真实表现没有丝毫的洞察力。

"遗漏的错误"背后的原理是，一个人无法解释自己不知道的事。我们可以看看下面这个有趣的例子：你认为 WD-40 油有多少种用途？WD-40 是一种商品，以喷雾罐形式出售，一般的零售店都有。很多人可能会说有 10 种或 20 种不同的用途。但制造商的网站详细介绍了 2000 种用途。能够说出这 2000 种用途里面的 20 种的，可以打分为"好"或"坏"，这完全取决于一个人的视野和知识基础。如果你生活在一个需要你知道 WD-40 油的所有用途的世界中，说出 20 种几乎不可以看作一个及格的分数。但是，缺乏知识本身就会阻碍你知道 20 种是多么可怜的分数。

总而言之，自我形象的提升是好还是坏？

我们需要认真思考一下关于自我提升这种普遍现象的大量研究。这种现象暗示自我评价有一些奇怪的地方。自我有一个根本性问题，即自我观是预设的。我们生来就有盲点。我们以为"自知之明"（self-insight）比以他人所承认的现实为基础的评价更有效，但事实上根本没有所谓"自知之明"的东西。

这是一种令人不安的观点，它使我们对第一人称（含有"我"的成分）有所疑虑，使我们怀疑我们是否有能力提出会被他人认可的命题。要注意第一人称。第一人称包含大量的信息，但每个个体都有不同的知觉平衡和取样。自我观与别人对自己的看法之间存在差异是不可避免的，这也是各种社交关系的一个潜在障碍。

我们还注意到社会心理学文献中所描述的另一个效应的存在——**聚光灯效应**（spotlight effect），即感觉自己是或者应该是众人关注的中心。一个青少年走进一个房间，可能会设想所有眼睛都盯在他身上。可能他要花费很多年，才能发现其实别人根本不在乎他。人们在小组作业情境中对自己所做的贡献大小的排序方式也反映了以自我为中心的偏见。一个小组进行合作，实现了一致的共同目标。但当要求小组成员对自己和他人所做的贡献进行排序时，就会发现巨大的差异。人们往往对自己所做贡献的评价比其他人的评价要高很多。

本能地进行很高的自我评价并非一件坏事。在某种意义上，自我评价高能够反映一定程度的健康和幸福感，这是令人奋发和积极乐观的，并能缓冲这个世界内在的疯狂、污秽和孤独。我们有很好的理由认为一个人，包括你的学生，应该把自己往好的方面想，应该相信他们是有价值的人。他们应该持有这样的自我形象，即他们具有亲和、道德、诚实和善良的性格，并能够进行仔细思考和明智决策。

抑郁症患者的特征之一是他们往往不再自我提升。例如，想象一下你走在大街上，看到没有人跟你讲话、认识你，或跟你有任何互动——世界确实是一个孤独的地方。倾向于自我提升的人会这样解释同样的经历："他们只是不认识我，因而礼貌地避让我。"现实是，为抑郁症患者做心理辅导往往是很难的——他们会找到证据来使自己抑郁，而且往往不能自我提升。

自我形象与社会的关系

自我形象必须是积极的，但"自命不凡"（holier-than-thou）是一种非常不妥当的策略，注定会酿成社交灾难。当你的自我形象开始与你的世界中关键人物的观念和态度相偏离时，就可能会出现大问题。尽管我们私底下可能有一定程度的自恋，但在他人眼里这并不是什么引人注目的特质。作为一名教师，帮助学生认识自我以更好地融入社会，这是难度很大的一课。

形容某人"自恋"（loving oneself），不是指他们的自尊、幸福程度，或者他们乐于展示其良好品质的倾向。相反，它被视为保持积极关系的一个障碍。人格心理学中的一个有趣的发现是，在自恋人格测验中取得高分的人会表现出一种坦率的社交模式。他们会迅速交朋友，但很难长时间维持友谊。调查还发现他们深知自己的问题，但却不会积极地去改变。他们已习惯于以自身的优越感去应对这个世界。在这个意义上，伴有自恋的高自尊会成为一种人格上的包袱，至少对于世界中的其他人来说。

当一个人感觉自己行为良好，道德水平很高，在所有事情上都高于平均水平，进而用这种内在感觉去定义个体的人格，就会出现一些严重的问题。你可能会感到自己在某种程度上比别人"更好"，但你不能指望别人乐意接受这样的概念。学会与他人友好相处，意味着学会不要一开始就告诉他们，他们不如你那么善良或能干。相反，你需要学会如何表达你对他们的尊重和欣赏，展示自身的谦逊。当你能够将你的行动、姿势和话语与你在自己身边看到和看重的榜样同步起来，这将十分有助于你的社交适应（参见第28章"成为社交变色龙"）。

观点：帮助学生"面对现实"

作为一名教师和指导者，理解以上所述的研究结果是很有帮助的，也就是说，未经检验的自我判断更有可能是毫无价值的，不会对我们的自我完善有多大帮助。一个普遍的发现是，人们认为他们了解某些话题，但与现实标准对照时，他们的想法往往会落空。在缺乏客观数据的情况下，我们必须将学生口头表达的自我认识视为不可靠的数据源，不能作为教育指导的基础。

除了自恋，自我提升并没有什么内在的问题。然而，每当学生的希望和期待相对较难实现时，都可能会出现问题。当自我形象被定义为"胜过他人"时，这种自我形象注定会在某个时刻破灭。当人们期待成功时，竞争和**自我取向**（ego orientation）会激励他们。但当获得奖励的频率降低，对许多人来说，失望是不可避免的。在这种情况下，重新调整目标是我们心理上所必需的。

重新调整目标必须包括对自我形象的微调。我们有理由相信，当目标略微高于当前实际能力时，行为动机是强烈的。设定能让你走出舒适区的预期和目标是非常有益的。但问题在于这需要明智的判断和调整。你能走多远？一个人并不非得赢得一枚金牌，因为参加奥运会本身就是一个了不起的成就。

在生命中寻找自己的位置是你的每个学生都必须承担的最艰巨事业。帮助一个人了解有效反馈信息对调整预期目标的重要性，能够限制本能的自我提升效应和使个体的自我价值感保持完整。在没有获得适当的反馈时，个人抱负和对现实的有意识模仿将完全陷入自我中心的旋涡中。在任何现代社会中，这都不是自我实现的稳固基础。

人的自我在不断膨胀吗？

你有没有觉得我们生活在自我的一代，或者说"唯我世代"（Gen-Me）？这种对自尊和个人主义的强调是否已经走得太远？自我中心是一种新常态吗？我们年轻人变得不那么关心他人，更加以自我为中心，期待更多、要求更高，更自恋地爱自己吗？在美国，人们围绕这些问题展开了激烈的辩论。以下是我们推荐的两本有益的书：

《我一代：为什么美国年轻人越来越自信、坚定、有权利，但也更痛苦》(Generation Me: Why today's young Americans are more confident, assertive, entitled, and more miserable than ever before, Jean Twenge, 2007)。

《自恋时代：现代人，你为何这么爱自己》(The Narcissism Epidemic: Living in the age of entitlement, Jean Twenge & Keith Campbell, 2009)。

这两本书进行了很好的研究，读起来很令人不安，因为这两本书探讨了美国社会的趋势，即自我主义和自恋不断蔓延，而同情和尊重权威等特质不断衰退。这些书对心理测量问卷研究的数据进行了分析，并将这些发现与其他社会因素联系起来，与我们对什么是成功生活的不断改变的期望联系起来。

特文格（Jean Twenge）博士和她的团队（2008）综述了1979年至2006年发布的85项问卷调查，共计1.6万名大学生完成了自恋型人格测试。当被问及选择什么方式描述自己时，这份问卷给人们提供了40个机会来选择自恋的反应。分数在27年间逐步升高，显示出0.33的效应量，或者说平均分大约提高了14%。女性分数增长得更快，并且在这27年间赶上了男性水平。同样，密歇根大学的萨拉·康拉特（Sarah Konrath）带领的研究小组证明了同情心在不断降低（Konrath et al., 2011）。特别令人不安的研究发现是，年轻人越来越不愿意关注别人的观点。

但有一种相反的看法：心理测量数据的趋势反映的更多是受过教育的年轻人（大学生）对自身的描述，而不是人类性格的真正变化。人们在谈论社会趋势时经常存在夸大和过分简化的问题。我们的看法取决于我们观察世界的角度。但这些看法在多大程度上代表总体趋势或人类性格的改变，这是值得质疑的。我们注意到，一个大家都认可的观点是，现代社会比过去的社会更加民主、道德，不那么残酷（例如，Pinker, 2011）。

然而，如果你要调查今天的年轻人形成的态度是否不同于你们自己这一代，上面这两本进行了深入研究的美国书籍与你的兴趣很相符。即使你要质疑这是社会的变化趋势，上面列出的第二本书是一份可读性很强的综述，特文格和坎贝尔对自我主义的自恋及其破坏性影响的研究进行了分析。自恋者将自我提升发展到极端程度，这不利于他们身边的其他人。

导学问题

1. 虽然虚荣心和自恋的概念已经出现很长时间了，但所有人都会自我提升，这样的观点在上一代人眼里肯定是荒谬的。这个领域有哪些研究发现适用于我们这些人？

2. 自我提升只是一种吹嘘、夸张，或者只是撒谎吗？

3. 为什么如果谈论的品质是不易改变的，比如诚实，我们更倾向于自我提升？

4. 我们能够自我提升，因为我们总是可以找到很好的证据。我们是怎么做的？这一证据从何而来？

5. 事实表明，比起预测自己的行为，我们通常可以更好地预测他人的行为。这是为什么呢？

6. 我们应该在多大程度上相信别人对自己的看法？

7. 你有时善于交际，有时又比较内向，这是可能的吗？为什么这会使你不同于其他人？

8. 你无法知道自己的能力有多不足，这是可能的吗？你能描述一下我们所知的达克效应吗？

9. 为什么达克效应与"大体上你很聪明，也是一个好人，你不会改变你的内心，你本质是可爱的"这样的观念是相符的？

10. 解释一定程度的自我提升和过度自信为什么通常有益于个人的适应能力。

11. 自我提升也会带来以自我为中心的自恋。自我会不断膨胀吗？

参考注释

■ 我们都认为我们是高于平均水平的驾驶员，善于与人打交道，是卓越的教师和演讲者，有社交技巧且无偏见（Dunning, 2006; Dunning, Heath, & Suls, 2004）。

- 我们也认为自己是没有偏见的人（Ehrlinger, Gilovich, & Ross, 2005），只要有机会含糊不清，或者被设想的品质是不易改变的，我们都认为自己拥有积极的特质（Dunning, 1995; Ehrlinger & Dunning, 2003）。
- 自我提升是一个真实的过程，是真诚的而并非捏造的（Williams & Gilovich, 2008）。
- 自我观存在明显缺陷（Dunning, Johnson, Ehrlinger, & Kruger, 2003; Mabe & West, 1982）。与专业培训项目有关的研究发现（Eva & Regehr, 2008）。
- 巴纳姆效应：一般性个性特征描述（Furnham & Schofield, 1987）。
- 课堂中发生的阿呆与阿瓜效应（Ehrlinger, Johnson, Banner, Dunning, & Kruger, 2008）。
- 缺乏能力的人难以认识到自身的不足（Caputo & Dunning, 2005）。
- 青少年的聚光灯效应（Gilovich & Savitsky, 1999）。
- 自我观膨胀的积极作用（S. E. Taylor & Brown, 1988）。
- 自恋与短暂的友谊（Carlson, Vazire, & Oltmanns, 2011）。
- 过去几十年来，自恋的现象增加了（Twenge, Konrath, Foster, Campbell, & Bushman, 2008），相反，同情的现象似乎减少了（Konrath, O'Brien, & Hsing, 2011）。
- 自恋流行症（Twenge, 2007; Twenge & Campbell, 2009）。
- 但另一观点认为，从历史的观点来看，随着时间的推移，人类的行为和道德水平提升了（Pinker, 2011）。

第26章　实现自控

诸如自制力、**冲动控制**（impulse control）、意志力等术语，在近期关于人类发展的科学描述中大量出现，这在很大程度上源于一系列有关儿童如何学会去抵制诱惑的惊人发现。在20世纪70年代早期，瓦尔特·米歇尔（Walter Mischel）教授带领加利福尼亚州斯坦福大学的一支研究小组，进行了一系列用以测评学龄前儿童延迟满足能力方面的研究项目。这个测评要求儿童在屋子里等上一刻钟，从而获得自己想要的奖励，比如两个棉花糖。儿童也可以选择随时终止等待而去获取一些打了折扣的奖励，比如一个棉花糖。

如果这些奖励是完全暴露在儿童眼前的话，大多数孩子是迫不及待的。任何将他们的注意力从奖励上转移开来的策略都是起作用的。任何把注意力引向那些可获得的奖励的策略都是有害的。例如，如果儿童先前被告知只要等一会儿就能吃到美味的棉花糖，即使后来把棉花糖从他们的视线中移开，他们也会表现得急不可耐。

米歇尔在4岁幼儿身上对人类的自律和冲动控制进行了研究。经多次证实，延迟满足的能力取决于人们面对诱惑时所关注的焦点。测评室被有意布置得平淡无奇，从而让其本身没有什么值得关注。在这样的条件下，儿童越是关注奖励和享乐，越是缺乏抵制力，越是难以遏制自身的冲动，越是会驱使儿童采取一个短期的解决方案。

如果意志力是一种个人资源，那么它能被以下两种强有力因素相结合所消磨和打败：（a）带来即时快感的强力刺激物；（b）对于放纵自己所能带来的短期利益的一连串思绪。当一个人的思考被欢愉享乐的想法所左右，那么他就将进入一种"热认知"（hot cognition）的状态。这项研究最令人惊奇的发现在于，对幼儿进行清晰的直接教导以后，他们能够学会使认知"冷却"下来的技巧，从而避免禁不住诱惑而导致的后果。

为什么斯坦福大学的研究改变了自控理论？

20世纪70年代出现的这些实验结果，与当时的主流理论是存在冲突的。长期以来，学术界一直认为，延迟满足取决于人们对自控后获得利益的预期。他们认为，一旦注意力集中于清晰和理性的选择上，形成实现最优结果的期望，人就能抵住诱惑。凭借决心、信念以及坚韧品质，人们会抑制短期需求，而去追求长期目标。情境的驱动力是非常清晰的，是被理性地定义的，所以人们通常认为，关键在于让人们去认识这样的事实。

这个概念在经济学中被称为效用理论（utility theory），然而心理学中的类似概念被称为期望。在心理学、精神病学、经济学以及哲学领域，都有专家提出过相似的观点。事实表明，我们运用这个理论能够成功地解释人们如何对未来做出选择（即好的意图），比如计划退休、决定参加职业培训、选择健康计划和做出理性的长期消费决定。

然而，米歇尔研究小组发表的研究成果与这些由来已久的理念完全相悖。通过12组实验，他们发现，如果儿童将注意力放在享受价值更大的奖励上，比如可爱的棉花糖，他们往往是难以延迟满足的。相反，这些儿童更愿意获得即时的满足，哪怕奖励会被大打折扣。斯坦福大学的研究成果表明，决定儿童选择延迟满足（即考虑这些选择能够带来的益处）的某些因素，从长远来看有可能是与利己主义相违背的。这很显然就产生了一种悖论。

米歇尔小组的研究成果告诉我们一些关于人性的深刻观点。早期理论忽视了故事的一个重要方面。自控从一开始就不只是简单地做出明智的选择，而取决于长时间坚持以目标为导向采取行动的能力。当我们考虑达成长期目标的益处时，我们也需要在这段漫长的时间里满足基本需求。矛盾的是，这些满足基本需要的行为可能会影响我们长期目标的实现。思考延迟的满足会产生一种冲动，一种在更加容易实现的满足中找到慰藉的强烈冲动。如果说自控有什么不堪的秘密，那就是当过度考虑其预期益处时，就不太可能实现自控了。

在个人努力追求长期目标的过程中，生活中的放纵和诱惑会带来诸多阻碍。许多目标之间本身就存在冲突。我们生活在一个需要持续自律的社会当中。许多社会问题究其根本都在于个人自制力的缺失。如果这是一个自由的世界，那么人们有自由以违背自身利益的方式行事。比如，每个人都对自己的收支负责。我们努力省吃俭用，却也时常面对在几分钟内把自己毕生积蓄挥霍殆尽的风险。

我们可以用签约的方式购买那些负担不起的汽车、房子和旅游项目。我们也会沉溺于抽烟、酗酒、懒惰这些恶习中而不能自拔,并反感那些尝试约束这些恶习的人。我们时常发现大量广告材料含有关于以下几方面的误导性信息:(a)其所提供的服务有极大的价值;(b)这是我们为了生存必须付出的费用;(c)这是社会秩序的现实要求。约翰·布里奇斯(John Bridges)在1587年极具洞察力地写道:"愚人可守不住财。"

因而我们就无须惊奇,在社会科学领域中的一个重要的犯罪理论是,如果一个人早年无法掌握强健的延迟满足技能,那么他日后的生活往往会出现无法自控的问题。

在某种程度上,我们可以说,所有成年人天生就具备控制冲动的能力。然而,有一个社会性问题在于,许多成年人控制冲动的策略不是学得不扎实、相对生疏、在需要时不可用,就是严重退化。更糟糕的是,这些策略的效果可能会受个人直系亲属和社会参照群体的影响而大打折扣。举例来说,众所周知,在某种程度上,青少年犯罪通常与在同伴间建立声望的努力相关。但一旦过了青春期,这样的行为就不太可能发生。尽管如此,所有成年人会很快地认识到自制力是一种较难获得的性格特质。即使获得了,也很容易丧失。

那么成功的自控背后究竟隐藏着什么秘密?

自制力是一种可以培养的特质

瓦尔特·米歇尔40多年前所做的实验研究,旨在寻找能够帮助幼儿学会激发延迟满足能力的心理策略。然而,有一个奇特的现象出现了。他注意到在每个实验组中,总有一些儿童的延迟满足能力强于其他儿童。即使将很多儿童在不同条件下参与了实验这一现实考虑在内,该现象依然十分明显。

简而言之,研究者可以证实,4岁幼儿的延迟满足能力是一种个人特质。一些儿童(即"高延迟者")面对实验测试时,并不需要特别明确的指示,他们本身就可以将注意力从奖励上转移开去。那些"低延迟者"当然也能延迟满足,但只有当研究者对他们在等待时应该想什么给出明确的指示时才能这样做。

研究的下一个阶段是监控被试的人生进程。当年有超过500名4岁幼儿参与了实验研究,现在转移到俄亥俄州的研究小组对大多数被试进行了跟踪调查,从青春期一直到成年期。研究发现,"低延迟者"更频繁地遇到行为问题。他们在被视作美国高中成绩指标的学术能力评估（SAT）考试中成绩并不理想。有压力的情境使他们感到困扰，他们承认自己难以集中注意力，也无法维持友谊。面对生活中的复杂问题而缺乏明确的指示时，那些在4岁时延迟满足能力较差的人，难以适应成年人的世界。这些效应与智商和学业成就无关。

在近期的研究中发现，那些在孩童时期的延迟满足能力不足的人，即使到了40岁，在抑制控制（inhibitory control）的实验测试中（即在精确的测试条件下，什么时候去按或者不按按钮）仍然会出现问题。研究者使用功能性磁共振成像机对约60名被试进行大脑扫描，找到了关于"热认知"和"冷认知"理论的神经学证据。在某些条件下，"高延迟者"的前额叶区比较活跃，这部分区域与精神控制相关，位于眼睛的上方和后方。在同一条件下，"低延迟者"倾向于唤醒中脑区域的活动。此中含义是，"高延迟者"具备一种优势，他们的大脑能够轻松处理自控的过程，而"低延迟者"的中脑区域会产生强烈的兴奋，难以激活有助于保持冷静的前额叶皮质活动。

然而，神经学与行为学之间的直接关系通常是不确定的、难以证实的，也难以解释。虽然延迟满足能力似乎是一种永久性的个人特质，在整个生命进程中表现得很稳定，具有连续性，但是现在就断定它是生物学倾向的产物或者大脑组织差异的产物还为时尚早。在许多情况下，当大脑扫描发现个体间存在差异时，这种差异都可以归因于经验和大量的训练。人一生的行为会导致大脑组织的变化。在这些问题上的因果关系是难以解释的。

自制力在一生中呈现出连续性的更多证据

1972年，在新西兰的但尼丁市，研究者进行了一项非凡的关于人类发展的跨学科研究。超过1000人参与了这个项目，从出生到现在年过四十。这个医学和社会科学的交叉研究项目产生了大量研究成果。其中最令人感兴趣的发现在于，那些在3岁时被经过训练的观察者评价为"低控制型"的儿童在成年后更可能染上病态性赌博恶习。研究者通过90分钟的观察测试环节找出"低控制型"的3岁儿童。全部被试中，测评分数最低的10%被定义为"低控制型"，总共有98个儿童。约30年后，这个群体中出现嗜赌问题的比例达到28%，该组的男性中这个比例高达40%。这些比例大约是该研究中其他被试的2倍。

但尼丁市项目的另一个研究报告指出，童年时期的自制力与其成年后的状况有着密切的关系。研究者根据 3—11 岁儿童已具备的 9 项自制力指标，将被试人群划分到 5 个不同的层级，从 1 级（自制力最弱）到 5 级（自制力最强），每组 200 个被试。研究结果令人震惊，5 个层级呈现出一种他们称之为"梯度分布"的规律，即 5 个分组与成年阶段的状况呈现出线性关系（直线）。举个例子来说，1000 名被试中总共有 24% 的人有犯罪记录，而根据自制力层级由弱到强，这 5 个实验组的犯罪比例分别为 42%、26%、23%、15%、12%。未能获得学历而肄业的比例分别为 42%、21%、19%、8%、4%。

在另一些重要的生活因素上，类似的梯度效应仍然十分明显，比如意外受孕或计划外生育（比例从 14% 到 3%）、抽烟（比例从 48% 到 20%）、成为单亲父母（比例从 58% 到 26%）。除此以外，这种梯度效应也出现在收入、财产、房屋所有权、财务计划上。类似的正相关梯度分布也出现在个人的健康状况上，如体重控制、心血管功能、新陈代谢、牙齿护理和保养、不滥用药物等方面都十分显著。

这些相关性与智商和社会经济地位无关。在很多情况下，成年后的状况与孩童时期自制力的相关强于与智商的相关，特别是涉及个人财务管理方面。如果你想知道哪些儿童能在成年后更加富裕和健康，他们的自制力似乎是最可靠的预测因子。通过学前儿童对于棉花糖诱惑的抵制力来判断他年迈时还能有几颗牙，这并不纯粹是异想天开，然而这当然不是棉花糖中的糖分导致的结果。

自制力作为成年期的一种特质

近期另一些研究项目表明，人格量表上的自制力得分与一系列重要结果之间存在着显著的相关关系。例如，那些在自制力量表测试中得分高的人，通常都拥有更成功的社会关系，在婚姻方面尤为美满。婚姻美满的一个秘诀似乎是至少一方拥有高度的自制力。自制力强的人似乎更能与他人相处融洽，他们更富有社交技巧，与人相处时能够表现出克制力以及对他人的理解。这样的人通常会取得更高的学业成就，被视作更重要的工作伙伴。自制力可以折射出一个人在追求目标时的坚韧性、努力程度和意愿。从负面角度来看，药物滥用、犯罪倾向、冲动购物以及拖延症都与自制力低下有关。

当涉及总体幸福水平、总体适应水平、饮食结构和体重控制时，证据更加混杂。在这些领域，现有的研究得出了不同的结论。自制力与饮食控制似乎没有多少关系。然而，研究发现，当一个人十分疲劳或是处于自我损耗（参见下一节）的状态，他是难以控制自己饮食的。

一个重要的观察是，我们称之为自制力的性格特质，在涉及社会交往和人际测评的任何场合都表现强烈。自制力较强的人，会通过努力理解他人的调节过程来解决人际关系问题。他们在与他人相处时更愿意去投入时间。他们会在适当的时候表现出同情心，也更愿意去原谅他人的过失。与此相反，那些缺乏自制力的人在处理人际关系问题时，更倾向采取急躁、强迫，甚至可能进行攻击的手段。

难以相处的人的影响：高维护成本的社交活动引发的自我损耗

自我损耗理论与你的日常生活息息相关。然而，有一部分研究发现却与教师切身相关。在一项研究中，迈克尔·齐福尔（Michael Zyphur）及其同事要求大学生被试在着手解决难题之前，先与各自的一个同伴（一个盟友）交流几分钟，同伴以愉快友好的互动方式，或无礼、非友好的互动方式，与其进行交流。与其他测试组相比，其同伴并不友好的被试只坚持一会儿就放弃解决难题了，随后就开始享用房间内的甜品。与不友好的人打交道的成本之一是我们需要尽快"犒劳一下自己"。

很多人类活动都会涉及与他人的协调合作。但是协作并不总是有效的。你的行为与他人的行为并不一定会默契合拍。与一个难以伺候的人打交道会导致高程度的自我损耗。在一项实验研究中，艾利·芬克尔（Eli Finkel）及其同事发现，自我损耗效应不出 3 分钟就会开始，导致人们在处理问题时缺乏恒心、避难就易，在求知解惑和体育锻炼方面都会更少付出努力。

教师和辅导员都知道管教某些学生真的很"消耗精力"，对"消耗精力"和"损耗"的观察结果几乎是没有区别的。每个班级里都会有些让人头疼的学生，这一点众所周知，但将他们对你的影响描述为"自我损耗"可能是一种新颖的观点。一旦处于这种由难以应付的学生引发的自我损耗状态，你的自制力就很有可能受到负面影响，之后很可能就会产生"犒劳自己"的需求。

这项研究发现特别有意思的地方在于创造高维护成本社交活动（high maintenance interactions）的实验室方法。有两个被证明行之有效的方法：（a）不得不听别人发牢骚、抱怨、表达不满；（b）有一个专横的同伴，给出模糊不

> 清、不断改变的指令。你试图去执行这些模糊不清的指令，但不知道什么时候它会被撤销，这种情况会"把你逼疯"，并快速引发自我损耗。作为每天都要与人进行数小时交往的专业人士，这两种情况一定会触及所有教师的神经。

自制力是一种个人能力：自我损耗的作用

人类自制力分析的进一步突破出现在20世纪90年代后期，凯斯西储大学的罗伊·鲍迈斯特（Roy Baumeister）教授和他的研究小组开始发布一系列令人惊奇的实验室研究结果，他们对短时间高强度脑力劳动产生的效应进行了深入研究。当一个人几分钟内都不得不全神贯注于一项艰巨的任务时，就会产生**自我损耗**（ego depletion）。这能够解释精神疲劳所导致的一种特殊的衰竭感，这不同于生理疲劳或一个人的心情或总体的情绪状态引起的衰竭感。

在大约七八分钟的高强度脑力劳动之后，人的思维就会处于一种损耗状态。这并不令人惊讶，这个研究之所以如此重要，是因为一旦出现损耗状态，人的活力、努力程度、毅力以及自制力都会急剧下降。人们并没有意识到执行后续任务的表现会受损。尽管如此，许多旨在探究冲动控制的不同研究项目，其实验结果都体现出了这一效应。如果有简单的捷径可选，自我损耗的人都会选择简单的路。

例如，不同的研究出现了以下情况：（a）在参加驾照考试前夕，刻意避免去想白熊酒，坚持5分钟，反而更难以克制自己的酒精摄入；（b）观看悲情电影时压抑自己的面部表情，使人们在规划任务时做出相对糟糕的决定；（c）被要求做一个简短讲话的人，在处理问题时通常会缺乏恒心；（d）被要求拒绝美食诱惑的人，受到轻微的批评后更加可能会咄咄逼人；（e）被要求绞尽脑汁处理字母识别任务的人，更容易对他人做出负面评价；（f）让被试全神贯注观看一段时长为6分钟的无声电影后，其高消费的意愿比之前更强烈；（g）让儿童对电脑屏幕保护程序上时隐时现的图案进行5分钟的数数，他们会选择电脑上一些简单的数学问题进行解答，而其他同学会选择一些难题进行解答。

这些现象以及很多其他研究背后的思路是，我们会将自我的力量暂时储存起来，当我们参与的活动需要我们运用自制力时，我们就能运用这些力量。无论何时，当我们需要努力、思考、计划、抉择或者竭尽全力时，我们都会运用这种个人储备的能力。我们需要精力来控制冲动。但如果这种能量刚刚被使用过，先前的活动使我们动用这些储备，哪怕是一点点，会发生什么？我们无意识地将脑力资源节省下来，以填补之前所用的资源。因此，无论什么时候，当第二个任务来袭时，我们就会缺乏精力。我们已经将一部分的精力用于应对头一个任务了。虽然实验室研究已经说明任务的次序会影响我们的应对能力，但我们的头脑好像并没有意识到我们如何受到影响。事实上，我们需要"犒劳自己"。我们储备的精力越少，就越是不情愿去承担新任务，至少在精力储备恢复之前不太情愿。

自我损耗效应是怎样破坏你的生活的

实验研究发现，自我损耗的人在面对小挫折时行为会变得过激，这一发现与班级管理有密切关系。同时让教师感到不安的研究发现是，自我损耗的个体更容易失去诚信。在一项特别的研究项目中，大学生被试被要求完成两个学术任务，并在之后进行自我打分。一半学生的第一项任务相对来说较为简单，而另一半学生的第一项任务则比较困难。完成较为困难任务的那部分学生，会在第二项任务上给自己打高分（评分可以兑换相应的酬金）。换言之，那些在第一项任务之后产生自我损耗的人，会在第二项任务中作弊，索取自己实际应得奖励的两倍。

在广泛的领域中，自我损耗效应都产生了深远的影响。一项研究发现，当成年人处于损耗状态，无论男女，他们都难以去抵制具有吸引力的异性，即便这可能会破坏他们现有的关系。一项针对以色列法院假释判决的分析指出，决定1100个案件最终判决结果的一个重要因素是开庭时间在一天当中的时段。那些在大清早或是饭后休息后的判决，量刑都比较温和；而就餐后越久，就越可能重判。依据审理时间在一天当中的不同时段，轻判的可能性会从65%降到0。当超负荷工作时，人们趋向自我损耗，行为举止发生相应变化，虽然人们通常注意不到这些变化。在以色列的这项研究中，庭审参与者并不知道一天中的不同时段是判决的决定性因素。

假如人们能稍做休息，那么自我损耗效应就不太明显了。比如，任务之间的5分钟休息可以让思维重新组织起来。有时，鼓舞别人继续努力可以让其避免损耗效应的影响。这方法确实有效，但到了某个点，他们会进入一种更为严重的损耗状态。一项重大的研究发现表明，摄入高能量的食物能够明显降低自我损耗效应。自我损耗效应和血糖浓度之间已经被证实存在密切联系。然而，这并不是说你的学生通过补充高糖分食物就能迅速增加自己的自制力。它只是说明，当血糖浓度降到某一个低点时，通常个人的自制力、努力程度都几乎不可避免会下降。所以，节食可以被戏谑成一个"完美风暴"：当你饥肠辘辘时，根本没有精力去自控，因此很难抵制诱惑。

当人们情绪紧张时，他们就会丧失自制力。在压力之下，大脑会集中关注短期需求。任何能够提供即时舒适的东西都会变得更富吸引力，因为内心不安的人都迫切想要平复自己。长期目标暂时都被"搁置"起来，而短期目标会被优先考虑。所以说，即使是人们在精力充沛阶段所做出的计划，自我损耗也可能对计划造成极大的负面影响。

自我损耗效应与深度思考之间存在相关性已经被证实。就如第 30 章所言，我们的大脑存在两种行为系统。系统 1 是快速且自动的。系统 2 是缓慢且刻意的。研究表明，系统 2 容易受到自我损耗的影响。我们深度思考的能力容易被压力所影响，即使持续的时间很短。另一方面，实验研究表明，系统 1 不受短暂的自我损耗的影响。

让我们总结一下：自我损耗后，你就失去了理性思考的能力，不管你是否同意，冲动的系统 1 都会占据主导。这会导致你丧失严格自控的天性，你延迟满足的能力也随之变弱。此时，你只想不择手段地让自己觉得舒服。就算你仍在维持一段稳定的关系，还是会发现你自己难以抵制具有吸引力的异性，这些异性可能只是给你提供了另一个选择。你开始期望获得比你实际应得更多的报酬。这些情况都已经在研究中有所证实。不难看出，自我损耗真的具有很强的破坏力。

学会使用自制力：从被动到主动的转变

我们通常觉得那些自制力强的人可以游刃有余地运用自制力。我们认为这些人会说他们在日常生活中能够成功地运用自制力。但是研究结果却呈现出另一番奇怪的图景。罗伊·鲍迈斯特及其同事在研究人们如何在日常生活中运用意志力时，得出了一个令人好奇的结论：人们是通过规避那些需要控制冲动的场合来实现自控的。

研究结果表明，自制力弱的人常常面对那些需要耗费大量精力和意志力的场合。然而，生活中的另一种策略是，变得积极主动一些，使自己远离可能发生自我损耗或者不能自控的局面。那些自制力弱的人正是需要高强度运用意志力的人。他们似乎无法制订计划，以规避生活中可能出现的问题。例如，那些耽搁或怠慢学习的学生在参与重要考试前强行逼迫自己进行填鸭式学习。一个更保险的策略是制订日常的学习计划，在特定时间特定地点进行学习，形成一种习惯。那些在自制力评估中表现优异的人则会提前制订计划、分步实施，从而避免临时抱佛脚的做法。

调查显示，人们认为他们在生活中会使用两种自控的模式：（a）发生某种情况后，被动地做出反应；（b）主动计划以避免应对那些可预估的窘境。自制力弱的人可能会成为被动应对的专家，他们习惯于在截止期限前赶工。自制力强的人更乐意采取主动出击的战术。这个调查发现与之前米歇尔教授的研究结论是一致的。当学龄前儿童学会将自己的注意力从美食诱惑上转移开时，他们可以等待更久。类似地，自制力强的成人通过远离诱惑来抵御诱惑，从而不需要反复运用自己的意志力去抵制诱惑。

理解意志力的新路径

对于自控和自我损耗效应的探索与分析，极大地动摇了全球范围内社会科学研究者的固有认识，因为在此前人格发展的传统理论几乎没有涉及过自控。举例来说，心理学家习惯以智商、自然能力等固有特质以及内向性、社交能力、开放性等易于描述的人格特质来评估儿童和成人。

但在认知心理学的启发下，关于自控理论的文献开始展示出不同的研究方向。现在研究表明，在预测结果方面，自制力是十分重要的，有时候甚至比智商还重要。近些年一个越发明显的事实是，诸如性格、意志力、自律和十足的"胆量"等"常识"概念，比传统上被现代心理学所认可的特质概念更为有效。维多利亚时代的人就十分强调人的内在人格力量是成功人生的关键，而现代科学花了150年才证实了这些概念的有效性。

近些年反复出现的一个概念是以自制力、决心以及意志力为核心的"个体"。但这其中有被误解之处：自制力在本质上不是一件个人主义的事情。它既不是清心寡欲，也不是道德正直。相反，它是一件关于社会性发展和学习的事情。这就涉及我们所说的个体的社会学习史（social learning history）。

人们之所以能够在生活中行为良好、理性选择、控制冲动、延迟满足、精打细算，是因为他们的成长期提供了大量明辨是非的经验，好与坏的习惯被明确地界定和区分开来。举个例子，大学生偶尔荒废一个晚上的学习时间来看场电影没太大影响，但是每周有三个晚上这样做，可能就要荒废学业了。这位大学生需要在他的头脑中形成这样的一种机制，即通过时间管理使短期行为和长期目标实现平衡。

我们如何通过社会学习来抵御诱惑？

一个人如何学会控制冲动呢？我们可以从文献中获得一些有价值的线索。其中最有力的一个解释是基于社会示范（social modeling）这个概念。自我不是孤零零地存在：其他人会对自我造成强烈的影响。然而，我们都知道儿童和青少年将谁视为他们的榜样是有选择性的。形成这种关系通常需要一个可行的基础，也即心理学家通常所说的身份认同（identification）。

当儿童认同生活中的某个人时，他们就更有可能模仿那些他们视为榜样的人。榜样描画了有价值的人生目标以及努力去实现这些目标的充足理由。冲动控制的技巧和策略都能通过榜样直接或间接地教授给儿童。如果儿童见证了他们心目中的重要人物所展示出来的竭尽全力、明智选择、克制冲动以及延迟满足，他们会将这些品质内化成自己的行为。

年轻人关注的那些社会榜样会让他们了解到努力与结果之间的关系，了解到应该采取哪些具体的短期措施（关于如何做的知识），以及可能产生哪些结果。观察强大而坚韧的榜样，可以帮助年轻人建立起切合实际的预期。目睹榜样也经历过漫长的学徒期，在困境中坚持不懈，就会让年轻人对现实产生类似的认知，从而放弃以最小的努力获得即时满足的念想。

另一方面，大量社会和精神病学研究显示，尤其是对大龄青少年来说，赌博恶习、滥用药物、人际交往障碍、犯罪行为很可能都是通过家庭经验模仿和传递而来的。代际传递（儿童和成人都显现出类似的性格倾向）是一个有确凿证据的研究发现，大量研究项目都印证了这一效应。社会示范正是其主要的实现方式之一。

如何运用心理冷却策略和"如果 - 那么"计划来抵制诱惑？

米歇尔的研究还强调了另一影响自制力发展的关键因素。他发现了人在任何年龄段都能够学习和掌握心理偏转策略（mental deflection）。我们的大脑可以将感官体验转化为思绪。20 世纪 70 年代斯坦福大学的研究发现，教授心理偏转策略最有效的方法是，让儿童将棉花糖假想成"松软的小云朵"和"圆润皎洁的月亮"。通过将带有威胁性的刺激物转化为使人注意力分散的事物，刺激物通过"热认知"所产生的效应就会被削弱和破坏。

这其中的基本原则就是**分散注意力**（distraction）和**心理偏转**（deflection）。这两种策略是人们控制自己思维的可行途径。当你怀有多余的念头时，遗憾的是你无法主动地打消这些念头。我们都知道这一点。但你能做的是有意识地制造一些分散注意力的事情，对这些念头做出一些轻微的约束。其中一种偏转策略，就是在你的脑海里给你眼前所见之物赋予一种完全不同的意义。

米歇尔博士提出的理论认为，这种偏转策略的作用在于，使人们从"热思考"转变到"冷思考"的状态。自控的其中一个问题就是"冷"信息加工过程使我们无法获得情境线索。心理冷却策略使人在面临威胁时也不会随意牺牲自己的长期利益。在后续的研究中，米歇尔博士又证明了心理冷却策略能够帮助陷入侵犯、社会排斥等生活问题的人。此外，另一些研究也表明，许多母亲在与幼儿交流时擅长使用偏转策略，这有助于她们的孩子提升自制力。

另一个可以帮助儿童抵御诱惑的方法是直接教导他们使用**"如果 - 那么"计划**（if-then plans），也被称为**实施意向**（implementation intentions）。这指的是可以在头脑中默念的、作为自我指示的具体陈述。以下用四个例子来解释这种计划：（a）当彼得递给我一根烟时，我会说"我不抽烟，谢谢"；（b）当服务员让我点单时，我说"沙拉"；（c）当舍友邀请我看电影时，我会说我正在学习；（d）如果有学生非常无礼，我会恶狠狠地盯着他，但一言不发。制订如此清晰的计划被证明是非常有效的，在许多研究中，其效应量在 0.6 左右甚至更高。德国心理学家彼得·戈尔维策（Peter Gollwitzer）和加布里埃尔·厄廷根（Gabrielle Oettingen）已经发表了大量关于"如果 - 那么"计划影响的著述，本章的参考注释也引用了他们的研究成果。

> **观点：自制力在超越自我上的作用**
>
> 　　你可以告诉你的学生，自制力是一种天生的能力、社会化的产物，当他们有一个更好的重要目标，但不能立刻实现，自制力可以使他们在长时间里坚持下来。
>
> 　　你要向学生传达的信息是：你不必理会涌现在你头脑中的第一个冲动，特别是这种冲动行为从长远来看会夺走你更大的幸福感。区分哪些行为能够帮助你达成目标，哪些不能，是非常重要的。你能够抵制奋斗过程中的诱惑，但抵制诱惑本身也会损耗你的能力，长期保持同等程度的抵制力是非常困难的。
>
> 　　面对生活中的诱惑最好的处理方法是：（a）先抵御它们，（b）然后学习如何化解它们或者完全避开它们。我们都知道哪些心理策略能够实现这一切，年轻人通常能够在更为年长和智慧的榜样的帮助下，学习吸收和完善这些策略。然而，这对很多年轻人来说都是很艰难的一课。他们的注意力必须关注现实中的榜样，这些榜样的行为举止和生活阅历必须能够经受严格的检验。
>
> 　　值得指出的是，有一个很有说服力的视角，即将有自制力的人视为一个决心反对一切敌对力量的个体，这在已有的科学文献中找不到任何支持。相反，已经被证实的是自制力与社会敏感性紧密相连。自制力测试分数高的人会坚决维系给他们带来长期利益的社会关系。他们更可能去认同成功的榜样，并且通过模仿他们来指导自己。他们不会做出冲动的反应，在着手解决问题之前会去考虑他人的观点。他们通过倾听和调节来适应社会，而不是通过暴力或侵犯他人来实现自己的目标。这些都是重要的科学发现。
>
> 　　人类天生是一种社会性动物。人类能够评价社会秩序，对其形成认同，并且努力地维护它，这些能力与个体自我管理的概念是一致的。在这个视角上，有一个实证研究结论具有重大意义，它来源于米歇尔博士的纵向研究、新西兰的调查数据以及鲍迈斯特博士的研究。它指出：那些能够运用自制力的人同样也是能够与他人建立和维持长期重要关系的人。与此相一致的犯罪学观念是，研究表明，当年轻人形成诸如婚姻之类的稳定关系后，其越轨行为会大幅减少。
>
> 　　总之，自制力强的人压根不是冷酷世界中的禁欲者或遁世者。相反，他们是社会团体的一部分，用敏感和同情对其关系圈里的人做出回应。罗伊·鲍迈

斯特和约翰·蒂尔尼（Baumeister & Tierney，2011）等人提出的一个科学观点是，自制力既是一种个人特质，也是一种短暂的能力，它使人超越私欲，而去追求他人与自我需求相结合的更广泛利益。我们都会有一种不可避免的自利性偏差，但是我们的自制力会使我们在紧要关头克服这种偏差，而去追求更大的利益。这种观点细想起来并不像表面看上去那么自相矛盾。

导学问题

1. 在20世纪70年代，研究发现，幼儿只要不将注意力放在那些期许之物上，就能延迟满足。为什么说这个发现改变了自控理论的研究方向？

2. 无论是成人还是儿童，当面对困境时，使他们无法控制冲动的两大主要因素是什么？

3. 研究表明，自制力是人在早年所学的一系列技能的综合，我们将其称为"意志力"。在广泛的社会意义上，如果不能形成这些技能，可能的影响有哪些？

4. 文献中描述了哪些真实的研究发现？这些文献的作者写道："你还是一个学前儿童时，你抵制棉花糖诱惑的能力，可以很可靠地预测出你年迈时能剩几颗牙。"这只是一个玩笑吗？

5. 这一章指出了一项心理治疗领域的发现，即"美满婚姻的一大秘诀似乎是，至少婚姻关系的一方具备较强的自制力"。究竟为什么会这样呢？

6. 那些在自制力测评中得分高的人，会展示出一种特殊风格的人际交往方式。与那些自制力弱的人相比，他们的交际风格有哪些不同？

7. 究竟什么是自我损耗？这项研究的一个奇怪的方面是，损耗的影响很快就会开始显现，那么到底有多快呢？

8. 损耗效应是怎样毁掉你的生活的？（这种情况确实已经发生过多次了。）

9. 研究发现，在日常生活中，自制力强的成人并不太依赖强大的意志力。这是因为他们习惯于使用哪些策略呢？

10. 有哪些已知的主要方法可以帮助人们更好地去控制冲动？从"热认知"转向"冷认知"的含义是什么？"如果－那么"计划究竟是什么？

11. 你有不得不与难相处的人打交道的经历吗？如果有，你能指出这种自我损耗经历对你的切身影响吗？

参考注释

- 瓦尔特·米歇尔对延迟满足的研究取得了独创性的成果（Eigsti et al., 2006; Mischel, 2012; Mischel et al., 2011）。
- 犯罪理论（Engel, 2012; Gottfredson & Hirschi, 1990; Hirschi, 2004）。
- 青少年犯罪与树立名誉的努力有关（Carroll, Houghton, Durkin, & Hattie, 2009）。
- 但尼丁市健康与发展跨学科研究。通过幼儿状态预测32岁时的病态性赌博（Slutske, Moffitt, Poulton, & Caspi, 2012）。自控和影响的梯度（Moffitt et al., 2011）。以下网站提供了这个正在进行的重要的医学研究的细节：http://dunedinstudy.otago.ac.nz。
- 使用自制力量表的研究（de Ridder, Lensvelt-Mulders, Finkenauer, Stok, & Baumeister, 2012; Tangney, Baumeister, & Boone, 2004）。婚姻中的自控（Fitzsimons & Finkel, 2011; Luchies, Finkel, & Fitzsimons, 2011）。人际交往中的自控（Fitzsimons & Finkel, 2011; Luchies, Finkel, & Fitzsimons, 2011）。在但尼丁市的研究中也可以找到人际关系和自制力之间的相关性（参见以上注释）。
- 自我损耗研究（Alquist & Baumeister, 2012; DeWall, Baumeister, Gailliot, & Maner, 2008; Mead, Baumeister, Gino, Schweitzer, & Ariely, 2009; Price & Yates, 2010; Schmeichel, Vohs, & Baumeister, 2003; Vohs, Baumeister, & Schmeichel, 2012）。米德（Mead）等人研究损耗和不诚实之间的关系。福斯（Vohs）等人的研究显示多个损耗的经历具有累积效应，并指出当人们的精力几乎耗尽时，自制力会受到更严重的削弱。
- 处于损耗状态的人更容易发出攻击性的言语或行为（Stucke & Baumeister, 2006）。当人们处于损耗状态，就很难抵御具有吸引力的异性（Ritter, Karremans, & van Schie, 2010）。司法判决会更重（Danziger, Levav, & Avnaim-Pesso, 2011）。
- 当人们处于压力状态时，自制力会下降（Gailliot & Tice, 2007）。
- 有关成人描述其在日常生活中的自制力的研究（Hofmann, Baumeister, Förster, &

- Vohs, 2012; Hofmann, Vohs, & Baumeister, 2012）。
- 从家庭示范传递而来的青少年赌博和其他社会越轨行为（Burton & Meezan, 2004; Delfabbro & Thrupp, 2003; Wilber & Potenza, 2006）。在儿童小的时候，父亲反社会行为的历史（越轨行为的榜样）能够预测儿童成长到青少年时期的反社会行为和成人后的不良行为（Dishion, Owen, & Bullock, 2004）。
- 大量追溯到20世纪20年代的调查结果显示代际传递效应是存在的。但近期的一项荷兰研究项目引起了人们的兴趣。项目研究者发现，人在童年时期的行为表现，与24年后这些人的子女相同的行为表现之间存在相关性（van Meurs, Reef, Verhulst, & van der Ende, 2009）。
- 母亲使用偏转策略教导幼儿。这些策略与她们的孩子能够表现出更强的自制力有关（Putnam, Spritz, & Stifter, 2002）。
- 制订"如果－那么"计划（Gawrilow, Gollwitzer, & Oettingen, 2011; Gollwitzer & Oettingen, 2012）。
- 建立稳定关系（例如婚姻）减少犯罪（Forrest & Hay, 2011）。
- 意志力是我们人格的核心部分（Baumeister & Tierney, 2011; Mischel, 2012）。
- 专栏中的内容：难以相处的人带来的自我损耗效应（Finkel et al., 2006; Zyphur, Warren, Landis, & Thoresen, 2007）。

第27章　微笑的神经科学：教学的一个基本工具

笑是会传染的。看到你的亲属、朋友或同事咧开嘴微笑，意味着你也很有可能微笑和体验积极的情绪。微笑是有魔力的，它会让你与他人的关系变得更充实、更有价值。在本章中，我们将列举一些研究成果，这些研究成果表明，微笑是在人际教学情境中能够使用的最强大的工具之一。

为微笑建立一个坚实的研究基础

关于微笑的研究文献揭露了许多奇怪的现象。这里只是部分的研究结果。微笑的人更有可能成功搭便车，在酒店行业当服务生时会得到更多的小费，会被视为比其他人更慷慨、更可爱。微笑的时装模特会使人对他们展示的衣服产生更高的评价。微笑的人更有可能被视作是有吸引力的、广交朋友的，并被认为是想要和他人交朋友的人。当他们违反规则或社会习俗时，人们也会倾向于对他们采取宽容的态度。如果他们是医生，他们不太可能因为医疗事故而被起诉。

微笑可以在100米之外的地方被看到，它是在如此远的距离上最容易被发现的情感线索。通常，女性比男性更爱微笑。有充分的证据表明微笑存在代际传递效应，因为儿童在教室里的微笑与其在家里的微笑和温暖有关，而且儿童的微笑模式往往与其父母的微笑模式相匹配，这也与社会示范理论相符。还有一些证据表明，经常微笑的儿童的社交能力比其他儿童强。

研究发现，在网络购物的情景中，当产品导购的拟人头像被设计成微笑的表情时，消费者的信任度会增加。一项研究发现，在虚拟现实环境中，被试会以非常不同的方式对待不同的虚拟人物，取决于被试从目标角色脸上所看到的笑容类型。在更现实的情景中，研究者对一个人在大学年鉴图片中的笑容进行评分，这个得分能够预测他以后的生活状况，比如得分较高的人更有可能结婚和拥有成功的婚姻，离婚的概率较低，整体幸福感更高。研究还发现，经常微笑的人往往寿命更长。

第 27 章　微笑的神经科学：教学的一个基本工具

启动效应的研究证实，看到一瞬间的微笑可以轻微地改变人的心理，使人对中性事物的态度变得更为积极，对其他人有更高的评价。简单地说，你的脸在恰当的时机展现出一个短暂而真诚的微笑，这种能力对于成功的人生而言，似乎是一个非常强大的工具。

43 块小肌肉的力量

人脸是一个奇怪的可运动组合体。它由 43 块肌肉控制所有面部表情，其中多数都参与到一个被称作为"微笑"的活动中。然而，我们只需要了解 3 块关键的肌肉。其中主要肌肉是颧大肌（zygotmaticu major），来回拉扯嘴角。眼睛周围的眼轮匝肌（orbicular oculi）可能会收缩，并在很多人脸上产生鱼尾纹，使眼睛一侧微微皱起。第三块主要的肌肉是皱眉肌（corrugator），眼睛上方的眉头皱起牵连到这块肌肉。

这些肌肉不能使你运动，但能打动他人。43 块肌肉的运动可以形成数千个可能的组合。然而，有 12 种基本面部模式会立即被其他人识别到。你可能从来没有特地盯着某人看，但你的视线从她的脸上扫过的那一秒足以让你感受到她的情绪或情感。例如，皱眉头表达负面情绪，当与向下的嘴角结合起来，则表现出愤怒和沮丧。

考虑一下这样的情况：人们拍下过一些最具传奇色彩的照片，其中包含了很有情绪煽动力的人脸图像。180 年前，相机的发明使我们可以冻结时间，记录下人们一瞬间的面部表情。一个摄人心魄的情景是出现在 1985 年 6 月号的《国家地理》(National Geographic) 杂志封面上的"阿富汗少女"的故事，被称为现代新闻摄影中最具感染力的表情之一。这张照片的力量，它传达的情感，影响了数以百万计的人。

出于研究的目的，人们已经发展出面部表情的分类观察系统，但这个系统很复杂，未经训练的人难以使用。当它被用来描述不同类型的笑容时，分类的标准是主观的，但使用以下这些术语：社交性微笑、轻蔑的笑、嘲弄的笑、痛苦的笑、幸福的笑、腼腆的笑、歉疚的笑、紧张的笑、灿烂的笑和生气的笑。关键要注意的是，每种类型的笑容都有能被他人识别的规律，这种认知能力对于任何随后发生的社交互动都具有十分重要的意义。

微笑说明了什么?

最明显的是,微笑是一种个人的反应,是你在体验快乐或幸福后的反应。另一方面,微笑确实也会频繁出现在正经历强烈的负面情绪的人脸上,比如经历尴尬、焦虑和失望等负面情绪的人脸上。本书作者之一曾经目击一名校长在一次重要的集会讲台上摔下来,被严重擦伤。休整了一会儿后,他在讲台上站起来,满面微笑,赢得了热烈的掌声。经历痛苦之后的微笑代表的是那一刻促成社交凝聚力的重要行为。

微笑是与他人交往时出现的一个基本的社交信号。正如前一段所示,人类的微笑可传达多重含义,而不是任何一个简单的讯息。它传达的信息包括:互动的重要性、不同团体之间关系的本质,以及此刻所要实现的目标。

奇怪的是,证据表明,当人们独处时,却很少微笑(我们稍后会在这一章讨论)。甚至当人们收到积极的消息,赢了一个电脑游戏,或在收到一封中奖邮件时,如果周围没人的话,他们也并不会笑。克劳特和约翰逊(Kraut & Johnson, 1979)在一篇经典的社会心理学研究文献中写到,玩保龄球的人即便知道自己赢得了分数也很少笑。但是当他们与自己的团队分享这一消息时,就会突然爆发一阵大笑。微笑不是一种私下的反应,而更多是公开展示,以建立和维持重要的社交关系。

微笑是一个基本的社交信号,在人类这一物种中几乎是无处不在的,我们可以在个人层面上检验这个观点。试着冲街上的陌生人微笑。这项研究于1991年在美国的一个城市开展过,结果发现,约一半的成人会回以微笑,男女都一样。反应灵敏的人会以迅速、自动、具有感染力的方式报以微笑。这样的互动在半秒内发生,这意味着里面不包含有意识的思考。值得注意的是,这种交互是无目的的行为,人们并没有意识到对方是值得报以微笑的人:人们只是试图过一种有礼貌的生活。

很明显,你必须判断这种微笑发生的情景和时间是否恰当,例如有时候他人会认为你是心怀鬼胎。值得注意的是,这项美国的研究清楚地表明微笑具有极强的传染效应,但在同一研究中,皱眉头并没有表现出传染效应。

第 27 章　微笑的神经科学：教学的一个基本工具 | 271

微笑作为天生的语言

如果你冲街上的陌生人微笑时感到舒适，你可以尝试验证这一令人好奇而且重要的现象：互相报以微笑的镜像反应似乎不分年龄、性别、社会背景或文化群体。另一个耐人寻味的发现是：人们认为，直接在他人面前微笑比在没有人时微笑要容易得多。当周围没有其他人时，大多数人很难展现一个发自内心的笑容。

另一个奇怪的实验室研究发现是：如果一个陌生人与我们认识或熟悉的人相似，我们会更加可能对他微笑，与这个人的交谈就更容易。也就是说，如果一个人使我们想起另一个人，我们会对他微笑。因此，许多研究者将微笑视为关系密切的指标、人类进化的产物。在生物学上，我们的大脑专门用以接收并产生社交信号，而且其控制水平更多是无意识的，而不是有意识的。

还有一个有意义的文献指出，人的积极性通过**三度社会分离**（three degrees of social separation）的机制发挥作用，而微笑在其中扮演关键角色。如果你冲某个人微笑，他们更有可能向另一个人微笑。该效应会在第三层（即第四个人）被削弱。三度分离理论现在被认为适用于社交生活的众多方面，无论结果是积极的还是消极的。

虽然微笑是一种基本的社交信号，但不同社会有不同的文化习俗。例如，有些社会对人们应该向谁微笑有强制性的规则。有时，人们必须用手来遮掩笑脸。某些类型的微笑被理解为侮辱、藐视或总体上不信任的关系。例如，俄罗斯人会很快地将一个持续的微笑看作伪善的暗示。事实上，在俄罗斯，人们一般只对认识的人微笑。在一些国家，对陌生人微笑是令人不悦的。因此，我们不建议你们在这样的国家进行个人实验。一个美国研究者指出，与法国人相比，英国人更有可能展现出"杜胥内微笑"。那么，什么是**杜胥内微笑**（Duchenne smile）呢？

对真诚的感知

150 年前，法国科学家杜胥内（Guillame Duchenne）有一个有趣的研究发现。他能够通过照片来辨别面部肌肉的差异，以此识别一个人是因真正愉快的事情而微笑，还是有目的地报以微笑。当你观看录像片段，特别是逐帧播放的慢动作时，你可以将杜胥内微笑与其他类型的笑区分开来。非杜胥内微笑主要围绕脸的下部或嘴的区域运动，脸颊以上很少运动。另一方面，真正的杜胥内微笑在整张脸上会产生更大的运动，两颊可能稍微向上移动，眼眶旁边的肌肉微微收缩，有时眼睛看上去有一种"粘起来"的感觉。

眼眶旁边出现鱼尾纹或起皱，这是发自内心地真诚微笑的强烈迹象。研究者认为，人们并不能主动地发出这样的微笑。肢体语言可能是另一个暗示，真正的大笑可能会引发肩膀向后和抬头。另一方面，侧头可能暗示那不是一个真诚的微笑。坦白地说，对含糊不清的肢体语言做出过多的解读是不明智的。但研究表明，人类的确会使用这种微妙的、难以感知的线索去判断别人。

尽管有许多人研究过这些效应，但人们在日常生活中能否准确地将真正的杜胥内微笑与别有用心的微笑区分开来，这尚不清楚。从实验室结果来看，当向人们清晰地展示每种笑容的实例，例如使用视频，然后要求他们对各种类型的笑容进行区分时，一些人很快会发现差异。但研究表明，可能只有少数人，约占10%的人能够自然地识别出差异。在日常生活中，人们展现出非杜胥内微笑，在大多数情况下不会被视为"虚伪"。

总体而言，认为非杜胥内微笑是不真诚或者虚伪的，这样的观点过于简单化，并且是错误的。很多人即使真心地与他人交往，也无法完全地表现出杜胥内微笑的特征。而且，大部分真诚的社交性微笑是很轻微的，并不会表现出杜胥内微笑的特征。

然而，在以下更为明显的条件下，我们能认出虚假的微笑：（a）笑得太快或太热切；（b）笑容在脸上凝固太久；（c）笑容与当事人的经历和体验不相称；（d）出于自私的动机，或被人操纵。我们用来推断伪善的一个重要线索是，一个人表现出大幅度或持久的笑容，这个笑容可能持续超过两秒。各种真人秀电视节目在宣布胜者时，如果败者也在镜头中，大家就会感觉有必要对输家报以同情。所有人都需要微笑。你可以注意到胜者和败者在微笑时脸部非自觉运动的差异。虚伪的笑容被人们称为"泛美式微笑"（Pan Am smile），以美国的一家航空公司命名，以及最近的"肉毒素式微笑"（Botox smile），以美容产品命名。

在人类交往中，真诚的微笑往往是短暂的，有时不到一秒。有些人微笑时，笑容似乎是在几秒钟内若隐若现的，而不是僵硬地固定在脸上。如前所述，将所有的微笑简单地分为真诚的或虚伪的，这并不明智。很多时候，不同类型的笑似乎会融合在一起。即使是训练有素的观察员，他们在判断某个笑容是否展

第 27 章　微笑的神经科学：教学的一个基本工具 | 273

现出杜胥内微笑的全部特征时仍然会出现分歧。另一方面，负面情绪出现时，使用"痛苦的笑"、"轻蔑的笑"或"纠结的笑"之类的术语，我们可以更容易地进行区分和达成一致意见。

虽然大多数人很难将杜胥内微笑与其他伪装的社交性微笑区分开来，但是任何与负面情绪相关的笑容往往都能被立即识别出，甚至被幼儿识别出来。还有一些证据表明，幼儿更有可能将咧开嘴的非杜胥内微笑看作真诚的笑容。也就是说，他们可能更容易被明显的假笑糊弄。但这种效应并不强烈，明确的研究结果是，在人脸识别和对表情变化的灵敏度方面，成人和儿童的实验室测试得分大体上是相近的。

低水平面部表情可以作为理解的信号

我们在前面提到，在相距 100 米时，微笑比其他情绪状态更容易被看到。这一发现同样适用于咧嘴笑。然而，关于微笑的另一个重大发现是，它与理解和领会有关。虽然我们前文提到，人们独自一人时通常不会微笑，但当我们将微笑的概念拓宽至包括嘴巴周围颧大肌的轻微运动时，这一发现似乎就不再适用了。

当然，这取决于我们对微笑的定义。但我们可以从广义的角度去看，将任何表示积极友善的嘴部运动包括在内。现在人们认为，每当人们对理解某事感到舒适时，就会触发这种轻微的、低水平的微笑。当大脑感到困惑，但突然间"灵光一闪"，所有东西都被理解了，在这时候低水平的微笑表现得最为明显。例如，控制良好的实验室研究表明，人们在看到熟悉的物体、听到他们理解的信息，或领会到任务很简单时，就会展现轻微的、低水平的微笑。有时这样的微笑几乎看不见，但运用慢动作录像或对面部肌肉运动进行生理测量，可以很容易地捕捉到这样的微笑。研究发现，当人们看到电视上的笑脸，甚至是照片上静止的笑脸，人们都会轻轻地微笑。

虽然这种低水平的面部活动是无意识的，但它仍可以被另一个人无意识地识别出来。实际上，"她脸上闪过一丝表情"这种说法是以经过充分验证的现象为基础的。一个人的脸上会表现出他或她对当前困境的了解程度。轻微的、低水平的微笑很短暂，几乎无法察觉，但嘴部周围肌肉的运动，为大脑立刻理解外部出现的任何问题提供了线索。

这些发现表明，教师可能会将低水平的微笑视为人际互动的反馈线索。其中的过程很可能是无意识的，但很有效。你的学生脸上会提供关于他们的理解水平的重要线索。在你上课时，你为什么采取某个行动，为什么重复某些指令，或为什么改变上课节奏，这些都不会一直很明确。大量关于微笑的研究表明，你必须观察你的学生的面部表情和微笑，因为它们会为你提供进行下一步教学所需的反馈数据。这种想法与早前关于教师专业能力的研究相一致，尤其是戴维·伯利纳的研究发现，即专家型教师能够敏锐地洞悉学生的肢体语言。

微笑作为教师专业角色的一个必要组成部分

那么，如此繁杂的研究能够告诉教师什么？其中一个重要的信息是学生会不可避免地解读你的微笑行为。他们会观察你如何微笑，以此作为判断你处于什么样的心情、你是哪一类人、可能对他们做出什么反应的依据。他们会根据你的微笑对你的亲和力做出评价。师生之间的微笑存在传染效应，当你对学生微笑时，他或她很可能会报以微笑，并且对他或她的同学微笑。长时间来看，你在学生面前的微笑将会成为你在他们记忆当中最重要的一个方面。

在阅读了大量社会研究之后，我们认为，真诚的微笑是教师可以运用的最有力的工具之一。与个体学生交往时，这一观点会尤为显著。你对学生微笑可以表示你尊重他或她，将其视为另一个平等的个体。在理想情况下，真诚的微笑要伴随着一个简短的言语肯定，比如"克里斯，谢谢你今天能来"。

花一点时间，通过基本的社交礼仪来建立互动的氛围，将会带来可观的回报。师生双方都会觉得很舒适，在随后实现互动的真正目的时，双方就会更少地激活拒绝或防卫之类的心理需求。总之，快速、短暂的微笑能够向另一方发出信号——你有意建立开放的双向沟通渠道，从而使你更高效地进入到有意义的人际互动中。

研究告诉我们，真正的微笑很可能是短暂的、自然的和非胁迫的。过于频繁的、不合时宜、持续时间过长或过于刻意的微笑，可能会使人产生消极的印象。表27.1描述了可能会催生或减少积极印象的各个方面。微笑并不是人与人之间互动的内容。相反，它能够帮助你营造一个他人能够轻易识别的互动氛围和基调。

无法微笑或者未能识别其他人的微笑，本身就在传达一个强有力的信息，尽管它营造的是一种消极的，甚至是惩罚性的氛围。我们也很容易理解，教师在处理学生严重的不端行为时，要压抑不悦和厌恶的情绪，避免流露出来。同样，在某些时候压抑你自然温暖的微笑，也是一种适当的专业反应。因学生的不当行为而大笑和微笑，最好是在教师休息室里。

表27.1 微笑和姿势：区分积极和消极的人际线索

线索的来源	积极性上升	积极性下降
微笑的时间	短暂，不到半秒，或甚至更短。	长时间，超过一秒。
面部肌肉运动	面部运动广泛。眼眶周围的肌肉轻微收缩。	面部运动更受限制，局限于嘴部。
灵活性	微笑似乎在不断变化，有些人的微笑甚至是"若隐若现"的。	刻意地保持微笑，笑容显得僵硬。
凝视模式	向他人微笑时，人们会凝视那个人，但直视的目光往往是短暂的，几乎是一瞬间的。	凝视对象的时间太长、太直接，使这种行为显得刻意或是预先计划好的。
头部的角度	头部端正，轻微点头。	头部略有倾斜。
肩膀	肩膀向后，要么身体前倾。	肩膀下落，可能一个比另一个略高。与头部的倾斜一致。
胳膊、手和手掌	张开手臂，手掌向上，一般是表示鼓励。	手臂张开不够，手心向下，似乎要限制互动。

注：对任何一个单独线索的过度反应都是危险的。传达信息的是整个互动模式，而不是某个单一特征。

笑容背后：我们如何解读他人

虽然我们将关注点放在微笑上，把它当作普遍的社交线索，但是微笑只是更广泛的人际交往过程中的一个因素。例如，我们会解读他人的肢体语言和面部表情。一个人给我们留下的印象会成为我们如何与他交往，或者试图避免与其交往的决定性因素。人类的大脑能够瞬间领悟他人的情绪状态。如前所述，文化存在差异，但这种差异更多是表达方式的差异。大量事实都表明，能够识别情绪是所有地方的人类所共通的。

无论我们何时遇到其他人，都会运用三种不同类型的信息。我们会基于以下三种信息判断一个人：（a）暂时的情绪；（b）稳定的性格特质；（c）熟悉程度。第一步，我们会推断出一个人的心情或情绪状态。遇到另一个人的一秒钟内，你的大脑会推断出这个人此时此刻对这个世界的感受和体验。这个人做某些动作或者说话时，这种印象就会大为增强，有几项研究认为人的语调能够十分有力地传递这种信息。实验室研究的证据表明，每当你遇到一个人，你的大脑就会在两秒内识别他们所处的状态（例如情绪和动机）。

有确凿的证据表明，人们会根据别人的外貌自动推断他们的性格特质。这个过程很短暂，几乎不会使用任何实质证据。我们这里讨论的是更持久的属性，不同于瞬间的状态。例如，宽下巴的人会被视为内在很强大的人。大额头被视为聪明的标志。我们的大脑会从几个维度对人脸进行评价，但最显著的几个维度是攻击性、可信度、控制欲、友好度。

在20世纪90年代，研究发现，从人脸推断性格特质的过程是完全自动的。在实验室条件下，看到电脑屏幕上的面孔100毫秒后就会形成这样的判断。一项研究结果表明，人们会仅仅通过观看照片对政治候选人的能力进行评估。人们都倾向于根据极少的信息做出对他人重要的判断，这一现象在实验室中得到了深入的研究，被称为**自发特质推理**（spontaneous trait inference）效应。

第三个数据源是我们认识并与其有密切交往的人的面孔。通过长时间与人接触，你会对他们独特的性格形成准确的印象。例如，你知道谁可以信任，谁会咄咄逼人。首先，你发现你一开始的推论，即对他们的第一印象需要修正。这并不是说你内心对特定面部特征的无意识的看法发生了改变，只是现在你对特定个体的了解优先于那些快速的、自动的反应。

我们现在知道的是，你学会了将特定个体的行为线索与你认为他们所怀有的特定意图联系在一起。换句话说，你开始解读这个人怀有动机的一般规律。因此，一旦你认识了一个人，你就能够对他们的表情、行为模式和手势进行准确的解读，因为你心里明白他们的意图是什么。

这种类型的学习是隐性的，因为虽然你正在成功地"解读"另一个人，但是你并不知道你是根据什么线索做出的判断。然而，这对你来说最大的好处是，通过与某个人交往，你能够预见那个人将如何应对新的情景。能够预见身边人的行为，这种能力是成功适应生活的关键之一。

第 27 章 微笑的神经科学：教学的一个基本工具

识别人的个性意味着将他们重新分类

当你开始将他人视为有独特经验、目标和期望的个体时，你的头脑中会发生另一个微妙的转变。当你第一次见到一些人，无论成人还是儿童，你很容易将他们看作与其他人类似的人。你面前的这个人似乎是某一群体中的典型例子，他们有同样的性格特质、目标、价值观等等。大脑会欺骗你，使你误以为具有某一特征的所有人都是相似的或者相同的。这种倾向使得你很容易对人进行分类，或将一个人简单地看作某个群体中的一员。

然而，当你更熟悉这个人，这种"特质相似"偏见的思维就会消失。相反，你会发现很难对这个人进行明确分类。原先被边缘化的角色身上展现出某种人类品质，这种戏剧化的主题常常出现在文学和电影中。但是，实际上，在我们的日常交往中也经常会发生非常类似的过程，这恰好能够解释为什么这样的主题如此吸引人。一旦你真正熟悉某个人，并能识别出其微笑的独特规律，你就不再使用刻板印象来判断他，因为你现在已经知道刻板印象在他身上并不适用。

观点：微笑的价值

玛丽安娜·拉弗朗斯（Marianne LaFrance）是研究微笑效应的领军人物，她对此类研究进行了概括：

> 人类微笑是为了吸引他人。看到微笑，我们会将真诚的微笑与虚伪的微笑区分开来，并亲近前者、远离后者。所有这一切发生在一瞬间，通常是无意识的。这就是关于微笑的关键事实。它们是重要的——它们会影响他人的感受和行为。相比好看的姿势或有价值的物件，一个值得信赖的微笑更能吸引我们的注意力。微笑不仅很重要：它们对于身体健康、幸福和社会活力是必不可缺的。
>
> （2011，p.53）

我们可以将这一研究成果应用到课堂环境中。我们强调过人际判断是快速、自动和不可避免的。我们现在知道，无论何时，只要你与学生在一块儿，你的大脑就会领会他们隐藏的动机。你判断学生，他们也会判断你。你的外貌最初会影响他们对你的看法，但这是会改变的。你的表情、声音和富有表现力的姿势都是你在传达积极的世界观时能够运用的工具（见表27.1）。

你的微笑可以用来强化这样一种世界观，即通过一般的人际交往礼仪（比如尊重和礼貌）来增强共同的人文价值观。实际上，你向你的学生分享你对世界的看法，可以为他们提供一个强大的无意识模仿榜样。作为他们的教师，你不可避免地会成为他们人际交往举止礼仪方面的教练。因此，深入了解这些社交过程的运作方式，对于你的专业工作有内在的价值。显然，学生会根据教师的微笑对教师进行评价。并且，研究表明，学生是否会报以微笑与学生对教师的喜爱程度相关。

本章最后，为了戏剧化的效果，我们想重新回到微笑使人更具吸引力的主题上，正如本章开头引述的一系列研究结果。在单身酒吧进行的一项研究发现，当一个女人冲一个男人短暂微笑时，这个男人接近这个女人的概率从基本的20%增加到显著的60%！

导学问题

1. 在社交中，微笑的人相对于那些不微笑的人会获得很多的优势。已知的研究发现有哪些？你能想起在什么情境下，你的微笑产生了巨大的价值吗？

2. 人脸有12种基本模式，微笑就是其中之一。请说出与微笑相关的三块主要肌肉。

3. 微笑的含义远远不止单纯的快乐或幸福。实际上，人们独处时很少微笑，即便看了有趣的新闻。微笑在社交生活中的作用告诉我们什么？

4. 当你无缘无故地对另一个人微笑时，会发生什么？

5. 有两个研究发现：（a）微笑是普遍的社交信号，是神经系统层面引起的反应；（b）微笑在不同文化中的形式也各不相同。这些观点是冲突的吗？

6. 人们有时候会说，杜胥内微笑是真诚的，而非杜胥内微笑不是。然而这一观点既不合乎情理，也没有根据。为什么？

7. 有研究比较了年幼的儿童、年长的儿童与成人对笑脸的反应。这些反应存在任何已知的差异吗？

8. 何谓"低水平的微笑"（即几乎看不见的微笑）？它与理解过程有什么关系？

第27章 微笑的神经科学：教学的一个基本工具 | 279

9. 无论何时你见到一个人，你的大脑都会即刻推断出他属于哪一类人。目前的研究发现，人们会自动运用四个维度进行判断。它们是什么？

10. 当你与某人熟悉后，你对这个人的看法就会改变，从"特质相似"的类型转变为什么？

11. 你能大体描述一下哪些肢体语言线索标志着积极的社会交往吗？

参考注释

- 玛丽安娜·拉弗朗斯的著作《微笑背后的心理学》（*Lip Service*）对人类微笑的研究进行了综述，通俗易懂（LaFrance, 2011）。
- 微笑的人更有可能成功地搭便车（Gueguen & Fischer-Lokou, 2004）、收到小费（Rind & Bordia, 1996）、受到喜爱和具备吸引力（Krumhuber, Manstead, & Kappas, 2007; Walsh & Hewitt, 1985），犯罪的人更容易被宽容（LaFrance & Hecht, 1995），并减少医生医疗事故诉讼概率（Hickson et al., 2002）。模特有吸引力的微笑可以提升人们对产品的评价（Peace, Miles, & Johnston, 2006）。
- 微笑在相当远的地方就能被轻易识别（F. W. Smith & Schyns, 2009）。女性的微笑多于男性（LaFrance, Hecht, & Paluck, 2003）。
- 儿童在学校里的微笑与其家庭生活相关（Oveis, Gruber, Keltner, Stamper, & Boyce, 2009）。会微笑的儿童社交能力更强（Y. E. Babad et al., 1983）。
- 微笑的头像会被认为更可信（Siu Man & Hui, 2010）。在虚拟现实情境中的微笑（Miles, 2009）。通过青少年和大学生的微笑预测生活轨迹（Harker & Keltner, 2001; Hertenstein, Hansel, Butts, & Hile, 2009）和寿命（Abel & Kruger, 2010）。
- 短暂的微笑会促使人们积极回应（Anderson, Siegel, White, & Barrett, 2012）。
- 保龄球馆的微笑（Kraut & Johnson, 1979）。向街上的行人微笑（Hinsz & Tomhave, 1991）。三度社会分离理论（Fowler & Christakis, 2010）。有些人能使我们想起喜欢的其他人，我们通常会对这些人微笑（Berk & Andersen, 2000）。
- 儿童和成人在判断微笑的方式上相似（Thibault, Gosselin, Brunel, & Hess, 2009）。
- 低水平的微笑是表明理解程度的信号（Musch & Klauer, 2003; Winkielman & Cacioppo, 2001）。
- 当我们遇到某人，自动的过程会被激活（Van Overwalle, Van Duynslaeger, Coomans, & Timmermans, 2012）。

- 在人际关系判断中的自发特质推理现象（Uleman, Saribay, & Gonzalez, 2008）。照片中有吸引力的警察被认为更能干（Surawski & Ossoff, 2006）。
- 有关当我们遇到人时如何形成印象，且我们的头脑在想什么的主要研究综述（Uleman & Saribay, 2012）。
- 我们在初次见面的一秒内，就会判断他人的意图（Van Overwalle et al., 2012）。
- 在单身酒吧进行的研究（Walsh & Hewitt, 1985）。

第 28 章　成为社交变色龙会带来不可思议的优势

每当人们相遇并展开互动，很多令人好奇的事情就会发生。基本的人际交往现象涉及一系列规则和礼仪。作为成长以及与他人相处的一个关键方面，我们必须学会这些。我们所有人都必须小心遵守这些行为方式，而那些以教师作为职业的人尤其如此。

生活中的一个基本事实是，不遵守规则的人会让我们不舒服。我们很难理解他们，或者难以与之交往。打破社会常规是文学和戏剧的一个共同主题。例如，在写作这本书时，我们注意到有两个电视连续剧很受欢迎，英国的《马丁博士》（Doc Martin）和美国的《生活大爆炸》（The Big Bang Theory）。这两部剧的基本主题都是描述人际交往技能有缺陷的人可能会出现的荒唐行为。在这些节目里，这些人因对社会交往中被普遍接受的规则不敏感而闹笑话。在教室和教师办公室中也是如此。

对人际反应的测量

我们提出一个简单的问题：对于人类社会交往的机制，社会科学发现了什么？研究者运用了一些先进的技术，比如系统观察、高速摄像机、肌电图仪（electromyograph，简称 EMG）。肌电图仪是用于测量轻微肌肉运动的设备。例如，肌电图仪可以用于检测面部表情。这是你无法控制的，你的面部肌肉可以充当一个情绪表达的读取系统。通过这样的研究方法，研究者发现了更多不为人知的人类行为。在我们如何处理与他人相处这个棘手的问题上，我们对自身真的是一无所知。

假设在西方社会中，两个人面对面地相遇。他们很可能会小心地保持短暂的眼神交流，也许就是半秒左右。眼睛注视固然重要，但它也是一个危险的工具。长时间凝视仅用于特定用途，例如展示权力或性的意图。除了长时间凝视，还会发生一种引人注目的眼球运动。每个人的眼睛都会扫视他人，特别是对方的手臂和手，以及脸的下半部分。眼睛像回旋镖一样从脸扫视到上半身、手，然后回到脸上，循环往复。当与某人交往时，有必要每隔几秒钟就看一下他的脸。但这只是瞥一眼，经常不到半秒钟，这能提供重要的反馈。通常，持续超过一秒的凝视表示不同寻常，而不是常规事务。

在一定层面上，人际交往由言语交流构成。录音机能够捕捉发生在意识层面的重要信息流。但除此之外，还有很多事情正在进行。在非语言层面，两个人之间的交流在很多重要的维度上都在发生。如果这种过程是无意识的，我们怎样才能知道发生了什么呢？它涉及线索、时机、同步和姿势等因素。我们的大脑能够理解这些方面，并将其意义附加在交往的本质上。在交往中，所有参与方都以惊人的速度处理信息。在正常的人类谈话中，两个人轮流发言的间隔是十分之一秒，一个人很容易在另一个人发言结束之前插嘴。时机（timing）是所有人际交往中的关键机制。

时机的重要性

试着看两人走在一起，比如，在走廊上。当他们的关系是积极的和友好的时，行为会出现明显的同步（synchrony）。这两个人会向对方走过去。但是两个人却没意识到他们在做什么。一个人或另一个人会调整身体姿势和速度，与对方相契合。这时，第三方很容易观察到他们的动作，并感觉到他们有某种程度的默契。你可以观察一群人，分辨出到底谁与谁关系更好，而无须听到语言对话。身体同步的概念广泛适用于所有关系中。例如，它适用于父母与子女的互动。作为一名教师，你可以看你的学生如何与父母一起走过院子。他们的行动模式会显示出他们的关系是否和谐。

当两个人在一起，但他们的动作不同步，观察者立即会察觉到"有什么不对劲"，即使这些观察者仍然没有意识到他们为什么出现这样的反应。持有比如"她们关系不好，因为珍妮特没有在适当的时间移动她的胳膊"之类的想法可能显得荒唐可笑。然而，这相当于你的大脑在识别并告诉你萨莉与珍妮特的关系。如果她们不默契，那么她们的关系可能就没那么好。

这些观点非常令人信服，研究者可以用电脑屏幕上的简笔画线条小人重现这种效应。当这些线条小人的行为一致时，人们推断，它们之间存在积极的关系，然后会很自然地说，这两个角色组成了一起工作的"共同体"或团队。将一个人视为一个社会群体的基本单元，是人类感知的一个内在方面。我们可以推测，进化已经使我们能够通过感知他人肢体语言的相关性和时机来解读人际关系。作为一种社会性动物，也许在人类进化史的早期，我们就能够深刻感觉到谁喜欢我们、谁会与我们合作、谁与谁在一起合作、谁是一种威胁等。

姿态匹配

一项证据充分的研究发现是，当两个人或更多人会面后，一定程度的**姿态匹配**（posture matching）就会发生。如果你需要一个姿态匹配的场景，想象一个军队的方阵在阅兵场上训练。每个士兵的步伐都与其他士兵的步伐完全匹配。尽管这是一个极端的例子，但社交生活中也会出现类似的情况。20世纪50年代，研究者使用慢动作录像的新技术来分析人们进行有效合作时的人际交往行为，发现了姿态匹配的现象。姿态匹配是指团队参与者在挥动手臂、姿态角度、站姿、倾斜、面部表情等方面表现出一致性。当团队配合良好时，团队成员的行为会趋于一致，他们会向对方倾斜，统一动作，张开他们的手臂，相互点头。我们可以注意到团队中的传染效应十分明显，最容易传染的是微笑、大笑、皱眉、打哈欠等行为。这些研究结果使研究者提出了一个新理论，即肢体语言是有效沟通的一个隐藏的关键因素。这个理论在20世纪70年代逐渐流行起来。

"打哈欠是会传染的"这句话得到了充分验证。研究发现，大学生甚至一看到他人打哈欠，就足以使自己打哈欠。结果表明，4岁的儿童在看到他人打哈欠后也会跟着打哈欠。不过，打哈欠是正常社会交往中的诸多模仿行为之一。对录制下来的社会互动视频进行深入分析，结果显示当群体发展出更融洽的关系和协作意识时，姿态匹配的程度会提高。在早期研究中，人们认为那是姿态模仿（posture mirroring），因为人们正在学习一起工作，于是会彼此喜欢。如果你喜欢一个人，你就会模仿他的身体姿势。顺便说一句，姿态匹配能够跨越性别差异。如果有人使你打哈欠，那么这个人是男是女并没有什么关系。

然而，后来的研究显示，这一效应反过来也成立。也就是说，最开始发生无意识的姿态匹配，然后引发情感方面的变化，如喜欢、相互吸引和默契的感情。想想这个：很容易发生这样的事情，你与一个你一开始不是特别喜欢的人进行交往，在进行姿态匹配的几秒钟后，你可能会开始改变你的想法。反过来，如果姿态匹配失败，你们之间就会有一种不友好的、挥之不去的疏离感。姿态匹配使人在社会交往过程中感到一定程度的人际接触和移情。然而，研究也表明，当人们有明确的理由不喜欢某个人时，花费几分钟与这个人进行姿态匹配也于事无补。我们知道，即使人们不喜欢对方，变色龙效应也是会发生的（见下文）。

所有人身上的社交变色龙效应

目前有许多公开发表的关于**变色龙效应**（chameleon effect）的研究。它指的是，当人们彼此很靠近的时候，会发生一定水平的模仿，即使双方都没有意识到这正在发生。例如，如果你旁边有人偶尔轻拍他自己的脚，或挥舞手臂，或用手指触摸他的鼻子，或在他的椅子上晃悠、扯耳朵，或拍腿，那么几分钟内，你就会自动地、无意识地模仿这种姿态。这种形式的自然模仿可以追溯到生命的早期，婴儿1个月左右就会模仿成人吐舌头和其他面部表情，大约1岁时就会模仿其他的身体动作。在许多社交场合中，人们会模仿他们身边的人展示出来的很多行为。

变色龙效应是一种姿态匹配。当人们在交往中互相模仿时，我们会更多地运用"匹配"这个术语。变色龙效应不必依赖于与他人的谈话或者互动，模仿也不一定会立即发生。例如，它可能在附近的其他人离开后才发生。

塔尼娅·沙特朗（Tanya Chartrand）在成人和大学生身上对这些效应进行了大量的实验室研究。项目结束后，作为任务汇报过程的一部分，她问参与者是否意识到他们在模仿房间里的另一个人，即其同伴（雇某人来表演一个角色，如故意抖脚）的行为。数百人接受了测试，没有一个人觉得这个预先安排的同伴的姿势正在影响他们的行为。他们的意识都集中在给定的任务上，比如给照片分类。然而，抖脚和其他模仿的姿势，完全是无意识的。

重要的是，关系的质量与模仿的水平有关。互相合作并相处融洽的人，会展现出高水平的行为模仿。研究发现，当人们试图建立友谊时，他们会有强烈的倾向去模仿对方。不过，沙特朗博士的研究也发现，即使交情很浅，如果只有两个人同处一个房间，这种类型的模仿仍会出现。事实上，模仿是非常自动化的，只要人们处于认知负荷的条件下，模仿的水平自然会提高。

建立人际关系

这种类型的社会模仿，或者说变色龙行为，具有高度的适应性，因为它是建立积极关系的基础。对录像带的详细分析发现，这一效应不仅出现在抖腿之类的外在姿势上，也出现在言语和嗓音层面的行为上。人们会调整他们的嗓音，如在语速、节奏和重音模式方面，更紧密地与他们所交往的人的特征相匹配，但意识不到正在发生什么。嗓音可能会有轻微的改变，但无论如何，你的嗓音形式（在音调、节奏或重音模式方面）略有改变，具体取决于你对他人的感知以及你与他们之间关系的类型。更重要的是，你嗓音的改变趋势是为了与他人更加匹配。

研究还表明，当人们进行互动时，在几分钟内他们使用的句子结构、词汇和重音模式会趋于一致。如果你以某种形式的互动直接接触另一个人，而这种行为趋同没有发生，或者对方并没有模仿你，那么你会有一种不满或排斥的感觉。你的潜意识会发出类似于"这段关系不会继续维持下去"的信号。

模仿是社交技能的关键部分。这是一种让自己舒适地融入社交场合的策略。当你的行为与你身边的人的行为高度匹配时，你就会很容易适应。沙特朗博士也认为，当我们受到他人不友善的对待，我们会更努力地模仿他人。也就是说，在与一个人经历了一段不友好的交往后，当不久后遇到另一个人，人们就会提高模仿水平。在一段可能的关系被拒绝后，人们会更加努力，以确保下一段关系是更加积极的。在进一步的研究中，她也发现，当诱使人们感到自己在某种程度上与众不同时，也会提高社会模仿水平。

关于自动模仿的研究的一个直接含义是，我们都怀着无意识的目标，想要与他人交往和良好相处。对这些目标构成威胁的事件，会让我们细微调整与他人的关系。尽管我们发现这只是针对成人的研究，但我们也可以合理地做出假设，即这些发现同样适用于儿童和教室中的年轻学生。事实上，现在存在的一个观点是，在社交世界中，儿童比成人更有可能对可能的榜样表现出内在的社交依赖。

像变色龙一样的行为是我们天生的吗？

我们为什么变成这样的变色龙？一个显而易见的答案在于，它的确是有益的和卓有成效的。确实如此，但也有另外一些奇怪的研究发现。文献资料表明，人在面对机器人或者其他非人脸模型时，也会发生像变色龙那样的模仿。我们也会模仿在电视上看到的面部表情。当我们看电视时，我们经常会展现出轻微但可预测的面部活动。

如果能够的话，你可以观察他人在看电视时的面部表情。当人们在非常入迷地看电视时，会发生一定程度的微妙的身体和面部运动，这通常跟他们目睹的情绪相匹配。当你看到别人微笑时，你也在笑。当屏幕上的人物经历痛苦时，你的脸和整个身体都会紧绷起来。如果有人点了点头，那么你往往也会点头，即使这些动作如此轻微，以至于你在看电视时丝毫没有察觉。

像变色龙一样的功能与我们如何理解其他人及其情绪有密切关系，甚至在交往没有实际发生时也是如此。研究者发现，板着一张扑克脸或表情消极地看电视，这对人们来说是一项极其困难的任务。被调查的人认为这种体验很不自然、令人不快。例如，经常被使用的一项实验室任务是让人们练习自控，要求他们看喜剧电影时不表露任何外在情绪。专业扑克牌玩家也认为，在纸牌游戏中掩饰自己的情绪不是自然而然就掌握了的，这需要多年的隐秘练习。

肌电图仪的研究也表明，当要求人们看其他人的静态照片时，也会发生面部模仿。每当人们识别出其他人的情绪时，他们倾向于在自己身上复制同样的情绪。尽管这听起来很奇怪，但这是一个非常正经的研究发现，即人脸倾向于模仿我们在另一个人脸上看到的表情，即使面对的是一张静态的照片。要理解其他人，需要对他们的经历产生共情，这也通过精密测量技术得到了验证。

例如，20世纪70年代早期实施的一项实验室研究把肌电图仪连接到被试身上，监测肌肉的激活水平。当看到别人举重物时，他们的手臂肌肉显示激活，看到别人说话时，嘴部周围肌肉被激活。这些现象首次被发现时，很难被解释。没有已知的理论能解释发生了什么事。但我们现在认为，其基本过程是一种镜像神经元（mirror neurons）被激活。

你的大脑是一块镜子

近年来，当代神经科学出现了一个与教师技能和特质相关的有趣观点。镜像神经元理论表明，每当人类在同一个物理空间中进行互动时，观察者的大脑就会神经性地"映射"他们正在看的人。20世纪90年代初的实验室环境中的一

第28章 成为社交变色龙会带来不可思议的优势 | 287

个奇怪事件，使研究者意外发现了镜像神经元系统。研究猴子大脑活动的研究者从一个箱子里拿出一些物体，他们注意到，甚至当猴子在观察实验者处理物体时，它们的大脑也会被激活。根据当时对大脑的了解，这些效应不应该发生。

人们对这种效应进行了大量的研究，最后人们似乎得出了一个可能的一般性结论：执行某一行为会激活特定的皮质回路（cortical circuits），在观察他人执行该行为时，同一皮质回路也会做出反应。虽然在人体上进行的实验不可能与动物实验有相同水平的精确度，但很多研究利用磁共振成像技术证明了人们在观察和理解其他人类时，大脑的关键领域高度活跃。

该领域的研究者开始猜测这种镜像机制使物种发展出一套具有高度适应性的社交合作技能。还有很多关于人脑是如何进化的猜测。一个高效的镜像神经元系统使物种的成员能够成功地展开互动和合作。观察身体动作和监控发生在感知范围内的所有社交活动，都可以激活镜像神经元系统。虽然我们只能对大脑进化的机制做出猜测，但是现在我们有大量证据支撑社会学习理论的神经学基础和"社会脑"的概念。

以下例子是在该领域发现的一个奇怪效应，想一下：当人们看到艺术作品有明显的笔触痕迹时，与移动手臂和手掌相关的脑区就会变得活跃。在看一幅画笔笔触明显的画作时，人们通过激活他们在画同一幅画时需要激活的脑区来理解他们所看到的东西。看到这些笔触，你的大脑会"映射"出它们是怎么画出来的，使你能够在心里模仿这一行为。

你的镜像神经元能为你做什么？

镜像系统的意义尚未得到深入的探索。然而，有证据表明，在任何教学情境中，你在人际交往时使用的手势和肢体动作都会对学生的大脑产生（生理上的）巨大影响。已经被实验室研究证实的是，人在观察他人的行为时，身体姿势、手的动作和面部表情都会极大地影响观察者的心理活动。

近年来，研究者也开始猜测，你的镜像神经元系统可以帮助你立刻推断出另一个人的直接意图。当你看着另一个人时，你的大脑会在一秒内告知你这个人打算做什么。当然，你可能没办法很精细地预估别人的行为。但尽管如此，你会自动地做出一个清晰的判断，这是因为你的镜像神经元会被激活，就像你在做同样的行为时一样。

这项研究表明，镜像神经元系统能够直接告诉你如何理解其他人。你最多只能阻止自己阅读正文中的"猴子"这个词，但如果你读到了这个词，你就无法阻止自己理解它。这个理论认为，外在的身体姿势作为一种载体，不只是协助信息的传播，其本身也是一种信息。身体姿势为说话者试图传达的信息提供了基本的结构和语法。

该领域最近的一个猜测与如下事实相关，即语言中的很多词语以身体的动作或手势为基础。我们经常用"另一方面"（on the other **hand**）、"让我为你肩负这样的重担"（let me **shoulder** that burden for you）之类的短语。这个理论认为，这种表达并不是偶然的，而是反映了大脑的镜像系统是如何进化的，使我们能够通过密切观察他人的姿势来了解他们。

观点：发展教学中的社交技能

本章综述的信息主要源于社会心理学的研究，但它可以直接应用于任何教学情境中，因为这些情境都与人际交往相关，需要成功地与人打交道。例如，关于变色龙行为的研究带给我们的直接启示是，我们如何才能建立和维持强有力的社会关系。你会模仿对于你很重要的每一个人，并对他们的行为非常敏感。与他人的姿态相匹配，这似乎很容易，但却非常有效。作为课堂中的教师，为了提升你的整体影响，你必须认真考虑这个关于肢体语言的观点。努力使你的胳膊、手、面部和身体成为必要沟通技能的基本组成部分。在教学时，请确保你的身体语言是放开的和舒展的。记得要微笑。你在这样做的时候，应该清楚地知道这些身体姿势与现代神经科学的研究发现是一致的。而且，正是这些姿势决定了你的学生对你个性的评价。反过来，他们给你的反馈甚至会让你的微笑更真诚。

导学问题

1. 我们并不了解自己。为什么这种观点会引起人际交往行为领域的研究者的深深共鸣？

2. 当两人走过一条走廊时，到底可能发生什么？一名路过的观察者看着人们走路，能够从中推断出什么？

3. 20世纪50年代，运用慢动作录像的分析在有效合作的社交群体中发现了姿态匹配的概念。在这类群体中，人们注意到了什么？

4. 变色龙效应可以说是一种姿态匹配。什么时候可能会用到这一术语？如何定义"变色龙效应"？

5. 我们知道，被周围的人影响和模仿他们的倾向在特定条件下会增强。这些条件是什么？

6. 我们会模仿电视屏幕里的人，这听起来很奇怪。但是当我们有意尝试板着一张扑克脸看电视时，会发生什么？（请尝试这样做。人们可以做到，但是会觉得这样很吃力且不自然。）

7. 20世纪90年代的研究发现了我们的镜像神经元系统。这被誉为一项重大发现，因为它表明各种形式的社会学习是以神经学为基础的。当你看着另一个人的手臂动作时，你的大脑会做什么？

8. 为什么你应该培养模仿他人行为的技艺？你应该模仿谁？这样会给你带来什么益处？你在课堂上如何使用这一技能？

参考注释

- 当简笔画中的人物行为一致时（Lakens, 2010）。
- 当人与人之间的姿势同步时，我们能感受到积极的人际关系（Bernieri, 1988; Grahe & Bernieri, 1999; Maurer & Tindall, 1983）。
- 姿态匹配（LaFrance, 1985, 2011; LaFrance & Broadbent, 1976）。
- 打哈欠具有传染性，对儿童也成立（Helt, Eigsti, Snyder, & Fein, 2010）。
- 群体中行为的传染性（Provine, 2000, 2005）。
- 变色龙效应（Bargh & Chartrand, 1999; Chartrand & Bargh, 1999; Chartrand et al., 2005; Cheng & Chartrand, 2003）。
- 在一段不好的经历后，模仿程度会提高（Lakin, Chartrand, & Arkin, 2008）。
- 人模仿机器人（Jones & Scmidlin, 2011）。
- 人们会无意识地模仿电视和照片上的表情（Dimberg, Andréasson, & Thunberg, 2011; Dimberg, Thunberg, & Grunedal, 2002; Neal & Chartrand, 2011; Stel &

Vonk, 2009）。
- 大脑通过神经反应去理解艺术作品中的笔触（J. E.T. Taylor, Witt, & Grimaldi, 2012）。
- 20世纪70年代开始的肌电图仪研究（Berger & Hadley, 1975; Berger, Irwin, & Frommer, 1970）。
- 对镜像神经元理论深入阐述（Iacoboni, 2008）。
- 镜像理论对社会学习的影响（Paas & Sweller, 2012; van Gog, Paas, Marcus, Ayres, & Sweller, 2009）。

第29章　看不见的大猩猩、非注意视盲和注意力*

与**非注意视盲**（inattentional blindness，简称 IB）研究有关的传奇故事起源于现代飞行模拟器，它主要是用于飞行员训练。在模拟器中，受训者可能会遇到不可预测的事件，例如发动机熄火、仪表故障或突发的天气变化。现在的飞行员要接受比其他任何专业群体更为严格的训练，这与所谓人因研究（human factors research）知识库的出现直接相关。航空业是人类能力的基础研究被用于解决应用性问题的最成功案例。现代飞行模拟器的发展是 120 年以前飞行操控出现之初无法想象的成就。

随着尖端的电脑生成显像技术的出现，人们注意到一种奇怪的现象，有点令人不安。从模拟驾驶舱的全景监视中看到另一架飞机滞留跑道上时，很大一部分飞行员仍然试图使他们的飞机着陆，这令人非常担忧。尽管航空行业不承认这样的数据，但是显然有大约 30% 的飞行学员没能及时看到飞机跑道上的障碍物。此外，一项研究显示，不单是飞行学员，25% 的经验丰富的飞行员也会出现这种现象。飞行员通过一排仪表盘密切关注诸如空速、高度、偏航角、发动机功率等诸多方面。在密切关注众多复杂因素的同时，他们可能扫视了跑道，但是显然没能看到那些就在眼前的东西。

一种视盲类型

知觉视盲的情况绝不是飞行员特有的。对于交通事故原因的调查记录显示，许多汽车驾驶员都声称没有看到与之相撞的其他车辆。我们习惯于将此归咎于粗心和鲁莽。但是研究者想要知道这是否与其他因素有关。这种发生在公路上的视盲似乎特别容易使骑自行车和摩托车的人成为受害者。这种现象被认为是一种类型的视盲，尽管暂时性视盲是人处于压力之下的注意力问题造成的。注

---

* 第 29—31 章为杨睿翻译，邓莉、伍绍杨校对。

意力集中在一处，或用于应对即刻的紧迫需求，但没有分配到眼前的东西上。

我们通常会做出一个自然的假设，即那些在我们面前的事物必然自动地吸引注意力。这是一个默认的立场。视觉感知领域的研究者提出的这个假设，直到 20 世纪 70 年代早期都没有受到严重的质疑。然而，研究证明，该假设在某些情况下是不正确的。一些早期的研究描述了一些奇怪的发现，例如当人们全神贯注于有压力的任务时（如当接受数字广度测验时，尝试"加 1"），他们就会对他们面前的事物出现暂时性视盲，大概持续半秒左右。尽管无法解释这种现象，但研究者在 20 世纪 60 年代之前就已经发现了它，直到 20 世纪 90 年代它才被普遍地称为"非注意视盲"。

查布里斯和西蒙斯的研究：一篇经典论文

虽然我们已经知道，人们在压力下会看不到那些快速闪现在他们面前的事物，但这样的效应并不常见，而且持续时间很短，可能连一秒钟都不到。这个观点在很大程度上被关于"看不见的大猩猩"的研究所修正。在一篇一发表就成为经典的论文中，克里斯托弗·查布里斯和丹尼尔·西蒙斯（Christopher Chabris & Daniel Simons, 1999）提到，他们让大学生看一段很短的视频，并数出片中某些人之间传篮球的次数。在 10 秒钟时，一个演员身着大猩猩的服饰，从右边进入画面中，屏幕显示他走到一群人中，转身，重击他的胸部，然后从左边离开。

整段视频持续 30 秒，"大猩猩"在屏幕上出现 9 秒。不可思议的是，只有 42% 的被试说他们看到了它。自那时起，这个视频及其改编版本，已经在成千上万个地方放给了很多人观看。在不同地方和不同群体中的测试结果始终保持一致。如果要求人们仅仅观看影片，那么百分之百的观看者都会看到大猩猩。然而，当观看者在心里数传球次数时，大约有一半的观看者（50%—60%）没能察觉到大猩猩。这种情况也出现在儿童身上。

对于非注意视盲，我们现在从研究中知道了什么？

IB 效应在过去的十年里被深入研究，并已取得许多重要的研究成果。我们现在知道，将所有人分成出现 IB 效应的人和没有出现 IB 效应的人，这样的假

第 29 章　看不见的大猩猩、非注意视盲和注意力

设是毫无意义的。人们在一次 IB 测试中的反应并不能预测他们在其他版本的 IB 测试中的表现。我们还知道练习效应并不显著。核心任务（即计数）越难，效应越强，这个因素被称为认知负荷。实际上，应对高水平的认知负荷是发生 IB 效应的最有力解释。当你的大脑将注意力集中在一项核心任务上时，你就没有足够的注意力留给身边的其他事物了。

例如，飞行学员在模拟器里尝试着陆，需要同时监测多个重要信息来源，此时他或她承担着极高的认知负荷。他或她的大脑已经完全被情境的需求所主导了。操控一架飞机降落代表着人类可能进行的最困难任务之一。在着陆过程中涉及的变量可能需要微调，其数量超过了正常人类的处理能力。经过几百次的着陆，经验可能会程序化。但是对于飞行学员来说，认知负荷是很大的，这是他或她最耗费心力的经历。

在实验室研究中，让被试分别数出空中传球和击地球的次数，数球的任务会变得更加复杂。使任务变得更复杂会增加负荷，因此需要人们分配更多的注意力。在这种额外的要求下，当大猩猩突然阔步走来，用于察觉大猩猩的知觉资源更少。例如，在一项研究中，增加认知负荷，出现 IB 效应的人数比例会提高到 81%。

为什么训练不能减少非注意视盲

关于非注意视盲，我们现在还知道什么？很显然，甚至当人们确实看到了大猩猩时，他们所进行的计数任务也不一定像我们所设想的那样被打断。这多少有点不可思议，但这表明大脑拥有令人印象深刻的灵敏性。例如，"出现了一只滑稽的大猩猩，但我必须要做的是计数。所以要跟上节奏，不要去看那只愚蠢的大猩猩"。也就是说，就看了大猩猩一眼，这并不一定会打断进行计数的目标。

已知的是，我们无法从整体特征上对这种效应进行预测，比如性别、智力或个性。而且，它显然也不能被传授。一般来说，在该类实验中，通过训练提升人们的注意力不会增强他们察觉意外事件的能力。仔细思考一下，训练没有什么理由会产生任何效果，因为出现 IB 效应是由于大脑被另一项更紧迫的任务占用了。在飞行员训练中，最重要的是在必要的核对清单中加上一条"检查飞机跑道是否通畅"。这比指导飞行学员"小心任何意外情况"更有实效。

换句话说，一种阻止 IB 效应发生的方法是，让人准备好去应对可能发生的不寻常的事。当然，如果人们预先知道会有特殊事件发生，你在大猩猩测试中就不会发现 IB 效应。在人们观看"看不见的大猩猩"的视频之前，提示他们视频的内容和目的，实验就变得毫无意义了。如果提前告知人们这个视频，然后让他们观看，得到的普遍评论是他们不能相信其他人居然看不见这样一只巨大的动物在屏幕里走过。

其他研究显示，多少有些意外的是，IB 效应似乎与人的眼动没有多大关系。由于大猩猩实际上穿过了视觉区域，我们可以肯定那些说看到了大猩猩的人花费了更多时间直视大猩猩，而不是聚焦在传球上吗？但一些研究发现，这个因素并不能区分那些看到和没看到大猩猩的人。眼动研究表明，大多数人实际上会直视大猩猩平均 1 秒左右。换句话说，大猩猩有 1 秒直接出现在视觉焦点上。尽管有这个明显的机会，很多人还是说没有看到大猩猩。

在一项著名的研究中，研究者发现了这样一个事实，即当一个人喝过酒之后，IB 效应会明显增加。志愿者的血液酒精浓度的测试值为 0.04% 时，看到大猩猩的比例会下降到 18%，而预期比例（即清醒时）大约为 50%。根据被广为接受的世界标准，0.04% 并不代表严重醉酒，在很多国家，它可能仍然在驾驶要求的合法范围之内。这篇研究论文的标题意味深长，为"blind drunk"[①]。

非注意视盲是人的一种本能状态：认知过载的第一个灾难

IB 效应的重要性在于，它使我们理解到为什么这世界上有些很显然发生的事情，我们却没有意识到。这些研究反复发现的一个事实是，那些说看到大猩猩的人，也说自己无法理解和他们一同参与测试的人为何看不到它。毕竟，他们都有相同的经历。这是一个非常重要的观察。这反映了我们对那些没有相同感知的人缺乏本能的共情能力。更糟的是，我们可能会推断这些人能力不足。

为什么人们看不到那些就在他们面前的东西。是因为他们能力不足吗？飞行学员在有障碍物的飞机跑道上仍然试图模拟着陆是疏忽吗？当然，如果他或她在之前有过这样的经历，那可能是疏忽，因为飞行员受过的训练肯定对这种可能性有所预测。但是，飞行员的基本问题是全神贯注于重要的任务中，保持

[①] 一语双关，既有烂醉如泥的意义，也含有"醉酒性视盲"的意思。——译者注

第29章　看不见的大猩猩、非注意视盲和注意力 | 295

飞机适应风向和安全飞行的状态。当人在全力以赴时，认知处于完全过载的状态，处理意外事件的能力就会被大幅削弱。然而，大脑未承担负荷的人，将会清楚地看到视野中所有发生的事。但是，那些沾沾自喜的观察者并不能认识到为什么其他人无法做出像他或她那样的反应。

在一项研究中，更精通篮球的人比那些对篮球知之甚少的人更可能看到大猩猩。这仅仅是因为这些精通篮球的人习惯于监视整个球场。也可能是传球计数给他们的大脑带来的认知负荷较少。不管怎样，似乎某个领域的专家受 IB 效应影响的可能性较小一些。该观点与以下概念是一致的，即专业能力能够带来高效工作的能力，要实现同样的表现目标，专家比其他人使用更少的脑力。如果专家的表现本身不需要投入很大的精力，那么他就有更多闲置的能力、更多储备，有更多资源可用于应对意料之外的事情。

该领域最后一个研究发现对教师或任何涉及言语交流的职业都特别重要。尽管我们更多考虑的是出现在视觉模态中的 IB 效应，但在听觉上也有类似的效应。当我们专注于一个特定的声音输入，就可能会听不到其他的声音。在一项英国的研究中，波利·多尔顿和尼可·弗伦克尔（Polly Dalton & Nick Fraenkel）发现，他们测试的大多数成人都出现了非注意耳聋（inattentional deafness）。当人们集中注意力聆听一个女声，这样持续 1 分钟之后，他们没有注意到一个男声，即使这个男声持续了 19 秒，在这期间，那些没有集中注意力聆听女声的人可以非常清晰地听到男声。

因此，有人能够很清晰地对我们讲话。但当意识在别处，并且工作记忆满载时，这种信息输入可能会非常迅速地被过滤掉，以至于好像从未发生过一样。或许教师们早就知道这个事实。学生不是一直都能听到他们的话。但是研究显示，该效应的出现并不是缺乏注意力的结果，而更多是由于注意力太过于集中于其他地方。

对教学与管理的启示

IB 效应不仅是人类弱点的一个简单示例。职业魔术师利用这个特点，熟练地运用注意力误导的技巧，使人们出现 IB 效应。对 IB 现象的认识使得很多领域正在做出重新评估。例如，对于银行倒闭、全球金融危机和其他世界性的金融灾难现象，两位研究者评论道：

假账的历史充满了非注意视盲的例子，它使人们忽略了重要的警告信号。美国监管部门在处理有庞氏骗局嫌疑的商业项目时，也表现出同样的注意力缺乏。

（Kleinman & Anandarajan, 2011, p.38）

理解这个效应，并意识到它是一个天生的特质，可以使你成为更机敏的教师。如何成为这样的教师？通过深入地理解注意力的运作原理。你会意识到，处于压力之下的学生无法理解在你看来显而易见的问题。注意力是一种有限的资源。非注意视盲的研究使我们清楚地认识到，我们的注意力并不一定是由直接经验所支配的。我们生来就有一种能力，能在短时间内把我们全部的意识集中在任务和目标上。当这种集中精力的情况发生时，我们会忽略就在眼前的意外事件，即使当我们意识到这个事件时，会认为它更重要或更危险。

在日常家庭生活中，我们可以确定所有人都有如下的类似经历。在看完晚间新闻以后，你的伴侣走进房间，询问明天的天气预报。虽然你已经看过，但你却没有接收到这一信息。抱歉，你没有听到适当的信息，即使你自始至终一心一意地看着屏幕。你注意到天气预报员的着装，而且你可以清楚地回忆起它。接着，你的伴侣提醒你，在早上吃饭时她就告诉过你她今晚要出去购物，但那时你在看报纸，虽然含混地答应了，但却什么也没记住。所以，你有意"忘记"你承诺过的事。如果这样的交流中有任何疏忽的话，那么问题就在于没有在关键的时刻引起适当的注意：在这样的时刻，学习必须发生。注意力并不是像你设想的那样本身是一个自动的过程。要想使它生效，必须激活它；如果没有激活，学习的机会就会稍纵即逝。

然而，世界是复杂的，初学者并不是一直都能确切地知道哪些线索是值得注意的。我们听一个讲座，这个讲座能激发我们脑海中很多强烈的想法。但当信息量太大时，就会让我们不知所措。当我们思考和细想一个重要部分时，我们无法听到几秒以后的其他关键部分。因此，我们会对讲演者的观点 B 充耳不闻，因为我们的意识已经完全被观点 A 占用了。

设想一下在你的课堂里是否可能出现这样的情况。你的学生总是能全神贯注吗？你可以发现注意力问题有几个维度。在一定程度上，我们猜测学生一直都在注意某些东西。但注意什么呢？因为学校教育是集体活动，任何人的一

第 29 章 看不见的大猩猩、非注意视盲和注意力

部分注意力都集中在教室里的其他人身上。我们认为意识活动是由集中性注意（focal attention）和边缘性注意（peripheral attention）所组成的。你让集中性注意驱动你的大脑的其他部分。因此，当注意力集中在一个物体或信息输入上，因为其重要性，你会允许你的大脑被短暂地占据。与这个输入相关的过去记忆可能会被激发，但这些记忆可能与正在发生的其他事情毫不相关。当细想美好的记忆时，其他感官体验、任何处于边缘的事物，会在丝毫不被察觉的情况下被忽略。

在很多教学情境下，学生的大脑处于过载的状态。他们无法辨认和捕捉到我们认为重要的细节。我们可能强调了教学和指导中的某些部分，但学生仍然无法掌握基本要点。很多因素在起作用，但对于个体学生为何无法对那些就在他或她眼前的信息做出回应，IB 效应提供了另一种可能的解释。

观点：理解非注意视盲在课堂中的作用

理解注意力如何运作及其局限是很重要的。在经典的 IB 实验中，当要求人们计传球数时，他们的工作记忆被完全占用。信息在长时间内一直被保持，同时与相对复杂和动态的输入经验相结合。假如你在网上观看大猩猩的视频，当屏幕上的动作涉及两支队伍、两个运动的球，你就会意识到，在这种情况下计传球数不是一项简单的工作。你必须判断某一动作是否真的在传球。集中注意力的行为可能看似简单，但观察、目睹、判断和做出适当的反应都是复杂的心理活动。了解 IB 效应会使你清楚地认识到我们正常人的局限，以及它在学习情境下如何对人们产生影响。

所有教师都需要意识到集中注意力的问题。如果 α 和 β 是在你的注意范围里的两个不同输入信息，那么你越注意 α，留给 β 的心智空间就越小。由于处理 α 的需求会增加工作记忆的负荷，那么注意 β 的机会会逐渐减少。研究表明，注意 β 的机会可能完全失去。在高水平的认知负荷下，β 的输入信息甚至根本不存在。在人类的大脑中，注意的过程会阻碍一心多用，这是第 20 章所讨论的主题。

研究表明，类似的原则也适用于主动自控的水平。人们学习利用**心理偏转**和**分散注意力**的技巧，阻止自己的注意力集中在他们不愿关注的刺激物和事情上。在关于幼儿的研究中（参见第 26 章）也发现了类似的运用在自己身

> 上的偏转策略。如果你可以专注于其他事，那么你的问题就会被抛诸脑后，不复存在。很多人类嗜好都可以运用这个原则进行处理，并且已经见诸适应性行为和适应不良行为的案例中。

导学问题

1. 你是否曾经历过一件偶然的事，你本来应该看到某物，但你就是没有看到？事后想一想，到底是粗心还是由 IB 造成的？

2. 最早的理论认为，注意力集中的非注意疏忽可能持续 1 秒左右。但为什么该理论在大猩猩研究发表之后必须被完全修正？

3. 只有一半人身上出现了 IB 效应，是这样吗？

4. 当我们增加认知负荷，IB 效应会怎么样？

5. 那些看到大猩猩的人普遍不相信其他人没有看到它。有关于我们大家对人类知觉的假设，这一事实告诉了我们什么信息？

6. 最初的假设是，如果人们的眼睛没有聚焦于大猩猩，他们可能就无法看到它。这个理论是否得到了证实？

7. 一项英国的研究表明，类似的效应也出现在听觉上。当人们太集中注意力听女声时，他们可能听不到男声，之后还否认男声的出现。在课堂实践中，这样的研究可能意味着什么？

8. 这些 IB 研究告诉了我们很多关于人们注意一件事的能力的信息。我们知道人类可以选择去注意某物。数世纪以来，人们早就知道这一点了。所以，你是否思考过，为什么这些最近的 IB 研究发现如此令人惊讶或引人注目？它们对于教师有什么影响？

参考注释

- 强烈推荐一本书：《看不见的大猩猩》(*The Invisible Gorilla*)（Chabris & Simons, 2010）。
- 1999 年对 IB 效应的经典研究（Simons & Chabris, 1999）。网站 www.theinvisiblegorilla.com 和 www.dansimons.com 上提供了更多信息和视频。

第 29 章　看不见的大猩猩、非注意视盲和注意力

- 增加认知负荷会使 IB 效应的出现概率提高到 81%（Beanland & Pammer, 2010）。
- 认知负荷增强 IB 效应（Lavie, 2010）。
- 看到大猩猩通常并不会影响计传球数的表现（Bressan & Pizzighello, 2008）。
- 眼睛聚焦在大猩猩上，仍然会发生 IB 效应（Beanland & Pammer, 2010）。
- 仅仅是微醺就能大幅增加 IB 效应（Clifasefi, Takarangi, & Bergman, 2006）。精通篮球的人在球场上看到大猩猩的机会更大（Memmert, 2006）。
- 人们发现听觉上也会有类似 IB 的效应：非注意耳聋（Dalton & Fraenkel, 2012）。
- 职业魔术师利用 IB 效应来误导观众（Macknik, Martinez-Conde, & Blakeslee, 2010）。
- IB 效应关系到财务审计情境下的疏漏，例如银行和公司的灾难（Kleinman & Anandarajan, 2011）。
- 从小时候开始，策略性的注意力管理就是自控的基本组成部分（Mischel, 2012）。

第30章　思考的快与慢：内在机器人对你的极大帮助

神经科学非常重视的一个观点是：我们有两种思维在发挥作用，一种是你非常了解的思维，另一种是你间接了解的思维。你了解第二种思维，是因为它对你所起的作用。这种思维关注你的利益，帮助你熬过当下的困难。一种思维是有意识的，而另一种是没有意识的。一种是警觉和清醒的，而另一种就像是一个机器人。幸好，你的内在机器人（inner robot）是一个对你友好、仁慈的仆人。

我们有一个无意识的思维，这看起来奇怪又自相矛盾。这更多取决于"思维"（mind）这个术语的定义，而不在于我们有什么生理和心理上的机能。或者，我们可以认为我们的思维有两个不同的工作系统：一个是快速反应的系统，可通过实际的行为测量反映出来；另一个是缓慢的思考系统，可通过言语表达和自觉意识反映出来。

在认知心理学中，它们被称为"系统1"和"系统2"。虽然双系统彼此合作，而且在同样的神经系统内发挥作用，但与有意识的思维相比，快速的系统1负责处理和应对更大量的信息。然而，尽管它们是以密切合作的方式工作，但是偶尔会出现两个系统的运作出现冲突的情况。在进入关键性问题之前，接下来我们会讨论一下这种情况。

你的两种思维会发生冲突吗？

社会心理学领域的研究表明，我们能同时保持外显和内隐的态度，两者有时并不一致。内隐的态度是以某种特定方式进行反应的无意识倾向。这样一种态度可能会，也可能不会反映在一个人的言语表达中。很多研究表明，刻板印象和其他不好的倾向，比如种族偏见，可能出现在内隐的层面。研究者已经使用了一些工具，特别是内隐联想测验（Implicit Association Test），以揭示这样的隐性态度。

第30章　思考的快与慢：内在机器人对你的极大帮助

内隐联想测验的模拟版本可以在互联网上找到，你可以进行在线测试。测验要求你把目标刺激物（例如年轻人和老年人的面孔）与评价性术语（比如好或坏）连接起来，它们测量的是你回答的轻松程度。例如，如果你把老和坏联系起来的速度快于年轻和好，这表明在你的思维中预先已经存在这样的联结，即老和坏的内隐关联早已深藏于大脑的神经网络中。这些测试的结果表明，人们可能会难以将特定目标与好联系起来，但很容易将同一目标与坏联系起来。

研究者警告，这可能是一种过度解释。内隐联想测验之类的测试方法，可能会提供错误的解读。因此，对于这样的研究发现究竟意味着什么，存在很多争论。然而，从科学角度看，双重态度的存在是毫无疑问的，一种是言语的，另一种是行为的。这个基本观念得到了大量研究发现的支持，最早可追溯到20世纪30年代。我们的言语反应和身体反应并非一直都是相关的。问题更多在于如何识别和利用这种无意识的态度。一个有趣的发现是，内隐态度通常表现出拒绝改变的特征。新经验可以很快地改变言语表达的态度，但内隐的态度可能不受影响。

有时，无意识态度的存在可能会让当事人感到惊讶。例如，你深信自己对待每个学生都一样。但记录表明，对表现好的学生，你的语调充满着某种鼓励，对其他学生则简单粗暴又冷漠。或者是，与一些学生互动时，你会耐心地等待对方回答，但与另外一些学生互动时则会表现出不耐烦。在某种意义上说，差别对待教室里的学生是不可避免的。但从20世纪80年代以来的研究已经表明，教师们几乎完全没有意识到这个现象是如何发生的，也没有意识到他们表现出来的偏见。与此类似，在其他研究领域，比如工厂或办公室管理，研究发现，管理者实际上没有意识到他们对待下属的方式有所差异。当然，差别对待是自我实现预言（或皮格马利翁效应）的基础。

双系统理论的起源

思维以双系统的方式运作，这种观点起源于美国心理学家威廉·詹姆斯 [William James，著名小说家亨利·詹姆斯（Henry James）的兄弟] 的著作。在120多年以前的一部著作中，他区分了联结思维和深度的反省思维。联结思维在本质上是过去和现在的桥梁。它是再生产性的，将眼前的图像与经验联系在一起。另一方面，反省思维使我们可以超越经验的束缚、展望未来、制订改变世界的计划，从而参与到与直接经验不相关的思考当中。

同样的观点反映在关于思维如何运作的现代认知理论之中。快速的或者联结的系统被称为"系统1"，它与经典条件作用和操作性条件作用的原则是一致的。这种学习经常出现在自觉意识之外。通过经验的自然联结，你会习得条件反射，比如态度、情感和简单的反应。条件反射所代表的学习类型在行为主义理论中已有详尽的描述。行为主义学习理论产生于20世纪30年代，可以用"条件联结"（conditioned association）、"刺激提示"（stimulus cueing）和"强化相倚"（reinforcement contingency）等术语进行表述。这些原理对人们为什么在特定时间表现出某些特定行为提供了有力的解释。值得注意的是，这样的联结学习基本上与智力和思考能力无关。

而另一个系统被称为"系统2"，它反映的是我们思维中拥有更多意识的一面。系统1不能很好地发挥作用时，系统2便开始工作。例如，我们怀疑出现了一个错误。生活依然能够相当容易地继续下去，但是问题可能会显现。焦虑会浮现，并触发更多的警报。资源需要被重新配置。纠正错误的有效方法之一需要激活一个人的深层知识。但这将导致某种程度的抑制或速度的放慢。系统1是快速的、即时反应的，而系统2需要用时间和思考去实施，使你能够"停止、观察、倾听、聚焦"。在这样的时间点上，使系统1离线是关键。系统2保持在线，直到问题被解决。只有到问题被解决时，才能让系统1重新上线。

系统1的例子：开车

尽管经过了几十年的发展，但迄今为止，我们依然无法设计出一个能在正常城市交通中安全驾驶的智能计算机系统。然而，开车在如今已经是一项几乎所有人都能够掌握的技能。计算机已经可以在比如沙漠和开阔道路的环境下控制车辆。但是在复杂的城市环境下安全地控制机动车的任务仍然是难以实现的，这超出了当今的计算机的能力。为什么会是这样的？

据估计，驾驶不是一项单一技能，而是一项包含大约1500个组成部分或子技能的能力。需要掌握的常规程序和精细校正的调整，其数量是庞大的。但这其中真正复杂的是将子技能控制在视觉系统之下。我们的眼睛天生就可以在任何时刻从一千万个对大脑可能有用的信号中筛选出某个聚焦点。尽管很多物种，特别是鸟类，拥有更好的视力，但是就快速、有效的视觉模式识别而言，我们尚未设计出能与人类系统相媲美的机器。

还有另一个关键因素制约了计算机控制的自动驾驶汽车的出现。当我们开车穿过城市的街道时，我们的大脑并不仅仅在控制汽车。我们正监视着周围的社会环境，尤其是其他车辆和人正在做什么，并以此推测他们接下来要做什么。那辆车正移向我的车道吗？那个行人看到我了吗？那个骑自行车的孩子接下来可能做什么？那个司机是否在向我挥手？这些问题都需要立即得出答案。没有空间留给我们思考或进行有意识的决策。相反，你发现你会关注所有能看到的其他驾驶员，评估他们可能在做什么。从头的角度、面部表情和视野中其他汽车的动向等迹象中，你会快速地做出推断。让一台电脑快速地读取这样细微的社交线索，现在显然是不可能实现的。但是，这正是你的系统 1 在安静、有效、可靠地执行的事。

这个专栏里的信息来自于汤姆·范德比尔特（Tom Vanderbilt）的著作《交通：为什么我们这样开车及它告诉了我们什么》(Traffic: Why we drive the way we do and what it says about us, 2008)。他从驾车心理学和工程学角度，进行了广泛的调查。虽然这是一本严肃的科学书籍，但写作不乏幽默。例如，前四章的标题为：（a）交通如何扰乱我们的大脑；（b）为什么你不是自以为的那种好司机；（c）在路上时，我们的眼睛和大脑如何背叛我们；（d）为什么蚂蚁不会发生交通堵塞，而人类会发生。

两种思维系统的证据

我们如何知道这两种系统的存在？其中一个证据来源于神经科学。激活系统 2 会使身体动作发生明显的变化。起初，你减慢速度。你的头部保持垂直，同时面部表情发生变化，这向他人表明你在集中注意力。在这个时候，你的心率每分钟增加 7 次以上。你的面部和小臂肌肉会轻微收紧，总体上增加了你皮肤的电阻，如你前臂上的电阻。

另一个细微的效应是，你的瞳孔会轻微放大（尺寸增大）。瞳孔放大是你在运用多少脑力的实时指标。我们说轻微放大，但事实上，当人们处于极端的精神压力下，瞳孔比休息状态时大一半左右。一旦一个人的瞳孔开始缩小，这是系统 2 已经停止努力的一个标志。这是一个可能的外显信号，表示一个人实际上已经"放弃"并可能感到无助。

除了这些生理线索，还有一些直接证据，那就是我们试图解决问题时的行为方式。例如，尝试回答以下三个问题：

1. 20 除以 1/2。
2. 板球拍比板球贵 100 美元，两者合起来价格是 110 美元。问板球多少钱？
3. 一群人叫"人们"（folk）。一个有趣的故事叫"笑话"（joke）。一个鸡蛋的白色部分叫什么？

如果你说第一个问题的答案是 10，那么你的系统 1 非常活跃。它回答得很快，你可能会感到一定程度的自信。如果是这样，你完全是盲目自信。在最近的一次讲座中，我们向房间里的 120 个人问了这个问题，这些人都非常聪明。只有 4 个人回答出正确答案是 40。鉴于这一反馈信息（满场都是难以置信和不满的喘息声），接下来所有人都能够利用他们的知识进行自我纠正。这种自我纠正的能力是系统 2 的一个关键方面。在这个例子中，这些聪明人需要的是他们"算错了"的反馈。

至于问题 2，这个问题呈现的方式会误导人们使用减法来计算。我们的思维（系统 1）倾向于认为板球拍的价格为 100 美元，而实际上是 105 美元。要想答对这些问题，人们必须放慢速度，意识到复杂性，评估背景信息以及可能获得的反馈，并激活纠正性思维过程。这正是系统 2 占据主导的方面。

鸡蛋问题（问题 3）是一个**启动效应**（priming）的绝佳例子。"人们"（folk）和"笑话"（joke）进入我们的思维中，使大脑浮现出"蛋黄"（yolk），这一开始并没有产生争议。这是**轻松提取**（ease of access）的原则，因为自动系统依赖于快速加工。我们向很多人提了这个问题，发现大多数人在几秒内就可以自我纠正。通常的反应是："蛋黄（yolk）……不，等一下……这很蠢……是蛋白（white）。"在这个案例中，系统 1 反应很快，但它因为可能存在问题而引起了焦虑。有"一丝怀疑"闪过。然而，问题一旦确定，除了在系统 2 进入优先模式之前需要花费几秒钟，并不会使系统 2 产生严重的焦虑。

此时，你已经能够认识到，这两个系统对你产生的作用存在巨大差异。表 30.1 试图进一步展示这两个系统如何共同发挥作用，却得到不同的效果。记录下最后一个要点：一个系统给你信心或自我效能感，但另一个系统可能会将其剥夺。这似乎是一个残酷的笑话，但这是人类的天性。

第30章　思考的快与慢：内在机器人对你的极大帮助

表30.1　两个系统各自擅长什么

系统1轻松完成的行动	依靠系统2完成的行动
你全面地扫视课堂。	你把注意力集中在一个关键特征上，比如带着愁容的男孩。
你察觉到学生声音中的敌意。	你意识到这个学生如何有权利生气，并同情他的处境。
当得知学生过去的历史和前科记录时，你禁不住震惊和厌恶。	你开始计划如何帮助这个学生，使其变好。
你预料来自特定背景的学生会有行为问题。	通过细心观察，你现在意识到你不应该在学生身上贴标签。
你根据一般的观点和态度予以回应，预先判断情况，或将人按照可定义的特质进行分组。	你花时间寻找有效数据，然后你可以按照人本主义的原则进行评价，比如公平。
经过千百次训练，你可以几乎毫不费力地跨栏。比赛很"顺畅"。	在跨栏比赛开始前，高度紧张的你振奋自己，等待发令枪响。你注意力高度集中，防止自己未听发令枪就起跑。
你听到远处的声音。	你努力搜索自己的记忆，试图想出这可能会是什么声音。
你快速浏览那份你将签署的合同。	你认真阅读每个分句，思考这些话是什么意思。
你因为一辆车便宜又好看而买它。	你比较几辆车，阅读评论，试驾，列举出每辆车的优点和缺点。
总之，当你知道自己是对的，系统1会给予你自信。	该系统使你对未来的威胁保持紧张和警惕状态，即使这种威胁遥不可及。此外，你可能不如自己一开始认为的那么好。

一项非常奇怪的研究发现：难以阅读的字体可以帮助你思考吗？

　　假设你需要阅读的材料以非常差劲的方式呈现，使用了难以辨认的字体，或是总体上晦涩难懂。你无法快速阅读。遇到这个问题意味着你需要运用额外的力量，并且你的大脑会激活系统2。有时候这种减速效应能够给你带来益处。实验室研究表明，当印刷材料难以阅读时，人们会读得更仔细，而且会更细致地处理获取到的信息。这一效应的典型示例是我们早前提及的问题类型（例如，

"20除以1/2")。以不利于快速阅读的字体将这些问题呈现给人们时,他们回答问题的准确率变得更高。这个效应的另一个例子如以下专栏所示。

印刷体效应的例子

宋贤真和诺贝·施瓦兹(Hyunjin Song & Norbet Schwarz, 2008)让学生阅读并回答下列问题:

How many animals of each kind did Moses take with him on the ark?

(摩西带到诺亚方舟上的动物每种各有几只?)

他们发现40%的回答是不正确的,因为摩西并不在诺亚方舟上。然而当把Arial字体调换成Brush Script MT字体时,另一组的错误率下降到了6%。

How many animals of each kind did Moses take with him on the ark?

(摩西带到诺亚方舟上的动物每种各有几只?)

当然,这样的发现不是把字体变得难以辨认的理由。总体来说,阅读理解能力并没有增强,而且遇到难以辨认的字体,阅读速度极其缓慢。当我们快速阅读时,我们会自然地运用系统1。但总有我们希望学生放慢速度和进行深入思考的时候,实现这个目标的任何措施都可以帮助大脑激活系统2。快速阅读通过高效的推理过程来促进理解。而缓慢阅读可以防止得出错误的结论。

在这个研究领域里还有另外一个奇怪的研究发现:当我们故意皱起眉头时,我们成功解决问题的概率会有所提高。在皱眉的情况下,它似乎是一种策略,有助于大脑激活系统2,而不是冲动地回应。

总之,当人们遇到问题时,任何能使系统2优先于系统1的策略都有用。快速反应会阻止你充分运用所学的知识,因此瞬间决断的反应可能存在风险。慢下来会有好处。

第 30 章　思考的快与慢：内在机器人对你的极大帮助

深藏在你体内的勤奋机器人

尽管前面引述了很多研究发现，表 30.1 也给出了例子，但得出系统 1 和系统 2 存在本能冲突的结论是非常不正确的。你的系统 1 是你所拥有的最具价值的特征之一。通过你的生活和教育，你在它上面投入了大量时间。正是它使你能够轻松应对你所面对的环境，不仅是物质世界，还有社交世界。如今根据**社会脑假说**，我们认识到脑皮质的大部分区域都与之相关，使系统 1 可以非常精确和敏感地解读社会。

这是一个能够让你放松和享受生活的系统。为什么？因为一切都进展顺利。从某种意义上来说，你的内在机器人是存放你过去所有经历的仓库，它表现为你在生活中已经掌握的习惯和其他行为方式。这个机器人代表了你的社会学习史财富。一旦你习得了扎实的知识，这个系统使你能够看到复杂的形势，像专家一样感知它们，并做出快速、准确、细致的反应。

做一名教师需要长时间的教学，正是系统 1 使你在一个高度社会化的情境中一直保持卓越和娴熟的表现。你并非天生拥有具备这种功能的系统 1，但是你生来就有能力从反馈中学习、从与你生命中重要榜样的接触中学习、从你的执教生涯中学习。

你的生活经验使你形成了很多有用的习惯，这些习惯能够自动地激活。作为一名专业教师，你有能力监察整个课堂情景，并在瞬间对其进行解读（我们现在将其称为瞬间决断反应）。戴维·伯利纳的研究证实了这项技能，他发现当教师的专业技能得到提高，瞬间解读课堂所反馈的信息的能力也会随之提高。专家型教师根据反馈信息来决定下一步采取何种策略。打个比方，专家型教师像老鹰一样观察他们的学生。但这不是一个有意识的策略。这是你的机器人需要持续的信息输入，以指导你下一步的行动。机器人的效率和有效性很大程度上取决于它对重要反馈信息的解读，从而使一切都保持在正轨上。

伯利纳教授的研究发现，当有经验的教师在教室上课和走动时，他们会做很多连他们自己都没有意识到的动作。如果你花时间研究你自己的教学视频，你会注意到许多令人惊讶的地方。例如，伯利纳利用录像发现，有经验的教师会在教室里走动并做一些诸如碰触某个学生的课桌、朝某人点头、用手势示意等事情，但他们并没有意识到他们做了什么。又如，当被问到像"你为什么会触碰约翰的桌子"这样的问题时，教师可能会一脸茫然并否认这样的事情。熟练的教师能够自动地运用一系列的管理技能，巧妙地控制学生的行为和注意力。他们并不能更精确地描述他们所做的事，就像你无法说出你在传球时大脑计算出来的仰角，或者你无法说出你在驾车时为了使汽车沿直线行驶对方向盘进行过多少次调整。这些行为在当时的情境中自然地完成了，运用的是程序性知识，并未在任何有意识的记忆里被记录下来。

你那友好的内在机器人是一个反应迅速而敏感的代理人。在任何熟悉的环境下，你都能做出快速、有效率和无须思考的反应。如果系统运行良好，那么就不需要投入时间和精力。活跃的大脑可以转移到重要的事情上。这个机器人本质上是可靠的，不容易疲倦，并且在处理常规事情时，不需要占用你很多的精力或注意力。尽管如此，当问教师为什么会做出例如碰触约翰桌子的行为时，教师会查看录像并很快解释原因。可能的原因是，比如"我碰约翰的桌子是因为我想引起他的注意，并让他知道我在看他"。

这个例子令人好奇的一点在于，它意味着那时候一定程度的意识正活跃着，尽管自己并没有注意到。例如，你的双臂和双手可能在做掌心向下的手势来降低课堂的活跃程度，而你的注意力焦点在于你要传递第二次世界大战期间意大利国内陷入困境的信息。之后我们问你，你的双手那时候正在干什么，你看起来很茫然。但是如果我们现在把你在做什么的视频展示给你，你会很快看到掌心向下的手势充当着一个重要的管理工具。在那一刻，系统 1 发挥着管理课堂的一部分作用，使你的有意识思维能够集中在第二次世界大战上。

但是，我们仍然需要"解释"机器人做了什么

即便实际上不能回忆起某一行为，人们也能够轻而易举地解释他们所做的事，这是一个特别令人好奇的现象。我们通常会认为这些解释是有价值和值得尊重的。但实际上，人们给出这样的解释只是因为必须要有一个好的理由。对决策的研究已经产生了许多有趣的研究成果。自 20 世纪 20 年代以来，我们就已经知道人们很容易对目标对象形成态度，却意识不到态度是如何形成的。例如，市场研究证实了人们会对某种产品表现出强烈的品牌忠诚度，即使到处可以买到更便宜的同类产品。

在一项经典研究中，蒂姆·威尔逊和理查德·尼斯贝特（Tim Wilson & Richard Nisbett, 1978）让人们在市场调研的背景下从四个品牌的连裤袜中选出

第30章 思考的快与慢：内在机器人对你的极大帮助

最好的。事实上，产品都是相同的，仅仅是包装不一样。人们做出决定后被问及选择的原因。所有参与者基本上都给出了有依据的答案，例如用"超薄织物"或者"有弹性"之类的词来形容所选的产品。结果，真正的隐藏因素是呈现的顺序，具有强烈的近因效应。第四个即最后一个品牌被选中的比率是40%，但人们不会说他们喜欢最后一个是因为它最后呈现。换句话说，人们很容易就给出一个与背景相符的答案，即使它完全是无中生有的。

这样的发现有助于描述系统1和系统2的关系（见表30.2）。你的系统2负责监视、言语表达、解释并理解所有事情。由于（a）比起产品Y，你更喜欢产品X，（b）你显然随意做了决定，从而（c）必须有清楚且合理的原因来解释你为什么这样做。我们有必要将自己视为一个理性的人，尽管主导系统1的原则在本质上不是理性的。这种被称为归因反应（attributional response）的反省思维，属于系统2运作的范围。系统1通过联结进行学习，但系统2依赖的是从规则、逻辑和连贯关系的角度对行为和知识做出解释的能力。虽然呈现顺序的效应很强大（最后被看到的更有优势），但有意识的思维并不知道这些。

表30.2 系统1和系统2的心理过程比较

基本过程	系统1 低成本和快速处理	系统2 高成本和慢速处理
意识水平	无意识。	用语言和情感表达的意识。
目标调整	以一种高效和即时的方式，与现有情境保持协调。	保证未来可能发生的事能成功发生，不考虑当前情境的压力。
学习本质	通过行动的条件作用进行隐性学习（即不需要使用言语）。	通过运用知识和策略性的思考，进行显性学习。
学习机制	条件联结和强化相倚。低水平或者表层的提示可能会引发学习。	运用关联，但经过分析和深度推理的过程，将这些关联作为基于规则的原则储存下来。
激活记忆	在情境中自动激活。被激活的可能是瞬间决断的反应。	依靠激活工作记忆内的容。瞬间决断反应在工作记忆中被评估。
努力程度	学得很好的过程对注意力的要求很低，努力程度最小。	投入太高，有认知过载的风险。注意力在某一时刻只能集中在一件事情上。可能会出现**自我损耗**效应。

续表

基本过程	系统1 低成本和快速处理	系统2 高成本和慢速处理
多任务处理技能	当行为表现的要求并不高时，一定程度的一心多用是可以的。	这种思维旨在聚焦，一心多用是无法实现的。
积极追求的目标的本质	目标常常是隐性的或者是无意识的（例如打扮漂亮、交朋友或者拼写正确的愿望）。以现在为导向。	目标反映在意识当中，经常展现出来（比如需要取得好成绩、买一幢好房子或者休假）。以未来为导向。
解决问题的策略	启发式方法（heuristic methods），比如有用的、可行的捷径。以熟练的程序性知识找到正确的步骤。	仔细评价所有可用的资源，包括陈述性知识和如何获取外部资源的知识。
假设检验	不会发生。但是体验到焦虑，随之激活系统2。	计划和信息收集，使思维实验成为可能。
给你带来的主要负担	启发式方法有局限。会导致过度自信。冲动也是另一个主要问题。	不能很好地执行元认知过程。系统2很懒惰，很容易疲倦（自我损耗），很容易表现出无助的症状。

系统2的执行

　　系统2是你思维中努力思考和计划的部分。虽然系统1使过去能够影响现在，但系统2能够在更长的时间框架内运行。这个系统使你现在的知识能够应用于未来，我们所说的未来是长远未来，而不是接下来几分钟需要协商的紧迫性问题。系统1的优点在于它能使你很好地应对即时的环境和目标。但是系统2才能使你思考、提前计划和制订方案，从而调整行动以实现更为抽象、长远或者被延迟的目标。实际上，冲动控制和延迟满足都是系统2有效运作的自然结果。

　　你的有意识思维的主要功能之一是模拟未来。例如，你可以想象如果你的车发生故障，或者如果你辱骂你的老板、中了彩票或者被评选为一名模范教师，将会发生什么。你不必把车弄坏，然后看看自己应该怎么做。你头脑里存在一个现实的心智模型。你可以通过"如果－那么"的想法，运用这个模型来模拟现实。你现在展望未来、做出目标导向的行为，这些能力都是你的第二种思维，即系统2的产物，它可以预测你以前从未经历过的结果。

第30章　思考的快与慢：内在机器人对你的极大帮助

正如前面所指出的，一旦系统1的反应可能无法实现你的目标，系统2将进入运行状态。你可能无法一直都清楚地意识到系统1追求的目标。但你头脑的一部分往往处于警惕状态。例如，你可能无法意识到自己希望与某人保持朋友关系，直到你发现与这个人的交往出现错误。警钟响起。突然，保持友谊被视为一个明确的目标，然后意识参与进来，帮助你来决定这个目标是否值得被追求，如果值得，再决定你需要做些什么来修复关系。

这是我们所有人都会不时遇到的情况。在一个社交场合中，交往似乎很顺利，有一种很轻松、自然和意气相投的感觉。然后你笨拙地、无意识地"触及他人的痛处"。你需要收回你的观点。你的系统2有一些默认的技能，比如停下来，阻止自动回应，迅速采取一种安抚他人的姿态，比如说"对不起"，采用顺从的肢体语言。

在某种意义上，你的内在机器人让你失望。你缺乏社交经验的表现引起了即时的外部反馈，这会促使系统2占据主导。你可能不知道做什么，但在这时，有力的执行系统会发挥作用。这需要集中注意力，有意识地识别，对所追求的最重要目标进行清晰的评估，重新定向，甚至是完全反转你公开的行为。在这个事件中，你会心跳加快、瞳孔放大。顺便说一个有趣的事实，许多重要数据显示，成功婚姻的特征是伴侣双方有能力启动这种关系修复的策略。

表30.1展示了你的两个思维系统在如何应对世界上的重要差异。如果你仔细研读这个表格，你会发现这两个系统是以互补的方式运行的。你生活中大部分时间是在系统1的状态下度过的。你不需要去思考，但你可以依靠自出生就已经培养起来的成功习惯。然而，这个系统也随之带来了一定程度的僵化。系统1无法提供保护和安全的情况时有发生。这本质上是缺乏合适的选择。接着，自然的人类反应是焦虑不断增长，这意味着有必要唤醒休眠中的系统2。

系统2开始发现资源是分散的，并下达命令，将心智能量集中起来。为了进行严肃的评估工作，停止、查看、倾听和聚焦这些策略被激活。识别过程几乎马上得以展开。当前的情况使我想起了过去的一些事情，我知道些什么？但如果识别失败，你的大脑会尝试获取其他一些资源。如果陈述性知识无法获得，也许你知道如何找到外部信息，然后将其转化为新的陈述性知识。如果这样的话，工作记忆能把新知识和旧知识结合起来，使发展能够持续下去。

随着时间的推移，新的陈述性知识转变为新的程序性知识，在未来不再需要优先使用系统2，因为这些调整已经再次由系统1接管。这是头脑建立知识基础的一种方式。但需要注意的是，整个过程的关键是对有效反馈保持敏感，以及运用这种反馈对系统1进行重新调整和组织。

我们的两个思维系统需要合作

系统1和系统2在一起工作，就像手和手套一样亲密无间。系统1作为你生活技能的储存库，是成功且可靠的。系统2在有需要的时候可以提供支持和帮助。系统2的精力是有限的，尽管它要保留实力，但它的袖子里依然藏有很多厉害的戏法。比如，无论何时需要自控，它都可以取得主导权。你会注意到表30.2中的评价，这个系统会受到**自我损耗**的影响（参见第26章）。一般来说，我们无法维持高水平的努力超过15分钟。对孩子来说，在集中注意力几分钟之后，自我损耗效应会不知不觉地出现。

因此，虽然使用系统2能让你的生活重新回到平稳状态，但它从不保证成功。它能够吸收的学习和知识习得的数量是有限的，而且在一段时间内所能投入的努力程度也是有限的。打个比方说，它就像一块肌肉。你可以期望自己改变，但几分钟之后，你还是同样的你，只不过进行了轻微的调整。你总是受困于系统1所能为你做的事情。要改变你的内在机器人，只能通过一点一点的努力。

如果这个观点有任何令人宽慰的地方，那就试着思考由这个领域的顶尖研究者基思·斯塔诺维奇（Keith Stanovich）提供的如下见解：虽然我们是机器人，但我们是唯一能意识到这个事实的机器人。如果你现在能够理解这个句子试图表达的意思，那么可以肯定你的系统2已经启动，而且正处于高度灵敏的状态。

决断2秒间的故事

《决断2秒间》（*Blink*）是美国作家马尔科姆·格拉德韦尔（Malcolm Gladwell）一本书的书名，这本书在2006年出版后迅速成为畅销书。我们强烈推荐这本书，它作为一本优秀的研究综述，强调了系统1在处理一系列决策情况时所发挥的作用。格拉德韦尔访谈了很多顶尖的行为科学家，其研究数据的质量和数量令人印象深刻，这些研究数据认为，我们能做出非常快速且精确的评价。

例如，在一瞬间，艺术专家可以评价艺术作品，经验丰富的警察可以用非凡的洞察力评估罪犯的意图。在某种程度上，我们都擅长应对他人。我们都可以立刻辨认出人脸，并在微秒之间读懂他人脸上的人际反应。有一篇令人惊奇的文献证明了"闪电约会"在本质上是有效的，对于某些人来说这是一个极好的消息。20世纪50年代的一项著名研究表明，老板在见到求职者几秒钟内就做出了是否聘用的判断。大量的证据表明，在很多情境下，人们在几秒钟内就能做出决定。

作为教师，我们注意到纳里尼·阿巴迪（Nalini Ambady）和罗伯特·罗森塔尔（Robert Rosenthal，以提出课堂环境下的皮格马利翁效应而闻名）的重要发现，学生在见到教师10秒钟之内，就会对教师形成清晰的判断。这是一项重要的研究发现，被称为薄片现象（thin slice phenomenon）。或许令人担忧的是，我们知道，在我们开口讲话之前，学生通过观看我们的手势、面部表情和身体动作，就已经对我们形成了判断。该研究令人不安的地方在于，学生观看他们不了解的教师的简短视频而得出的"薄片"评价，实际上与这些教师自己的学生对其教学有效性的评分是相关的。

正确看待瞬间决断

瞬间决断效应（blink effect）的一个问题是，它会被过度解读。一些作者认为直觉是一种人生抉择的有效策略，理由就是瞬间决断效应。这是一种可怕的、不合逻辑的解释，因为这种快速高效的决策过程实际上是那些已经掌握精湛技能和知识的人所擅长的领域。如果你看了一辆车几秒钟就买下它，那么你更多地是依赖于这一事实，即所有在售的产品都有质量保证，而不是表现出一种明智的生活方式。运用快速的瞬间反应，需要的是你身处于一个美好的世界里，你的系统1没有受到挑战。不幸的是，这个世界并不总是具有这种特征，而且生活着很多不明智地快速决断的人。

首先，教师不应该建议任何学生将瞬间反应作为一种明智的生活策略。人们年轻的时候缺乏知识和经验，冲动是一种本能的倾向。冲动的概念是指当更多的思考本可以阻止灾难发生时，一个人却因仓促地做出反应而犯下错误。

当人还处于成长的阶段时，与草率地快速做出反应相比，抑制冲动、激活并运用系统2、明智并审慎地运用意志力的能力是更为重要的才能。从大量有关专业能力的文献研究中可以得知（正如本书所描述的），面临抉择时，专家虽然能够快速决断，但他们经常并不想这样做。无论什么时候遇到困难，他们都会大大地放慢速度。这是生活的教训。每个教师都目睹过他或她的学生做出冲动的反应。冲动是难以避免的。

观点：理解你的两个自我

从生理学、社会心理学和认知科学领域收集到的大量证据表明，大脑拥有两个相互作用的控制系统。这种合作性的互动使我们获得了理智和组织性，这正是参与这个世界和与那些有相同基因的人相处所必需的。

我们依赖于自动化的、果断的系统1来完成绝大部分的工作。尽管如此，这个系统对任何表明目标没有完成的反馈依然非常敏感。尽管系统1可以让我们相对不费心思地生活，但它依然拥有一项重要的资源，即它能瞬间唤起系统2的注意。系统2会带来心跳加快，但也会使很多外在行为活动放慢速度，甚至可能停止。意识被激活，假设的情境在头脑中以心理模拟的方式运行。在头脑里模拟现实、进行有计划的思考、预测未来、思考"如果－那么"的可能性，所有这些能力都是系统2良好运作的结果。

但是系统2绝不是一个完美的代理人。总体而言，我们做出调整的一个关键问题是，系统2需要花费精力，并且天性懒惰。要充分发挥其能力需要多年的稳定发展。它也受到其所能获取的知识基础的限制。它可能会使用"如果－那么"生成假设，但可能无法很好地检验这些假设。它需要高水平的努力和资源投入，如注意力和工作记忆。

实际上，我们希望能够在教育机构中实现的大部分目标，都可以被视为尝试帮助个体掌握一些必要的工具和资源，使他们系统2的内在缺陷能够被克服。由于教育在我们的文化中不可避免的目标和作用，它必然涉及在个体学生的层面上重塑系统2的功能。

导学问题

1. 作者指出系统1的运行就像是一个"机器人"，尽管它友善、勤奋、善良。当然，这是一个比喻。但当你第一次读到它时，你很可能对此感到疑惑。

第30章　思考的快与慢：内在机器人对你的极大帮助 | 315

我们是人类，不是机器人。然而，在回顾了这些证据以后，你觉得这是一个恰当的比喻吗？

2. 持有内隐态度是什么意思？我们是如何知道内隐态度存在的？

3. 系统1与系统2在运作时会发生冲突吗？系统1是由冲动所驱使的，而系统2试图控制这些冲动，是这样吗？

4. 我们有什么直接证据证明这两个系统实际上同时存在于我们的大脑中？

5. 系统2在什么时候会被激活？

6. 表30.1表明，每个系统的工作都做得不错。从所提供的具体例子浮现出来的潜在主题是什么？

7. 一项令人奇怪的研究发现是，难以阅读的字体有时候比易读的字体更能够使人做出明智的反应。请解释为什么会出现这种奇特的效应。

8. 作者认为熟练的教师更多依靠系统1的功能。关于这个观点，他们引用了哪些方面的证据？

9. 系统2总是知道系统1做了什么吗？你是否一直都知道你做某些事的原因？关于这个有趣的问题，研究告诉了我们什么？

10. 《决断2秒间》是一本研究很透彻的书。从这本书中，人们得到的一个信息是，人类在几秒钟的时间里可以相当快地做出有效的决定。但只有具备某些条件时，这才是真实的。这些条件是什么？

11. 为什么计算机迄今为止依然无法控制汽车在城市街道中穿行？同样地，为什么计算机永远无法取代教师？

参考注释

- 系统1和系统2这两个术语在很大程度上是因为基思·斯塔诺维奇而备受关注的（Stanovich, 1999）。
- 主要的综述可以在丹尼尔·卡尼曼（Daniel Kahneman）的《思考，快与慢》中找到，这本书影响非常大，是这位诺贝尔奖获得者一生研究的结晶（Kahneman, 2011）。
- 大脑既有外显态度，也有内隐态度（Olson, Fazio, & Hermann, 2007; T. D. Wilson, Lindsey, & Schooler, 2000）。
- 成人的内隐联想测试（Greenwald, Poehlman, Uhlmann, & Banaji, 2009），以4

岁儿童为对象的内隐联想测试（Cvencek, Greenwald, & Meltzoff, 2011）。
- 压力下的认知负荷（Palinko, Kun, Shyrokov, & Heeman, 2010; Van Gerven, Paas, van Merriënboer, & Schmidt, 2004）。
- 皱眉和难以辨认的字体更能使人深思熟虑（Alter & Oppenheimer, 2009; Alter, Oppenheimer, Epley, & Eyre, 2007）。
- 难以辨认的字体使人们意识到摩西从来没有登上过诺亚方舟（Song & Schwarz, 2008）。
- 伯利纳对专家型教师的自动化行为的研究（Berliner, 2004）。
- 对完全相同的产品做出选择进行解释的研究（T. D. Wilson & Nisbett, 1978）。
- 关系修复策略（B. J. Wilson & Gottman, 2002）。
- 系统2和自我损耗（Schmeichel et al., 2003; Vohs et al., 2008）。
- 基思·斯塔诺维奇的机器人概念（Stanovich, 2004）。引文原文是："我们是唯一能够发现自己的利益不同于其他复制者的机器人"（p.xii）。
- 畅销书中所描述的瞬间决断效应（Gladwell, 2006）。
- "闪电约会"令人惊讶的有效性（Asendorpf, Penke, & Back, 2011）。
- 我们在不到1秒的时间内做出人际关系判断（Van Overwalle et al., 2012）。
- 对人的判断和学生对教师的看法的薄片现象（Ambady, 2010; Ambady, LaPlante, & Johnson, 2001; Ambady & Rosenthal, 1993）。
- 专栏：驾驶心理学（Vanderbilt, 2008）。

第31章 宜家效应、努力和评价

你会爱上自己做的东西。经验丰富的教师可能都知道**宜家效应**（IKEA effect）背后的基本理念。然而，你也许并不认为这是一个真正的科学原理。宜家效应是指这种情况：每当一个人在实现一个积极成果时发挥了积极的作用，那么他或她就倾向于对成果予以更积极的评价，甚至给出了过分夸大的评价，但这个人依然相信这是真实的、公平的和正确的。如果真正地投入了些许真诚的努力，例如，烘烤一些饼干、构思一篇论文、粉刷一堵墙，或料理园艺，那么这个有责任心的人会对其劳动成果感到特别自豪。但这个心理效应本身不仅仅是简单的个人自豪感。背后隐藏的效应是，这个人开始真正相信成果的价值超过了客观评估的结果。

丹·阿里利（Dan Ariely）教授所在的一支面向商业的心理学家团队将这个效应命名为"宜家效应"。在调查消费者的购买习惯时，他们记录了很多有趣的趋势，包括许多公司已经通过营销企业取得了成功，这些营销企业为了使作为客户的消费者享受到有价值的最终产品，要求他们去完成某些操作。"宜家效应"以一家瑞典公司命名，这是因为阿里利博士购买了平板包装的组件，然后他自己组装成了书架，他对这个书架感到无比自豪，但他的家人和朋友并不像他那样珍视他所完成的作品。宜家效应背后的关键因素是，与他人创造的成果相比，人们更加珍视自己创造的成果。因此，努力成了一种自动增值的成分。

我们珍视自己的工作

宜家效应与其他几个著名的研究发现相一致。例如，人们倾向于高度重视自己为之努力过的东西，这种观点已被证实。早期的研究表明，在美国大学校园里，学生最看重的是最难加入的社团和俱乐部，他们更看重那些自己曾遇到过学术困难的课程的成绩。同样，在心理治疗中，当病人被要求投入更大的努力实现自己的目标时，临床医生发现疗效有所提升。众所周知，一件商品的货币价格很大程度上决定了人们赋予这个商品多少价值。在一项研究中，人们认为打折的能量饮料使人恢复活力的效果明显小于全价购买的相同产品。

显而易见的是，当人们朝着困难的目标奋斗时，他们期望付出一定的代价和努力以实现这些目标。因此，他们会赋予自己已经获得的东西很高的价值。有关工作满意度的研究发现，员工想要的是需要付出一定程度的努力并会由此带来自豪感的工作。在工作情境下，你可能会惊讶地发现，虽然人们经常对他们的职业满意度评分较低，但是对其回报价值评分却相当高。换句话说，即使人们不是为了愉悦而工作，大多数人也会高度重视他们的工作和他们能实现什么。可以看到，这种令人惊奇的规律与看电视之类的其他活动形成了鲜明的对比，后者呈相反的趋势，愉快度评价较高，但个人回报价值较低（即看电视是暂时的快乐，但没有产生长期价值）。

实 验 发 现

如果你是一位负责评价学生作业的教师，那么深入思考宜家效应的研究是很值得的。在一项实验中，研究者让一群大学生组装宜家产品——一个简单的储物箱。那么，这些人愿意花多少钱把他们自己完成的产品买回家呢？组装储物箱的学生平均愿意花费78美分。但控制组的学生，即没有参与储物箱组装的学生，对相同的箱子平均愿意花费48美分。两组学生对这些箱子表达出来的喜爱程度也有区别。利用等级量表测量喜爱程度，总分为7分。只提供成品储物箱的话，要求学生对其进行评价，平均值为2.5分；而那些组装过箱子的人对其评价的平均值为3.8分。因此，花费精力使得表现出的喜爱程度和估价增加了50%。

在另一项研究中，研究团队要求学生按照说明书做折纸模型。最终的产品质量很差，控制组的学生估价5美分，但那些做模型的人估价23美分。报告中写道："因此，没有做模型的人将这些不熟练的作品视为几乎毫无价值的折皱的纸，但做模型的人认为他们的折纸作品充满了价值。"（Norton, Mochon, & Ariely, 2012, p.11）换另一组学生做实验，也发现折纸的人相信其他同学会给出同样高的估值，平均为21美分。因此，折纸的人似乎相信他们对自己的拙劣产品的个人评价代表着真正的市场价值。

接着，研究者使用乐高模型重复了宜家实验，但有一个有趣的变化。只有当允许以完整的形式保留已完成的模型时，搭建乐高模型的人才会珍视他们自己组装的乐高模型。当模型被拆卸时，他们便不再珍视，即使盒子里有相同的组件，并且这些组件可以被快速重新搭建起来。研究发现，不管学生是否将自己视为"自己动手"（do-it-yourself，简称DIY）的人，宜家效应都会相对独立地出现。这次实验表明，宜家效应显然并不取决于动手制作产品或组装组件，而是成功地完成组装的行为，这会使得学生比较高地评价自己作品的价值。

其他研究表明，只有当参与者真正地完成分配给他的任务时才会发现宜家效应。一种实验条件是，研究者要求参与者在他们完成产品前停止工作。另一种实验条件是，折纸指令很难，以至于学生不可能成功，甚至无法完成低质量的模型。在这些情况下，没有发现与这种行为效应相关的估价提高或愉悦感增强的证据。因此，投入精力来完成一个有价值的项目，然后可以站在旁边欣赏成功的结果——宜家效应似乎完全是这个过程的结果。简单来说，为一项工程做出贡献，但看不到最终结果，就不会产生宜家效应。

宜家效应背后的心理学

显然，宜家效应不能被简单地归因于接触组件或动手操作完成产品装配。那么为什么看到最终成果会产生如此大的影响？一个可能的解释是这个效应直接与个人付出努力的记忆有关。

每当你评价一个自己为之付出过努力的目标或产品，就会回忆起实现这一目标对你来说有多么困难。这会唤起你如下的长时记忆：

为了在最后得到一个值得称赞的产品，你需要做出几个高要求的巧妙决定。你不得不使用某些工具，并且做出一系列元认知评估。

你不得不牺牲时间，集中注意力在这一项活动上。你必须对其负责。因此，整个活动代表了谨慎和勤奋，再加上个人投入。

此外，还存在一个真正的危险和焦虑——犯错、误用工具或因意外和疏忽损坏正在做的产品。成果都是来之不易的。在某些情况下自我价值岌岌可危。任何可接受的产品都要比显得无能要好。

从认知分析的角度来看，我们推测这种记忆是被自动激活的。你一看到这个产品，就想起你付出了多大努力，无论是技能、投入还是克服焦虑方面。你是认真负责的，所以你感到自豪。每当你看到自己取得的成果，你的记忆都会无意识地为你做这些事情。

每当你的学生完成他们的作品，提交作品后等待评价时，他们心里可能会产生一个类似的过程。他们都知道一定要达到好的标准。但是，他们的标准和教师的标准可能不完全相符。尽管如此，承认学生在他们的作品中所付出的努力及其价值至关重要。宜家效应的作用虽然隐蔽，但对于你的学生如何评价他们能够取得的成就至关重要。因此，他们希望自己的投入在反馈过程中被认可。

禀赋效应

宜家效应与**禀赋效应**（endowment effect）是一致的，但并不能等同。禀赋效应是认知心理学中另一个众所周知的原理。你对自己所拥有事物价值的评价比其客观价值更高，这就是禀赋效应。因此，举例来说，在一个开放的市场中，卖方（所有者）和潜在的买方从不同的评价基础进行议价，买卖双方就可能存在冲突。

实验室研究发现，让人们保存一个物品，比如一个咖啡杯，在出售该物品时，他们的要价会高于他们自己愿意对同一物品支付的价格。研究发现，这种效应不是由于本能的"贪婪"，而是由于评价时的真正差异。当我们要对拥有的东西进行估价时，很明显所有权会增加物品的价值。为什么即使这样做很不划算，人们仍会倾向于付更高的价钱去保留他们拥有的东西？禀赋效应对此现象给出了一个可能的解释。一份报告指出，在美国，可以用于出租，却被用于储物的空间多达 22 亿平方英尺①，这么多空间用于储存人们不愿意出售的物品，因为这些东西的市场价值低于所有者的估价。所有者不愿以低于物品价值的价格将物品售卖出去。

课堂里的所有权和努力：尊重性反馈的心理学

现在来考虑以下问题：宜家效应和禀赋效应，这两种效应一同在课堂内发挥作用。宜家效应源于个体学生为完成有价值的目标、项目或产品所做的个人贡献和实际工作。禀赋效应仅仅是通过拥有成品的所有权而发挥作用。这两种

---

① 约合 2.04 亿平方米。——译者注

第 31 章　宜家效应、努力和评价

效应是人类天性中自然和不可避免的方面。直接的启示是，学生会积极看待他们所取得的成就。但还不止于此，他们珍视自己完成的工作，所以你应该对其予以与自己和他人一样高的评价，甚至是更高的评价，并且将这视为理所当然。如果你开始从学生的角度，而不是从你自己的角度看待他们的作品，你就会开始洞察到他们所做的努力和投入。

从本质上说，学生会主动对他们拥有的事物、取得的成功以及付出的努力赋予价值。事实上，向另一个人表达共情的关键之一，是意识到他或她为了实现目标所付出的努力正好反映了其感受。你承认这些努力的一个最好方式是花时间细看和真正欣赏他人的成果。毕竟，你面对的个体在自己的产品上已经投入了时间，因此当另一个人，尤其是一名教师，花时间表示对这个作品的赞赏时，他们会很感激。这对你来说不过是花费几秒钟，但可能对你的学生产生巨大的影响。

这些基本观点可以与我们在学习情境中的反馈理论（在第 8 章有所评述）联系起来。当我们试图去评价学生的作业时，我们给予的反馈与学生的目标之间可能会不匹配。我们的学生有动力改善他们的学业，向前推进，并寻求建设性的反馈，对此我们要表示尊重。通常情况下，我们的评语看上去过于注重评价、过分挑剔或负面。我们需要确保我们的反馈意见包含具体步骤，使学生能够运用这些步骤进一步发展有价值的想法。

被（不）公平对待的感受

在与新手教师讨论这种效应时，我们注意到另一个值得关注的问题。当你接受培训成为一名年轻的专业教师，你需要付出很大程度的个人努力和投入。导师们经常会忽略青年教师在思考和准备时所要承担的工作量。新手教师投入了大量时间和精力准备他们的教案，并且认真负责地开展教学，他们会以非常积极的方式评价自己的表现。因此，当他们的导师从一些肤浅的层面去批评他们的时候，比如在教室内走动不够，或不能迅速回应举手的儿童，这些年轻的教师会感到困惑。

一位新手教师在一次实习后对我们团队当中的一个人说："要是她对我说，我做得很好，我肯定会更认真地听取她的建议。"当一方主动意识到另一方会对自己的工作成果予以更高的评价时，人际关系就会更紧密。当双方发现在一个

共同出发点上意见相同时，反馈的过程就会更有效地展开，而这就需要承认所取得成果的价值。对新手教师来说，认可他或她的努力是很重要的，而如果未获认可，年长导师的可信度会受到严重削弱。

用更通俗的话说，如果你没有认识到某人在获得他所看重的成果时付出的努力，那么你不能指望那个人会认真对待你给出的其他任何反馈，特别是如果它涉及负面因素的话。如果你不能意识到宜家效应的重要性，如果你的反馈工作被看作是过于片面或带有蔑视，那么你不能指望保持可信度，也不可能对与你交往的个体产生很强的指导作用。

发现宜家效应的团队进行的另外两个实验

这里还有另外两个关于人类动机和工作的实验室研究，其研究结果很有价值（Ariely, 2010）。在第一项研究中，大学生被要求按照非常详细的说明来组装乐高模型的小机器人。他们以 2 美元一个机器人的价格进行有偿工作。在一种情况下，一旦他们组装完成一个机器人就马上拆卸，原因是如果参与者想要继续工作，那么就需要机器人上面的零件。在这个条件下，学生平均组装完成 7 个机器人。但在另一种情况下，当机器人不在他们的眼前被拆卸时，学生平均能组装完成 11 个机器人。

在第二个实验中，学生被要求坚持完成一个棘手又枯燥的任务，在几张纸上寻找字母，每完成一张纸获得 50 美分。有三种情况：学生在完成每张纸后提交给一名研究助理，研究助理可能会：（a）检查准确性并表示通过；（b）检查准确性，但不表示通过；（c）不检查准确性，将纸直接放入碎纸机。很明显，如果获得金钱是一种动机的话，那么第三种情况应该完全不受影响。然而，在这种情况下，学生平均只完成 6 张纸就放弃了。相比之下，不表示通过的第二种情况的平均值是 7 张纸，而表示通过的第一种情况平均完成了 9 张纸。

这个研究结果进一步证实了一个简单的真理：人会十分珍惜他们的劳动以及劳动成果，并且这一目标胜过其他方面的考虑。问问你自己：如果你所做或完成的一切不受重视，被认为是毫无意义的，被人唾弃，甚至它一完成就被销毁，你会喜欢工作吗？如果这是真的，你会付出什么程度的努力？对于重视学生的作业并鼓励学生真正发挥自己的水平，这有什么启示？

观点：努力使我们更加珍惜

作为这一领域的主要研究者之一，阿里利（Ariely，2010，pp.104-105）用以下四个原则简洁地概括了这些研究结果：

1. 我们对某一事物付出的努力不仅改变了事物本身。它也改变了我们评价该事物的方式。

2. 劳动投入越多，产生的爱恋越多。

3. 我们高估自己所做的事，我们的偏见如此之深，误以为其他人会同意我们的观点。

4. 当我们已经付出很大努力，但仍无法完成某事时，我们就不会对它感到过多留恋。

我们可以进一步增加两个关键性原则到这个清单上。

1. 我们会觉得我们所拥有的东西很宝贵，仅仅因为它是我们的。

2. 我们对其他人的态度取决于他们如何对待和尊重我们自己所取得的成就和所珍视的事物。如果有人承认我们所付出的努力和我们为实现一个有价值的目标投入的精力，那么我们与那个人的关系会变得积极。如果我们觉察到另一个人对我们的付出不屑一顾，那么我们不会期望与那个人保持相互尊重的关系。

总之，宜家效应代表的不仅仅是一个有趣的科学发现。对于任何希望个体提高工作效率或付出更多努力的社会情境，这种效应都十分重要。它可能同样适用于教室、工厂、办公室或家里，对幼儿、学生、青年和成人都一样。

导学问题

1. 宜家效应与评价你的劳动成果相关。但出现了意料之外的结果。人对实际价值或真正价值的感知出现了什么问题？这里涉及什么样的心理学？

2. 你会为自己的劳动附加额外的价值。但这是你有意为之的吗？

3. 研究发现，当学生在特定课程上遇到更大的困难时，他们会看重这门课程取得的成绩。为什么会这样？

4. 一项使用乐高模型的研究发现，只有当组装的乐高作品完好无损时，其价值才会提升（宜家效应）。我们从这项有趣的研究发现中可以推断出什么？

5. 作者推测宜家效应是通过长时记忆产生的。当你的眼睛看到你已经完成的作品时，哪些记忆会被唤醒呢？

6. 还有另一种经过深入研究的现象，被称为禀赋效应。它与宜家效应类似，但还有一个重要的区别。请解释这两种效应，即宜家效应和禀赋效应，如何在真实情境中共同协作并相互强化。

7. 这些效应（宜家效应和禀赋效应）与我们如何对待学生作业有什么关系？

8. 考虑一下新手教师关于她导师所说的话："要是她对我说，我做得很好，我肯定会更认真地听取她的建议。"该评论是否会影响你如何对待我们职业中的新手？用"共情缺口"的概念考虑一下片刻善意的益处。

9. 宜家效应似乎在建立和保持积极的人际关系上发挥着重要作用。这是如何发生的呢？什么机制在这里起作用？

参 考 注 释

- 面向企业的研究小组（Ariely, 2010; Mochon, Norton, & Ariely, 2012; Norton, Mochon, & Ariely, 2012）。阿里利博士是一位有天赋的社会科学家，我们推荐你浏览他的网站，以获得更多有趣但却很严肃的信息：http://danariely.com。
- 难以加入的社团备受人们重视，研究发现这是真实的，即便这个社团很无聊（Aronson & Mills, 1959; Festinger, 1961）。
- 心理治疗中（病人）付出努力会提高疗效（Axsom, 1989）。
- 货币成本会提高感知到的价值。例如一瓶昂贵的能量饮料比同样一瓶便宜的能量饮料要"好"（Shiv, Carmon, & Ariely, 2005）。
- 人们工作更努力，会使他们更珍视他们所获得的成果，特别是当任务很难的时候（Gendolla & Richter, 2010）。
- 工作虽然不愉悦，但有回报；但看电视恰恰相反（White & Dolan, 2009）。
- 禀赋效应：人们出售自己所拥有的商品时的要价，比他们自己愿意为同样商品所付出的价格更高（Kahneman, 2011; Morewedge, Shu, Gilbert, & Wilson, 2009）。

术语表

巴纳姆效应（Barnum effect），也被称为福勒效应（Forer effect）：一个人认为一段特定的人格描述与他自身作为一个独特个体相吻合。其他人也都认为同一段描述适用于他们自身。

背诵法（pecitation method）、IRE 循环（IRE cycle）、CDR 法（CDR method）：很难对这些术语下一个正式的定义，因为有很多不同的版本。背诵法是指正式课堂教学的一种风格，即教师控制了课堂互动过程的不同方面，比如教授的内容、活动的时间安排、问题的类型和评价的形式。

编码（encoding）：字面意思是将某个事物放进一个语码中。在心理学中，它是指对输入的信息进行阐释、分组或分类，将其融入一个连贯的系统中。因此，如果你看到 1788，你在心理上可能会将其编码为一个年份。

禀赋效应（endowment effect）：你因为自己拥有某物，而赋予其高于实际的价值。

冲动克制（impulse control）：避免目光短浅的错误，以追求一个更有价值但可能无法立即达到的目标的决策能力。

错误记忆效应（false memory effect）：人们倾向于相信发生在他们身上的某段经历，然而事实上它并没有发生。有很多出色的研究证明了这种效应是如何得以发生的。

杜胥内微笑（Duchenne smile）：咧嘴笑，同时眼部和嘴部的肌肉会发生收缩。

发展受阻（arrested development）：如果只是简单地重复某项技能，没有投入一定的注意力、通过刻意练习的原则使其得以提升，那么这项技能不可能获得进一步的发展。

反复朗读（repeated reading）：是指一系列的教学步骤，给学生提供机会去朗读材料，并通过重复达到熟练。成人似乎会对反复朗读感到无聊和厌烦，但对于一般年轻学生而言可能不是这样。

非注意视盲（inattentional blindness）：在处理一个要求较高的任务时，可能会遗漏一些重要的知觉信息，而这对观察者而言似乎难以理解。

分配的时间（time allocated）、教学时间（instructional time）、参与时间（engagement time）和有效学习时间（academic learning time）：这些术语分析了在个体学生层面，课堂时间是被如何使用的。比如，在相同的班级和课程上，一个学生可能累计有10分钟的有效学习时间，然而离他两个座位远的另一名学生可能只有1分钟的有效学习时间。有效学习时间这个指标测量的是学生参与学习任务并展现出很高的成功率的时间。

负向升级（negative escalations）、滚雪球效应（snowball effects）、负向递增（negative cascades）：这些术语描述的是经过一系列自然放大的过程，事情会变得更好或更糟糕。一个相关的概念是马太效应，即某种特质的存在，随着时间的推移会导致这种特质或类似特质的加深。比如，一位有技巧的阅读者可能会大量阅读，这样他就会变成一位更优秀的阅读者，同时他的词汇量也会不断增加。

复述（rehearsal），逐渐递增、快速完成的复述方式（cumulative rehearsal fast finish）：复述是一种最基本的记忆策略，但随着年龄增长，复述方式会变得越来越复杂。逐渐递增、快速完成的复述方式是指一个人以较慢的速度输入前面的项目，但后面的项目需要快速地输入，这样它们就可以被快速地输出，而不干扰前面建立的复述框架。随着年龄的增长，儿童会习得这些策略。

轨迹法（method of loci）、记忆宫殿（memory palaces）、记忆钩子（pegwords）：刻意运用记忆技巧去提高记忆力的相关术语，尤其是记忆相对无意义的清单或数列。

过度自信（overconfidence）：在缺乏反馈的情况下，我们的基本假设是我们是有能力和能够胜任的。过度自信可以表现为高估自己执行或完成任务的能力。例如，格雷戈认为只要有几个周末的时间，他就能把屋子粉刷一遍，然而实际上却花费了六个月。这就是所谓的"计划谬误"。

精加工（elaboration）：这是一种心理策略，它是指当信息进入大脑时赋予其更多的意义。精加工的来源是你的先前知识。这个过程在对刺激物的编码赋予更多意义的同时，还会提供一系列有价值的提取线索。

精细化回忆风格（elaborative reminiscing style）和共同交谈（joint talk）：与年幼的儿童交往的模式。当父母运用经过精加工的语言谈论他们的经验时，如果使用的词语与时态转换相关，儿童的记忆系统会被激活。共同交谈是指儿童参与到对话中。

警觉递减（vigilance decrement）：注意力和专注度的衰减，尤其是当任务持续的时间很长，但没有发生什么特别的事情时。

聚光灯效应（spotlight effect）：深信自己是房间中所有人关注的焦点。

可用性（availability）以及轻松提取（ease of access）：可用性指的是提取和使用大脑耗费较少精力就能想起来的记忆。当你的头脑中有其他信息时，为什么还要努力保护恰当的信息呢？因为这些随时可用的信息具有轻松提取的性质。

刻意练习（deliberate practice）：是指投入时间到学习活动中，在有指导、设定具体目标、提供正确反馈和客观评价以及有意识地集中精神的条件下发展一项技能。

控制意念的两种策略：分散注意力（distraction）和心理偏转（deflection）：在需要自控的情境下，你越是尝试避免某种念头，就越是无法控制自己产生那种念头。一种控制意念的方法是想点别的事情。你可以通过专注于你先前没有注意到的东西，以不同的方式去理解刺激物。因此，当你看到扑克筹码的时候，你可以不将它们视为获取快乐的手段，而是将注意力放在这样的想法上：它们永远都不会属于你，它们永远都是赌场的财产，赌场只会用它们来哄骗你。通过心理偏转，将你原来的想法转变成拥有筹码的人的想法，你可以消除刺激物对你的影响。

明示原则（ostension, the principle of）：一个人向其他人发出信号，提醒他们需要仔细观察，重要的信息将会出现（比如，示范）。教师可以使用手势之类的线索向学生发出信号——他们需要注意接下来的内容。

逆序训练（backward training）：这是有助于减轻认知过载的有效训练方法。先教授一个技能序列中最后的元素，如此一来，当你教授前面的步骤时，学生已经掌握了后面的步骤。

瓶颈期（plateau）：技能不会直线匀速地发展。技能水平的提高与时间之间从来不是线性关系。在学习发生的初期，学习者会获得极大的进步，然后会进入一个看似缓慢的增长期。事实上，瓶颈期十分重要，因为它能巩固已习得的东西，使原来需要意识参与的层面变得自动化，这样注意力就可以转移到更高阶的目标上。

启动效应（priming）：这是一种隐性记忆效应，先前接触到一些细微的线索可能会影响到后面对某个事件的反应。比如，有人冲你微笑，可能会使你对诸如"你的假期过得怎么样？"的问题给予正面的回答。或者你在一个小时前看到了飞机，当要求你说出一种交通工具的名字，你可能会说"飞机"。

前摄干扰和后摄干扰（proactive and retroactive interference）：当陷入过载时，大脑倾向于混淆不同的记忆痕。如果你学习了20个西班牙语单词，片刻后又学习了20个法语单词（前摄干扰）。你回忆西班牙语单词的能力会受到后来所学的法语单词的影响（后摄干扰）。

亲密（closeness）和冲突（conflict）：社会交往各方之间关系的两个基本维度，尤其体现在师生关系上。

情感泄露（emotional leakage）：是指说话者在沟通时尝试掩盖、压抑或者隐藏的各种情绪，但这些情绪依然被听者察觉。

情节记忆（episodic memory）：对特定事件的记忆，比如你看见过一头鲨鱼。这通常与语义记忆（semantic memory）相对，因为后者与特定情境无关。

认知风格（cognitive style）：指的是个性化和习惯化的信息处理方式，认知风格理论认为处理信息的能力与学习情境有关，与智商无关。

认知负荷（cognitive load）、认知架构（cognitive architecture）、相互作用

的元素（interacting elements）：这些是与认知理论相关的术语，它们描述了我们在何种程度上是资源有限的生物。认知架构是指不同的记忆系统。相互作用的元素意味着如果我们要理解复杂的事件，我们就需要理解这些项目是作为一个系统运作的，而非独立的单元。比如，要理解汽车的刹车系统是如何运作的，我们需要理解诸如液压系统、刹车片、刹车泵等多种元素之间的关系。

认知任务分析（cognitive task analysis, CTA）：与传统的任务分析相似，但CTA聚焦于辨别不同步骤，以使大脑能够应对复杂的决策情境。这涉及列出复杂技能背后的一系列"如果－那么"条件句，我们通常无法看到这些步骤，或者在很多教学情境中，我们错误地以为自己知道这些步骤。

三度社会分离理论（three degrees of social separation）：冲一个人微笑，他或她可能会对另一个人微笑。然而，这种效应似乎在第三个人身上消失了。这种效应同样出现在一系列的模仿行为上。

社会比较（social comparison）：以他人为标准进行比较和判断。

社会脑假设（social brain hypothesis）：在社会群体中生活的需求（从进化的角度）使人类选择了增加大脑容量。因此，我们的大脑的工作方式是自动锁定在其他人类身上，理解他人和从他人身上学习。大脑会无意识地对其他人类的存在和行动做出神经学上的反应。

实施意向（implementation intentions），也被称为"如果－那么"计划（if-then plans）：通过预先计划对一个问题情境的反应来实现自控。比如，根据预先准备的清单购物，并预先在头脑中重复某个想法，比如"如果我看到巧克力，我会低头看看我的大肚腩"。

首因（primacy）和近因（recency）：当信息以序列的形式呈现，你接收信息的先后顺序会影响你接收信息的能力。最先（首因）和最后（近因）出现的项目通常更加牢固。

数字原住民（digital natives）和数字移民（digital immigrants）："数字原住民"这个术语在大众流行语中是指在电子信息时代成长起来的年轻人，与那些在之前时代成长的人相对。因此，在课堂之中，教师是数字移民。但关于这种代沟的言论有夸大之嫌，无论是数字原住民，还是数字移民，其所归纳出的特征都是错误的。

图式（schema）和图式优化（schema refinement）：在概念之上的基本知识单位是图式。图式通常包含组织在一起的一系列概念。比如，"生日聚会"的图式可能包括礼物、甜品、主人和依次发生的一连串事件等。图式优化指的是图式随时间推移而发生的变化。

先行组织者（advance organisers）：关于学习内容的本质和结构的信息。有时候提前给出信息会激活先前知识，或者有时候可以使大脑准备好以特定的方式做出反应。在另外一些情况下，这些信息有助于学习者理解为什么一些特定方面对透彻的学习特别重要。对先行组织者予以清晰的说明，可以使学习者更有规划和更有动力地进行学习。

心智游移（mind wandering）：这个高度专业的术语描述的是大脑的焦点不再反映个体眼前面临的情境或要求。

性向与处理交互作用（aptitude-treatment interactions）：不同的个体可能对不同的处理有不同的反应。这听起来很有道理。然而在关于人类学习的文献中，很少有关于这种效应的确凿例子，尽管人们在这方面已经进行了相当多的研究。

宜家效应（IKEA effect）：产品的创造者会赋予其产品高于实际的价值，并且相信其他人有相同的感觉。

隐性学习（implicit learning）：对在自然意识之外的所有成功的学习形式的一个统称。即使你的意识大脑没有将某件事以言语的形式登记下来，你依然可以进行隐性学习（尽管当你的"成功"变得显而易见时，它可能会转换成言语的形式登记下来）。

婴儿期遗忘（infantile amnesia）：你在刚出生的前几年缺乏记忆，这可能反映的是语言能力的缺乏。

语音回路（articulatory loop）：在英语中有时也被称为"phonological loop"，在语音回路中，大脑可以复述大约2秒钟的言语材料。如果你可以在2秒钟之内说出某些东西，你可以不断地复述，将其存入这个缓冲区。

掌握目标取向（mastery goal orientation）：取得成功的动机表现为学习新技能、开发潜能或者对一个现象有内在的兴趣。

知识沟（knowledge gaps）：意识到你对一个现象的某些方面有深入的理解，但在另外一些方面却很薄弱。如果要进一步加深理解，你需要填补这些知识沟。

专家盲点效应（expert blind spot effect）：自动化和专业能力会使专家难以理解普通人的经验，普通人通常不具备像专家那样迅速和高效地处理信息的能力。

姿态匹配（posture matching）和变色龙效应（chameleon effect）：当人们在一个群体的情境下进行互动，他们会倾向于行为同步，互相模仿对方的姿势。变色龙效应是指直接复制特定的姿势，比如看到别人敲打椅子，无意识地触发了你相同的行为。

自动化（automaticity）：涉及无意识控制过程的活动。我们基本上是不假思索地采取和完成这些行为。

自发特质推理效应（spontaneous trait inference effect）：看到另一个人时，你无意识地对这个人形成一系列的判断，推断他可能拥有的特质、动机和性格。社会脑过程是不可停止的，就像你在心里不可避免地默读这句话"我不会这样做"。

自我或表现取向（ego or performance orientation）：取得成功的动机表现为渴望在社交情境中展现出高水平的表现和得到认可。这种取向通常与竞争和对考试的担忧相伴而生。

自我损耗（ego depletion）：在进行数分钟自我调整的努力以后，可用的精力下降，后续的表现可能会被削弱，整个过程都是人意识不到的。当行动需要克制冲动，或者压制类似的反应时，自我损耗效应最为显著。

自我提升（self-enhancement）：我们有一种自然的倾向，即我们对自己的评价会高于他人对我们的评价，或者高于客观标准下的评价。

自尊（self-esteem），感知到的能力（perceived competencies），自我效能感（self-efficacy）和自我肯定（self-affirmation）：这几个用于描述自我过程的术语

令人望而却步。但在文献中，这些术语都有清晰的含义。自尊是一个统称，与具体情境无关。感知到的能力是指一个人感到自己在某些领域有能力，但不是其生活的每个领域。自我效能感是指对自己能够很好地应对眼前情境的自信心。自我肯定是指在压力之下，不断向自己复述某些陈述（比如，我是一个诚实、勤奋的人）。

字符串（strings）或系列排序（serial orderings）：序列信息是记忆的单位，可以通过复述进行学习。比如，你的信用卡账号或者乘法表。

参考文献

- Abbott, A., & Collins, D. (2004). Eliminating the dichotomy between theory and practice in talent identification and development: Considering the role of psychology. *Journal of Sports Sciences, 22*(5), 395–408.
- Abel, E. L., & Kruger, M. L. (2010). Smile intensity in photographs predicts longevity. *Psychological Science, 21*(4), 542–544.
- Aberson, C. L., Healy, M., & Romero, V. (2000). Ingroup bias and self-esteem: A meta-analysis. *Personality and Social Psychology Review, 4*(2), 157–173.
- Ackerman, R., & Koriat, A. (2011). Response latency as a predictor of the accuracy of children's reports. *Journal of Experimental Psychology: Applied, 17*(4), 406–417.
- Ainley, J., Batten, M., Cherry, C., & Withers, G. (1998). *Schools and the social development of young Australians.* Melbourne: Australian Council for Educational Research.
- Albert, D., & Steinberg, L. (2011). Judgment and decision making in adolescence. *Journal of Research on Adolescence, 21*(1), 211–224.
- Alfieri, L., Brooks, P. J., Aldrich, N. J., & Tenenbaum, H. R. (2011). Does discovery-based instruction enhance learning? *Journal of Educational Psychology, 103*(1), 1–18.
- Allen, J. P., & Brown, B. B. (2008). Adolescents, peers, and motor vehicles: The perfect storm? *American Journal of Preventive Medicine, 35* (3, Supplement), 289–293.
- Allen, J. P., Pianta, R. C., Gregory, A., Mikami, A. Y., & Lun, J. (2011). An interaction-based approach to enhancing secondary school instruction and student achievement. *Science, 333*(6045), 1034–1037.
- Allington, R. L. (1984). Content coverage and conceptual reading in reading

groups. *Journal of Reading Behavior*, *16*(2), 85–96.

- Alquist, J., & Baumeister, R. F. (2012). Self-control: Limited resources and extensive benefits. *Wiley Interdisciplinary Reviews: Cognitive Science*, *3*(3), 419–423.
- Alter, A. L., & Oppenheimer, D. M. (2009). Uniting the tribes of fluency to form a metacognitive nation. *Personality and Social Psychology Review*, *13*(3), 219–235.
- Alter, A. L., Oppenheimer, D. M., Epley, N., & Eyre, R. N. (2007). Overcoming intuition: Metacognitive difficulty activates analytic reasoning. *Journal of Experimental Psychology: General*, *136*(4), 569–576.
- Ambady, N. (2010). The perils of pondering: Intuition and thin slice judgments. *Psychological Inquiry*, *21*(4), 271–278.
- Ambady, N., LaPlante, D., & Johnson, E. (2001). Thin-slice judgments as a measure of interpersonal sensitivity. In J. A. Hall & F. J. Bernieri (Eds.), *Interpersonal sensitivity: Theory and measurement* (pp.89–101). Mahwah, NJ: Lawrence Erlbaum.
- Ambady, N., & Rosenthal, R. (1993). Half a minute: Predicting teacher evaluations from thin slices of nonverbal behavior and physical attractiveness. *Journal of Personality and Social Psychology*, *64*(3), 431–441.
- Anderson, E., Siegel, E., White, D., & Barrett, L. F. (2012). Out of sight but not out of mind: Unseen affective faces influence evaluations and social Impressions. *Emotion*, *12*(6), 1210–1221.
- Annear, K., & Yates, G. C. R. (2010). Restrictive and supportive parenting: Effects on children's school affect and emotional responses. *Australian Educational Researcher*, *37*(1), 63–82.
- Ariely, D. (2010). *The upside of irrationality: The unexpected benefits of defying logic at work and at home*. New York: Harper.
- Ariga, A., & Lleras, A. (2011). Brief and rare mental 'breaks' keep you focused: Deactivation and reactivation of task goals preempt vigilance decrements. *Cognition*, *118*(3), 439–443.
- Aronson, E., & Mills, J. (1959). The effect of severity of initiation on liking for a

group. *Journal of Abnormal and Social Psychology, 59*(2), 177–181.
- Asendorpf, J. B., Penke, L., & Back, M. D. (2011). From dating to mating and relating: Predictors of initial and long-term outcomes of speed-dating in a community sample. *European Journal of Personality, 25*(1), 16–30.
- Attwood, G. (2011). Attitudes to school and intentions for educational participation: An analysis of data from the Longitudinal Survey of Young People in England. *International Journal of Research and Method in Education, 34*(3), 269–287.
- Ausubel, D. P. (1968). *Educational psychology: A cognitive view.* New York: Holt, Rinehart and Winston.
- Autin, F., & Croizet, J.-C. (2012). Improving working memory efficiency by reframing metacognitive interpretation of task difficulty. *Journal of Experimental Psychology: General, 141*(4), 610–618.
- Axsom, D. (1989). Cognitive dissonance and behavior change in psychotherapy. *Journal of Experimental Social Psychology, 25*(3), 234–252.
- Aydeniz, M., & Kotowski, E. L. (2012). What do middle and high school students know about the particulate nature of matter after instruction? Implications for practice. *School Science and Mathematics, 112*(2), 59–65.
- Babad, E. (2005). Guessing teachers' differential treatment of high-and low-achievers from thin slices of their public lecturing behavior. *Journal of Nonverbal Behavior, 29*(2), 125–134.
- Babad, E. (2007). Teachers' nonverbal behavior and its effects on students. In R. P. Perry & J. C. Smart (Eds.), *The scholarship of teaching and learning in higher education: An evidence-based perspective* (pp.201–261): The Netherlands: Springer.
- Babad, E. (2009). Teaching and nonverbal behavior in the classroom. In L. J. Saha & A. G. Dworkin (Eds.), *International handbook of research on teachers and teaching* (pp.817–827): New York: Springer.
- Babad, E., Avni-Babad, D., & Rosenthal, R. (2003). Teachers' brief nonverbal behaviors in defined instructional situations can predict students' evaluations. *Journal of Educational Psychology, 95*(3), 553–562.

- Babad, E., Bernieri, F., & Rosenthal, R. (1989a). Nonverbal communication and leakage in the behavior of biased and unbiased teachers. *Journal of Personality and Social Psychology, 56*(1), 89–94.
- Babad, E., Bernieri, F., & Rosenthal, R. (1989b). When less information is more informative: Diagnosing teacher expectations from brief samples of behaviour. *British Journal of Educational Psychology, 59*(3), 281–295.
- Babad, Y. E., Alexander, I. E., Babad, E., Read, P. B., Shapiro, T., Leiderman, P. H., & Harter, S. (1983). Returning the smile of the stranger: Developmental patterns and socialization factors. *Monographs of the Society for Research in Child Development, 48*(5), 1–93.
- Baker, J. A. (2006). Contributions of teacher–child relationships to positive school adjustment during elementary school. *Journal of School Psychology, 44*(3), 211–229.
- Bandura, A. (1977). Self-efficacy: Toward a unifying theory of behavioral change. *Psychological Review, 84*(2), 191–215.
- Bandura, A. (1986). *Social foundations of thought and action: A social cognitive theory.* Englewood Cliffs, NJ: Prentice-Hall.
- Bandura, A., & Schunk, D. H. (1981). Cultivating competence, self-efficacy, and intrinsic interest through proximal self-motivation. *Journal of Personality and Social Psychology, 41*(3), 586–598.
- Bangerter, A., & Heath, C. (2004). The Mozart effect: Tracking the evolution of a scientific legend. *British Journal of Social Psychology, 43*(4), 605–623.
- Bargh, J. A., & Chartrand, T. L. (1999). The unbearable automaticity of being. *American Psychologist, 54*(7), 462–479.
- Baumeister, R. F., Bratslavsky, E., Finkenauer, C., & Vohs, K. D. (2001). Bad is stronger than good. *Review of General Psychology, 5*(4), 323–370.
- Baumeister, R. F., Campbell, J. D., Krueger, J. I., & Vohs, K. D. (2003). Does high self-esteem cause better performance, interpersonal success, happiness, or healthier lifestyles? *Psychological Science in the Public Interest, 4*(1), 1–44.
- Baumeister, R. F., Hutton, D. G., & Cairns, K. J. (1990). Negative effects of praise on skilled performance. *Basic and Applied Social Psychology, 11*(2), 131–148.

- Baumeister, R. F., Smart, L., & Boden, J. M. (1996). Relation of threatened egotism to violence and aggression: The dark side of high self-esteem. *Psychological Review*, *103*(1), 5–33.
- Baumeister, R. F., & Tierney, J. (2011). *Willpower: Rediscovering the greatest human strength.* New York: Penguin.
- Beanland, V., & Pammer, K. (2010). Looking without seeing or seeing without looking? Eye movements in sustained inattentional blindness. *Vision Research*, *50*(10), 977–988.
- Bechara, A., Damasio, H., Tranel, D., & Damasio, A. R. (1997). Deciding advantageously before knowing the advantageous strategy. *Science*, *275*(5304), 1293–1295.
- Bellert, A. (2009). Narrowing the gap: A report on the QuickSmart mathematics intervention. *Australian Journal of Learning Difficulties*, *14*(2), 171–183.
- Benner, A. D., & Mistry, R. S. (2007). Congruence of mother and teacher educational expectations and low-income youth's academic competence. *Journal of Educational Psychology*, *99*(1), 140–153.
- Bennett, S., Maton, K., & Kervin, L. (2008). The 'digital natives' debate: A critical review of the evidence. *British Journal of Educational Technology*, *39*(5), 775–786.
- Bergen, L., Grimes, T., & Potter, D. (2005). How attention partitions itself during simultaneous message presentations. *Human Communication Research*, *31*(3), 311–336.
- Berger, S. M., & Hadley, S. W. (1975). Some effects of a model's performance on observer's electromyographic activity. *American Journal of Psychology*, *88*, 263–276.
- Berger, S. M., Irwin, D. S., & Frommer, G. P. (1970). Electromyographic activity during observational learning. *American Journal of Psychology*, *83*(1), 86–94.
- Berk, M. S., & Andersen, S. M. (2000). The impact of past relationships on interpersonal behavior: Behavioral confirmation in the social-cognitive process of transference. *Journal of Personality and Social Psychology*, *79*(4), 546–562.
- Berliner, D. C. (1987). Simple views of effective teaching and a simple theory

- of classroom instruction. In D. C. Berliner & B. Rosenshine (Eds.), *Talks to teachers* (pp. 93–110). New York: Random House.
- Berliner, D. C. (1990). What's all this fuss about instructional time? In M. Ben-Peretz & R. Bromme (Eds.), *The nature of time in school* (pp. 3–35). New York: Teachers College Press.
- Berliner, D. C. (2004). Describing the behavior and documenting the accomplishments of expert teachers. *Bulletin of Science Technology and Society*, *24*(3), 200–212.
- Bernieri, F. J. (1988). Coordinated movement and rapport in teacher-student interactions. *Journal of Nonverbal Behavior*, *12*(2), 120–138.
- Bernstein, D. M., & Loftus, E. F. (2009). How to tell if a particular memory is true or false. *Perspectives on Psychological Science*, *4*(4), 370–374.
- Biederman, I., & Shiffrar, M. M. (1987). Sexing day-old chicks: A case study and expert systems analysis of a difficult perceptual-learning task. *Journal of Experimental Psychology: Learning, Memory, and Cognition*, *13*(4), 640–645.
- Biggs, J. B., & Collis, K. F. (1982). *Evaluating the quality of learning: The solo taxonomy: Structure of the observed learning outcome.* New York: Academic Press.
- Billings, L., & Fitzgerald, J. (2002). Dialogic discussion and the Paideia seminar. *American Educational Research Journal*, *39*(4), 907–941.
- Birkerts, S. (1994). *The Gutenberg elegies: The fate of reading in an electronic age.* Boston, MA: Faber and Faber.
- Bjorklund, D. F. (2012). *Children's thinking* (5th ed.). Belmont, CA: Cengage.
- Bloom, B. S. (1976). *Human characteristics and school learning.* New York: McGraw-Hill.
- Bloom, B. S. (1986). Automaticity: The hands and feet of genius. *Educational Leadership*, *43*(5), 70–77.
- Bloom, B. S. (Ed.). (1985). *Developing talent in young people.* New York: Ballentine.
- Boland, A. M., Haden, C. A., & Ornstein, P. A. (2003). Boosting children's memory by training mothers in the use of an elaborative conversational style as

an event unfolds. *Journal of Cognition and Development, 4*(1), 39–65.
- Bond, C. F., Jr., & DePaulo, B. M. (2008). Individual differences in judging deception: Accuracy and bias. *Psychological Bulletin, 134*(4), 477–492.
- Borko, H., & Livingston, C. (1989). Cognition and improvisation: Differences in mathematics instruction by expert and novice teachers. *American Educational Research Journal, 26*(4), 473–498.
- Bowman, L. L., Levine, L. E., Waite, B. M., & Gendron, M. (2010). Can students really multitask? An experimental study of instant messaging while reading. *Computers and Education, 54*(4), 927–931.
- Bressan, P., & Pizzighello, S. (2008). The attentional cost of inattentional blindness. *Cognition, 106*(1), 370–383.
- Brophy, J. (1981). Teacher praise: A functional analysis. *Review of Educational Research, 51*(1), 5–32.
- Brophy, J. (1986), Teacher influences on student achievement. *American Psychologist, 41*(10), 1069–1077.
- Bruning, R. H., Schraw, G. J., & Norby, M. N. (2011). *Cognitive psychology and instruction* (5th ed.). Boston, MA: Pearson.
- Bryan, W. L., & Harter, N. (1899). Studies on the telegraphic language: The acquisition of a hierarchy of habits. *Psychological Review, 6*(4), 345–375.
- Bunce D. M., Flens, E. A., & Neiles, K. Y. (2010). How long can students pay attention in class? A study of student attention decline using clickers. *Journal of Chemical Education, 87*(12), 1438–1443.
- Burton, D. L., & Meezan, W. (2004). Revisting recent research on social learning theory as an etiological proposition for sexually abusive male adolescents. *Journal of Evidence-Based Social Work, 1*(1), 41–80.
- Butler, R., & Shibaz, L. (2008). Achievement goals for teaching as predictors of students' perceptions of instructional practices and students' help seeking and cheating. *Learning and Instruction, 18*(5), 453–467.
- Caldwell, J. H., Huitt, W. G., & Graeber, A. O. (1982). Time spent in learning: Implications from research. *Elementary School Journal, 82*(5), 471–480.
- Caputo, D., & Dunning, D. (2005). What you don't know: The role played by

- errors of omission in imperfect self-assessments. *Journal of Experimental Social Psychology, 41*(5), 488–505.
- Carless, D. (2006). Differing perceptions in the feedback process. *Studies in Higher Education, 31*(2), 219–233.
- Carlson, E. N., Vazire, S., & Oltmanns, T. F. (2011). You probably think this paper's about you: Narcissists' perceptions of their personality and reputation. *Journal of Personality and Social Psychology, 101*(1), 185–201.
- Carr, N. G. (2010). *The shallows: What the Internet is doing to our brains.* New York: W. W. Norton.
- Carroll, A., Houghton, S., Durkin, K., & Hattie, J. A. C. (2009). *Adolescent reputations and risk: Developmental trajectories to delinquency.* New York: Springer.
- Cauffman, E., Shulman, E. P., Steinberg, L., Claus, E., Banich, M. T., Graham, S., & Wollard, J. (2010). Age differences in affective decision making as indexed by performance on the Iowa Gambling Task. *Developmental Psychology, 46*(1), 193–207.
- Ceci, S. J. (1991). How much does schooling influence general intelligence and its cognitive components? A reassessment of the evidence. *Developmental Psychology, 27*(5), 703–722.
- Cervone, D. (2005). Personality architecture: Within-person structures and processes. *Annual Review of Psychology, 56*(1), 423–452.
- Chabris, C., & Simons, D. (2010). *The invisible gorilla.* New York: Crown Harper Collins.
- Chall, J. S. (2000). *The academic achievement challenge: What really works in the classroom.* New York: Guildford.
- Chang, M.-L. (2009). An appraisal perspective of teacher burnout: Examining the emotional work of teachers. *Educational Psychology Review, 21*(3), 193–218.
- Chartrand, T. L., & Bargh, J. A. (1999). The chameleon effect: The perception-behavior link and social interaction. *Journal of Personality and Social Psychology, 76*(6), 893–910.
- Chartrand, T. L., Maddux, W. W., & Lakin, J. L. (2005). Beyond the perception-

- behavior link: The ubiquitous utility and motivational moderators of nonconscious mimicry. In R. R. Hassin, J. S. Uleman & J. A. Bargh (Eds.), *The new unconscious* (pp. 334–361). New York: Oxford University Press.
- Cheng, C. M., & Chartrand, T. L. (2003). Self-monitoring without awareness: Using mimicry as a nonconscious affiliation strategy. *Journal of Personality and Social Psychology, 85*(6), 1170–1179.
- Chi, M. T. H., & Ceci, S. J. (1987). Content knowledge: Its role, representation, and restructuring in memory development. In H. W. Reese (Ed.), *Advances in child development and behavior*, Vol. 20 (pp. 91–142). San Diego, CA: Academic Press.
- Chi, M. T. H., Glaser, R., & Farr, M. J. (1988). *The nature of expertise.* Mahwah, NJ: Lawrence Erlbaum.
- Chinn, C. A., & Brewer, W. F. (1993). The role of anomalous data in knowledge acquisition: A theoretical framework and implications for science instruction. *Review of Educational Research, 63*(1), 1–49.
- Choudhury, S., Blakemore, S.-J., & Charman, T. (2006). Social cognitive development during adolescence. *Social Cognitive and Affective Neuroscience, 1*(3), 165–174.
- Clark, D., & Linn, M. C. (2003). Designing for knowledge integration: The impact of instructional time. *Journal of the Learning Sciences, 12*(4), 451–493.
- Clark, R. C., Nguyen, F., & Sweller, J. (2006). *Efficiency in learning: Evidence-based guidelines to manage cognitive load.* San Francisco, CA: Pfeiffer Wiley.
- Clark, R. E., Kirschner, P. A., & Sweller, J. (2012). Putting students on the path to learning: The case for fully guided instruction. *American Educator, 36*(1), 6–11.
- Clark, R. E., Yates, K., Early, S., & Moulton, K. (2009). An analysis of the failure of electronic media and discovery-based learning: Evidence for the performance benefits of guided training methods. In K. H. Silber & R. Foshay (Eds.), *Handbook of training and improving workplace performance: Instructional design and training delivery*, Vol. 1 (pp. 263–297). New York: John Wiley.
- Clifasefi, S. L., Takarangi, M. K., & Bergman, J. S. (2006). Blind drunk: The effects of alcohol on inattentional blindness. *Applied Cognitive Psychology,*

20(5), 697–704.

- Coffield, F., Moseley, D., Hall, E., & Ecclestone, K. (2004). Learning styles and pedagogy in post-16 learning: A systematic and critical review: (Report from the Learning and Skills Learning Research Centre). Retrieved form: http://lerenleren.nu/bronnen/Learning% 20styles%20by%20Coffield%20e.a.pdf (accessed 20 May 2013).
- Colvin, G. (2008). *Talent is overrated: What really separates world class performers from everybody else.* New York: Portfolio (Penguin).
- Cook, S. W., Yip, T. K., & Goldin-Meadow, S. (2010). Gesturing makes memories that last. *Journal of Memory and Language*, 63(4), 465–475.
- Corno, L. Y. N. (2008). On teaching adaptively. *Educational Psychologist*, 43(3), 161–173.
- Črnčec, R., Wilson, S. J., & Prior, M. (2006). The cognitive and academic benefits of music to children: Facts and fiction. *Educational Psychology*, 26(4), 579–594.
- Csibra, G., & Gergely, G. (2006). Social learning and social cognition: The case for pedagogy. In Y. Munakata & M. H. Johnson (Eds.), *Processes of change in cognitive development. Attention and Performance*, Vol. XXI (pp. 249–274). Oxford: Oxford University Press.
- Cuban, L. (1982). Persistence of the inevitable: The teacher-centered classroom. *Education and Urban Society*, 15(1), 26–41.
- Cuban, L. (1984). *How teachers taught: Constancy and change in the American classroom, 1890–1980.* New York: Longman.
- Cunningham, A., & Stanovich, K. (2003). Reading can make you smarter. *Principal*, 83(2), 34–39.
- Cvencek, D., Greenwald, A. G., & Meltzoff, A. N. (2011). Measuring implicit attitudes of 4-year-olds: The preschool implicit association test. *Journal of Experimental Child Psychology*, 109(2), 187–200.
- Dalbert, C., & Stoeber, J. (2005). The belief in a just world and distress at school. *Social Psychology of Education*, 8(2), 123–135.
- Dalton, P., & Fraenkel, N. (2012). Gorillas we have missed: Sustained inattentional

deafness for dynamic events. *Cognition, 124*(3), 367–372.

- Danziger, S., Levav, J., & Avnaim-Pesso, L. (2011). Extraneous factors in judicial decisions. *Proceedings of the National Academy of Sciences, 108*(17), 6889–6892.

- De La Paz, S., & Felton, M. K. (2010). Reading and writing from multiple source documents in history: Effects of strategy instruction with low to average high school writers. *Contemporary Educational Psychology, 35*(3), 174–192.

- Delfabbro, P., & Thrupp, L. (2003). The social determinants of youth gambling in South Australian adolescents. *Journal of Adolescence, 26*(3), 313–330.

- Demanet, J., & Van Houtte, M. (2012). Teachers' attitudes and students' opposition. School misconduct as a reaction to teachers', diminished effort and affect. *Teaching and Teacher Education, 28*(6), 860–869.

- DeWall, C. N., Baumeister, R. F., Gailliot, M. T., & Maner, J. K. (2008). Depletion makes the heart grow less helpful: Helping as a function of self-regulatory energy and genetic relatedness. *Personality and Social Psychology Bulletin, 34*(12), 1653–1662.

- Dimberg, U., Andréasson, P., & Thunberg, M. (2011). Emotional empathy and facial reactions to facial expressions. *Journal of Psychophysiology, 25*(1), 26–31.

- Dimberg, U., Thunberg, M., & Grunedal, S. (2002). Facial reactions to emotional stimuli: Automatically controlled emotional responses. *Cognition and Emotion, 16*(4), 449–471.

- Dishion, T., Owen, L., & Bullock, B. (2004). Like father, like son: Toward a developmental model for the transmission of male deviance across generations. *European Journal of Developmental Psychology, 1*(2), 105–126.

- Driscoll, K. C., & Pianta, R. C. (2010). Banking time in Head Start: Early efficacy of an intervention designed to promote supportive teacher-child relationships. *Early Education and Development, 21*(1), 38–64.

- Driver, J. (2001). A selective review of selective attention research from the past century. *British Journal of Psychology, 92*(1), 53.

- Dunbar, R. I. M. (2009). The social brain hypothesis and its implications for social

- evolution. *Annals of Human Biology*, *36*(5), 562–572.
- Dunbar, R. I. M. (2010). *How many friends does one person need? Dunbar's number and other evolutionary quirks.* London: Faber and Faber.
- Duncan, G. J., Dowsett, C. J., Claessens, A., Magnuson, K., Huston, A. C., Klebanov, P., Pagani, L., Feinstein, L., Engel, M., Brooks-Gunn, J., Sexton, H., Duckworth, K., & Japel, C. (2007). School readiness and later achievement. *Developmental Psychology*, *43*(6), 1428–1446.
- Dunn, R. (1984). Learning style: State of the science. *Theory Into Practice*, *23*(1), 10.
- Dunning, D. (1995). Trait importance and modifiability as factors influencing self-assessment and self-enhancement motives. *Personality and Social Psychology Bulletin*, *21*(12), 1297–1306.
- Dunning, D. (2006). Strangers to ourselves. *The Psychologist*, *19*(10), 600–603.
- Dunning, D., Heath, C., & Suls, J. M. (2004). Flawed self-assessment. *Psychological Science in the Public Interest*, *5*(3), 69–106.
- Dunning, D., Johnson, K., Ehrlinger, J., & Kruger, J. (2003). Why people fail to recognize their own incompetence. *Current Directions in Psychological Science, 12*(3), 83–87.
- Dweck, C. S. (1999). Caution: Praise can be dangerous. *American Educator*, *23*(1), 1–5.
- Ehrlinger, J., & Dunning, D. (2003). How chronic self-views influence (and potentially mislead) estimates of performance. *Journal of Personality and Social Psychology*, *84*(1), 5–17.
- Ehrlinger, J., Gilovich, T., & Ross, L. (2005). Peering into the bias blind spot: People's assessments of bias in themselves and others. *Personality and Social Psychology Bulletin*, *31*(5), 680–692.
- Ehrlinger, J., Johnson, K., Banner, M., Dunning, D., & Kruger, J. (2008). Why the unskilled are unaware: Further explorations of (absent) self-insight among the incompetent. *Organizational Behavior and Human Decision Processes*, *105*(1), 98–121.
- Eigsti, I.-M., Zayas, V., Mischel, W., Shoda, Y., Ayduk, O., Dadlani, M. B., Davison, M. C., Aber, J. L., Casey, B. J. (2006). Predicting cognitive control from preschool to late adolescence and young adulthood. *Psychological

Science, *17*(6), 478–484.
- Eisenberger, N. I., Inagaki, T. K., Muscatell, K. A., Haltom, K. E. B., & Leary, M. R. (2011). The neural sociometer: Brain mechanisms underlying state self-esteem. *Journal of Cognitive Neuroscience*, *23*(11), 3448–3455.
- Ellis, Y., Daniels, B., & Jauregui, A. (2010). The effect of multitasking on the grade performance of business students. *Research in Higher Education Journal*, *8*, 1–10.
- Emler, N. (2001). *Self-esteem: The costs and causes of low self-esteem*. York, UK: York Publishing.
- Engel, C. (2012). Low self-control as a source of crime: A meta-study. *Max Planck Institute for Research on Collective Goods*. Retrieved from http://www.coll.mpg.de/pdf_dat/2012_04online.pdf (accessed 20 May 2013).
- Engle, R. W., & Bukstel, L. H. (1978). Memory processes among bridge players of differing expertise. *American Journal of Psychology*, *91*(4), 673–689.
- Ericsson, K. A. (2008). Deliberate practice and acquisition of expert performance: A general overview. *Academic Emergency Medicine*, *15*(11), 988–994.
- Ericsson, K. A. (Ed.) (2009). *Development of professional expertise*. Cambridge: Cambridge University Press.
- Ericsson, K. A., Charness, N., Feltovich, P. J., & Hoffman, R. R. (Eds.) (2006). *Cambridge handbook of expertise and expert performance*. New York: Cambridge University Press.
- Ericsson, K. A., Krampe, R. T., & Tesch-Römer, C. (1993). The role of deliberate practice in the acquisition of expert performance. *Psychological Review*, *100*(3), 363–406.
- Ericsson, K. A., Roring, R. W., & Nandagopal, K. (2007). Giftedness and evidence for reproducibly superior performance: An account based on the expert performance framework. *High Ability Studies*, *18*(1), 3–56.
- Eva, K. W., & Regehr, G. (2008). 'I'll never play professional football' and other fallacies of self-assessment. *Journal of Continuing Education in the Health Professions*, *28*(1), 14–19.
- Evertson, C. M., & Weinstein, C. S. (Eds.) (2006). *Handbook of classroom*

- *management: Research, practice, and contemporary issues.* Mahwah, NJ: Lawrence Erlbaum Associates.
- Feldon, D. F. (2007a). Cognitive load and classroom teaching: The double-edged sword of automaticity. *Educational Psychologist, 42*(3), 123–137.
- Feldon, D. F. (2007b). The implications of research on expertise for curriculum and pedagogy. *Educational Psychology Review, 19*(2), 91–110.
- Feldon, D. F., Timmerman, B. C., Stowe, K. A., & Showman, R. (2010). Translating expertise into effective instruction: The impacts of cognitive task analysis (CTA) on lab report quality and student retention in the biological sciences. *Journal of Research in Science Teaching, 47*(10), 1165–1185.
- Festinger, L. (1961). The psychological effects of insufficient rewards. *American Psychologist, 16*(1), 1–11.
- Finkel, E. J., Campbell, W. K., Brunell, A. B., Dalton, A. N., Scarbeck, S. J., & Chartrand, T. L. (2006). High-maintenance interaction: Inefficient social coordination impairs self-regulation. *Journal of Personality and Social Psychology, 91*(3), 456–475.
- Fisher, C. W., Berliner, D. C., Filby, N. N., Marliave, R., Cahen, L. S., & Dishaw, M. M. (1980). Teacher behaviors, academic learning time, and student achievement. In C. Denham & A. Lieberman (Eds.), *Time to learn* (pp.7–32). Washington DC: National Institute of Education.
- Fitzpatrick, M. D., Grissmer, D., & Hastedt, S. (2011). What a difference a day makes: Estimating daily learning gains during kindergarten and first grade using a natural experiment. *Economics of Education Review, 30*(2), 269–279.
- Fitzsimons, G. M., & Finkel, E. J. (2011). The effects of self-regulation on social relationships. In K. D. Vohs & R. F. Baumeister (Eds.), *Handbook of self-regulation: Research, Theory, and Applications* (2nd ed., pp.407–421). New York: Guilford Press.
- Fivush, R., Haden, C. A., & Reese, E. (2006). Elaborating on elaborations: Role of maternal reminiscing style in cognitive and socioemotional development. *Child Development, 77*(6), 1568–1588.
- Foehr, U. G. (2006). *Media multitasking among American youth: Prevalence,*

predictors, and parings. Menlo Park, CA: Kaiser Family Foundation.
- Foer, J. (2011). *Moonwalking with Einstein: The art and science of remembering everything.* London: Allen Lane.
- Foerde, K., Knowlton, B. J., & Poldrack, R. A. (2006). Modulation of competing memory systems by distraction. *Proceedings of the National Academy of Sciences, 103*(31), 11778–11783.
- Forrest, W., & Hay, C. (2011). Life-course transitions, self-control and desistance from crime. *Criminology and Criminal Justice, 11*(5), 487–513.
- Fowler, J. H., & Christakis, N. A. (2010). Cooperative behavior cascades in human social networks. *Proceedings of the National Academy of Sciences, 107*(12), 5334–5338.
- Frith, C. D., & Frith, U. (2012). Mechanisms of social cognition. *Annual Review of Psychology, 63*(1), 287-313.
- Furnham, A., & Schofield, S. (1987). Accepting personality test feedback: A review of the Barnum effect. *Current Psychology, 6*(2), 162–178.
- Gage, N. L. (2009). *A conception of teaching.* New York: Springer.
- Gagne, E. D., Yekovich, C. W., & Yekovich, F. R. (1993). *Cognitive psychology of school learning* (2nd ed.). New York: Harper Collins.
- Gailliot, M. T., & Tice, D. M. (2007). Emotion regulation and impulse control: People succumb to their impulses to feel better. In K. D. Vohs, R. F. Baumeister, & G. Loewenstein (Eds.), *Do emotions help or hurt decision making? A Hedgefoxian perspective* (pp.203–216). New York: Russell Sage Foundation.
- Gardner, M., & Steinberg, L. (2005). Peer influence on risk taking, risk preference, and risky decision making in adolescence and adulthood: An experimental study. *Developmental Psychology, 41* (4), 625–635.
- Gawrilow, C., Gollwitzer, P. M., & Oettingen, G. (2011). If-then plans benefit delay of gratification performance in children with and without ADHD. *Cognitive Therapy and Research, 35*(5), 442–455.
- Gendolla, G. H. E., & Richter, M. (2010). Effort mobilization when the self is involved: Some lessons from the cardiovascular system. *Review of General Psychology, 14*(3), 212–226.

- Gersten, R., Clarke, B., Jordan, N. C., Newman-Gonchar, R., Haymond, K., & Wilkins, C. (2012). Universal screening in mathematics for the primary grades: Beginnings of a research base. *Exceptional Children, 78*(4), 423–445.
- Gersten, R., Jordan, N. C., & Flojo, J. R. (2005). Early identification and interventions for students with mathematics difficulties. *Journal of Learning Disabilities, 38*(4), 293–304.
- Gettinger, M. (1986). Issues and trends in academic engaged time of students. *Special Services in the Schools, 2*(4), 1–17.
- Geving, A. M. (2007). Identifying the types of student and teacher behaviours associated with teacher stress. *Teaching and Teacher Education, 23*(5), 624–640.
- Gigerenzer, G. (2008). *Gut feelings: The intelligence of the unconscious.* New York: Penguin Books.
- Gilovich, T., & Savitsky, K. (1999). The spotlight effect and the illusion of transparency: Egocentric assessments of how we are seen by others. *Current Directions in Psychological Science, 8*(6), 165.
- Gladwell, M. (2006). *Blink: The power of thinking without thinking.* London: Penguin.
- van Gog, T., Paas, F., Marcus, N., Ayres, P., & Sweller, J. (2009). The mirror neuron system and observational learning: Implications for the effectiveness of dynamic visualizations. *Educational Psychology Review, 21*(1), 21–30.
- Goldin-Meadow, S., Cook, S. W., & Mitchell, Z. A. (2009). Gesturing gives children new ideas about math. *Psychological Science, 20*(3), 267–272.
- Goldin-Meadow, S., & Wagner, S. M. (2005). How our hands help us learn. *Trends in Cognitive Sciences, 9*(5), 234–241.
- Gollwitzer, P. M., & Oettingen, G. (2012). Goal pursuit. In R. M. Ryan (Ed.), *Oxford handbook of human motivation* (pp.208–231). New York: Oxford University Press.
- Good, T. L., & Brophy, J. E. (2008). *Looking in classrooms* (10th ed.). Boston, MA: Allyn and Bacon.
- Good, T. L., Slavings, R. L., Harel, K. H., & Emerson, H. (1987). Student

- passivity: A study of question asking in K-12 classrooms. *Sociology of Education*, *60*(3), 181–199.
- Goodlad, J. (1994). *A place called school: Prospects for the future.* New York: McGraw-Hill.
- Gottfredson, M. R., & Hirschi, T. (1990). *A general theory of crime.* Stanford, CA: Stanford University Press.
- Gough, P. B., & Tunmer, W. E. (1986). Decoding, reading, and reading disability. *Remedial and Special Education*, *7*(1), 6–10.
- Graham, S., & Barker, G. P. (1990). The down side of help: An attributional-developmental analysis of helping behavior as a low-ability cue. *Journal of Educational Psychology*, *82*(1), 7–14.
- Grahe, J. E., & Bernieri, F. J. (1999). The importance of nonverbal cues in judging rapport. *Journal of Nonverbal Behavior*, *23*(4), 253–269.
- Grape, C., Sandgren, M., Hansson, L., Ericson, M., & Theorell, T. (2002). Does singing promote well-being? An empirical study of professional and amateur singers during a singing lesson. *Integrative Physiological and Behavioral Science*, *38*(1), 65–74.
- Greenwald, A. G., Poehlman, T. A., Uhlmann, E. L., & Banaji, M. R. (2009). Understanding and using the Implicit Association Test: III. Meta-analysis of predictive validity. *Journal of Personality and Social Psychology*, *97*(1), 17–41.
- Gueguen, N., & Fischer-Lokou, J. (2004). Hitchhikers' smiles and receipt of help. *Psychological Reports*, *94*(3), 756–760.
- Haden, C. A., Ornstein, P. A., O'Brien, B. S., Elischberger, H. B., Tyler, C. S., & Burchinal, M. J. (2011). The development of children's early memory skills. *Journal of Experimental Child Psychology*, *108*(1), 44–60.
- Haden, C. A., Ornstein, P. A., Rudek, D. J., & Cameron, D. (2009). Reminiscing in the early years: Patterns of maternal elaborativeness and children's remembering. *International Journal of Behavioral Development*, *33*(2), 118–130.
- Hallam, S., Price, J., & Katsarou, G. (2002). The effects of background music on primary school pupils' task performance. *Educational Studies*, *28*(2), 111–122.

- Hamre, B. K., & Pianta, R. C. (2005). Can instructional and emotional support in the first-grade classroom make a difference for children at risk of school failure? *Child Development*, *76*(5), 949–967.
- Hamre, B. K., Pianta, R. C., Downer, J. T., & Mashbum, A. J. (2008). Teachers' perceptions of conflict with young students: Looking beyond problem behaviors. *Social Development*, *17*(1), 115–136.
- Harker, L., & Keltner, D. (2001). Expressions of positive emotion in women's college yearbook pictures and their relationship to personality and life outcomes across adulthood. *Journal of Personality and Social Psychology*, *80*(1), 112–124.
- Harris, L. T., & Fiske, S. T. (2006). Dehumanizing the lowest of the low: Neuroimaging responses to extreme out-groups. *Psychological Science, 17*(10), 847–853.
- Harris, M., & Rosenthal, R. (2005). No more teachers' dirty looks: Effects of teacher nonverbal behavior on student outcomes. In R. E. Riggio & R. S. Feldman (Eds.), *Applications of nonverbal communication* (pp.157–192). Mahwah, NJ: Lawrence Erlbaum.
- Harris, P. R. (2011). Self-affirmation and the self-regulation of health behavior change. *Self and Identity*, *10*(3), 304–314.
- Hartwig, M., & Bond, C. F., Jr. (2011). Why do lie-catchers fail? A lens model meta-analysis of human lie judgments. *Psychological Bulletin*, *137*(4), 643–659.
- Hattie, J. A. C. (2009). *Visible learning: A synthesis of over 800 meta-analyses relating to achievement.* London: Routledge.
- Hattie, J. A. C. (2012). *Visible learning for teachers.* London: Routledge.
- Hattie, J. A. C., & Gan, M. (2011). Instruction based on feedback. In R. E. Mayer & P. Alexander (Eds.), *Handbook of research on learning and instruction* (pp. 249–271). New York: Routledge.
- Hattie, J. A. C., & Timperley, H. (2007). The power of feedback. *Review of Educational Research*, *77*(1), 81–112.
- Hedrick, A. M., Haden, C. A., & Ornstein, P. A. (2009). Elaborative talk during

and after an event: Conversational style influences children's memory reports. *Journal of Cognition and Development*, *10*(3), 188–209.

- Heerey, E. A., & Velani, H. (2010). Implicit learning of social predictions. *Journal of Experimental Social Psychology*, *46*(3), 577–581.
- Helt, M. S., Eigsti, I., Snyder, P. J., & Fein, D. A. (2010). Contagious yawning in autistic and typical development. *Child Development*, *81*(5), 1620–1631.
- Hershey, A. D. (2010). Recent developments in pediatric headache. *Current Opinion in Neurology*, *23*(3), 249–253.
- Hertenstein, M., Hansel, C., Butts, A., & Hile, S. (2009). Smile intensity in photographs predicts divorce later in life. *Motivation and Emotion*, *33*(2), 99–105.
- Hickson, G. B., Federspiel, C., Picher, J., Miller, C., Gauld-Jaeger, J., & Bost, P. (2002). Patient complaints and malpractice risk. *Journal of the American Medical Association*, *287*, 2951–2957.
- Hinds, P. J. (1999). The curse of expertise: The effects of expertise and debiasing methods on prediction of novice performance. *Journal of Experimental Psychology: Applied*, *5*(2), 205–221.
- Hinds, P. J., Patterson, M., & PfefFer, J. (2001). Bothered by abstraction: The effect of expertise on knowledge transfer and subsequent novice performance. *Journal of Applied Psychology*, *86*(6), 1232–1243.
- Hinsz, V. B., & Tomhave, J. A. (1991). Smile and half the world smiles with you: Frown and you frown alone. *Personality and Social Psychology Bulletin*, *17*(5), 586–592.
- Hirschi, T. (2004). Self-control and crime. In R. F. Baumeister & K. Vohs (Eds.), *Handbook of self- regulation: Research, theory, and application* (pp. 537–552). New York: Guilford Press.
- Hofmann, W., Baumeister, R. F., Förster, G., & Vohs, K. D. (2012). Everyday temptations: An experience sampling study of desire, conflict, and self-control. *Journal of Personality and Social Psychology*, *102*(6), 1318–1335.
- Hofmann, W., Vohs, K. D., & Baumeister, R. F. (2012). What people desire, feel conflicted about, and try to resist. *Psychological Science*, *23*(6), 582–588.

- Hoover, W. A., & Gough, P. B. (1990). The simple view of reading. *Reading and Writing, 2*(2), 127–160.
- Hostetter, A. B. (2011). When do gestures communicate? A meta-analysis. *Psychological Bulletin, 137*(2), 297–315.
- Howe, M. J. A. (1999). *Genius explained.* Cambridge: Cambridge University Press.
- Howe, M. J. A., Davidson, J. W., & Sloboda, J. A. (1998). Innate talents: Reality or myth? *Behavioral and Brain Sciences, 21*, 399–407.
- Howe, M. L., & Courage, M. L. (1993). On resolving the enigma of infantile amnesia. *Psychological Bulletin, 113*(2), 305–326.
- Hu, Y., & Ericsson, K. A. (2012). Memorization and recall of very long lists accounted for within the long-term working memory framework. *Cognitive Psychology, 64*(4), 235–266.
- Iacoboni, M. (2008). *Mirroring people: The new science of how we connect with others.* New York: Farrar, Straus and Giroux.
- Ingvarson, L., & Hattie, J. A. C. (Eds.) (2008). *Assessing teachers for professional certification: The first decade of the National Board for Professional Teaching Standards.* Amsterdam: Elsevier Press.
- Jelić, M. (2009). Is self-esteem predictor of in-group bias and out-group discrimination? *Review of Psychology, 16*(1), 9–18.
- Johnson, D. D. P., & Fowler, J. H. (2011). The evolution of overconfidence. *Nature, 477*(7364), 317–320.
- Jones, K. S., & Scmidlin, E. A. (2011). Human-robot interaction: Toward usable personal service robots. *Review of Human Factors and Ergonomics, 7*(1), 100–148.
- Junco, R., & Cotten, S. R. (2012). No A 4 U: The relationship between multitasking and academic performance. *Computers and Education, 59*(2), 505–514.
- Kahneman, D. (2011). *Thinking fast, thinking slow.* New York: Farrar Straus Giroux.
- Kämpfe, J., Sedlmeier, P., & Renkewitz, F. (2011). The impact of background music on adult listeners: A meta-analysis. *Psychology of Music, 39*(4), 424–448.

- Karabenick, S. A. (1994). Relation of perceived teacher support of student questioning to students' beliefs about teacher attributions for questioning and perceived classroom learning environment. *Learning and Individual Differences*, *6*(2), 187–204.

- Karabenick, S. A., & Newman, R. S. (2010). Seeking help as an adaptive response to learning difficulties: Person, situation, and developmental influences. In P. Peterson, E. Baker, & B. McGaw (Eds.), *International Encyclopedia of Education* (3rd ed., pp. 653–659). Oxford: Elsevier.

- Kavale, K. A., & Forness, S. R. (1987). Substance over style: Assessing the efficacy of modality testing and teaching. *Exceptional Children*, *54*(3), 228–239.

- Kearns, J. N., & Fincham, F. D. (2005). Victim and perpetrator accounts of interpersonal transgressions: Self-serving or relationship-serving biases? *Personality and Social Psychology Bulletin*, *31*(3), 321–333.

- Keating, D. P., & Halpern-Felsher, B. L. (2008). Adolescent drivers: A developmental perspective on risk, proficiency, and safety. *American Journal of Preventive Medicine*, *35*(3, Supplement), 272–277.

- Keith, N., & Ericsson, K. A. (2007). A deliberate practice account of typing proficiency in everyday typists. *Journal of Experimental Psychology: Applied*, *13*(3), 135–145.

- Kidd, C., Palmeri, H., & Aslin, R. N. (2013). Rational snacking: Young children's decision-making on the marshmallow task is moderated by beliefs about environmental reliability. *Cognition*, *126*(1), 109–114.

- Killen, M., & Smetana, J. G. (Eds.) (2006). *Handbook of moral development*. Mahwah, NJ: Lawrence Erlbaum.

- Kirschner, F., Paas, F., Kirschner, P. A., & Janssen, J. (2011). Differential effects of problem-solving demands on individual and collaborative learning outcomes. *Learning and Instruction*, *21*(4), 587–599.

- Kirschner, P. A., Sweller, J., & Clark, R. E. (2006). Why minimal guidance during instruction does not work: An analysis of the failure of constructivist, discovery, problem-based, experiential, and inquiry-based teaching. *Educational*

Psychologist, 41(2), 75–86.
- Kleinman, G., & Anandarajan, A. (2011). Inattentional blindness and its relevance to teaching forensic accounting and auditing. *Journal of Accounting Education, 29*(1), 37–49.
- Knowlton, B. J., & Foerde, K. (2008). Neural representations of nondeclarative memories. *Current Directions in Psychological Science, 17*(2), 107–111.
- Konrath, S. H., O'Brien, E. H., & Hsing, C. (2011). Changes in dispositional empathy in American college students over time: A meta-analysis. *Personality and Social Psychology Review, 15*(2), 180–198.
- Kraut, R. E., & Johnson, R. E. (1979). Social and emotional messages of smiling: An ethological approach. *Journal of Personality and Social Psychology, 37*(9), 1539–1553.
- Krumhuber, E., Manstead, A., & Kappas, A. (2007). Temporal aspects of facial displays in person and expression perception: The effects of smile dynamics, head-tilt, and gender. *Journal of Nonverbal Behavior, 31*(1), 39–56.
- LaBerge, D., & Samuels, S. J. (1974). Toward a theory of automatic information processing in reading. *Cognitive Psychology, 6*(2), 293–323.
- LaFrance, M. (1985). Postural mirroring and intergroup relations. *Personality and Social Psychology Bulletin, 11*(2), 207–217.
- LaFrance, M. (2011). *Lip service: Smiles in life, death, trust, lies, work, memory, sex, and politics.* New York: W. W. Norton.
- LaFrance, M., & Broadbent, M. (1976). Group rapport: Posture sharing as a nonverbal indicator. *Group and Organization Studies, 1*(3), 328–333.
- LaFrance, M., & Hecht, M. A. (1995). Why smiles generate leniency. *Personality and Social Psychology Bulletin, 21*(3), 207–214.
- LaFrance, M., Hecht, M. A., & Paluck, E. L. (2003). The contingent smile: A meta-analysis of sex differences in smiling. *Psychological Bulletin, 129*(2), 305–334.
- Lakens, D. (2010). Movement synchrony and perceived entitativity. *Journal of Experimental Social Psychology, 46*(5), 701–708.
- Lakin, J. L., Chartrand, T. L., & Arkin, R. M. (2008). I am too just like you: Nonconscious mimicry as an automatic behavioral response to social exclusion.

Psychological Science, 19(8), 816–822.

- Laland, K. N., & Rendell, L. (2010). Social learning: Theory. In D. B. Michael & M. Janice (Eds.), *Encyclopedia of animal behavior* (pp. 260–266). Oxford: Academic Press.
- Lavie, N. (2010). Attention, distraction, and cognitive control under load. *Current Directions in Psychological Science, 19*(3), 143–148.
- Leary, M. R., & Guadagno, J. (2011). The sociometer, self-esteem, and the regulation of interpersonal behavior. In K. D. Vohs & R. F. Baumeister (Eds.), *Handbook of self-regulation: Research, theory, and applications* (2nd ed., pp. 339–354). New York: Guilford Press.
- Leinhardt, G. (1987). Development of an expert explanation: An analysis of a sequence of subtraction lessons. *Cognition and Instruction, 4*(4), 225–282.
- Leinhardt, G., & Greeno, J. G. (1986). The cognitive skill of teaching. *Journal of Educational Psychology, 78*(2), 75–95.
- Lewis, R., Romi, S., & Roache, J. (2012). Excluding students from classroom: Teacher techniques that promote student responsibility. *Teaching and Teacher Education, 28*(6), 870–878.
- Lilienfeld, S. O., Lynn, S. J., Ruscio, J., & Beyerstein, B. L. (2010). *Fifty great myths of popular psychology.* Chichester, UK: Wiley-Blackwell.
- Litman, J. A., Hutchins, T. L., & Russon, R. K. (2005). Epistemic curiosity, feeling-of-knowing, and exploratory behaviour. *Cognition and Emotion, 19*(4), 559–582.
- Little, M., & Kobak, R. (2003). Emotional security with teachers and children's stress reactivity: A comparison of special education and regular education classrooms. *Journal of Clinical Child and Adolescent Psychology, 32*(1), 127–138.
- Loewenstein, G. (1994). The psychology of curiosity: A review and reinterpretation. *Psychological Bulletin, 116*(1), 75–98.
- Luchies, L. B., Finkel, E. J., & Fitzsimons, G. M. (2011). The effects of self-regulatory strength, content, and strategies on close relationships. *Journal of Personality, 79*(6), 1251–1280.

- Lundeberg, M. A., Fox, P. W., & Punccohar, J. (1994). Highly confident but wrong: Gender differences and similarities in confidence judgements. *Journal of Educational Psychology*, *86*(1), 114–121.
- Mabe, P. A., & West, S. G. (1982). Validity of self-evaluation of ability: A review and meta-analysis. *Journal of Applied Psychology*, *67*(3), 280–296.
- Macknik, S. L., Martinez-Conde, S., & Blakeslee, S. (2010). *Sleights of mind: What the neuroscience of magic reveals about out everyday deceptions.* New York: Henry Holt.
- Mark, G., Gudith, D., & Klocke, U. (2008). The cost of interrupted work: More speed and stress. *Proceedings of the Twenty-sixth Annual SIGCHI Conference on Human Factors in Computing Systems*, 107–110. Retrieved from http://dl.acm.org/citation.cfm?doid=1357054.1357072 (accessed 20 May 2013).
- Marsh, H. W., & O'Mara, A. (2008). Reciprocal effects between academic self-concept, self-esteem, achievement, and attainment over seven adolescent years: Unidimensional and multidimensional perspectives of self-concept. *Personality and Social Psychology Bulletin*, *34*(4), 542–552.
- Maurer, R. E., & Tindall, J. H. (1983). Effect of postural congruence on client's perception of counselor empathy. *Journal of Counseling Psychology*, *30*(2), 158–163.
- Mayer, R. E. (2003). The promise of multimedia learning: Using the same instructional design methods across different media. *Learning and Instruction*, *13*(2), 125–139.
- Mayer, R. E. (2004). Should there be a three-strikes rule against pure discovery learning? *American Psychologist*, *59*(1), 14–19.
- McVay, J. C., & Kane, M. J. (2010). A drift in the stream of thought: The effects of mind wandering on executive control and working memory capacity. In A. Gruszka, G. Matthews, & B. Szymura (Eds.), *Handbook of individual differences in cognition* (pp.321–334). New York: Springer.
- Mead, N. L., Baumeister, R. F., Gino, F., Schweitzer, M. E., & Ariely, D. (2009). Too tired to tell the truth: Self-control resource depletion and dishonesty. *Journal of Experimental Social Psychology*, *45*(3), 594–597.

- Meehan, B. T., Hughes, J. N., & Cavell, T. A. (2003). Teacher-student relationships as compensatory resources for aggressive children. *Child Development*, *74*(4), 1145–1157.
- van Merriënboer, J. J. G., & Sweller, J. (2005). Cognitive load theory and complex learning: Recent developments and future directions. *Educational Psychology Review*, *17*(2), 147–177.
- van Meurs, I., Reef, J., Verhulst, F. C., & van der Ende, J. (2009). Intergenerational transmission of child problem behaviors: A longitudinal population-based study. *Journal of the American Academy of Child and Adolescent Psychiatry*, *48*(2), 138–145.
- Memmert, D. (2006). The effects of eye movements, age, and expertise on inattentional blindness. *Consciousness and Cognition: An International Journal*, *15*(3), 620–627.
- Meyer, W.-U. (1982). Indirect communications about perceived ability estimates. *Journal of Educational Psychology*, *74*(6), 888–897.
- Meyer, W.-U. (1992). Paradoxical effects of praise and criticism on perceived ability. *European Review of Social Psychology*, *3*(1), 259–283.
- Miles, L. K. (2009). Who is approachable? *Journal of Experimental Social Psychology*, *45*(1), 262–266.
- Mischel, W. (2012). Self-control theory. In P. A. M. Van Lange, A. W. Kruglanski, & E. Higgins, T. (Eds.), *Handbook of theories of social psychology*, Vol. 2 (pp. 1–22). London: Sage.
- Mischel, W., Ayduk, O., Berman, M. G., Casey, B. J., Gotlib, I. H., Jonides, J., Kross, E., Teslovich, T., Wilson, N. L., Zayas, V., Shoda Y. (2011). Willpower over the life span: Decomposing self-regulation. *Social Cognitive and Affective Neuroscience*, *6*(2), 252–256.
- Mlodinow, L. (2012). *Subliminal: How your unconscious mind rules your behavior.* New York: Pantheon Random House.
- Mochon, D., Norton, M. I., & Ariely, D. (2012). Bolstering and restoring feelings of competence via the IKEA effect. *International Journal of Research in Marketing*, *29*(4), 363–369.

- Moely, B. E., & Hart, S. S. (1992). The teacher's role in facilitating memory and study strategy development in the elementary school. *Child Development*, *63*(3), 653.
- Moffitt, T. E., Arseneault, L., Belsky, D., Dickson, N., Hancox, R. J., Harrington, H., Houts, R., Poulton, R., Roberts, B. W., Ross, S., Sears, M. R., Thomson, W. M., Caspi, A. (2011). A gradient of childhood self-control predicts health, wealth, and public safety. *Proceedings of the National Academy of Sciences*, *108*(7), 2693–2698.
- Mol, S. E., & Bus, A. G. (2011). To read or not to read: A meta-analysis of print exposure from infancy to early adulthood. *Psychological Bulletin*, *137*(2), 267–296.
- Monahan, K. C., & Steinberg, L. (2011). Accentuation of individual differences in social competence during the transition to adolescence. *Journal of Research on Adolescence*, *21*(3), 576–585.
- Moreno, S. (2009). Can music influence language and cognition? *Contemporary Music Review*, *28*(3), 329–345.
- Moreno, S., Bialystok, E., Barac, R., Schellenberg, E. G., Cepeda, N. J., & Chau, T. (2011). Short-term music training enhances verbal intelligence and executive function. *Psychological Science*, *22*(11), 1425–1433.
- Morewedge, C. K., Shu, L. L., Gilbert, D. T., & Wilson, T. D. (2009). Bad riddance or good rubbish? Ownership and not loss aversion causes the endowment effect. *Journal of Experimental Social Psychology*, *45*(4), 947–951.
- Moxley, J. H., Ericsson, K. A., Chamess, N., & Krampe, R. T. (2012). The role of intuition and deliberative thinking in experts' superior tactical decision-making. *Cognition*, *124*(1), 72–78.
- Müller, S., Abernethy, B., & Farrow, D. (2006). How do world-class cricket batsmen anticipate a bowler's intention? *Quarterly Journal of Experimental Psychology*, *59*(12), 2162–2186.
- Murphy, P. K., Wilkinson, I. A. G., Soter, A. O., Hennessey, M. N., & Alexander, J. F. (2009). Examining the effects of classroom discussion on students' comprehension of text: A meta-analysis. *Journal of Educational Psychology*,

101(3), 740–764.

- Musch, J., & Klauer, K. C. (Eds.) (2003). *The psychology of evaluation: Affective processes in cognition and emotion.* Mahwah, NJ: Lawrence Erlbaum.
- Myers, S., & Pianta, R. C. (2008). Developmental commentary: Individual and contextual influences on student-teacher relationships and children's early problem behaviors. *Journal of Clinical Child and Adolescent Psychology, 37*(3), 600–608.
- Nathan, M. J., & Petrosino, A. (2003). Expert blind spot among preservice teachers. *American Educational Research Journal, 40*(4), 905–928.
- Naveh-Benjamin, M., Craik, F. I. M., Perretta, J. G., & Tonev, S. T. (2000). The effects of divided attention on encoding and retrieval processes: The resiliency of retrieval processes. *Quarterly Journal of Experimental Psychology, 53*(3), 609–625.
- Neal, D. T., & Chartrand, T. L. (2011). Embodied emotion perception: Amplifying and dampening facial feedback modulates emotion perception accuracy. *Social Psychological and Personality Science, 2*(6), 673–678.
- Niederle, M., & Vesterlund, L. (2011). Gender and competition. *Annual Review of Economics, 3*, 601–630.
- Nordgren, L. F., Banas, K., & MacDonald, G. (2011). Empathy gaps for social pain: Why people underestimate the pain of social suffering. *Journal of Personality and Social Psychology, 100*(1), 120–128.
- Norretranders, T. (1998). *The user illusion: Cutting consciousness down to size.* New York: Viking.
- Norton, E. S., & Wolf, M. (2012). Rapid automatized naming (RAN) and reading fluency: Implications for understanding and treatment of reading disabilities. *Annual Review of Psychology, 63*(1), 427–452.
- Norton, M. I., Mochon, D., & Ariely, D. (2012). The IKEA effect: When labor leads to love. *Journal of Consumer Psychology, 22*, 453–460.
- Nucci, L. P. (1984). Evaluating teachers as social agents: Students' ratings of domain appropriate and domain inappropriate teacher responses to transgressions. *American Educational Research Journal, 21*(2), 367–378.

- Nückles, M., Wittwer, J., & Renkl, A. (2005). Information about a layperson's knowledge supports experts in giving effective and efficient online advice to laypersons. *Journal of Experimental Psychology: Applied*, *11*(4), 219–236.
- Nuthall, G. A. (2007). *The hidden lives of learners.* Wellington: New Zealand Council for Educational Research.
- Nysse-Carris, K. L., Bottoms, B. L., & Salerno, J. M. (2011). Experts' and novices' abilities to detect children's high-stakes lies of omission. *Psychology, Public Policy, and Law*, *17*(1), 76–98.
- O'Connor, E. E., Dearing, E., & Collins, B. A. (2011). Teacher-child relationship and behavior problem trajectories in elementary school. *American Educational Research Journal*, *48*(1), 120–162.
- Olson, M. A., Fazio, R. H., & Hermann, A. D. (2007). Reporting tendencies underlie discrepancies between implicit and explicit measures of self-esteem. *Psychological Science*, *18*(4), 287–291.
- Ophir, E., Nass, C., & Wagner, A. D. (2009). Cognitive control in media multitaskers. *Proceedings of the National Academy of Sciences*, *106*(37), 15583–15587.
- Ornstein, P. A., Coffman, J. L., Grammer, J. K., San Souci, P. P., & McCall, L., E. (2010). Linking the classroom context and the development of children's memory skills. In J. L. Meece & J. S. Eccles (Eds.), *Handbook of research on schools, schooling, and human development* (pp. 42–59). New York: Routledge.
- Oveis, C., Gruber, J., Keltner, D., Stamper, J. L., & Boyce, W. T. (2009). Smile intensity and warm touch as thin slices of child and family affective style. *Emotion*, *9*(4), 544–548.
- Paas, F., & Sweller, J. (2012). An evolutionary upgrade of cognitive load theory: Using the human motor system and collaboration to support the learning of complex cognitive tasks. *Educational Psychology Review*, *24*(1), 27–45.
- Palinko, O., Kun, A. L., Shyrokov, A., & Heeman, P. (2010). Estimating cognitive load using remote eye tracking in a driving simulator. Paper presented at the Proceedings of the 2010 Symposium on Eye-Tracking Research.
- Palmquist, C. M., & Jaswal, V. K. (2012). Preschoolers expect pointers (even

ignorant ones) to be knowledgeable. *Psychological Science*, *23*(3), 230–231.
- Pashler, H., McDaniel, M., Rohrer, D., & Bjork, R. (2008). Learning styles: Concepts and evidence. *Psychological Science in the Public Interest*, *9*(3), 105–119.
- Peace, V., Miles, L., & Johnston, L. (2006). It doesn't matter what you wear: The impact of posed and genuine expressions of happiness on product evaluation. *Social Cognition*, *24*(2), 137–168.
- Peter, F., & Dalbert, C. (2010). Do my teachers treat me justly? Implications of students' justice experience for class climate experience. *Contemporary Educational Psychology*, *35*(4), 297–305.
- Peter, F., Kloeckner, N., Dalbert, C., & Radant, M. (2012). Belief in a just world, teacher justice, and student achievement: A multilevel study. *Learning and Individual Differences*, *22*(1), 55–63.
- Pianta, R. C., & Allen, J. P. (2008). Building capacity for positive youth development in secondary school classrooms: Changing teachers' interactions with students. In M. Shinn & H. Yoshikawa (Eds.), *Toward positive youth development: Transforming schools and community programs* (pp. 21–39). New York: Oxford University Press.
- Pianta, R. C., & Stuhlman, M. W. (2004). Teacher-child relationships and children's success in the first years of school. *School Psychology Review*, *33*(3), 444–458.
- Pietschnig, J., Voracek, M., & Formann, A. K. (2010). Mozart effect-Shmozart effect: A meta-analysis. *Intelligence*, *38*(3), 314–323.
- Pinker, S. (2011). *The better angels of our nature: The decline of violence in history and its causes.* London: Allen Lane.
- Plant, E. A., Ericsson, K. A., Hill, L., & Asberg, K. (2005). Why study time does not predict grade point average across college students: Implications of deliberate practice for academic performance. *Contemporary Educational Psychology*, *30*(1), 96–116.
- Pollatsek, A., & Rayner, K. (2009). Reading. In L. R. Squire (Ed.), *Encyclopedia of Neuroscience* (pp. 29–34). Oxford: Academic Press.

- Pollock, E., Chandler, P., & Sweller, J. (2002). Assimilating complex information. *Learning and Instruction, 12*(1), 61–86.
- Prensky, M. (2001). Digital natives, digital immigrants. *On the Horizon, 9*(5), 1–6.
- Prensky, M. (2006). Listen to the natives. *Educational Leadership, 63*(4), 8–13.
- Prensky, M. (2010). *Teaching digital natives: Partnering for real learning.* Thousand Oaks, CA: Corwin Press.
- Pressley, M., & McCormick, C. (1995). *Advanced educational psychology for educators, researchers, and policymakers.* New York: Harper Collins.
- Price, D. A., & Yates, G. C. R. (2010). Ego depletion effects on mathematics performance in primary school students: Why take the hard road? *Educational Psychology, 30*(3), 269–281.
- Provine, R. (2000). *Laughter: A scientific investigation.* New York: Viking.
- Provine, R. (2005). Yawning. *American Scientist, 93*(6), 532–539.
- Putnam, S. P., Spritz, B. L., & Stifter, C. A. (2002). Mother-child coregulation during delay of gratification at 30 months. *Infancy, 3*(2), 209–225.
- Rayner, K. (2001). Eye movements in reading. In N.J. Smelser & P. B. Baltes (Eds.), *International encyclopedia of the social and behavioral sciences* (pp. 5210–5214). Oxford: Pergamon.
- Reader, S., & Biro, D. (2010). Experimental identification of social learning in wild animals. *Learning and Behavior, 38*(3), 265–283.
- Reed, N., McLeod, P., & Dienes, Z. (2010). Implicit knowledge and motor skill: What people who know how to catch don't know. *Consciousness and Cognition, 19*(1), 63–76.
- Reynolds, M., Wheldall, K., & Madelaine, A. (2010). Components of effective early reading interventions for young struggling readers. *Australian Journal of Learning Difficulties, 15*(2), 171–192.
- Reynolds, M., Wheldall, K., & Madelaine, A. (2011). What recent reviews tell us about the efficacy of reading interventions for struggling readers in the early years of schooling. *International Journal of Disability, Development and Education, 58*(3), 257–286.
- de Ridder, D. T. D., Lensvelt-Mulders, G., Finkenauer, C., Stok, F. M., &

Baumeister, R. F. (2012). Taking stock of self-control. *Personality and Social Psychology Review*, *16*(1), 76–99.

- Rind, B., & Bordia, P. (1996). Effect on restaurant tipping of male and female servers drawing a happy, smiling face on the backs of customers' checks. *Journal of Applied Social Psychology*, *26*(3), 218–225.
- Risko, E. F., Anderson, N., Sarwal, A., Engelhardt, M., & Kingstone, A. (2012). Everyday attention: Variation in mind wandering and memory in a lecture. *Applied Cognitive Psychology*, *26*(2), 234–242.
- Ritter, S. M., Karremans, J. C., & van Schie, H. T. (2010). The role of self-regulation in derogating attractive alternatives. *Journal of Experimental Social Psychology*, *46*(4), 631–637.
- Roberts, W. A. (2002). Are animals stuck in time? *Psychological Bulletin*, *128*(3), 473–489.
- Roscoe, S. N. (1997). The adolescence of engineering psychology. In S. M. Casey (Eds.), *Human Factors History Monograph Series*, Vol. 1. Retrieved from www.hfes.org/publication maintenance/featureddocuments/27/adolescence.pdf (accessed 20 May 2013).
- Rosenshine, B. (2012). Principles of instruction: Research-based strategies that all teachers should know. *American Educator*, *36*(1), 12–39.
- Rosenshine, B., & Stevens, R. (1986). Teaching functions. In M. Wittrock (Ed.), *Handbook of research on teaching* (3rd ed., pp. 376–391). New York: Macmillan.
- Ross, P. E. (2006). The expert mind. *Scientific American*, *295*(2), 64–71.
- Rowe, K. (2006). Effective teaching practices for students with and without learning difficulties: Issues and implications surrounding key findings and recommendations from the National Inquiry into the Teaching of Literacy. *Australian Journal of Learning Difficulties*, *11*(3), 99–115.
- Rowe, M. L., & Goldin-Meadow, S. (2009). Differences in early gesture explain SES disparities in child vocabulary size at school entry. *Science*, *323*, 951–953.
- Rudin, D., Kiss, A., Wetz, R., V., & Sottile, V. M. (2007). Music in the endoscopy suite: A meta-analysis of randomized controlled studies. *Endoscopy*, *39*(6), 507–

510.
- Ryan, A. M., & Shin, H. (2011). Help-seeking tendencies during early adolescence: An examination of motivational correlates and consequences for achievement. *Learning and Instruction*, *21*(2), 247–256.
- Sabbagh, M. A., & Shafman, D. (2009). How children block learning from ignorant speakers. *Cognition*, *112*(3), 415–422.
- Sabers, D. S., Cushing, K. S., & Berliner, D. C. (1991). Differences among teachers in a task characterized by simultaneity, multidimensional, and immediacy. *American Educational Research Journal*, *28*(1), 63–88.
- Samuels, S. J., & Farstrup, A. E. (2006). *What research has to say about fluency instruction* (3rd ed.). Newark, DE: International Reading Association.
- Samuels, S. J., & Farstrup, A. E. (Eds.) (2011). *What research has to say about reading instruction* (4th ed.). Newark, DE: International Reading Association.
- van Schaik, C. P., & Burkart, J. M. (2011). Social learning and evolution: The cultural intelligence hypothesis. *Philosophical Transactions of the Royal Society B: Biological Sciences*, *366*(1567), 1008–1016.
- Santinello, M., Vieno, A., & De Vogli, R. (2009). Primary headache in Italian early adolescents: The role of perceived teacher unfairness. *Headache*, *49*(3), 366–374.
- Schellenberg, E. G. (2011). Examining the association between music lessons and intelligence. *British Journal of Psychology*, *102*(3), 283–302.
- Schellenberg, E. G., Nakata, T., Hunter, P. G., & Tamoto, S. (2007). Exposure to music and cognitive performance: Tests of children and adults. *Psychology of Music*, *35*(1), 5–19.
- Schiaratura, L., & Askevis-Leherpeux, F. (2007). The influence of the nonverbal behaviour of examiners on children's psychometric performances. *European Journal of Psychology of Education*, *22*(3), 327–332.
- Schmeichel, B. J., & Vohs, K. (2009). Self-affirmation and self-control: Affirming core values counteracts ego depletion. *Journal of Personality and Social Psychology*, *96*(4), 770–782.
- Schmeichel, B. J., Vohs, K. D., & Baumeister, R. F. (2003). Intellectual

performance and ego depletion: Role of the self in logical reasoning and other information processing. *Journal of Personality and Social Psychology, 85*(1), 33–46.

- Schooler, J. W., Smallwood, J., Christoff, K., Handy, T. C., Reichle, E. D., & Sayette, M. A. (2011). Meta-awareness, perceptual decoupling and the wandering mind. *Trends in Cognitive Sciences, 15*(7), 319–326.
- Schwarz, N. (1999). Self-reports: How the questions shape the answers. *American Psychologist, 54*(2), 93–105.
- Schwarz, N., Bless, H., Strack, F., Klumpp, G., Rittenauer-Schatka, H., & Simons, A. (1991). Ease of retrieval as information: Another look at the availability heuristic. *Journal of Personality and Social Psychology, 61*(2), 195–202.
- Scott, C. (2010). The enduring appeal of learning styles. *Australian Journal of Education, 54*(1), 5–17.
- Scriven, M. (1967). The methodology of evaluation. In R. W. Tyler, R. M. Gagne & M. Scriven (Eds.), *Perspectives on Curriculum Evaluation, American Educational Research Association Monograph Series on Curriculum Evaluation*, Vol. 1: Chicago, IL: Rand McNally.
- Seger, C. A. (1994). Implicit learning. *Psychological Bulletin, 115*(2), 163–196.
- Senju, A., & Csibra, G. (2008). Gaze following in human infants depends on communicative signals. *Current Biology, 18*(9), 668–671.
- Shermer, M. (2011). *The believing brain: From ghosts and gods to politics and conspiracies: How we construct beliefs and reinforce them as truths.* New York: Times Books.
- Shiv, B., Carmon, Z., & Ariely, D. (2005). Placebo effects of marketing actions: Consumers may get what they pay for. *Journal of Marketing Research, 42*(4), 383–393.
- Shulruf, B., Hattie, J. A. C., & Dixon, R. (2008). Factors affecting responses to Likert type questionnaires: Introduction of the ImpExp, a new comprehensive model. *Social Psychology of Education, 11*(1), 59–78.
- Simons-Morton, B. G., Ouimet, M. C., Zhang, Z., Klauer, S. E., Lee, S. E., Wang, J., Chen, R., Albert, P., Dingus, T. A. (2011). The effect of passengers and

- risk-taking friends on risky driving and crashes/near crashes among novice teenagers. *Journal of Adolescent Health*, *49*(6), 587–593.
- Simons, D. J., & Chabris, C. F. (1999). Gorillas in our midst: Sustained inattentional blindness for dynamic events. *Perception*, *28*(9), 1059–1074.
- Siu Man, L., & Hui, W. (2010). Effects of smiling and gender on trust toward a recommendation agent. Proceedings of the Cyberworlds (CW), 2010 International Conference, 398–405. Retrieved from http://ieeexplore.ieee.org/stamp/stamp.jsp?tp=&arnumber=5655223 & isnumber=5654996 (accessed 20 May 2013).
- Slutske, W. S., Moffitt, T. E., Poulton, R., & Caspi, A. (2012). Undercontrolled temperament at age 3 predicts disordered gambling at age 32. *Psychological Science*, *23*(5), 510–516.
- Smallwood, J., Mrazek, M. D., & Schooler, J. W. (2011). Medicine for the wandering mind: Mind wandering in medical practice. *Medical Education*, *45*(11), 1072–1080.
- Smith, F., Hardman, F., Wall, K., & Mroz, M. (2004). Interactive whole class teaching in the National Literacy and Numercy Strategies. *British Educational Research Journal*, *30*(3), 395–411.
- Smith, F. W., & Schyns, P. G. (2009). Smile through your fear and sadness. *Psychological Science*, *20*(10), 1202–1208.
- Sobel, D. M., & Corriveau, K. H. (2010). Children monitor individuals' expertise for word learning. *Child Development*, *81*(2), 669–679.
- Song, H., & Schwarz, N. (2008). Fluency and the detection of misleading questions: Low processing fluency attenuates the Moses illusion. *Social Cognition*, *26*(6), 791–799.
- Spilt, J., Koomen, H., & Thijs, J. (2011). Teacher wellbeing: The importance of teacher-student relationships. *Educational Psychology Review*, *23*(4), 457–477.
- St Clair-Thompson, H., Stevens, R., Hunt, A., & Bolder, E. (2010). Improving children's working memory and classroom performance. *Educational Psychology*, *30*(2), 203–219.
- Stahl, S. A. (1999). Different strokes for different folk? A critique of learning

styles. *American Educator, 23*(3), 1–5.

- Stanovich, K. E. (1999). *Who is rational? Studies of individual differences in reasoning.* Mahwah, NJ: Lawrence Erlbaum.
- Stanovich, K. E. (2000). *Progress in understanding reading: Scientific foundations and new frontiers.* New York: Guilford Press.
- Stanovich, K. E. (2004). *The robot's rebellion: Finding meaning in the age of Darwin. Chicago*, IL: University of Chicago.
- Steinberg, L. (2007). Risk taking in adolescence: New perspectives from brain and behavioral science. *Current Directions in Psychological Science, 16*(2), 55–59.
- Stel, M., & Vonk, R. (2009). Empathizing via mimicry depends on whether emotional expressions are seen as real. *European Psychologist, 14*(4), 342–350.
- Strayer, D. L., Drews, F. A., & Crouch, D. J. (2006). A comparison of the cell phone driver and the drunk driver. *Human Factors: The Journal of the Human Factors and Ergonomics Society, 48*(2), 381–391.
- Strayer, D. L., & Watson, J. M. (2012). Supertaskers and the multitasking brain. *Scientific American Mind, 23*(1), 22–29.
- Stucke, T. S., & Baumeister, R. F. (2006). Ego depletion and aggressive behavior: Is the inhibition of aggression a limited resource? *European Journal of Social Psychology, 36*(1), 1–13.
- Stull, A. T., & Mayer, R. E. (2007). Learning by doing versus learning by viewing: Three experimental comparisons of learner-generated versus author-provided graphic organizers. *Journal of Educational Psychology, 99*(4), 808–820.
- Sullivan, P., Clark, D., & O'Shea, H. (2010). Students' opinions about characteristics of their desired mathematics lessons. In L. Sparrow, B. Kissane, & C. Hurst (Eds.), *Shaping the future of mathematics education*, Proceedings of the 33rd annual conference of the Mathematics Education Research Group of Australasia (pp. 531–538). Freemantle: MERGA.
- Surawski, M. K., & Ossoff, E. P. (2006). The effects of physical and vocal attractiveness on impression formation of politicians. *Current Psychology, 25*(1), 15–27.
- Sweller, J. (1988). Cognitive load during problem solving: Effects on learning.

- *Cognitive Science, 12*(2), 257–285.
- Sweller, J., Ayres, P., & Kalyuga, S. (2011). *Cognitive load theory.* New York: Springer.
- Sweller, J., Clark, R. E., & Kirschner, P. A. (2010). Mathematical ability relies on knowledge, too. *American Educator, 34*(4), 34–35.
- Takeuchi, T., & Inomata, K. (2009). Visual search strategies and decision making in baseball hitting. *Perceptual and Motor Skills, 108*(3), 971–980.
- Tangney, J. P., Baumeister, R. F., & Boone, A. L. (2004). High self-control predicts good adjustment, less pathology, better grades, and interpersonal success. *Journal of Personality, 72*(2), 271–324.
- Taylor, J. E. T., Witt, J. K., & Grimaldi, P. J. (2012). Uncovering the connection between artist and audience: Viewing painted brushstrokes evokes corresponding action representations in the observer. *Cognition, 125*(1), 26–36.
- Taylor, S. E., & Brown, J. D. (1988). Illusion and well-being: A social psychological perspective on mental health. *Psychological Bulletin, 103*(2), 193–210.
- Taylor, S. E., Lerner, J. S., Sherman, D. K., Sage, R. M., & McDowell, N. K. (2003). Portrait of the self-enhancer: Well adjusted and well liked or maladjusted and friendless? *Journal of Personality and Social Psychology, 84*(1), 165–176.
- Tervaniemi, M., Rytkönen, M., Schröger, E., Ilmoniemi, R. J., & Näätänen, R. (2001). Superior formation of cortical memory traces for melodic patterns in musicians. *Learning and Memory, 8*(5), 295–300.
- Therrien, W. J. (2004). Fluency and comprehension gains as a result of repeated reading. *Remedial and Special Education, 25*(4), 252–261.
- Thibault, P., Gosselin, P., Brunel, M., & Hess, U. (2009). Children's and adolescents' perception of the authenticity of smiles. *Journal of Experimental Child Psychology, 102*(3), 360–367.
- Thompson, V., & Morsanyi, K. (2012). Analytic thinking: Do you feel like it? *Mind and Society, 11*(1), 93–105.
- Thompson, W. F., Schellenberg, E. G., & Letnic, A. K. (2012). Fast and loud background music disrupts reading comprehension. *Psychology of Music, 40*(6),

700–708.
- Trehub, S. E. (2001). Musical predispositions in infancy. *Annals of the New York Academy of Sciences*, *930*(1), 1–16.
- Tsouloupas, C. N., Carson, R. L., Matthews, R., Grawitch, M. J., & Barber, L. K. (2010). Exploring the association between teachers' perceived student misbehaviour and emotional exhaustion: The importance of teacher efficacy beliefs and emotion regulation. *Educational Psychology*, *30*(2), 173–189.
- Twenge, J. M. (2007). *Generation me: Why today's young Americans are more confident, assertive, entitled, and more miserable than ever before.* New York: Free Press.
- Twenge, J. M., & Campbell, W. K. (2009). *The narcissism epidemic: Living in the age of entitlement.* New York: Free Press.
- Twenge, J. M., Konrath, S., Foster, J. D., Campbell, W. K., & Bushman, B. J. (2008). Egos inflating over time: A cross-temporal meta-analysis of the Narcissistic Personality Inventory. *Journal of Personality*, *76*(4), 875–902.
- Tyler, J. M., Feldman, R. S., & Reichert, A. (2006). The price of deceptive behavior: Disliking and lying to people who lie to us. *Journal of Experimental Social Psychology*, *42*(1), 69–77.
- Uleman, J. S., & Saribay, S. A. (2012). Initial impressions of others. In K. Deaux & M. Snyder (Eds.), *Oxford handbook of personality and social psychology* (pp. 337–366). Oxford: Oxford University Press.
- Uleman, J. S., Saribay, S. A., & Gonzalez, C. M. (2008). Spontaneous inferences, implicit impressions, and implicit theories. *Annual Review of Psychology*, *59*(1), 329–360.
- Underwood, C., Rothman, S., & ACER. (2008). School experiences of 15 and 16 year-olds, LSAY Briefing 16. Retrieved from http://research.acer.edu.au/cgi/viewcontent.cgi? article=1015&context=lsay_briefs (accessed 20 May 2013).
- Usher, E. L., & Pajares, F. (2009). Sources of self-efficacy in mathematics: A validation study. *Contemporary Educational Psychology*, *34*(1), 89–101.
- Van Bavel, J. J., & Cunningham, W. A. (2009). Self-categorization with a novel mixed-race group moderates automatic social and racial biases. *Personality and*

Social Psychology Bulletin, 35(3), 321–335.

- Vanderbilt, T. (2008). *Traffic: Why we drive the way we do, and what it says about us.* New York: Alfred A. Knopf.
- Van Gerven, P. W. M., Paas, F., van Merriënboer, J. J. G., & Schmidt, H. G. (2004). Memory load and the cognitive pupillary response in aging. *Psychophysiology*, 41(2), 167–174.
- Van Overwalle, F., Van Duynslaeger, M., Coomans, D., & Timmermans, B. (2012). Spontaneous goal inferences are often inferred faster than spontaneous trait inferences. *Journal of Experimental Social Psychology*, 48(1), 13–18.
- Vohs, K. D., Baumeister, R. F., & Schmeichel, B. J. (2012). Motivation, personal beliefs, and limited resources all contribute to self-control. *Journal of Experimental Social Psychology*, 47(3), 379–384.
- Vohs, K. D., Baumeister, R. F., Schmeichel, B. J., Twenge, J. M., Nelson, N. M., & Tice, D. M. (2008). Making choices impairs subsequent self-control: A limited-resource account of decision making, self-regulation, and active initiative. *Journal of Personality and Social Psychology*, 94(5), 883–898.
- Vohs, K. D., Finkenauer, C., & Baumeister, R. F. (2011). The sum of friends' and lovers' self-control scores predicts relationship quality. *Social Psychological and Personality Science*, 2(2), 138–145.
- Vrij, A., Akehurst, L., Brown, L., & Mann, S. (2006). Detecting lies in young children, adolescents and adults. *Applied Cognitive Psychology*, 20(9), 1225–1237.
- Vrij, A., Fisher, R., Mann, S., & Leal, S. (2006). Detecting deception by manipulating cognitive load. *Trends in Cognitive Sciences*, 10(4), 141–142.
- Walsh, D. G., & Hewitt, J. (1985). Giving men the come-on: Effect of eye contact and smiling in a bar environment. *Perceptual and Motor Skills*, 61(3:1), 873–874.
- Watson, J. M., & Strayer, D. L. (2010). Supertaskers: Profiles in extraordinary multitasking ability. *Psychonomic Bulletin and Review*, 17(4), 479–485.
- Wendorf, C. A., & Alexander, S. (2005). The influence of individual-and class-level fairness-related perceptions on student satisfaction. *Contemporary Educational*

Psychology, 30(2), 190–206.

- Westwood, P. (2011). The problem with problems: Potential difficulties in implementing problem-based learning as the core method in primary school mathematics. *Australian Journal of Learning Difficulties, 16*(1), 5–18.
- Wheldall, K. (2009). Effective instruction for socially disadvantaged low-progress readers: The Schoolwise Program. *Australian Journal of Learning Difficulties, 14*(2), 151–170.
- White, M. P., & Dolan, P. (2009). Accounting for the richness of daily activities. *Psychological Science, 20*(8), 1000–1008.
- Wilber, M. K., & Potenza, M. N. (2006). Adolescent gambling: Research and clinical applications. *Psychiatry, 3*(10), 40–48.
- Williams, E. F., & Gilovich, T. (2008). Do people really believe they are above average? *Journal of Experimental Social Psychology, 44*(4), 1121–1128.
- Willingham, D. T. (2009). *Why don't students like school? A cognitive scientist answers questions about how the mind works and what it means for your classroom.* San Francisco, CA: Jossey-Bass.
- Wilson, B. J., & Gottman, J. M. (2002). Marital conflict, repair, and parenting. In M. H. Bornstein (Ed.), *Social conditions and applied parenting, Handbook of parenting*, Vol. 4 (2nd ed., pp. 227–258). Mahwah, NJ: Lawrence Erlbaum.
- Wilson, H. K., Pianta, R. C., & Stuhlman, M. (2007). Typical classroom experiences in first grade: The role of classroom climate and functional risk in the development of social competencies. *Elementary School Journal, 108*(2), 81–96.
- Wilson, K., & Korn, J. H. (2007). Attention during lectures: Beyond ten minutes. *Teaching of Psychology, 34*(2), 85–89.
- Wilson, T. D. (2002). *Strangers to ourselves: Discovering the adaptive unconscious.* Cambridge, MA: Belknap Harvard.
- Wilson, T. D., Lindsey, S., & Schooler, T. Y. (2000). A model of dual attitudes. *Psychological Review, 107*(1), 101–126.
- Wilson, T. D., & Nisbett, R. E. (1978). The accuracy of verbal reports about the effects of stimuli on evaluations and behavior. *Social Psychology, 41*(2), 118–

131.
- Winkielman, P., & Cacioppo, J. T. (2001). Mind at ease puts a smile on the face: Psychophysiological evidence that processing facilitation elicits positive affect. *Journal of Personality and Social Psychology*, *81*(6), 989–1000.
- Winner, E. (2000). The origins and ends of giftedness. *American Psychologist*, *55*(1), 159–169.
- Wiseman, R. (2007). *Quirkology: How we discover the big truths in small things*. New York: Basic Books.
- Wittwer, J., Nückles, M., Landmann, N., & Renkl, A. (2010). Can tutors be supported in giving effective explanations? *Journal of Educational Psychology*, *102*(1), 74–89.
- Wittwer, J., Nückles, M., & Renkl, A. (2008). Is underestimation less detrimental than overestimation? The impact of experts' beliefs about a layperson's knowledge on learning and question asking. *Instructional Science*, *36*(1), 27–52.
- Wittwer, J., & Renkl, A. (2008). Why instructional explanations often do not work: A framework for understanding the effectiveness of instructional explanations. *Educational Psychologist*, *43*(1), 49–64.
- Wittwer, J., & Renkl, A. (2010). How effective are instructional explanations in example-based learning? A meta-analytic review. *Educational Psychology Review*, *22*(4), 393–409.
- Wolf, M. (2007). *Proust and the squid: The story and science of the reading brain*. New York: Harper.
- Wolf, M., & Barzillai, M. (2009). The importance of deep reading. *Educational Leadership*, *66*(6), 32–37.
- Wulf, G., McConnel, N., Gartner, M., & Schwarz, A. (2002). Quiet eye duration, expertise, and task complexity in near and far aiming tasks. *Journal of Motor Behavior*, *34*(2), 197.
- Wylie C., Hipkins, R., & Hodgen, E. (2008). *On the edge of adulthood: Young people's school and out of school experiences at 16*. Wellington: New Zealand Council for Educational Research.

- Yates, G. C. R. (2000). Applying learning style research in the classroom. In R. J. Riding & S. G. Rayner (Eds.), *International perspectives on individual differences: Cognitive styles* (pp. 347–364). Stamford, CT: Ablex.
- Yates, G. C. R. (2005). How obvious: Personal reflections on the database of educational psychology and effective teaching research. *Educational Psychology*, 25(6), 681–700.
- van der Zwaag, M. D., Dijksterhuis, C., de Waard, D., Mulder, B. L. J. M., Westerink, J. H. D. M., & Brookhuis, K. A. (2011). The influence of music on mood and performance while driving. *Ergonomics*, 55(1), 12–22.
- Zyphur, M. J., Warren, C. R., Landis, R. S., & Thoresen, C. J. (2007). Self-regulation and performance in high-fidelity simulations: An extension of ego-depletion research. *Human Performance*, 20(2), 103–118.

索引*

CDR 法（传统－指导－背诵）CDR method 44，45–46，319；同见 背诵法 recitation method

CRIME（组块、复述、想象、记忆术、精加工）CRIME (chunking, rehearsal, imagery, mnemonics, elaboration) 123–124

DIE 的教学模式（诊断、干预和评价）DIE model for teaching 108

IRE 循环（发起－回应－评估）IRE cycle (initiation-response-evaluation) 44–45，319；同见 背诵法 recitation method

MULTILIT（识字时间弥补计划）MULTILIT (making up for lost time in literacy) 60

SOLO（可观测学习结果的结构）SOLO (structure of observed learning outcomes) 133–134

VAK 模式（视觉、听觉和动觉学习者）VAK model 176，178–179，181

阿呆与阿瓜效应 dumb-and-dumber effect 见邓宁－克鲁格效应（简称达克效应）Dunning–Kruger effect

薄片现象 thin slice phenomenon 31–32, 302；同见 瞬间决断效应 blink effects

背诵 reciting 123

背诵法 recitation method 44, 162, 319；背诵法的优点和缺点 advantages and disadvantages 46–47；背诵法与深度学习 and deep learning 47；背诵法与反馈 and feedback 45, 46–47；背诵法与信息加工 and information processing 47–49；背诵法与先前知识 and prior knowledge 48

避害强于趋利"bad is stronger than good" 5, 65, 140

编码 encoding 161, 316

变色龙效应 chameleon effect 238, 274–275, 319；变色龙效应是天生的 as built in 275–276；变色龙效应与社会交往 and social interactions 278

表扬 praise 67–68, 69–70, 71；表扬有碍于努力 discourages effort 68–69

禀赋效应 endowment effect 309–310, 317

---

* 本索引所附页码为英文原版书页码，即本书边码。斜体页码指的是该词条出现于图或表。词条按汉语拼音顺序排列。

索 引

不公平对待 unfair treatment 26–27, 310–311, 312
步调（控制信息传入的能力）pacing (ability to control) 150

参与时间 engaged time 36, 37, 39
差别对待 differential treatment 291
场依赖型 field dependent, 场独立型 field independent 178
陈述性知识 declarative knowledge 126, 301
乘法表 times tables 57
程序性知识 procedural knowledge 126, 127, 132–133, 301
惩罚性模式 punitive modes 18
冲动 impulsiveness 31–33, 303
冲动克制 impulse control 249–250, 317
重复 repetition 128, 153
冲突 conflict 17–18, 21, 315
触觉学习者 tactile learners 115
"初生牛犊不怕虎"的假设 invulnerability hypothesis 21
传染效应 contagion effect 261–262, 265, 273
词语联想 word association 53, 172
错误概念 misconceptions 48–49, 78, 114, 118
错误记忆效应 false memory effects 117, 317

"打哈欠是会传染的" "yawning is contagious" 273
代际传递 intergenerational transmission 253, 257, 259

道德正义 moral righteousness 27
邓巴数 Dunbar's number 135
邓宁－克鲁格效应（简称达克效应）Dunning-Kruger effect 32–33, 233–235; 达克效应与记忆 and memory 235–237
第一印象 first impressions 27–28, 31–33, 266–267
电子阅读 e-reading 202
动机 motivation 29–30, 311；同见 宜家效应 IKEA effect
动觉学习者 kinaesthetic learners 176
赌博 gambling, 病态性赌博 pathological 246
杜胥内微笑 Duchenne smile 262–264, 316
短时记忆 short-term memory 121, 123, 168, 201；短时记忆与专业能力 and expertise 88
对话与记忆习得 conversation, and memory acquisition 158–159, 161
对学习来源做出积极的回应 active response to source of learning 47–48；相关的错误概念 misconceptions concerning 77
多媒体 multimedia, 多媒体与认知负荷 and cognitive load *150*
多媒体输入 multimedia input 115
多通道输入 multi-modal input 115
多重储存理论 multi-store theory 120–122

发现学习的过程 discovery leaning process 77–79
发展受阻 arrested development 315；发展受阻与自动化的作用 and role of

automaticity 97–99

翻转教学 flip teaching 149

反复朗读 repeated reading 60, 319

反馈 feedback 75, 128, 133；反馈与共同出发点 and common starting point 311；反馈与自信 and confidence 215–216；正确的反馈 corrective 73, 78, 105, 225；反馈与刻意练习 and deliberate practice 96；失验性反馈 disconfirmation 140；有效反馈 effective 66–67, 69–70；重新调整目标 goal recalibration 239；反馈与宜家效应 and IKEA effect 310–311, 312；信息性反馈 informational 68；反馈与知识水平 and knowledge level 65–66；反馈与过度自信 and overconfidence 119；反馈与感知到的能力 and perceived competencies 218；反馈与姿态匹配 and posture matching 32；反馈与背诵法 and recitation method 45, 46–47；尊重性反馈 respectful 309–310；反馈与自我评估 and self-assessment 231；学生或教师的视角 student vs. teacher views 64–65；反馈与系统2 and System 2 300–301；关于教师影响力的反馈 on teacher impact 69

反馈提示 feedback cues 150, 264–265, 297

反省思维 reflective thinking 291–292

非注意耳聋 inattentional deafness 285

非注意视盲 inattentional blindness (IB) 281–282, 318；课堂中的非注意视盲 in the classroom 285–287；非注意视盲与认知负荷 and cognitive load 283, 284–285；非注意视盲与眼动 and eye movements 284；非注意视盲与专业能力 and expertise 285；非注意视盲的启示 implications of 285–287；非注意视盲的研究发现 research findings 282–283；非注意视盲与训练 and training 283–284

分类策略 grouping strategies 161

分配的时间 time allocated 36, 37, 38, 39, 41, 320

分散式练习 distributed practice 114

分治策略 divide-and-conquer strategies 59

父母的对话风格 parental conversational style 158–159, 161

负面迹象 distress indicators 26–27

负面信息 negative information 138, 140

负向升级 negative escalations 16, 18, 59, 318

复述 rehearsal 123, 161, 162, 319；CRIME 123–124

"复制粘贴"的方法 "cut and paste" approach 199, 201

感觉记忆 sensory memory 121, 146

感觉识别知识 sensory recognition knowledge 126–128, *127*

感知到的能力 perceived competencies 216, 218–219, 220, 221, 320

干扰 interference 114, 188；干扰与记忆 and memory 118

高尔夫球员的冷静观察期 golf players' quiet eye 87–88

高估 overestimation 105, 220, 231, 233, 234

索 引

高维护成本社交（效应）high maintenance interaction (effects of) 248–249

个性 individuality 180, 184, 225；个性与分类 and classification 267–268

工作记忆 working memory 121, 123, 128–129, 131, 146, 147, 168, 287, *299*；工作记忆与认知负荷 and cognitive load 149–150, 152, 153, 154；工作记忆与专业能力 and expertise 86–87, 88–89；工作记忆与相互作用的元素 and interacting elements 147–148, 316

工作满意度 job satisfaction 306–307

公共知识原则 public knowledge principle 80

公平对待 fair treatment 26, 310–311, 312

共情缺口 empathy gap 14, 16, 20, 21, 65

共同交谈 joint talk 159, 317

沟通 communicating, 沟通与行为 and action 26–27；与新手的沟通 with beginners 12–13

孤立的知识 isolated knowledge 41

故事链 story chaining 172

关键字记忆法 keyword mnemonics 173

观察学习 observational learning 72–73, 78–79, 82, 115

管理能力 managerial competence 231

轨迹法 method of loci 167, 318

滚雪球效应 snowball effects 见 负向递增 negative escalations

国际象棋冠军 chess champions 33, 87, 232

国家专业教师标准委员会 National Board for Professional Teacher Standards (NBPTS) 107

过度自信 overconfidence 119, 120, 122, 215, 223, 318

过载 overload 48, 114, 118–120, 133

好奇心 curiosity 6

合理归因 healthy attributions 225

后摄干扰 retroactive interference 118, 319

互联网 Internet, 互联网与知识习得 and knowledge acquisition 202–203；互联网与浅薄的思考 and shallow thinking 201–203；互联网作为一种信息来源 as source of information 204

回读 look-back 53

回忆 recall 6, 89, 116, 117；回忆圆周率的纪录 record for recalling pi 167

回忆风格 reminiscing styles 159

积极的情绪 positive feelings 59

积蓄原则 savings principle of 118

基于言语的教学 verbally based instructions 47, 78, 79, 132

计算机能力 computer literacy 196–197, 199–200

记忆 memory 7, 8–9；记忆习得 acquisition, 记忆与对话 and conversation 158–159；记忆是一个建构过程 a constructive process 117；记忆与理想特质 and desirable traits 230；记忆与达克效应 and Dunning-Kruger effect 235–237；记忆与努力 and effort 308–309；记忆与干

扰 and interference 118；记忆的心智训练项目 mental training program 167–168；语言对记忆的作用 role of language 157–158；记忆与学校教育 and schooling 160–162；记忆与自我效能感 and self-efficacy 221, 222；记忆技能 skills, 记忆技能的教学 teaching 162–164；记忆与系统 1 and System 1 299；记忆与系统 2 and System 2 299

记忆的可用性和提取 availability and access (in memory) 6, 98, 108, 131, 141, 221, 230, 236, 294, 315

记忆的六个原则 memory retention, six principles of 116–118

记忆宫殿 memory palaces 167, 169, 171, 318

记忆冠军（记忆运动员）memory championships (memory athletes) 166–169, 174

记忆术 mnemonics 116, 123, 161–163；记忆冠军 championship 167–168；与内容相关的记忆术 content-related 171–173；CRIME 123–124；首字母记忆法 first letter mnemonics 172；训练情景期间的经验 in contextual training experiences 174；关键词记忆法 keyword mnemonics 173；记忆术的局限 limits of 174；主系统 Major system 167–168；心智训练项目 mental training program 167–168；训练记忆术的需要 need for 168–169；字钩法的记忆方案 pegword scheme for memorisation 171, 172, 318；采取均衡的视角 in perspective 169–170；记忆术的教学 teaching 162–163, 170–171；整个班级层次上的记忆术 whole-class level 173–174

技能发展 skill development 96–97, 98, 100；技能发展的时间跨度 timescale 114–115

技能发展的陈述阶段 declarative stage of skill development 98

技能发展的联结阶段 associative stage of skill development 98

技能发展的自动化阶段 autonomous stage (of skill development) 98

技能发展阶段的描述性模型 descriptive stage model of skill development 97, 98

加利福尼亚州新教师评价研究 Beginning Teacher Evaluation Study (BTES) 38, 39

家庭支持 family support 20, 94

驾驶表现 driving performance, 驾驶表现与背景音乐 and background music 207；驾驶表现与使用手机 and phone using 190–191, 195

将大脑比喻成计算机 computer as metaphor for mind 122, 188

讲授式教学 didactic instruction 49

教师 teachers, 教师作为激活者 as activator 72, 73；教师作为促进者 as facilitator 72, 73；目标和意图 goals and intentions 30；学生对目标和意图的期望 students' expectations of 31

教师讲话 teacher talk 45–46, 47–48, 49

（教师角色的）个性 personality (in teacher

索 引 | 379

role) 26–27

教师专业能力 teacher expertise 103–105, *104*；教师专业能力与人际敏感性 and interpersonal sensitivity 108–109；关于教师专业能力的实验室研究 laboratory studies 105–107；观察 observing 107–108；教师影响力 teacher impact 69

教学讲解（的问题）instructional explanations (problems with) 47, 48

教学前经验 pre-instructional experience 149

教学时间 instructional time 36

金发姑娘原则 Goldilocks principle xiii, 67, 211, 221

进化视角 evolutionary perspective 7, 55, 73, 79–81, 124, 135, 262, 277

近因 primacy 89, 116, 319

近因效应 recency effect 89, 116, 298, 319

精加工 elaboration 115, 123–124, 161, 162, 317；CRIME 123–124

精细化回忆风格 elaborative reminiscing style 159, 317

警觉递减 vigilance decrement 192–193, 320

竞争 competitiveness 239

镜像神经元理论 mirror neuron theory 276–277；镜像神经元理论的启示 implications of 277–278

聚光灯效应 spotlight effect 237, 320

决策 decision-making 298, 302, 303

"看不见的大猩猩"研究 invisible gorilla studies 79, 203, 282, 283, 284, 287

看一读一掩一写一查 look-say-cover-write-check 129

"可见的学习"综合报告 VL synthesis xi, xiii, xv, 13, 65, 66, 67, 72, 198

科学课程 science class 75–77

刻板印象 stereotypes 268, 291

刻意练习 deliberate practice 40, 93, 96, 97, 99, 100, 105, 169, 197, 316

课程计划 lesson plans 108

课程知识 curriculum knowledge 14

课堂参与 lesson participation, 逃避课堂参与 opting-out 47

课堂管理 classroom management 18, 108, 250

空间学习 spatial learning 140

控制意念的分散注意力策略 distraction strategies for controlling thoughts 见 心理偏转策略 deflection strategies

控制意念的心理偏转策略 deflection strategies for controlling thoughts 254, 287, 316

口语能力 oral language facility 54；口语能力与准确的阅读 and accurate reading 55–56

快速阅读 speed reading 54

快速智能项目 Quicksmart program 60–61

冷静观察期 quiet eye period 87–88, 91

理解 comprehension 264–265

理念 ideas *127*, 129–130

理想特质 desirable traits, 理想特质与记忆

and memory 230

历史教学策略 history teaching strategies 74–75, 77

联结思维 associative thinking 291–292

练习 practice, 练习与自动化 and automaticity 93–95, 97；刻意练习 deliberate 40, 93, 96, 97, 99, 100, 105, 169, 197, 316；时间对练习的作用 role of time in 100；练习与熟练度 and skilfulness 96–97；练习的类型 types of 95–96

面部表情 facial expression 266；面部表情的分类 classifying 260；从面部表情推断性格特质 inferring personality from 267；面部表情与镜像神经元理论 and mirror neuron theory 277；面部表情与自制力 and self-control 276

明示原则 ostension, principle of 73, 80, 318

摩尔斯电码报务员 Morse code operators 84

莫扎特效应 Mozart effect 114, 207–208

目标 goals, 重新调整目标 recalibration of 239；设定目标 setting 119, 120；目标与系统 1 and System 1 299, 300–301；目标与系统 2 and System 2 299, 300–301；教师的目标 of teachers 30

脑力工作 mental work, 脑力工作与自我损耗 and ego depletion 249–250

内容知识 content knowledge 11, 107

内隐联想测验 Implicit Association Test 291

逆向设计法 backward design 149

逆向训练 backward training 133, 315

努力 effort 225；努力与宜家效应 and IKEA effect 306–308；努力与记忆 and memory 308–309；努力的所有权 ownership of 309–310；努力与赞扬 and praise 68–69；努力与认可 and recognition 309–311；努力与系统 1 and System 1 299；努力与系统 2 and System 2 299

努力 striving, 预估努力 calibrating 222–223, 239；获得自信 with confidence 221

派代亚教学模式 Paideia model 49

膨胀效应 inflation effect 218

批判性思维 critical thinking 134

品质评估 character assessment 32

欺骗和自我欺骗 deception and self-deception 229

启动效应 priming 260, 294, 319

前摄干扰 proactive interference 118, 319

浅薄的思考 shallow thinking, 浅薄的思考与互联网 and the Internet 201–203；*同见系统 1 System 1*

侵扰 intrusion 117

亲密 closeness 17–18, 19, 21, 315

青少年的风险评估 risk assessment in adolescents 21–23, 27

情节记忆 episodic memory 157, 317

情绪泄露 emotional leakage 18, 29, 317

全知原则 omniscience principle 80

颧大肌 zygotmaticus major 260

缺乏自信 under-confidence 223

群体内偏见效应 in-group bias effect 217–218

人称化 personalisation 150

（人格剖析）的巴纳姆效应 Barnum effect (personality profile), 也被称为福勒效应 Forer effect 232, 315

人际的身体同步 bodily synchronism (interpersonal) 272–273

人际反应 interpersonal reactions, 人际反应的测量 measuring 271–272

人际关系敏感性 interpersonal sensitivity, 人际关系敏感性和教师的专业能力 and teacher expertise 108–109

人际交往：姿态匹配 interpersonal interactions: posture matching 273–274；人际交往的时机 timing 272–273

人类的技能水平 human skill levels, 人类技能水平的变化 changes in 95–96

人性 human nature, 人性的延续性 continuity of 204；人性与数字原住民理论 and digital native theory 197–198, 203

人因研究 human factors research 48, 189, 281

认知风格 cognitive style 178, 316

认知负荷 cognitive load 8, 48, 59, 78, 79, 146, 147, 148, 235, 287, 316；认知负荷与有助于学习的结论 and aids to learning 153；认知负荷与合作性小组 and collaborative groups 152；认知负荷与姿势 and gestures 142；认知负荷与非注意视盲 and inattentional blindness 283, 284–285；认知负荷与模仿 and mimicry 274；认知负荷与多媒体 and multimedia 150；认知负荷与问题解决 and problem-solving 151–152；降低认知负荷 reducing 149–150；认知负荷的来源 sources of 148–149；认知负荷与教学 and teaching 153–154；认知负荷与样例 and worked examples 151–152；认知负荷与工作记忆 and working memory 149–150, 152, 153, 154

认知架构 cognitive architecture 146–147, 316

认知任务分析 cognitive task analysis 75–77, 316

任务分析 task analysis 75, 133

任务难度 task difficulty, 低估任务难度 underestimating 12

冗余效应 redundancy effect 48, 150, 153

"如果－那么"式的步骤 if-then procedures 76, 132；"如果－那么"思维（假设思维）if-then thinking (hypothetical) 131；"如果－那么"计划（自制力）if-then plans (self-control) 254, 318

三度社会分离 three degrees of social separation 262, 320

社会比较 social comparison 65, 79, 137, 226, 320

社会病理学 social pathology, 家庭示范 family model 253；社会病理学与自尊 and self-esteem 217

社会规则 social rules 27

社会交往 social interaction 132–133；社会交往与变色龙效应 and chameleon effect 278；社会交往与自制力 and self-control 248, 255；社会交往与自我形象 and self-image 237, 238

社会脑假设 social brain hypothesis 7–8, 80, 124, 135, 296, 320

社会示范 social modelling 72–73, 78, 79, 82, 140, 253, 259；社会示范的神经学基础 neurological basis for 277

社会学习史 social learning history 252–253

社会责任 social responsibility 218

社交变色龙 social chameleons 见 变色龙效应 chameleon effect

身份认同 identification 253

深度学习 deep learning, 深度学习与背诵法 and recitation method 47；深度学习与时间 and time 40–41；同见 系统 2 System 2

失衡 disequilibrium 130

师生关系 teacher-student relationships, 师生关系与亲密 and closeness 17–18, 20, 21；师生关系与冲突 and conflict 17–18, 21；师生关系与发展轨迹 and developmental trajectories 19；师生关系的情绪气氛 emotional climate 28；师生关系与互动 and interaction 19–20；师生关系的长期重要性 long-term importance of 20–22；教师低期望 low teacher expectations 20；积极的师生关系 positive 16–17, 18, 19；师生关系与专业发展 and professional development 17, 19；师生关系作为一个保护性因素 a protective factor 19；学生期望 student expectations 31；信任 trust 30；对学生的不公平对待 unfair treatment of students 26–27

十年法则 10-year rule 95

时间 time, 有效学习时间 academic learning time 36, 37–38, 39–40, 320；时间与自动化 and automaticity 61；时间与深度学习 and deep learning 40–41；参与时间 engaged 36, 37, 39；教学时间 instructional 36, 37, 39；时间与练习 and practice 100；显而易见 stating the obvious 36, 41–42

时间分析 time analysis, 时间分析的概念基础 conceptual basis of 36–38

时间相近性 temporal contiguity 150

时间转换过程 time-shifting process, 语言的时间转换过程 language 158–159

识别 recognition 116, 235, 301, 309–311

识字水平 literacy levels 56

实施意向（"如果－那么"计划）implementation intentions (if-then plans) 254, 318

视觉学习者 visual learners 115, 176

手段－目的思维 means-end thinking 59

首字母记忆术 first letter mnemonics 172

索　引 | 383

首字母组合法 acrostics, 缩略语 acronyms 171, 172
熟能生巧 practice makes perfect 93
数学 mathematics, 数学与自动化 and automaticity 57–59；关于数学的计算机项目 computer programs 60–61；乘法表 times tables 57
数字移民 digital immigrants 196, 316
数字原住民 digital natives 120, 187, 196, 197–198, 203, 316
双系统理论 dual systems theory 290–291, 303–304；双系统理论的证据 evidence for 293–294；双系统理论的起源 origins of 291–292；同见 系统 1 System 1；系统 2 System 2
瞬间决断效应 blink effects 27–28, 31–33, 296, 297, 299, 302–303
说谎 lying, 识破谎言 detection of 27, 28–29
死记硬背 rote learning 116, 123, 128
苏格拉底式提问 Socratic questioning 49

提示 cueing 12–13, 32, 73, 162, 163
条件性知识 conditional knowledge 132
听觉学习者 auditory learners 115, 176
同情 empathy 21, 240, 255, 310
图式 schemata *127*, 130, 131, 146–147, 148, 151, 153, 170, 221, 225, 319
图式发展，或图式优化 schemata development or refinement 41, 130, 133
图像储存 iconic store 122–123

外在的认知负荷 extraneous cognitive load 148–149
完型示例 completion examples 152
"网上全文"偏见 FUTON bias 204
微笑 smiles/smiling, 肉毒素式微笑 Botox smile 263；微笑与理解 and comprehension 264–265；微笑与传染效应 and contagion effect 261–262, 265, 273；杜胥内微笑 Duchenne smile 262–264, 316；微笑的效应 effects of 268–269；微笑与凝视模式 and eye gaze pattern 266；微笑的面部肌肉运动 facial muscle movement 260–261, 266；微笑灵活的本质 flexible nature of 266；微笑与姿势 and gestures 266；微笑与头部的角度 and head angle 266；微笑是一种自然语言 a natural language 262；微笑与负面情绪 and negative emotions 263–264；微笑的规律 patterns 262–263, 268；微笑与专业角色 and professional persona 265–266, 278；关于微笑的研究发现 research findings 259–260；微笑是神经系统层面的反应 responsive 269；微笑与肩膀的位置 and shoulder positioning 266；微笑与真诚 and sincerity 262–264；微笑是一种社交信号 a social sign 261, 262；微笑的时机 timing 266；微笑的类型 types of 260–261, 262
为了教学而评价 assessment for teaching 69
文献分析 document analysis 74–75
问题解决 problem-solving 131, 132, 133,

151–152, 248, 296, *299*

我一代 Me generation 239–240

无意识加工 unconscious processing 12, 118, 138, 262, 264, 272–275, 290；无意识加工与专业能力 and expertise 89–90, 90, 106

系列排序 serial orderings 见 字符串 strings

系统 1 System 1 9, 97, 137, 290, 292, 294, 302, 303–304；系统 1 控制的行为 actions *295*；系统 1 与汽车驾驶 and car driving 292–293；系统 1 与决策 and decision-making 302；系统 1 与努力程度 and effort *299*；系统 1 与自我损耗 and ego depletion 251；系统 1 与目标 and goals *299*, 300–301；假设检验 hypothesis testing *299*；系统 1 与即时反应 and immediacy 300–301；意识水平 level of awareness *299*；负担 a liability *299*；学习机制 mechanism of learning *299*；系统 1 与记忆 and memory *299*；学习的本质 nature of learning *299*；多任务处理技能 overlapping skills *299*；问题解决 problem solving *299*；系统 1 的心理过程 psychological processes 298–300；系统 1 与阅读 and reading 296；目标调整 target of adjustment *299*；系统 1 与教学 and teaching 296–298

系统 2 System 2 5, 9, 59, 137, 251, 290, 292, 293–294, 303–304；系统 2 控制的行为 actions *295*；系统 2 的缺陷 deficiencies 304；系统 2 与努力程度 and effort *299*；系统 2 与自我损耗 and ego depletion 251, *299*, 301–302；系统 2 与反馈 and feedback 300–301；系统 2 与目标 and goals *299*, 300–301；假设检验 hypothesis testing *299*；系统 2 与冲动 and impulsiveness 303；意识水平 level of awareness *299*；负担 a liability *299*；系统 2 与长远未来 and long-term future 300–301；学习机制 mechanism of learning *299*；系统 2 与记忆 and memory *299*；学习的本质 nature of learning *299*；多任务处理技能 overlapping skills *299*；问题解决 problem-solving *299*；系统 2 的心理过程 psychological processes 298–300；系统 2 与阅读 and reading 294–296；系统 2 与自制力 and self-control 301–302；目标调整 target of adjustment *299*

先行组织者 advance organisers 115, 315

先前知识 prior knowledge 7, 114–115, 120, 122, 123, 124, 126, 129, 131, 149, 225

相关性原则 relevance, principle of 80

相互作用的元素 interacting elements 147–148, 316

想象 imagery 162；CRIME 123–124

心智发展 mental development, 心智发展与练习音乐 and music practice 210

心智模型 mental models *127*, 130–132

心智游移 mind wandering 48, 114, 318

心智转换 mental switching 189–190, 193

信任 trust 29–30

索 引 | 385

信息加工 information processing 136, 146；信息加工与背诵法 and recitation method 47–49
性向与处理交互作用 aptitude-treatment interaction 181, 315
序列位置效应 serial position effects 116
选择性注意 selective attention 136, 191
学生的声音 student voice 49
学习 learning, 学习与活跃的大脑 and active mind 115；学习是不断积累的 as cumulative 225；学习与心智资源 and mental resources 119；学习并不愉快 as pleasant 119；学习与系统1 and System 1 *299*；学习与系统2 and System 2 *299*；时间、努力和动机 time, effort and motivation 114–115；无意识学习 an unconscious activity 138–139
学习风格 learning styles 114；作为偏好的学习风格 as preferences 179–180, 183, *184*；关于学习风格的言论 and rhetoric 183–184, *184*；术语的运用 use of term 176–177；VAK模型（视觉、听觉和动觉学习者）VAK model 176, 178–179, 181
学习风格测评 learning style assessment 176–177；关于学习风格测评的实证研究 empirical research 181–183；学习风格测评的领域发展 field development 177–179；匹配假设 match hypothesis 181, 182–183, *184*；学习风格测评问卷 questionnaires 179–180
（学习风格中的）匹配假设 matching hypothesis (in learning styles) 181, 182–183, *184*
学习瓶颈期 plateaus in learning 100, 318
学习者 learners, 学习者的分类 categories of 177
学校 school, 对学校的态度 attitudes to 4–5；学校作为缓冲区 as buffer 18–19, 20
学校教育的语法"grammar" of schooling 44
学业自我概念 academic self-concept 219
学业自信 academic confidence, 积极的教学策略 active teaching strategies 224–225；激励的策略 motivational strategies 225–226
学业作品 academic work, 所有权 owning 225, 310
雪崩式的注意力不集中 cascading inattention 48

延迟满足 gratification delay 244, 245–246, 253
言谈举止 presentation mannerisms 28
眼动 eye movements, 眼动与非注意视盲 and inattentional blindness 284；眼动和阅读 and reading 53, 89–90；眼动与凝视 and gaze 266, 272
眼轮匝肌 orbicularis oculi 260
眼跳运动 saccades 53, 89–90
样例 worked examples 47, 51–52, 132–133, 149, 150, 155, 208, 222–223；样例与认知负荷 and cognitive load 151–152
一心多用 multitasking 99, 120, 191–

192，287；一心多用与自动化 and automaticity 190；一心多用是有用的 as helpful 192–193；术语的运用 use of term 187–189

一心多用的转换成本 switching costs (in multitasking) 189–190, 193

宜家效应 IKEA effect 306, 317；宜家效应与努力 and effort 306–308；宜家效应与禀赋效应 and endowment effect 309–310；宜家效应与反馈 and feedback 310–311, 312；宜家效应的心理学 psychology of 308–309；关于宜家效应的研究发现 research findings 307–308

遗漏的错误 errors of omission 236–237

遗忘 forgetting, 遗忘率 rates of 116–117

以记忆术为基础的算牌体系 mnemonic-based card counting system 169

抑郁症 depression 237

意义 meaningfulness 115, 129–130

意志力 willpower 243, 251–252, 303；意志力与社会学习史 and social learning history 252–253

音乐 music, 背景音乐 background 191–192, 209；音乐与驾驶表现 and driving performance 207；音乐对大脑的影响 effect on the brain 207–208；音乐的作用 effects of 206–207；医学环境中的音乐 medical settings 207, 209

音乐教学 music instruction, 音乐教学与自制力/自我约束 and personal control/self-discipline 209, 210；音乐的一般益处 universal benefits of 208–209

音素分析 phonetic analysis 52, 54, 57

隐性成本 hidden costs 189–190, 193

隐性模仿 implicit mimicry 32, 274–278

隐性态度 implicit attitude 290–291

隐性学习 implicit learning 136–137, 139–140, 143, 317

婴儿期遗忘 infantile amnesia 157, 318

婴儿与父母的关系纽带 infant-parent bonding 206

应对策略 coping strategies 119–120

有效学习时间 academic learning time 36, 37–38, 39–40, 320

与生俱来的天赋 innate talent 99

语调 tone of voice 266–267

语言 language, 语言与记忆 and memory 157–158；时间转换过程 time-shifting process 158–159

语言习得 language acquisition, 语言习得与姿势 and gestures 142

语音回路 articulatory loop 121, 315

远迁移 far transfer 208–209

阅读 reading, 关于阅读的计算机项目 computer programs 60–61；阅读与眼动 and eye movement 53, 89–90；阅读与字体 and font type 203, 205, 294–296；识字水平 literacy levels 56；阅读与口语技能 and oral language skills 55–56；反复朗读 repeated 60；阅读的简单理论 simple theory of 55, 56–57, 62；阅读速度 speed 53–54；阅读与系统1 and System 1 296；

阅读与系统2 and System 2 294–296

阅读的简单理论 simple theory of reading 55, 56–57, 62

阅读问题 reading problems 53–57, 59–61

运动训练 sports training, 运动训练与专业能力 and expertise 88, 90

早期天赋的指标 early talent indicators 99

长时记忆 long-term memory 89, 122, 123, 146, 147, 161, 162, 201, 308

掌握目标取向 mastery goal orientation 29–30, 30, 318

昭雪计划 Innocence Project 117

正向递增 positive escalations 21

知识传递 knowledge transmission 78, 79; 知识传递与进化 and evolution 79–80

知识沟 knowledge gap 6–7, 70, 78, 223, 318

知识建构 knowledge building, 知识建构与自我 and the self 77–79

知识习得 knowledge acquisition, 知识习得与互联网 and Internet 202–203; 知识习得的六个原则 six principles of 113–115

肢体语言 body language 266, 273, 278

直接教学 direct instruction, 明示教学 explicit teaching, 60, 72

职业伦理 work ethic 94

智力商数（智商）IQ (intelligence quotient) 177–178; 智商与自制力 and self-control 247; 智商测试 tests 207

皱眉头 frowning 296

逐渐递增、快速完成的复述方式 cumulative rehearsal and fast finish 123, 319

注意力 attention 48, 286, 287; 同见 非注意视盲 inattentional blindness (IB)

注意力周期 concentration spans 114

专家盲点效应 expert blind spot effect 13, 317

专家与新手的比较 expert-novice contrast 85

专业发展 professional development, 专业发展与师生关系 and teacher–student relationships 17, 19; 专业发展所需的时间跨度 timescale 105

专业能力 expertise xvi, 11, 12, 13, 73, 166, 303; 十年法则 10-year rule 95; 布卢姆的报告 the Bloom report 93–95, 97; 专业能力与组块 and chunking 86, 88; 专业能力与深度加工 and deep-level processing 87; 专业能力与刻意练习 and deliberate practice 40; 领域特定性 domain-specificity 85–88; 专业能力与非注意视盲 and inattentional blindness 285; 专业能力与心智模型 and mental models 131; 对专业能力的研究 research into 84–85, 103–104, *104*; 专业能力与自我监控技能 and self-monitoring skills 88; 专业能力与短时记忆 and short-term memory 88; 速度和准确度 speed and accuracy 86; 运动训练 sports training 88, 90; 专业能力的特征 traits of 85–87, 90; 专业能力与无意识加工 and unconscious processing 89–90; 投入时间努力思考

use of time to think hard 87–88；专业能力与工作记忆 and working memory 86–87, 88–89；同见 教师专业能力 teacher expertise

姿势 gestures，姿势对思维和沟通的帮助 aids in thinking and communicating 141–142；姿势与认知负荷 and cognitive load 142；姿势对儿童的影响 impact on children 142–143；姿势与隐性知识 and implicit knowledge 140–141；姿势与隐性学习 and implicit learning 143；姿势与语言习得 and language acquisition 142；姿势与镜像神经元理论 and mirror neuron theory 277, 278；姿势与微笑 and smiles/smiling 266

姿态匹配 posture matching 32, 273–274, 319

自动化 automaticity 52, 84, 133, 147, 315；自动化与发展受阻 and arrested development 97–99；一种保留实力的策略 a conservation strategy 97–98；缺乏自动化 lack of 53, 59；自动化与数学 and mathematics 57–59；自动化与一心多用 and multitasking 190；自动化与练习 and practice 93–95, 97；自动化与技能发展 and skill development 100；教学以实现自动化 teaching 59–61；自动化与时间 and time 61

自发特质推理效应 spontaneous trait inference effect 267, 320

自恋 narcissism 217, 229, 238, 239–240

自我 self, the，自我与知识建构 and knowledge building 77–79（自我不承认的）负面特质 negative traits (not admit to self) 229, 232, 235

自我怀疑 self-doubt 69

自我或表现取向 ego/performance orientation 29–30, 239, 317

自我价值 self-worth 239

自我监控技能 self-monitoring skills，自我监控与专业能力 and expertise 88

自我肯定 self-affirmation 220, 222, 320

自我评估 self-assessment 237；自我评估与长期自我观 and chronic self-views 232；自我评估与反馈 and feedback 231；自我评估的可能性 possibility of 230–232

自我欺骗 self-deception 229

自我认知 self-knowledge 238

自我实现预言 self-fulfilling prophecy 291

自我损耗 ego depletion 48, 61, 248–249, 317；自我损耗与脑力劳动 and mental work 249–250；自我损耗的负面效应 negative effects of 250–251；自我损耗与自制力 and self-control 249–250, 301–302；自我损耗与系统1 and System 1 251；自我损耗与系统2 and System 2 251, 299, 301–302

自我损耗带来的压力 stress from ego depletion 250–251

自我提升 self-enhancement 218, 228–229, 231, 237, 239, 240, 319；自我提升的原因 reasons for 229–230

自我调整 self-regulation 48, 66

索引 | 389

自我效能感 self-efficacy 5, 216, 219–221, 224, 320; 自我效能感与记忆 and memory 221, 222; 自我效能感的来源 origins of 221–222; 自我效能感的测试步骤 test procedures 220; 自我效能感与言语劝勉 and verbal exhortation 221–222; 恶性循环 vicious cycles 223

自我形象 self-image, 自我形象与现实 and reality 238–239; 自我形象与社会交往 and social interactions 237, 238

自我展示 self-presentation 32–33, 228

自我中心 self-centredness 239

自我主义 egotism 239–240

自信 confidence 8–9, 59, 215–216, 221, 224

自制力 self-control 243, 287; 自制力的连续性 continuity of 246–247; 自制力是一种可以培养的特质 as developmental trait 245–246; 自制力与饮食控制 and dietary control 248, 251; 自制力与自我损耗 and ego depletion 249, 249–250, 301–302; 自制力与面部表情 and facial expression 276; 自制力的"梯度分布" gradients 247; 自制力与智商 and IQ 247; 心理冷却策略 mental cooling strategies 254; 自制力与音乐教育 and music instruction 209, 210; 自制力的神经学证据 neurological evidence for 246; 主动模式 proactive mode 251–252; 自制力与社会交往 and social interaction 248, 255; 自制力与系统2 and System 2 301–302; 自制力作为成年期的一种特质 a trait in adulthood 247–248; 自制力理论的转变 theory, shifts in 244–245

自尊 self-esteem 67, 216–217, 218–219, 220, 221, 223–224, 238, 239, 320; 自尊理论的破绽 cracks in theory 217–218; 关于自尊的问卷调查 questionnaires 216; 自尊与社会病理学 and social pathology 217

字符串（简单关联）strings (simple associations) *127*, 128–129, 171, 320

字体 scripts 130

组块 chunking 123, 124, 161; 组块与专业能力 and expertise 86, 88

出 版 人　李　东
责任编辑　翁绮睿
版式设计　郝晓红
责任校对　贾静芳
责任印制　叶小峰

图书在版编目（CIP）数据

可见的学习与学习科学／（新西兰）约翰·哈蒂（John Hattie），（澳）格雷戈里·C. R. 耶茨（Gregory C. R. Yates）著；彭正梅等译 . — 北京：教育科学出版社，2018.7（2024.10 重印）
书名原文：Visible Learning and the Science of How We Learn
ISBN 978 – 7 – 5191 – 1537 – 1

Ⅰ. ①可⋯　Ⅱ. ①约⋯　②格⋯　③彭⋯　Ⅲ. ①教育心理学②学习心理学　Ⅳ. ①G44

中国版本图书馆 CIP 数据核字（2018）第 128256 号
北京市版权局著作权合同登记　图字：01-2017-4607 号

可见的学习与学习科学
KEJIAN DE XUEXI YU XUEXI KEXUE

出版发行	教育科学出版社		
社　　址	北京·朝阳区安慧北里安园甲 9 号	市场部电话	010-64989009
邮　　编	100101	编辑部电话	010-64981167
传　　真	010-64891796	网　　址	http://www.esph.com.cn
经　　销	各地新华书店		
制　　作	北京浪波湾图文工作室		
印　　刷	三河市兴达印务有限公司		
开　　本	720 毫米 ×1020 毫米　1/16	版　　次	2018 年 7 月第 1 版
印　　张	25.5	印　　次	2024 年 10 月第 8 次印刷
字　　数	422 千	定　　价	72.00 元

如有印装质量问题，请到所购图书销售部门联系调换。

Visible Learning and the Science of How We Learn

By John Hattie, Gregory C. R. Yates

ISBN 978-0-415-70499-1

Copyright©2014 Routledge. All rights reserved.

Authorized translation from English language edition published by Routledge, an imprint of Taylor & Francis Group. All rights reserved. 本书原版由 Taylor & Francis Group 出版公司出版，并经其授权翻译出版。版权所有，侵权必究。

Educational Science Publishing House is authorized to publish and distribute exclusively the Chinese (Simplified Characters) language edition. This edition is authorized for sale throughout Mainland of China. No part of the publication may be reproduced or distributed by any means, or stored in a database or retrieval system, without the prior written permission of the publisher. 本书中文简体翻译版授权由教育科学出版社独家出版并限在中国大陆地区销售。未经出版者书面许可，不得以任何方式复制或发行本书的任何部分。

Copies of this book sold without a Taylor & Francis sticker on the cover are unauthorized and illegal. 本书封面贴有 Taylor & Francis 公司防伪标签，无标签者不得销售。